AUX
PYRÉNÉES
LE SAC AU DOS

LE CHATEAU DE PAU

AUX

PYRÉNÉES

LE SAC AU DOS

PAR

ALBERT LAPORTE

AUTEUR DE *En Suisse le sac au dos*.

PARIS
THÉODORE LEFÈVRE, LIBRAIRE-ÉDITEUR
RUE DES POITEVINS

TABLE DES GRAVURES

Le château de Pau	Frontispice.
Un lever de soleil dans la montagne	Titre.
Le faubourg de Saint-Esprit : Bayonne	IV
Les habitants de Guettary	11
Marchande espagnole	16
Les carlistes internés	19
La vallée de la Rhune	22
Joannès l'aubergiste	36
Le défilé	45
Le Pas de Roland	50
Une caravane de mulets	52
La diligence	54
L'éboulement	78
La vallée d'Ossau	84
L'ours et le contrebandier	88
Les contrebandiers	90
Le serment du 14 août	101
La grande rue des Eaux-Bonnes	108
Établissement des Eaux-Chaudes	114
Montagnards des Pyrénées	125
Les bergers de la vallée d'Ossau	127
Le berger des Pyrénées	132
La chasse à l'ours	141
« «	142
Notre-Dame de Lourdes	146
L'Église de Betharaam	154

TABLE DES GRAVURES.

Le conducteur..	161
Observatoire du pic du Midi.............................	168
Gave des Pyrénées...	174
Nouveau pont de Saint-Sauveur........................	180
Les marchands de curiosités.............................	189
Le mont Perdu...	196
Le guide des Pyrénées.......................................	199
La brèche de Roland...	205
La chasse aux Isards...	209
Le lac de Gaube..	224
Le pont d'Espagne...	239
La descente de Vignemale.................................	247
La vallée de Campan...	253
Le pic de Sauvegarde..	256
Les aigles se disputant un isard........................	277
Montagnard dépeçant un isard.........................	279
Les carlistes au Casino.....................................	285
Chute dans un glacier.......................................	293
Le cor de Roland...	300
Une aubade...	319
L'entrée triomphale..	320
Un enterrement dans la montagne....................	329
Une posada du val d'Andorre............................	331
L'étang de Male..	332
Les traboucayres...	342
Un troupeau de porcs.......................................	349
Courses de taureaux : le corral.........................	357
« « le salut de la quadrilla..........	359
« « le coup du picadore................	361
La danse des outres...	371

FIN DE LA TABLE DES GRAVURES.

LE VIEUX QUARTIER SAINT-ESPRIT, A BAYONNE.

AUX PYRÉNÉES,
LE SAC AU DOS.

CHAPITRE PREMIER.

Une fantaisie et une maladresse. — Bayonne et Saint-Esprit. — Les revenants de Callot. — La Saint-Barthélemy. — Querelle historique. — La baïonnette. — Une légende. — La mer et la barre de l'Adour. — La tête tourne et le pied manque. — Guettary. — Les Basques. — Histoire et légende. — Saint-Nicolas et Saint-Yves. — Biarritz. — Saint-Jean de Luz. — Révélation. — Les montagnes. — Alpes et Pyrénées. — Voyage les yeux fermés. — Les carlistes. — La Haya. — Première vue des Pyrénées. — Question naïve qui sert de confession à l'auteur.

Le... avril 1876 j'eus une fantaisie, et le surlendemain je commis une maladresse.

La fantaisie était d'aller sur les frontières espagnoles assister aux dernières luttes des carlistes. Leur roi vaincu et fugitif que je suivais depuis longtemps des yeux, mais non du cœur, m'avait souvent inspiré l'idée de traduire ses faits et gestes en un romancero. Idée de poëte bien entendu. Tous les Espagnols ne descendent-ils pas du Cid?

La maladresse fut tout simplement d'arriver trop tard, ce qui fit que je n'aperçus que l'ombre des carlistes et que mon rêve fantasque échoua sur l'écueil de la réalité, à ce point qu'étant arrivé où je voulais aller, j'oubliai même pourquoi j'étais venu.

De cette fantaisie et de ma maladresse est né ce livre, et laissez-moi vous dire pourquoi avant de vous expliquer comment. Ce ne sera pas long. Du reste, les premières impressions d'un voyage sont presque toujours les meilleures.

De Bayonne à Hendaye, la route est pittoresque. J'avoue en toute honte que j'avais une prévention ridicule contre les pays Basques, un dédain peu légitime pour les Pyrénées.

— Quand on a vu les Alpes ! me disais-je avec cette moue qui souligne ce qu'on a dit et tient lieu de ce qu'on voulait dire.

Mauvaise raison sur laquelle nous reviendrons.

Je fus donc très-étonné moi-même de mon admiration, et, tout en flânant le long des côtes, mon esprit fit l'école buissonnière dans la légende et dans l'histoire. A chaque pas un souvenir. De tous les côtés la nature dans ce qu'elle a de plus sévère et de plus terrible, de plus grandiose et de plus coquet, la mer et ses abîmes écumants, les montagnes et leurs sommets blancs de neige, ici des vallées de verdure, là des océans de sable et partout des figures épanouies, des voix joyeuses, le travail, le rire et la chanson !....

Je me laissai aller au charme de cette promenade, faisant lever çà et là des légions d'anecdotes et de descriptions, aussi joyeux qu'un chien de chasse qui, lancé dans un champ où gibier n'a jamais paru, fait lever des légions de cailles et de perdreaux.

Je n'en étais encore qu'aux cailles, mais si mon flair ne me trompait pas, les perdreaux ne devaient pas être loin.

Donc je partis un matin de Bayonne où l'express de Paris m'avait déposé la veille. A pied, comme toujours. *In pedite robur*, dit le proverbe latin, et il a raison. Les voyages pédestres sont les plus instructifs et les moins ennuyeux, — du moins pour celui qui raconte et pour ceux qui écoutent.

Il était de bonne heure. La ville ou plutôt les deux villes, car Saint-Esprit et Bayonne, bien que réunies en une seule depuis vingt ans environ, sont distinctes l'une de l'autre, — Saint-Esprit en voudra toujours à Bayonne de ne plus être que son faubourg, — les deux villes, dis-je, étaient encore endormies. Un vague murmure signalait leur réveil.

Je m'étais logé tout près de la gare, et la gare appartient à Saint-Esprit. Il me fallut traverser tout ce faubourg, propre et élégant, dont l'unique rue, aussi vaste qu'une place, aboutit au pont de l'Adour. Je fis à peine attention à un édifice qui, malgré son style de la renaissance, trahit son origine moderne et, en dépit de son titre d'hôtel de ville, n'a jamais servi à abriter le conseil municipal. Bayonne a tout pris, même le maire de Saint-Esprit. J'avais hâte d'être en pleine campagne. Et puis je ne cacherai pas que j'étais un peu inquiet.

Derrière cette place que je traversais, je voyais des groupes d'hommes et de chevaux, couchés çà et là, le long des portes ou contre les murs. Mon pied en frappant le pavé sonore éveillait ces hôtes d'un nouveau genre qui me regardaient avec un air peu rassurant. En toute autre occasion j'aurais cherché à savoir pourquoi Saint-Esprit laissait coucher dans la rue sinon ses habitants, du moins ses hôtes, quand il avait d'aussi vastes maisons et un hôtel de ville inoccupé. Peut-être même que la moindre réflexion de ma part m'eût donné la clef de cette énigme. Mais voyez ce que c'est que le hasard, je ne pensais à rien qu'à m'éloigner de ces gens qui m'auraient dit :

— Arrête, voyageur. Si tu vas chercher des carlistes, tu n'as pas besoin de te déranger davantage.

Et mon voyage se fût terminé là.

Tandis que, fuyant ces figures dignes du crayon de Callot, je pris une rue transversale qui me mena dans le vieux quartier de Saint-Esprit, dont les maisons de bois à l'architecture originale et fantaisiste rappellent à s'y méprendre un faubourg de Séville ou de Ségovie.

Les boutiques sont ouvertes, les chiens aboient, les enfants piaillent, j'en vois déjà plusieurs qui, la casquette en main, flairent en moi l'étranger et tâchent de l'exploiter, la rue se peuple comme par enchantement, on dirait que chaque pavé s'est ouvert pour laisser passer un habitant. C'est animé, pittoresque, plein de bruit. Aussi suis-je rassuré. Le silence et la solitude qui m'avaient tant inquiété sont remplacés par le bourdonnement d'une fourmilière de marchands. Il n'est pas jusqu'à un petit âne qui ne célèbre mon arrivée par un braiement des moins musicaux, et j'en profite pour demander mon chemin au marchand qui conduit ce ténor enrhumé.

En quelques minutes je me trouvai sur le pont de l'Adour où, respirant à l'aise, je découvris de charmants points de vue qui me firent oublier Saint-Esprit et commencèrent ma réconciliation avec le pays des Basques.

Le spectacle que j'avais sous les yeux valait bien la peine qu'on s'y arrêtât. Les deux rives de l'Adour sont bordées de navires et de maisons et dominées par des coteaux pittoresquement boisés.

— Là, me dis-je, j'en étais sûr. C'est le commencement des Pyrénées ; or je leur tournais le dos. Ah! montagnes bien-aimées, comme vous m'avez fait payer cher cette ignorance, mais aussi quel plaisir j'éprouve à me rappeler toute la peine que vous m'avez coûtée !...

Quand je me fus rassasié d'air pur, revenant à mon premier plan, qui était de faire la route de Bayonne à la frontière espagnole sans autre secours que celui de mes jambes et de mon inspiration, je repris ma route à travers la capitale des jambons.

Tout en cheminant, comme je n'avais rien à voir que le petit Bayonne, sorte de faubourg assez laid, enfermé entre les rives de l'Adour et de la Nivelle, je songeais...

.... Que faire en route à moins que l'on ne songe?

Je demande pardon au lièvre de la Fontaine d'avoir défloré cette citation.

Oui, je songeais, et un double souvenir éclairait ce songe. Je me souvenais que Bayonne avait été une des premières joies et une des premières déceptions de ma vie de lycéen, bien que je n'y eusse jamais mis les pieds.

Comme il était loin ce temps-là ! Qui m'aurait dit qu'un jour, perdu à six heures du matin dans les rues de Bayonne, je me rappellerais cette aventure, à propos des carlistes que j'étais venu chercher et que je m'obstinais à ne pas voir!... Cette fois, les rues en regorgeaient et les fils du Campeador me frôlaient de leurs nobles guenilles ! Mais leur roi Don Carlos me serait tombé sur la tête que je ne m'en serais pas aperçu.

En vérité il s'agissait bien d'Espagnols ! Qui avait tort ou raison de l'histoire, de mon professeur ou de moi? Voilà la triple question que je posais en souriant aux échos de la vieille cité bayonnaise; voici quel en était le motif :

Notre professeur de rhétorique nous avait donné pour sujet de narration oratoire ces simples mots : « Bayonne ayant échappé aux horreurs de la Saint-Barthélemy, complotée dans ses murs entre Catherine de Médicis et le duc d'Albe, le vicomte d'Orthez, son gouverneur, écrit au roi Charles IX pour lui donner les causes de cette rébellion. »

Ma narration fut couronnée, mais il en résulta une controverse entre professeur et écolier qui durera autant qu'une de ces erreurs répandues dans le monde scientifique ou littéraire, — et il y en a beaucoup! — dont l'opinion publique, en les accréditant, a fait des articles de foi. Je n'en citerai que deux : la première, l'invention de la poudre qu'on attribue à un moine deux siècles après que les Chinois, — dont on ne soupçonnait pas l'existence, — s'en étaient servis ; — la deuxième, la réponse de la vieille garde à Waterloo, faite par un général, — sur le socle de sa statue — par un poëte, dans un mauvais livre, par un soldat, dans la mitraille. Dieu seul y trouverait son compte, dirait Érasme.

Revenons à ma narration. Je connaissais, je connais encore mon histoire de France, et la belle réponse du vicomte d'Orthez, gouverneur de Bayonne, à Charles IX était à cette époque encore plus présente à ma mémoire qu'aujourd'hui. Ces paroles devaient être burinées dans l'airain ou sculptées sur le marbre pour servir de leçon aussi bien aux rois qu'aux peuples.

— Sire, j'ai communiqué le commandement de Votre Majesté à ses fidèles habitants et gens de guerre de la garnison, je n'ai trouvé que de bons citoyens et de fermes soldats, mais pas un bourreau....

Sur cette réponse, précédée d'un prologue peut-être fantaisiste, j'avais brodé un discours en trois points, dont la vue de Bayonne me rappelait les péripéties de l'exorde à la péroraison.

Mais je me rappelais aussi que mon triomphe oratoire avait été suivi d'une amère déception. Mon professeur m'apporta un livre signé d'un nom célèbre de ce siècle dans lequel je lus la révocation pure et simple de l'authenticité de cette lettre.

— Je le dis ici tout haut, écrit M. Capefigue, la pièce citée par Voltaire a été supposée. On aurait pu s'en apercevoir au style de cette pièce assez semblable aux protocoles philosophiques du siècle de Louis XV.

Ce fut plus tard, quand l'écolier fut devenu professeur à son tour, que je m'aperçus avec quel soin, sous prétexte de rapetisser Voltaire, un écrivain pourtant consciencieux avait essayé de rapetisser l'histoire. Je pus constater que cette pièce, déclarée si haut par M. Capefigue avoir été fabriquée du temps de Louis XV était citée par d'Aubigné, contemporain de la Saint-Barthélemy, dans son *Histoire universelle*.

La sagacité de l'historien était donc en défaut et la réponse du gouverneur fait assez d'honneur à Bayonne et à la France, pour que nul ne la révoque en doute, dût-elle prendre place parmi les erreurs de l'opinion publique dont je parlais tout à l'heure.

Ces réflexions en amenèrent d'autres en vertu de cette loi dont on nous a appris les principes en logique, l'association des idées.

Quand le fil est cassé, les grains s'échappent du chapelet et, pour les retenir, il faudrait pouvoir en renouer le fil.

Le mien était rompu, mes idées s'égrenaient une à une, et, n'ayant plus de contradicteur, je m'amusais à repasser en moi-même toutes les opinions contradictoires que cette discussion avait fait naître à propos de Bayonne. J'en arrivais même à me demander pourquoi on avait contesté à cette ville l'invention de la baïonnette!...

Voyez où peut conduire une imagination qui s'égare ! J'avais sous les yeux, se développant comme la toile d'un panorama, le château neuf et le château vieux, caserne et arsenal, la citadelle dominant la ville dont les maisons en amphithéâtre s'étageaient gracieusement le long d'anciens remparts blanchis à la chaux, la cathédrale qui porte à la clef de voûte les trois léopards de la vieille Angleterre, le cirque de taureaux où ont lieu encore ces jeux barbares empruntés à l'Espagne, les Allées marines, le Blanc-Pignon et la forêt de pins qui sert de jardin d'hiver. Je côtoyais même le cimetière anglais, où dorment du sommeil éternel dans un petit vallon planté de fougères, de genêts épineux et de cerisiers, les régiments anglais qui essayèrent en 1814 de prendre la ville dont la devise orgueilleuse « *Nunquam polluta* » n'a jamais été effacée de ses armes. A peine si je donnai un souvenir au général Hope, qui, fait prisonnier dans cette sortie des Bayonnais, apprit au dernier rempart de la France que Paris avait capitulé.

Je marchais sans voir, mais non sans réfléchir, vers un bruit incessant qui semblait m'attirer. Ce bruit venait de la barre de l'Adour.

Et toujours revenait à ma pensée cette discussion entre mon professeur et moi, à propos de l'invention de la baïonnette. J'allais jusqu'à me répéter, comme argument victorieux, la réponse que j'avais faite souvent :

— Ça ne s'appellerait pas baïonnette, si ça ne venait pas de Bayonne ! mais cette idée tenace me quitta pour un instant. J'étais sorti de la ville et me trouvais à l'embouchure de l'Adour, qui brusquement m'apparut avec l'aspect et le bruit d'une mer en tourmente.

« Là, l'Océan ne connaît pas de repos. » De qui est cette parole juste, mais prétentieuse ? De M. de Quatrefages dont les *Souvenirs d'un naturaliste* m'ont été utiles à consulter. Seulement je regrette de ne pas y avoir trouvé cette jolie légende qui eût expliqué la colère de l'Océan. La voici dans toute sa naïveté :

Les côtes du pays basque n'étaient pas, il y a des siècles et des siècles, ce qu'elles sont aujourd'hui, une série d'écueils et d'abîmes qui leur a fait donner le nom de Côtes de fer.

C'étaient au contraire les rives les plus hospitalières de France et d'Europe. Il ne pouvait en être autrement puisque les Basques étaient les premiers marins du globe.

Ce sont eux qui ont découvert l'Amérique. N'allez pas le nier devant un Basque ; il vous prouverait que sans sa nation les successeurs de Galilée ne sauraient pas que la terre tourne.

Le monde des mers leur appartient par droit de conquête. Les premiers, ils ont inventé la pêche à la baleine. Qui donc, si ce n'est un Basque, eût osé affronter ce monstre de l'Océan, bâtard des mastodontes du déluge, qui, grâce à sa puissante ossature, a fait échouer l'arche de Noé sur le mont Ararat ?

Cette pêche fut leur triomphe, mais causa leur perte. Les Basques ne se sont jamais relevés de leur victoire.

Pêcheurs par besoin et marins par goût, ils ne surent pas borner leur ambition aux pêches fructueuses et aux voyages agréables que leur offraient les parages de leur golfe.

Les poissons qu'ils pêchaient ou bien ceux auxquels ils faisaient la guerre n'étaient plus assez gros ni assez redoutables pour eux. Les premiers requins que prit leur hameçon, les premières baleines qu'ils harponnèrent les firent rêver à ces poissons fantastiques dont les rochers des montagnes ont gardé les ossements, dont le centre de la terre a peut-être recélé la vie, et que de nombreux voyageurs ont entrevus dans le délire de leur imagination.

Ils résolurent d'aller les chercher, fût-ce par delà les pôles, qu'ils croyaient être avec les savants d'alors, les limites infranchissables du monde.

Et, pour cela, ils suivirent les baleines qui les entraînaient dans un autre hémisphère.

Tant que ces monstrueux cétacés avaient hanté les côtes de l'Europe, les Basques s'étaient contentés de leur faire une guerre acharnée sans s'éloigner de leurs ports ; mais ceux-là, furieux d'être troublés dans leur repos et dérangés dans leur vie, retournèrent dans les mers boréales, décidés à ne plus habiter cet océan inhospitalier où ils avaient été si heureux !

Quand l'empire romain croula et que l'invasion des barbares rendit les Basques à leur pays et à leurs occupations favorites, les pêcheurs reprirent la mer et les chasseurs la montagne. Alors une autre guerre recommença, celle des hommes contre les animaux. Et un siècle après, on pouvait compter encore les ours et les isards dans les Pyrénées, mais on ne comptait déjà plus de baleines dans l'Océan.

Les Basques ne se tinrent pas pour battus, ils poursuivirent les baleines de mer en mer, jusqu'aux pôles.

L'Océan, sur la plainte du roi de ses poissons, se fâcha et, tout écumant de colère, fit défendre aux Basques de sortir de leurs ports sans sa permission. Les Basques ne l'écoutèrent pas, et leur harpon continua de décimer la race des baleines.

Cette fois l'Océan ne menaça plus ; il agit.

— Puisque ces peuples orgueilleux me font la guerre, dit-il, je la leur ferai à mon tour. Ils sont sortis de leurs ports. Ils n'y rentreront pas. Leurs rivages se couvriront d'écueils où les vagues en se brisant empêcheront l'approche de leurs bateaux.

Bah ! cela n'y fit rien. Le Basque aime le danger. Et depuis des siècles et des siècles, il y a lutte entre cette nation héroïque et les lames de l'Océan.

Voilà pourquoi l'Océan en fureur déchire constamment les côtes et y cause tant de ravages. Cela durera jusqu'à un nouveau déluge, mais les Basques n'auront pas cédé. Ils seront restés les grands pêcheurs et les bons marins d'autrefois. Nous les retrouverons bientôt.

Il eût été difficile de ne pas se rappeler cette légende devant le spectacle qu'offrait à mes yeux la barre de l'Adour.

Je vous l'ai déjà dit, c'était une mer en tourmente, battant sans aucune pitié les étroites jetées, faible barrière en apparence, mais qui a suffi jusqu'à ce jour pour protéger les rives sablonneuses contre toute érosion. A mesure que je m'avançais vers les hauteurs de la plateforme que surplombe la tour des signaux, le bruit du ressac redoublait, et quand je pus embrasser d'un coup d'œil l'embouchure et ses abords, je fus terrifié de cette colère de l'Océan s'acharnant contre une humble rivière.

La plage mince et basse était hérissée de dunes de sable et de digues. Au loin la pleine mer restait calme comme si elle réservait toutes ses forces pour combattre la côte. Un demi-cercle de vagues et d'écume la séparait du fleuve. C'est ce qu'on nomme la barre de l'Adour, si bien décrite par M. de Quatrefages :

« Des lames insensibles venues du large se relèvent au contact des bas-fonds et se dressent en longues ondulations semblables à des murailles d'une demi-lieue. Sapées à la base par le fond de plus en plus haut, elles se courbent en volutes et s'éboulent en laissant échapper une blanche poussière. Bientôt relevées, moins hautes, mais plus pressées, elles forment en face de l'Adour comme une quadruple barrière sans cesse détruite, sans cesse renaissante, et atteignent enfin le rivage, se brisent avec fureur, et lancent jusqu'au haut du talus incliné qui les arrête, leurs longues et rapides fusées. A l'embouchure même, elles se précipitent dans l'étroit canal, se recourbent contre les jetées comme pour faire à l'Océan un plus large passage et roulent avec elles des monceaux d'écume jaunâtre qui semblent un amas de roches flottantes. »

J'étais tout entier à ce spectacle et, m'avançant peu à peu sur l'extrémité du rocher, je contemplais l'abîme dans toute sa profondeur. Bientôt ce bruit incessant de tonnerre m'étourdit. Cette eau qui tournoyait, et éclatait en poussière, dont la vapeur montait en nuage fit sur moi une telle impression que je détournai les yeux. Je me trouvais sur une langue de roches humides et glissantes soutenue par du sable fin qui s'émiettait sous la pression de mon pied. J'étais pour ainsi dire suspendu.

Je voulus reculer, impossible. Je sentais la tête me tourner et l'équilibre me manquer. Alors, malgré moi, je reportai ma vue sur ce gouffre béant, et il me sembla voir au sommet de ses eaux bouillonnantes voltiger les démons du vertige dont le rire me fascinait et m'attirait.

Le ciel tournait sur ma tête et la terre sous mes pieds. Ma volonté m'échappait. Ah ! je ne pensais ni aux carlistes, ni à la Saint-Barthélemy, pas plus qu'à Bayonne et à sa baïonnette ! Je me laissais aller au contraire comme un enfant qui se trouve mal.

— Prenez garde, seigneur cavalier, me dit une voix en pur castillan, vous allez tomber.

Soudain une main me frappa sur l'épaule et me rejeta en arrière. Je me retournai et n'eus que le temps de répondre au salut amical que me fit mon sauveur en s'éloignant du côté de Bayonne.

Ahuri, étourdi, chancelant comme un homme ivre, assourdi par le bruit de l'Océan qui me poursuivait de son tonnerre, ne sachant même pas où j'allais, incapable de rien penser ni de rien résoudre, je descendis la côte pour suivre une grande route bordée de peupliers qui s'allongeait devant moi en ondulations incorrectes.

La route était pleine de piétons aux bérets bleus et rouges, tous fatigués et misérablement vêtus. Cela me rappela même le costume de mon interlocuteur, moins grotesque et mieux porté, mais à coup sûr aussi dépenaillé.

J'étais moi-même tout défait et j'avais une faim horrible. Par bonheur une diligence vint à passer et le conducteur consentit à me laisser monter. Une heure après, la fatigue et la faim avaient redoublé.

J'aperçus un village et je descendis.

— Où suis-je ? demandai-je.

— A Guettary, me répondit-on. Restez-vous ?

— Oui, si je peux manger beaucoup et dormir un peu.

On ne me répondit pas et je restai : mais je mangeai très-peu et ne dormis pas du tout. Seulement j'avais vu Guettary, vrai type du village basque.

Une église autour de laquelle se groupent des maisons comme les poussins autour de la poule, des collines basses semées d'arbres, de petites vallées semées de champs de blé, beaucoup d'habitations blanches aux volets verts et aux toits rouges, rangées sans ordre le long d'étroits sentiers qu'ombragent l'aubépine et la prunelle, voilà Guettary. Dans le bas, un petit havre sablonneux protégé par des rochers. Au fond, des barques, une plage qui invite au bain et plus loin la mer qui regarde d'un œil jaloux ce village tranquille sur lequel elle n'a pas encore jeté des tourbillons d'écume.

Vieille rancune de l'Océan. Car tous les habitants de Guettary sont pêcheurs et marins. Mais les flots, qui n'atteignent pas les cabanes, prennent leur revanche sur les barques, comme pour donner raison à leur courroux légendaire.

Guettary s'affecte peu du danger, et cette parole d'un pêcheur en dit bien long :

— L'Océan avance. Nous reculons. S'il reculait, nous avancerions.

Et cette autre, plus expressive encore :

— L'Océan peut tout prendre ; nous n'avons pas besoin de la terre pour vivre. Le jour où il aura tout noyé, les Basques seront là pour repeupler le monde.

Après mes préventions absurdes contre ce noble pays, il était de toute nécessité que je l'étudiasse pour lui rendre justice, et je ne regrette pas de m'être égaré quelques heures dans son histoire.

Aussi je continuerai à faire l'école buissonnière le long des souve-

Les habitants de Guettary.

nirs que j'ai recueillis, souvenirs qui m'ont fait aimer les Pyrénéens avant d'adorer les Pyrénées.

Le Basque n'a point le visage cauteleux et le sourire douteux du paysan ordinaire. Sa tête est rejetée noblement en arrière. Son regard est franc, son geste intrépide. « Il n'a jamais été asservi et porte encore sur le front le signe de la liberté. »

En général les Basques, dit Élisée Reclus, sont bruns et de petite taille... Ce qui leur donne une incontestable supériorité sur les lourds paysans de nos campagnes françaises, qui mettent leur art à cacher leurs pensées secrètes, c'est l'extrême mobilité de la physionomie.

Les moindres sentiments se révèlent sur leur visage par l'éclair du regard, le jeu des sourcils, le frémissement des lèvres. Comme dans les autres races non encore mélangées, les femmes surtout conservent le type national. Elles ont presque toutes de grands yeux, un nez finement sculpté, une petite bouche, une peau blanche et fraîche, une taille d'une merveilleuse souplesse.

Les Basques sont remarquables surtout par l'élasticité de leur démarche et de leurs mouvements. On dirait que leurs membres sont doués de ressorts particuliers, tant ils se meuvent avec grâce et légèreté. Quand on les voit descendre du haut de leurs rochers avec leurs vestes de velours, leurs ceintures de soie, leurs bérets rouges ou bleus, posés sur de longs cheveux flottants ; ou mieux encore, quand on les voit l'œil ardent, la poitrine frémissante, saisir au vol la balle du jeu de paume, ils semblent plutôt rebondir que marcher ou courir. Ils ont presque toujours à la main un bâton plombé qu'ils brandissent d'un air héroïque. S'ils passent à côté d'un voyageur, ils arrêtent un moment le moulinet de leur bâton, saluant avec grâce, mais comme des égaux, sans baisser le regard. Ils se savent tous gentilshommes.

Ni esclaves ni tyrans, telle est leur devise. Ils ont résisté aux barbares et à Charlemagne, ils ont chassé les Maures et traversé la féodalité sans laisser toucher à leurs libertés. Une paix inviolable n'a cessé de les protéger, quand la guerre, la peste, la famine décimaient les États voisins. Le moyen âge n'a jamais taché de sang ce pays qui avait pris pour idéal ce vœu touchant de la Coutume de Bigorre :

— Que le rustique ait paix à toujours !...

Hardi comme un Basque, dit encore le proverbe. Les guerres de la Révolution en ont gardé les preuves. Est-ce un bienfait du progrès et de la civilisation qui a fait perdre à ce grand pays son existence nationale, indépendante ? Les causes en seraient trop longues à développer. Quoi qu'il en soit, l'Espagne et la France se le sont partagé, et toutes deux s'honorent d'avoir pour fils ses enfants, n'ayant pu avoir leurs pères pour aïeux.

En terminant ma visite à Guettary j'ai récolté une jolie légende et j'ai enfin appris l'origine de la baïonnette !...

Je commence par la légende ; elle peint en quelques mots et à grands traits l'aspect topographique du pays basque qui n'est que sommets granitiques, entassement de rochers, débris mutilés par les convulsions de la nature.

Quand Dieu voulut créer le monde, il prit une besace et se la mit sur l'épaule. Cette besace était lourde. D'un côté se trouvait la terre, de l'autre les pierres. Il parcourut ainsi l'espace, semant la terre à poignées pour refaire notre globe que le cataclysme du déluge avait défait par la faute d'Adam.

Le bon Dieu aimait mieux faire cette besogne lui-même. Il craignait un mauvais tour de Satan.

Ce dernier s'était retiré dans le coin d'un nuage noir et s'apprêtait à s'élancer sur le premier être qui apparaîtrait. Il avait bien essayé d'attendrir le bon Dieu, car en supposant que Noé n'eût pas dans son arche sauvé une partie de l'humanité, le diable aurait assurément fait faillite, n'ayant plus d'âmes à damner sur terre. Mais le bon Dieu était resté inflexible aux prières de Satan :

— Oui, mauvais esprit, lui dit le père des hommes, je t'ai damné pour toujours, et pourtant tu ne m'as offensé qu'une fois tandis que j'ai sauvé des milliers d'êtres qui m'ont offensé mille fois. Aujourd'hui je les ai châtiés, mais j'ai sauvé leur espèce. Les hommes vont repeupler le monde. Ils m'offenseront encore, je le sais...

— Et tu leur pardonneras encore, interrompit Satan. Tu pardonnes à tous, à moi jamais !...

— M'as-tu demandé pardon une seule fois ? Incline-toi devant moi, et en face de ton repentir je me souviendrai que tu étais un de mes anges bien-aimés.

Mais Satan avait refusé. Si cette grande réconciliation s'était accomplie, le monde aurait retrouvé le paradis terrestre.

Or l'esprit du mal sauta sur la première pointe du rocher qui émergea des eaux. Ce fut lui qui, le premier, posa le pied sur le monde ressuscité et lavé de toutes ses souillures par la colère divine.

Dieu l'avait vu et, la besace au dos, reformait notre globe, par étapes et à petites journées, sans se presser.

Satan ne cherchait qu'à lui jouer un tour de son métier, et malgré la vigilance du bon Dieu il y parvint.

La besace était usée par un long service. Comme le grand architecte des mondes versait à tour de rôle de la terre et des pierres, Satan se glissa derrière lui et décousit le sac. Toutes les pierres qui étaient justement de ce côté-là tombèrent en bloc et formèrent un amoncellement de rochers, d'où sortit la Biscaye.

Le bon Dieu n'était pas content ; mais, dès qu'il fut remonté au ciel, il assembla son conseil pour lui demander quel dédommagement il devait aux hommes qui habiteraient cette contrée.

La discussion fut aussi longue que diffuse par cette raison que Dieu aussi bon que naïf avait cru devoir confier la cause à un procureur.

Ce procureur, qui n'était autre que saint Yves, patron des avocats, était très-mal vu en paradis où il était entré par surprise, au grand désespoir de saint Pierre qui veut toujours l'en expulser.

Ceci mérite explication. Saint Yves, en mourant, se fit enterrer avec un sac à procès, rempli de cédules, arrêts et assignations. Il avait tant aimé la procédure pendant sa vie, qu'il ne pouvait se résoudre à s'en séparer après sa mort. Il se présenta donc avec son bagage devant le geôlier du paradis, qui ne voulut pas le laisser passer ; mais saint Yves, malin comme un procureur, se glissa, au milieu des élus et, une fois au ciel, comme il connaissait sur le bout du doigt toutes les lois de la procédure, il protesta et s'obstina à dire qu'il resterait jusqu'à ce qu'un huissier assermenté près la cour du grand juge lui signifiât en bonne et due forme un arrêt d'expulsion.

Saint Pierre chercha un huissier. Il n'en trouva pas un seul au Paradis. Il fut bien forcé de laisser Yves parmi les saints et il attend encore aujourd'hui un huissier pour le sommer de déguerpir. Il attendra toujours. Les huissiers pas plus que les avocats ne vont en paradis. Saint Yves, prie pour eux !...

Le bon Dieu, n'ayant pu rien débrouiller dans la plaidoirie que le saint des avocats entreprit pour la Biscaye, s'adressa à saint Nicolas, dont l'emploi est spécialement de protéger tous les pays qui se trouvent en Europe.

Après quelques instants de réflexion, comme le conseil céleste lui demandait ce qu'il fallait donner aux Basques pour les dédommager du vilain pays que Dieu leur avait donné involontairement :

— Seigneur, dit saint Nicolas, faites-les grands et forts.
— Accordé.
— Faites-les courageux.
— Ils seront braves entre les braves.

— Faites-les libres.

— Es-tu sûr qu'ils n'abuseront pas de la liberté ?

— Un peuple qui abuse de sa liberté est plus malheureux qu'un peuple esclave.

— Eh bien ! ils seront libres !...

— Alors, Seigneur, les Basques auront le plus grand trésor de la terre.

Et voilà comment ce petit peuple put soutenir de longues guerres contre les peuples qui envahissaient tous ses voisins, et garder intacts son pays et sa liberté.

C'est dans une de ces guerres que le Basque inventa l'arme redoutable dont les canons Krupp ont détruit l'efficacité, la baïonnette, qui au bout du fusil français n'a pas encore dit son dernier mot en fait de luttes épiques et de combats corps à corps.

Le nom de baïonniers était anciennement donné aux arbalétriers de France. C'est déjà une preuve que la baïonnette n'a pas été inventée à Bayonne, vers 1674, comme l'affirment les dictionnaires et autres œuvres infaillibles. Le mot lui-même veut dire en espagnol : petit fourreau. Le contenant aurait donc été pris pour le contenu ? Ce qui a popularisé ce nom, en dépit des étymologistes et des historiens, n'est qu'un pur effet du hasard.

Les Basques étaient en guerre avec les Espagnols un siècle au moins avant cette date de 1674. Après une série innombrable de combats où la victoire alternait avec la défaite, le petit peuple libre se vit enfermé dans ses rochers. Sans vivres et sans poudre, il fit une sortie désespérée après avoir fixé ses longs couteaux au bout des fusils. Les Basques furent vainqueurs et le bruit de cette victoire étant parvenu à Bayonne, cette ville déjà renommée pour la fabrique de ses armes commença à fabriquer des dagues munies d'un manche rond que l'on glissait dans le canon du fusil.

Encore une invention qui ne porte pas le nom de son inventeur. Chose inutile du reste. L'Amérique en est-elle moins la découverte de Christophe Colomb ?

Il est temps de quitter la légende, l'histoire, — et Guettary.

Je suis trop près de Biarritz pour ne pas aller en passant lui rendre une visite aussi courte que possible. Si je m'arrête longtemps à tous les points intéressants, j'aurai l'âge de Mathusalem quand j'aurai fini.

Biarritz est du reste le frère de Guettary. Seulement l'un s'est enrichi en devenant grande ville et l'autre est resté le village primitif que nous connaissons. Mêmes mœurs, mêmes costumes, mêmes métiers. Tous marins ou pêcheurs, fiers et courageux, de vrais Basques enfin.

Les bains de mer de Biarritz ont été mis à la mode par une maison souveraine, et, depuis, l'engouement de la mode pour cette station balnéaire va progressant. La ville est devenue une vaste auberge qui s'agrandit chaque année avec élégance et confort : mais elle sera longue à se donner des promenades et surtout de l'ombrage.

Marchands espagnols.

Les côtes y sont ce que je les ai décrites et le palais des bains, les villas, les châteaux, le phare qui les couronnent n'en diminuent pas l'horreur. Là est un promontoire surmonté de ruines pittoresques, l'Atalaya, je crois, et semant tout autour des roches percées, des écueils isolés, tous plus ou moins façonnés par les vagues qui les rongent. Ici c'est le port des pêcheurs avec son archipel d'écueils, plus loin la côte des Basques ainsi appelée parce que les Basques seuls y passent, le sentier offrant plus de danger que de plaisirs. La mer y est toujours furieuse même en temps de calme.

Ce n'est pas ce spectacle que la mode parisienne est venu chercher à la dernière limite de la France ; aussi les Espagnols et les Basques exploitent avec conscience les touristes ou baigneurs qui habitent Biarritz. Sur la plage, les marchands de curiosités abondent. Il n'est pas rare de voir un négociant de la rue du Mail qui porte un binocle et se fait appeler milord, acheter cinq francs un mouchoir qu'il vendrait pour quinze sous à Paris.

Les dames aussi se laissent prendre. Il est vrai qu'elles ont pour excuse leur nature essentiellement curieuse et en outre l'oisiveté, un terrible ennemi. Elles sont assises sur la plage, causent, brodent ou rêvent. Les marchands pittoresquement vêtus arrivent et ouvrent leur trésor. C'en est assez pour qu'elles saisissent au vol une distraction nouvelle.

J'ai vu de Biarritz ce que je voulais y voir. L'ensemble est insignifiant et ses architectes ne l'empêcheront pas de ressembler à une paysanne endimanchée. Ne voulant rien sacrifier à cette idole de la mode, je la quitte sans regret, d'autant mieux que, toujours par la loi des associations d'idées, je songe subitement aux carlistes dont je me suis trop éloigné et dont je dois me rapprocher à Saint-Jean de Luz, où je vais me reposer des fatigues d'une journée mal employée, dans un bon lit de l'hôtel de France.

— Ma foi, me dis-je en m'éveillant le lendemain frais et dispos, les carlistes attendront encore.

En effet, si Guettary, qui a peu de chose à voir, m'avait retenu si longtemps, Saint-Jean de Luz, qui est plus important à tous les points de vue, devait me retenir davantage.

Ma première visite fut pour la mer. Je partis sans guide, sans indication aucune, mais j'entendais le grondement de l'Océan qui poursuivait de sa fureur les côtes de la Biscaye. Je n'avais pas à me tromper et je me fiai à mon inspiration.

En voyage, ce système a bien ses agréments, mais il a aussi ses inconvénients. Je marchais toujours, oubliant la longueur de la route et laissant mon esprit à défaut de mes yeux se repaître des descriptions éloquentes de M. de Quatrefages. Je m'attendais toujours à me trouver en face de ces larges plateaux de rochers où la mer se brise avec violence et a détruit depuis des siècles tous les travaux entrepris pour l'endiguer. J'aurais déjà voulu entrevoir les ruines de cette digue fantastique qu'une tempête, une seule, mais qui dura huit jours, avait emportée en n'en laissant que quelques pierres.

Au lieu de ce spectacle grandiose que je cherchais, j'en trouvai un autre que je ne cherchais pas.

J'avais franchi la langue de sable, sur laquelle s'étage la ville, que la Nivelle borde d'un côté et que l'Océan assiége de l'autre. La rade dessinait à mes pieds une courbe terminée par de hauts rochers et de massives jetées, et cette enceinte profonde, couverte d'une nappe d'eau d'un sombre azur, s'ouvrait sur l'infini de l'Atlantique. Rien de plus noble et de plus imposant. Si mes regards s'en détachèrent volontairement, c'est que rien ne m'attirait de ce côté, tandis qu'au delà du cours de la rivière, dans la direction opposée, se dressait une chaîne imposante de montagnes dont les contre-forts qui allaient se baigner dans la mer laissaient entrevoir sur leurs pentes rapprochées les plus charmants paysages.

Jusqu'à présent, il n'y avait eu pour moi, en fait de montagnes, que les Alpes. Mais je comprenais déjà que Dieu me punissait d'un jugement téméraire en m'apprenant au seuil des Pyrénées que chaque chaîne de montagnes, comme chaque pays, a son genre de beauté à part. Les Alpes ont leurs lacs, leur verdure et leurs glaciers. Les Pyrénées ont leur ciel bleu, leur lumière splendide et chaude, leur atmosphère si pure et si transparente.

Elles sont, en un mot, assez belles de leur propre beauté, de leurs violents contrastes, de leurs vallées calcaires et de leur double aspect et d'Europe et d'Afrique pour qu'on y vienne chercher ce qui n'appartient qu'à elles.

Cette dernière réflexion eût suffi à elle seule pour me décider à oublier le but de mon voyage si je n'avais entendu la conversation de deux paysans qui, s'étant rencontrés sur la route et salués, s'étaient mis à causer sans faire beaucoup attention à moi qui ne faisais pas du tout attention à eux.

— Cette fois, c'est fini, disait l'un. Le roi Don Carlos est en France.
— Je l'ai vu passer, disait l'autre.
— Et son armée ?
— Regardez.

Je me retournai et je vis, derrière la grille d'un château dont le propriétaire avait donné l'hospitalité à Don Carlos, une foule de soldats vêtus d'une manière à peu près uniforme, tous coiffés du béret navarrais et dont la figure, la tenue, exprimaient le plus profond découragement. Un gendarme suffisait pour les garder. Ils étaient du reste désarmés et tombaient de fatigue et de faim. Derrière cette grille la foule avide et cruelle accourait pour voir les carlistes !

— Tiens, me dis-je, il paraît que j'arrive trop tard. Tant mieux !

Les carlistes internés.

Alors j'oubliai tout, même Saint-Jean de Luz qui m'ouvrait les pages de son histoire, si palpitante d'intérêt.

Jusqu'à Hendaye, où j'arrivai fiévreux et agité, j'eus comme calmant de cette agitation et de cette fièvre le plus splendide décor que voyageur puisse rêver. Je vis défiler, dans ce col de Saint-Jean de Luz que l'histoire a illustré, le château d'Urtubie dont les fossés ont été comblés et les ponts-levis enlevés, et qui oublie les intrigues et les querelles *des ventres blancs et des ventres rouges*, en cultivant de riches métairies, en faisant valoir ses moulins et ses bois; le village d'Urrugne et son horloge avec cette inscription :

TOUTES FRAPPENT, ET LA DERNIÈRE TUE!

la croix des Bouquets et la pointe du Figuier, Behobie sur les rives de la Bidassoa, frontière de l'Espagne, enfin Hendaye ou Andaïe qui n'offre plus que des décombres au milieu desquelles sont restées debout quelques maisons blanches et coquettes ornées de treilles, de fleurs et de guirlandes de piments rouges.

Mais si j'ai vu, je ne m'en souviens guère.

L'histoire ne me ménageait pas ses souvenirs. A la croix des Bouquets, deux dates scintillaient : 1793 et 1813. L'une m'annonçait la victoire des républicains sur les Espagnols. L'autre la victoire des alliés sur les Français. Un peu plus bas, l'île de la Conférence réveillait Louis XI roi de France et Henri IV roi de Castille, dans cette célèbre conférence qui, sous prétexte de resserrer l'intimité des deux nations voisines, a élevé entre elles une barrière de haine que Louis XIV n'a pu abattre en dépit de cette parole : « *Il n'y a plus de Pyrénées !* »

Voici l'île des Faisans, espace marécageux où les faisans sont aussi rares que les oiseaux du Paradis dans les Champs-Élysées. C'est là que François Ier revenant de captivité s'échangea contre ses deux fils qu'il donnait en otages ; c'est là qu'Anne d'Autriche fut fiancée à Louis XIII et Marie-Thérèse à Louis XIV ; c'est là enfin que mourut le grand peintre Velasquez en travaillant à embellir les galeries destinées à abriter ces têtes royales !...

Mais si j'y ai pensé, je ne m'en souviens plus du tout.

Je marchais droit devant moi. Les montagnes étaient venues à moi, j'allais à elles. Comment me suis-je trouvé montant une colline au sol rougeâtre et infertile, et soudain transporté au sommet de la Haya dont la triple couronne se dressait au-dessus de pentes gazonnées et escarpées ?

Je l'ignore, mais en voyant se plier en éventail la chaîne principale des Pyrénées dont les chaînons s'abaissant de croupe en croupe jusqu'à la mer font un si grand effet dans le paysage, je m'écriai en me croisant les bras :

— Ah ! ça, les Pyrénées sont donc de vraies montagnes ?

La vallée de la Rhune.

CHAPITRE II

Les Alpes et les Pyrénées. — Comparaison géographique. — Opinion d'Élisée Reclus. — Panorama de la Rhune. — Un témoin indiscret. — Érudition géologique. — Comment la terre s'est formée. — Théories de Cuvier et de Buffon. — Le déluge. — L'homme fossile. — Une paire de mouchettes antédiluviennes. — Ce qu'était le témoin indiscret. — Chien et chat. — Une légende et un vers du Coran. — L'aubergiste. — Un Anglais et une Anglaise de Carcassonne. — Route de Cambo. — Histoire succincte de mes compagnons de voyage. — Causerie à propos de légende et d'histoire. — Pé de Puyanne. — Le pont de Bayonne. — Soult et Wellington. — Souvenirs historiques. — Les généraux Foy et Clauzel. — Suite de ma causerie avec mademoiselle Rose. — Les eaux de Cambo. — La nuit de la Saint-Jean. — Le Pas de Roland.

La stupéfaction dans laquelle j'étais plongé a son excuse dans l'admiration sans bornes et exclusive que j'avais toujours eue pour les Alpes. J'avais voyagé si souvent en Suisse que je sentis un jour le besoin de publier une description de ses montagnes, écrite avec plus de soin que de talent. Aussi, honteux de mon ignorance des beautés pyrénéennes, pour pallier la blessure faite à mon amour-propre de voyageur et d'écrivain, je résolus, à la place même où mes yeux s'étaient ouverts à la lumière, de voyager dans les Pyrénées et d'écrire les impressions de mon voyage.

Certes, pour atteindre ce but, j'en prévoyais déjà toutes les difficultés. Il en est des montagnes comme de tout ce qui est grand; pour pouvoir rendre leurs saisissantes beautés, il faut être un grand poëte ou un grand peintre. Or, je ne suis ni l'un ni l'autre. Mais ne faut-il pas que mon ignorance et mon hérésie fassent amende honorable devant le plus sublime spectacle de la nature, dédaigné et méconnu pendant longtemps par le plus ignoré de ses sujets?

Seulement, je n'oserais pas commencer ce travail, si je ne plaçais ici ma justification, laquelle, à vrai dire, figurerait mieux à la fin de ce livre qu'au commencement. Comparer les Alpes aux Pyrénées, c'est atténuer mon ignorance et justifier mon hérésie. Quand on n'a vu que les Alpes, peut-on se douter qu'il existe des montagnes rivales, qu'elles s'appellent les Pyrénées ou les Vosges, le Caucase ou l'Himalaya? Peut-on ne pas se rappeler ces belles paroles de Michelet :

« Rien de comparable aux Alpes. Aucun système de montagnes ne me semble en approcher. C'est le réservoir de l'Europe, le trésor de sa fécondité ! »

Oui, cela est vrai ; on ne se lasse jamais d'admirer les Alpes parce qu'elles présentent réunies toutes les beautés séparées dans les autres ; parce qu'elles sont l'épine dorsale de l'Europe, dont les ramifications, semblables aux membres d'un corps, déterminent les contours du continent ; parce qu'enfin c'est au relief et à la distribution de leurs glaciers, qui épanchent les eaux de l'Europe occidentale, que les peuples de cette partie du monde doivent indirectement leur vie et leur civilisation !....

Un mot suffira pour établir nettement la différence qui existe entre les Pyrénées et les Alpes. Les premières sont d'une régularité frappante ; les autres semblent n'être qu'un effrayant désordre.

— Quand on a vu les Alpes, dit Ramond, et qu'on s'est rassasié de leurs horreurs, on trouve encore dans les Pyrénées des aspects étranges et nouveaux. Du mont Blanc même il faut venir au mont Perdu. Quand on a vu la première des montagnes granitiques, il reste encore à voir la première des montagnes calcaires !....

Les Pyrénées bornent l'horizon de leur muraille uniforme et hérissée de pointes comme une longue scie. Vus de la plaine, leurs contre-forts apparaissent à peine, bien qu'ils soient très-élevés ; mais cette élévation relative fait peu d'effet à cause de la disposition régulière des pics et de la ressemblance de leurs formes, tandis que les Alpes, toujours plus variées et souvent moins hautes, dressent majestueusement leurs sommets neigeux au-dessus des plaines et des autres montagnes.

Les cols alpins sont profondément entaillés et s'ouvrent comme d'immenses coupures dans la masse de la chaîne. Les cols pyrénéens ne sont que de simples plateaux dominant le sommet de la crête ou bien des cheminées, sombres ravines creusées dans le roc par le travail séculaire des agents atmosphériques.

La disposition rayonnante des Alpes autour de certains points centraux produit une grande diversité d'aspects. De tous côtés, on ne voit qu'aiguilles et glaciers. On est tout à fait dans le cœur d'un pays de montagnes ; la plaine a disparu, rien ne la rappelle au souvenir. La chaîne plus simple des Pyrénées, au contraire, est trop uniforme et trop étroite pour qu'on perde complétement de vue les campagnes étendues à sa base, et il suffit d'escalader la première cime venue pour voir apparaître les plaines derrière les contre-forts abaissés.

Les lacs, cette beauté des Alpes, manquent aussi aux Pyrénées. Qui donc oserait mettre en ligne de compte l'étang de Gaube, entouré de ses quelques sapins, près du lac de Genève, avec son cortége de montagnes, de villages et de châteaux ? Ce qui leur manque encore ce sont les glaciers, car les névés des Pyrénées ne ressemblent en rien à ces énormes fleuves de glace qui labourent par de profonds sillons les lits de rochers dans lesquels ils s'écoulent. Il en résulte qu'elles n'offrent pas cet admirable contraste de fertiles vallées et de prairies verdoyantes touchant presque les âpres murailles des glaciers ; il en résulte qu'un voyageur, mourant de soif, trouvera dans les Alpes, au pied des glaces, un cerisier chargé de fruits mûrs, et que, sur la Maladetta, par exemple, on aura eu beau dépasser depuis longtemps, sur les pentes, les derniers sapins rabougris, toute la végétation brûlée par le froid n'offrira pas une fleur, pas un fruit !

Enfin, pour terminer ce procès qui rassure ma conscience, j'ajouterai qu'au point de vue géographique, les Pyrénées sont en comparaison des Alpes une chaîne d'importance secondaire. Et ce fier Castillan qui, par orgueil national, avait fait de l'Europe une femme dont l'Espagne était la tête, n'avait pu faire des Pyrénées que le collier de la souveraine. Les Alpes en étaient la ceinture.

Moi aussi, pour prouver mon impartialité, je m'écrierai avec Élisée Reclus, dont le témoignage autorisé est décisif en pareille querelle :

« Les Pyrénées ont aussi des beautés qui leur sont propres. Baignant la base de ses rochers, d'un côté, dans les flots verdâtres de l'Atlantique, de l'autre, dans la nappe bleue de la Méditerranée, la chaîne offre, à ses deux extrémités, le plus saisissant contraste. Le voyageur qui la parcourt dans toute sa longueur, de Bayonne à Port-Vendres, pourrait croire qu'il a changé de continent. A l'ouest, dans le pays basque, ce sont des collines mollement ondulées, couvertes de forêts de hêtres, gracieux paysages qui rappellent les sites allemands du Hartz et du Thuringerwald ; à l'est, la nature est tout africaine. Ce sont des rochers blanchâtres ou calcinés, des bois de chênes-liéges poudreux, des oliviers au feuillage pâle, des vignes, des haies d'aloès, des plages de sable bordées de tamaris. Enfin, les Hautes-Pyrénées présentent aussi des spectacles grandioses qu'on chercherait vainement dans les Alpes de la Suisse. C'est dans cette partie calcaire de la chaîne que sont creusés ces cirques immenses, Troumouse, Bielsa, Gavarnie, environnés de gradins où pourraient siéger des nations entières. C'est là que les montagnes se dressent en tours, en murailles, en escaliers, comme si, d'après l'expression de Ramond, un peuple de géants eût appliqué l'équerre et le niveau à la superposition de leurs assises. D'ordinaire la nature nous semble d'autant plus belle que nous sentons davantage notre infériorité en sa présence. Or, l'homme ne peut que se sentir d'une petitesse infinie dans ces cirques vastes et déserts où croissent à peine quelques herbes, où les rares bestiaux semblent perdus dans l'étendue des pâturages, où la seule voix est celle des avalanches et des cascades, où les seuls spectateurs sont les pics neigeux se dressant au-dessus des gradins verdoyants !.... »

Le grand poëte, le grand peintre, le voilà ! Je n'en aurais été que le plagiaire ; j'ai mieux aimé n'être que le copiste de cette poésie et de cette peinture que je mets d'avance en réserve pour en saupoudrer mes futures impressions !....

Mais je suis toujours sur le sommet de la Rhune, perdu dans mes réflexions, honteux et confus comme le renard de la fable et demandant mentalement pardon aux Pyrénées dont l'admirable panorama, une des plus belles vues de la chaîne, étend à neuf cents mètres au-dessous de moi les côtes dentelées du littoral, de Saint-Sébastien à la barre de l'Adour, et au-dessus, dans les nuages de l'horizon, un cercle de monts dominés par le pic de la Haya, à la triple couronne.

Je tremblais d'émotion et je n'avais plus qu'une idée, celle d'escalader les cimes de cette « *Sierra*, » qui semblait me regarder en ricanant, comme une vieille fée dont le sourire moqueur m'eût laissé voir dans l'ombre de ses lèvres décharnées la silhouette de ses dents pointues.

Avais-je le temps, le loisir et le costume pour accepter ce défi ? Rien de tout cela. Il me fallait donc redescendre à Bayonne, peut-être même aller jusqu'à Paris, pour m'équiper en guerre, car je me rappelais mes voyages en Suisse, et je savais combien les excursions sont difficiles quand on n'a pas le sac au dos et le bâton ferré à la main, surtout quand on n'a pas, sinon un guide, du moins un compagnon de voyage qui partage vos impressions et vos fatigues.

Il est vrai qu'il y a des touristes qui regardent les montagnes de la fenêtre de leur hôtel, dont les excursions consistent à passer de leur chambre au jardin anglais, du jardin anglais à la promenade, qui font la sieste sur la bruyère et lisent le journal étendus sur une chaise; puis, une fois rentrés chez eux, racontent ou écrivent ce qu'ils n'ont pas vu, d'après les livres-guides qu'ils ont lus. C'est une variété de touristes que Taine a stigmatisés trop spirituellement pour que j'ambitionne de les imiter.

Mon parti était pris. Ne plus quitter les Pyrénées sans leur prouver toute mon admiration, sac au dos. En attendant le sac que j'aurais le lendemain, j'avais l'admiration prête à éclater. J'en profitais et je commençais.

Une première désillusion m'attendait au seuil de mon voyage. J'avais un témoin sur lequel je ne comptais pas et qui me guettait d'un air tant soit peu gouailleur sans que je me fusse douté de sa présence. Ce témoin me gênait, mon amour-propre déjà froissé en faisait un ennemi. Aussi je lui lançai un regard dédaigneux qu'il reçut impassible, mais attentif, et jetant un dernier coup d'œil autour de moi, je descendis la Rhune en suivant le cours de son ruisseau. Le susdit témoin me suivait discrètement.

Pour ne pas avoir l'air d'un voyageur ordinaire, je me mis à étudier les flancs de la montagne que j'arpentais le plus vite possible et dont les gisements de houille me semblaient appartenir aux terrains de transition.

On est convenu d'appeler en géologie terrains de transition, les terrains de l'époque intermédiaire entre deux évolutions de notre globe. Ceci semblera bien aride jeté au milieu des sensations poétiques d'un voyageur perdu dans la contemplation de la nature ; mais comme nous aurons, à chaque pas que je ferai dans les Pyrénées, à relever des traces d'époques antédiluviennes, comme nous sommes déjà en pleines montagnes, c'est-à-dire au milieu même du travail de la terre luttant pour se former contre tous les obstacles qui l'environnent, nous avons besoin de nous mettre en règle avec les termes géologiques.

Autant que possible ce sera de la science amusante, quitte à la faire plus sérieuse quand l'occasion sera venue.

D'abord donnons une fois pour toutes les bases de la géologie actuelle.

Bernard de Palissy et après lui Cuvier avaient remarqué que les couches du sol renfermaient des coquilles, des ossements et autres restes vivants qu'il fut convenu d'appeler fossiles. L'ignorance classique des savants du moyen âge croyait y voir des fruits d'une sorte de végétation pierreuse, et à Buffon qui à propos de coquilles trouvées dans des rochers au sommet des Alpes voulait y voir une preuve du déluge biblique, Voltaire répondait, avec autant d'incrédulité que d'athéisme, que c'étaient des coquilles jetées là par des pèlerins allant de Saint-Jacques de Compostelle à Rome. Mais à cette époque une opinion dominait : « Les fossiles ne sont que des restes d'hommes, d'animaux et de plantes, enfouis dans le sol par la violence des eaux du déluge. »

Nul n'aurait osé supposer que ces formes animales et végétales étaient entièrement différentes des nôtres et tout à fait disparues, ni que les mers et les terres eussent pu avoir une autre disposition que celle qu'elles ont aujourd'hui. Il appartenait à Cuvier de décrire avec soin la nature et l'ordre de superposition des couches, de la forme exacte des fossiles d'animaux et de végétaux qu'on y rencontrait.

Chacune de ces couches superposées, d'après Cuvier, c'est-à-dire d'après la science même, contient des groupes d'espèces qui diffèrent de celles d'au-dessous et d'au-dessus, de sorte que ces espèces forment une population ou, comme on dit, une faune caractéristique que l'on retrouve au même niveau, sur une immense étendue. Ces espèces sont presque toutes marines. Elles ont été ensevelies dans le limon du fond de l'eau qui s'est ensuite solidifié autour d'elles par le temps, ce qui prouve que les terrains où l'on trouve des fossiles ont été formés par le dépôt au fond des mers de sédiments qu'entraîne en suspension l'eau courante.

Donc le sol que nous foulons était le fond de la mer, donc les mers ont changé de place. Il s'ensuit que le sol *est instable* et que seul le niveau des mers change lentement, sauf à prévoir un nouveau déluge.

La conclusion est précise. Si, entre les dépôts de deux couches consécutives, des espèces animales ont eu le temps d'apparaître, de croître, de décroître et de s'éteindre, ces dépôts ont dû, non-seulement mettre longtemps à se former, mais souvent aussi être séparés par des durées considérables. Il s'est donc écoulé avant l'arrivée de l'homme sur la terre des temps immenses. Pendant ces temps se sont succédé les multitudes d'espèces éteintes d'animaux et de végétaux dont les fossiles ont laissé dans ces couches superposées qui constituent le fond des mers successives, leur substance et leur forme après des myriades de siècles écoulés.

Mais qu'était le globe, d'où venait-il, avant la naissance de l'homme?

Il y a plusieurs hypothèses. Voici la meilleure :

Il ne faut pas se dissimuler que la terre est le plus petit des mondes visibles ou invisibles qui peuplent l'espace, un atome perdu dans l'immensité, un bolide lancé par le cratère en éruption du volcan d'un soleil naissant ou d'une comète en évolutions.

On suppose, on est à peu près certain, que dès l'origine la terre n'a été qu'un aérolithe ou plutôt un morceau de lave en fusion lancé dans le vide et forcé par l'impulsion qui lui a été donnée de décrire un cercle ou une ellipse. La trajectoire dans le vide ne peut être une ligne droite. Là, il n'y a plus attraction et le corps lancé tend toujours à revenir à son point de départ ; de là l'évolution elliptique de ce morceau de lave qui se nommera la terre.

Ce globe en feu commence à se refroidir. En se refroidissant, il forme d'abord de la fumée, puis de la cendre. Cette fumée produit la première goutte d'eau et commence l'atmosphère. La cendre mouillée par l'eau extérieure et séchée par le feu intérieur se durcit peu à peu. Voilà la première couche terrestre, le premier limon, les premières eaux. Nous sommes au chaos. Et déjà, pour arriver à ce chaos, que de siècles écoulés!....

Il n'y a pas encore d'air, mais il y a de la boue et de l'eau. De là les animaux et végétaux aquatiques trouvés dans les terrains que Cuvier appelle les terrains primaires et que Buffon appelait les archives du monde.

Pendant que la croûte terrestre se forme, le feu intérieur agit toujours. Parfois il éclate en éruptions. Cette croûte se soulève et les eaux en profitent pour affaisser le sol et creuser des plaines. On a déjà un semblant de vallées et de montagnes. Ces vallées sont des océans; ces montagnes, des volcans. Peu à peu, le feu diminue d'intensité. Il n'a plus que de rares issues et les montagnes qu'il soulève ne sont que des ébauches de volcans. Pour prouver sa présence, il laisse derrière lui des vagues pétrifiées, comme la mer laisse derrière elle des vagues d'écume.

Les rivières à leur tour se font un lit dans ce limon malléable dont elles emmènent des parcelles à l'Océan. Ces parcelles s'accumulent et forment des continents. Le profil de la terre devient plus distinct dans la vapeur qui l'environne.

Des déluges successifs, à de longs intervalles, changent notre globe avec la même dextérité qu'un sculpteur qui pétrit un morceau d'argile. L'assertion la moins controuvée est celle qui attribue ces déluges aux queues de comète, lesquelles ne sont que la vapeur laissée dans l'espace par la marche rapide d'un globe de feu. Les molécules d'eau amassées dans cette vapeur viennent se condenser dans notre atmosphère et produisent ces pluies, dont la Bible signale une seule, mais qui, au lieu de durer quarante jours, doivent durer peut-être des siècles, à coup sûr assez de temps pour anéantir la vie animale et végétale sur toute l'étendue de notre globe.

Prenons la terre après un premier déluge et nous arrivons aux terrains secondaires ou de transition qui correspondent aux temps historiques appelés époques fossilifères, dont la géologie a fait son étude principale.

C'est un de ces terrains sur lesquels je me trouvais et qui, bien que l'industrie n'en ait pas encore tiré parti, portent dans leurs flancs des mines de houille où l'histoire des révolutions de la terre a laissé des traces ineffaçables.

Quand les eaux se retirèrent, — bien entendu, nous prenons les données abstraites de la science, sans nous préoccuper de la donnée poétique de la Bible, — il resta sur cette croûte terrestre, qui s'était épaissie au fur et à mesure que le feu intérieur diminuait d'intensité, un limon épais, dans lequel poussa une végétation gigantesque. Les animaux et l'homme ne pouvaient vivre, l'air ambiant n'étant pas encore respirable, puisqu'il avait en trop grande quantité de l'acide carbonique, élément vital des végétaux, mais destructeur de la race animale.

Ces plantes splendides à la floraison luxuriante ont commencé l'absorption de ce gaz carbonique qu'ils ont changé en gaz oxygène. Une fois l'air changé, le limon terrestre a produit les premiers animaux. Ce n'étaient encore que des morceaux de calcaire, ou de boue desséchée, pétrifiée, vitrifiée, à travers lesquels perçait la vie. Ceux qui sont restés dans l'eau se sont vus forcés de garder leurs coquilles, de là cet amas calcaire qui forme les assises des continents lesquels s'appuient sur le fond des mers ; les autres dont la terre était le partage se sont peu à peu dépouillés de leurs coquilles. Le poisson a dû être, comme le serpent, un des premiers animaux issus de cette famille de crustacés, chez qui la géologie place le siége de la première vie animale.

L'homme est-il sorti de ce fouillis inextricable de matières, de végétaux et d'animalcules produits hybrides d'une vitalité éphémère ? Non, pour plusieurs raisons.

La première et la plus importante, c'est qu'il nous faudrait nier les bases de notre religion et l'existence d'un Dieu créateur ; la deuxième est qu'on trouve bien dans les couches de la troisième époque des preuves qu'une race humaine a existé, mais on n'a pas encore découvert cette pierre philosophale de la géologie, l'homme fossile. Les ossements trouvés et avec lesquels on a constitué des êtres contemporains du déluge ne prouvent rien, du moins pour les époques précédentes, dont les couches des terrains secondaires et même tertiaires attestent d'autres bouleversements de la terre, dus à des causes diluviennes.

Non, l'homme proprement dit, cette créature pétrie par la main de Dieu, faite à son image et dotée d'une âme, n'existait pas encore. Ce squelette d'une grande salamandre trouvé par un savant allemand dans les houillères d'Œningen, n'avait rien de l'homme témoin du déluge. « Il est hors de doute aujourd'hui que ces ossements colportés dans toute l'Europe sous le nom de « restes du roi Teutobochus, » appartenaient à quelque mastodonte, dans le genre de ceux que des fouilles incessantes font découvrir chaque jour, incrustés au milieu des houilles ou des pierres où ils ont trouvé une tombe et qui les enveloppent comme d'un suaire.

En France, ces terrains, où sont enfouis des végétations luxuriantes et des animaux formidables qu'on ne retrouve vivants dans aucun pays, si ce n'est au fond des mers ou dans les entrailles les plus profondes de la terre — à moins pourtant que certaines descriptions de pseudo-savants ne soient des rêves, — ces terrains, dis-je, sont appelés calcaire carbonifère, terrain houiller et terrain permien.

La houille est un trésor de la civilisation moderne que le temps a mis des milliers de siècles à accumuler pour l'homme et qui a la valeur de toutes les mines d'or ou d'argent réunies. C'est cette végétation puissante dont nous avons parlé qui a produit les houillères; aussi les principaux fossiles sont surtout fournis par le règne végétal. Aux terrains permiens appartiennent les premiers animaux. Mais en général les bassins houillers sont toujours adossés à un massif montagneux. Leur fond est formé par le calcaire carbonifère, puis vient une couche charbonneuse que séparent alternativement des couches de grès et de schistes.

Et dans ces couches nulle trace de l'homme!...

Enfin, pour terminer cette digression que nous compléterons plus tard, disons que les terrains de transition ne sont pas rares dans les Pyrénées et que nous nous y arrêterons dès que l'occasion se présentera d'en faire une étude spéciale.

Ces quelques données scientifiques jetées au courant de la plume et dont mon imagination suivait le vol capricieux, m'avaient fait oublier le compagnon de voyage qui me suivait toujours discrètement. C'est en éclatant de rire que je m'aperçus de mon oubli et voici la cause de ce rire.

Je me rappelai que dans une de ces fouilles faites par nos savants pour arracher aux entrailles de la terre les secrets de sa formation, un de mes bons vieux professeurs — excellent homme, qu'il me pardonne! — avait commis une erreur aussi grosse qu'un mastodonte. Il s'agissait de déterminer la présence de l'homme dans un terrain dit de transition, auquel des couches argileuses et très-minces donnaient cependant une origine peu moderne. Entêté comme un savant, le professeur ramassait les coquilles, les os friables de mollusques appelés « *foraminifères* », très-fréquents du reste dans les Pyrénées, et une masse de débris d'ustensiles et d'armes de toute sorte. Enfin, il découvrit un morceau de fer, informe, rouillé, recouvert même de petites coquilles. Il porta cette découverte à l'académie du département en l'appuyant d'un long mémoire tendant à prouver que l'homme primitif avait paru par là.

On étudia pendant une année, tous les savants y passèrent à leur tour. Ce fut un quincaillier qui donna le mot de l'énigme.

Le morceau de fer, arme ou ustensile de l'homme antédiluvien, n'était autre qu'une paire de mouchettes!....

A ce souvenir, qui me précipitait des hauteurs scientifiques dans le réalisme le plus outré, sans respect pour un savant qui avait été le premier à se moquer de son erreur, je me mis donc à éclater de rire et je m'arrêtai. Mais, en m'arrêtant, je me retournai pour regarder, autour de moi, ces montagnes qui m'avaient fait rêver des bouleversements du globe et qui avaient été témoins d'une grande bataille. Les hommes jaloux de la nature y avaient produit eux aussi un de ces bouleversements qui décident du sort des nations. Cette fois je ne riais plus. La victoire que Wellington avait remportée là sur les Français me montrait déjà l'empire croulant à Waterloo!

Mon compagnon de route, me voyant arrêté, s'était assis gravement l'œil en arrêt, les oreilles aux guets, le nez au vent, immobile comme les sphinx qui sont chargés de la garde des Pyramides.

Je commençais à être inquiet. Or, n'ayant pas le désir de chercher un lit dans les flancs carbonifères de la Rhune ni de m'endormir dans ses descriptions géologique ou historique, à l'ombre de sa redoute en ruines ou de son ermitage démoli par la Révolution — je me demande d'où pouvaient sortir les enfants qui y allaient à l'école avec des vivres pour toute la semaine! — n'ayant plus enfin qu'un but, celui de revenir à Bayonne pour y tracer le plan de mon expédition, je repris en toute hâte la route de Saint-Jean de Luz.

Cette fois mon compagnon, qui m'avait toujours suivi discrètement, se précipita au-devant de moi et me barra la route.

Mon inquiétude se changea en peur, d'autant plus que dans le bas de la vallée qui déjà s'emplissait d'ombre, j'entendais repercuté par l'écho un sifflement prolongé auquel répondait mon espion par des gémissements plaintifs entrecoupés d'aboiements impératifs à mon adresse.

Car ce témoin, ce compagnon, cet espion n'était autre qu'un chien!
— mais un affreux chien de montagne, sale, étique, au poil ras et d'un jaune roussâtre, dont la tête pourtant fine et intelligente faisait pardonner au reste du corps son manque total de beauté et d'élégance.

J'aime beaucoup les chiens, mais je le répète, celui-ci me faisait peur. Son insistance à me suivre, à m'épier, à me barrer le chemin, me remettait en tête je ne sais quelles légendes racontées peut-être par ma nourrice et qui avaient eu grandement le temps de s'égarer dans mon imagination.

Ce diable de chien ne quittait pas son poste, il tournait, retournait sur lui-même comme une toupie, il allait et venait, aboyant d'un ton plaintif à la voix qui l'appelait, aboyant toujours contre moi avec colère.

Ah çà, que me voulait ce chien? n'était-ce pas le diable en personne échappé à ses mille métamorphoses, et qui hantait ces terrains diluviens où j'avais réveillé les souvenirs du chaos?

Car, d'après la légende russe, le diable affectionne cette métamorphose pour se glisser parmi les mortels, qui, ayant beaucoup de raisons de se méfier de Satan, n'en ont aucune de se méfier du chien, l'animal le plus fidèle et le plus caressant de la création.

Mais aussi, c'est la faute du chat, ajoute la légende.

Lorsqu'il fut créé, le chien attendit sa pelisse. Il avait besoin d'une fourrure pour être complet. Le Père éternel ne se pressant pas de le compléter, la patience manqua au chien qui suivit le premier venu qui l'appela. Ce passant était le diable. Celui-ci en fit son compagnon, son émissaire et même aujourd'hui encore il n'oublie pas dans ses métamorphoses de se glisser dans sa peau.

Pendant ce temps, le bon Dieu appelait le chien pour lui donner la fourrure qui lui était destinée. Pas de chien. Et le bon Dieu était embarrassé de cette fourrure qu'il tenait à la main.

Le chat, qui faisait son ronron dans un coin, leva son regard béat vers le Créateur, mais avec un air si malheureux, un frisson de froid si bien simulé que, par pitié, surtout par débarras, la main divine lui jeta la fourrure qui était destinée au chien.

De là vient l'antipathie des deux quadrupèdes l'un pour l'autre. Le chien prétend que le chat lui a volé son bien. De là aussi le proverbe : S'aimer comme chien et chat.

Comme ce sont les chats angoras qui ont eu les plus belles pelisses, la guerre la plus acharnée est toujours ouverte entre eux et la race canine.

A cette légende je préfère encore l'affirmation de l'Alcoran :

— Les chats, dit Mahomet, qui adorait cet animal, ont beaucoup de ressemblance avec les lions parce qu'ils sont nés dans l'arche de Noé de l'éternument des lions.

Donc je me demandais, en me rappelant cette légende, si ce chien qui me barrait la route n'était pas le diable en personne et je m'apprêtais à lui faire un mauvais parti, quand je réfléchis qu'il pourrait bien être ou un descendant ou un imitateur du fameux chien de Montargis, qui vengea dans un tournoi son maître assassiné par le chevalier Macaire.

Mais nous n'étions pas sous Philippe-Auguste et en fait de chevaliers Macaire notre siècle ne produit que des Robert Macaire, chevaliers aussi, mais d'industrie, lesquels ont plus peur des gendarmes que des chiens.

Pendant ce temps, le chien, assis gravement, me regardait et, chaque fois que son regard rencontrait le mien, sa queue frétillait de joie.

— Oh ! oh ! me dis-je, c'est étrange ; cette obstination à me guetter n'est pas naturelle. Il ne veut pas que je continue ma route par ce sentier. Prenons celui-ci.

Et je fis volte-face pour descendre à droite, du côté où j'avais entendu, où j'entendais encore des sifflements répétés.

Le chien me suivit, puis, quand il me vit assez engagé dans le chemin pour que je n'eusse plus la velléité de retourner en arrière, il me dépassa, disparut, puis revint quelques minutes après, disparaissant encore pour revenir ensuite. Ce manége dura jusqu'à ce que je fusse arrivé au bas du mamelon. Là il y avait une auberge et, sur le seuil, une espèce de guide à la figure rusée, coiffé d'un bonnet relevé à la Tabarin ; il s'appuyait sur un immense bâton, un fouet sans doute, car près de lui était une voiture attelée, et mon homme portait sur le dos une couverture rayée qui devait appartenir à un cheval. Il faisait sombre, mais les lanternes de la voiture et les lueurs des fenêtres de l'auberge éclairaient vaguement la scène.

— Ici, Ramoune ! dit une voix.

— Amène-t-il quelqu'un? demanda-t-on de l'intérieur.

— C'est évident. Est-ce qu'il serait resté aussi longtemps sans ça? Je ne l'aurais pas attendu. Bonsoir, Monsieur, soyez le bienvenu.

Ces derniers mots s'adressaient à moi. J'entrai dans l'auberge. A peine fus-je entré, qu'un monsieur rouge comme une pivoine et gros

Joannès l'aubergiste.

comme un tonneau se leva en frappant la table sur laquelle il était appuyé, d'un énorme coup de poing qui faillit renverser la chandelle.

— Eh bien! s'écria-t-il, tant pis pour lui. Il viendra, dussé-je l'emporter sous mon bras!

— Mais oui, mon père, il viendra de gré ou de force.

Ceci était dit par une jeune fille grande et mince qui eût peut-être été jolie si elle n'avait pas eu les cheveux en saule pleureur, des lunettes, d'affreuses lunettes bleues, un chapeau jaune avec un voile vert et surtout l'accent de monsieur son père !

— Pas si vite, Milord et Milady, dit le maître de Ramoune, nous ne prenons pas les voyageurs à la gorge.

— C'est heureux, dis-je en moi-même, mais cela veut-il dire qu'on ne les prend pas à la bourse ?

— Monsieur vient-il avec nous, oui ou non, répéta celui qu'on appelait milord, je ne savais pourquoi, et dont l'accent sentait plutôt les rives de la Garonne que les brouillards de la Tamise.

— Où donc irais-je ? je ne sais seulement pas où je suis, dis-je en saluant poliment le saule pleureur vert qui venait de glisser sous son bras un énorme livre piqué de signets et bourré de papiers.

Le saule pleureur grinça comme une girouette mal graissée :
— A Cambo.

Pour toute réponse je m'assis, attendant une explication que mes jambes fatiguées et mes pieds endoloris ne me permettaient pas d'entendre debout.

L'auberge où le hasard sous la forme d'un chien venait de m'introduire n'était à proprement parler qu'une maisonnette placée en dehors de la route ordinaire, et qui, vu sa position isolée, courait grand risque de n'avoir jamais de voyageurs.

Le propriétaire, pour obvier à cet inconvénient, avait deux ressources : sa voiture d'abord, son chien ensuite.

La voiture aurait pu rivaliser avec ces affreux *coricolo* qui vous estropient sous le prétexte de vous montrer sans fatigue les environs de Naples. C'était un char à bancs, suspendu sur des ressorts fêlés et tiré par un bon petit cheval basque, lequel filait comme le vent, mais avec des bonds de chèvre qui faisaient rebondir la voiture comme une balle élastique sur les galets de la route. En été, dans la saison des bains, il y a beaucoup de voyageurs et pas assez de véhicules, aussi l'aubergiste voiturier allait chercher ses clients très-loin, sans oublier de les faire passer devant sa maison. Pour un prix relativement peu élevé, il faisait concurrence aux voituriers patentés et un service presque régulier entre Saint-Jean de Luz et Cambo, allant même jusqu'à Saint-Jean Pied-de-Port, si on le payait bien et d'avance.

Son seul défaut était de vouloir être toujours « au complet », ce qui était rare. La voiture pourtant tenait quatre places, — en se serrant.

Ramoune était chargé de rabattre le gibier sur l'auberge. Le gibier, bien entendu, c'étaient les touristes égarés, en quête d'un gîte. Il s'acquittait à merveille de son office. J'en étais moi-même la preuve. Rarement il se trompait, bien que son intelligence lui eût valu plus de coups de bâtons que de morceaux de sucre. Dès que son maître l'entendait aboyer sur la montagne, il accourait à son secours.

Le secours se traduisait en offres de services faites au voyageur, qui souvent, égaré ou fatigué, les acceptait, dans l'espérance de trouver un lit, un souper et une voiture. Ces trois choses essentielles étaient toujours dans le programme de l'aubergiste.

Puis, Ramoune disparaissait chassé par un coup de pied. Qui aime bien châtie bien. Ce chien devait être adoré !..

Ce jour-là l'aubergiste n'avait que deux voyageurs, lesquels avaient refusé de souper et de coucher et qu'il était obligé d'emmener à Cambo, ce qui lui donnait pour sa journée un trop maigre salaire. Aussi, dès qu'il entendit son chien aboyer, il prit toutes sortes de prétextes pour retarder le départ. A chaque remontrance de ses hôtes, il répliquait :

— J'attends un voyageur. Je suis payé d'avance et ne peux manquer à ma parole.

Force fut donc aux deux voyageurs d'attendre leur compagnon de voyage. Désireux moi aussi de ne pas coucher dans cette maison isolée, je pris vite mon parti et j'acceptai une place dans la patache.

— Décidément, me disais-je, je ne retournerai pas à Bayonne ni à Paris. J'irai à Pau, qui est pour ainsi dire le centre des grandes excursions dans les Pyrénées. De là ma route est toute tracée. La saison commence et promet d'être belle. Pourquoi ne me laisserais-je pas aller en avant, puisque le hasard me pousse où ma volonté m'entraîne ?

Avant de consigner ici les impressions de mon voyage de la Rhune à Cambo, je dois présenter les personnages dont la vue m'avait effrayé et à qui j'ai donné, sans le vouloir, sous le coup de la peur, une physionomie dont ils ne méritent pas tout à fait l'intention grotesque. Je laisse de côté le voiturier. Sa voiture m'a trop enfoncé de côtes pour que je ne me venge pas par le silence.

La partie masculine de mes deux compagnons de route se résumait en un homme gros et court, à l'accent gascon, à la figure ordinaire et placide et répondant au nom de M. Bordanèche, négociant en bouchons, né et résidant à Carcassone. La partie féminine était sa fille.

Le but de leur voyage avait un tel parfum d'excentricité qu'il n'était pas étonnant qu'on les eût pris pour des Anglais, et sans leur accent qui dévoilait la vérité, leurs manières de commander et de payer auraient prolongé cette erreur, dont le père était fier et à laquelle la fille avait sacrifié la grâce de sa jeunesse et de sa beauté en s'habillant d'une façon ridicule. Ce sacrifice coûtait beaucoup à mademoiselle Rose — c'était son nom — mais il lui servait pour un autre usage, celui de paraître une femme sérieuse et de n'avoir ainsi à accepter aucune des distractions que les villes d'eaux, où elle allait en mission, auraient semées sous ses pas.

Rose allait en mission. C'était une missionnaire de la médecine qu'elle étudiait à Toulouse. Reçue « bachelier », elle visait au doctorat et préparait sa thèse en analysant la composition des eaux pyrénéennes. Cambo était la première station de son calvaire médical.

Le plus étrange, c'est qu'elle-même me donna ces renseignements avec une franchise pleine de naïveté, pendant que le conducteur racontait une histoire interminable à M. Bordanèche endormi et dont les cahots de la voiture faisaient dodeliner la tête, au point de faire croire au narrateur qu'il était écouté, pendant aussi que nous montions à pied, elle et moi, une pente abrupte qui dominait les rives sinueuses de la Rive.

Sa conversation était vive et enjouée. Sa voix n'avait plus le grincement d'une girouette et les fauves clartés de la lune qui nous éclairaient pâlissaient les tons disparates de sa coiffure. Les lunettes bleues étaient ôtées, laissant voir des yeux un peu rougis par l'étude, mais pleins de douceur, et les cheveux relevés dans les mailles d'une résille changeaient entièrement cette physionomie anglaise en une petite figure de pensionnaire.

D'où venait ce changement ? C'est que mademoiselle Rose s'était tout simplement mise à l'aise, parce qu'elle n'avait pas à se gêner avec un voyageur qui ne la gênait point, et que, comme il faisait nuit, que son père dormait, que nul ne pouvait la voir, elle sentait le besoin de redevenir jeune fille.

Son seul défaut était qu'elle voulait à toutes forces être nommée « médecin ». Cette mode nous vient d'Amérique. Ne la discutons pas. C'est une absurdité de plus sur le compte des utopies féminines.

Le père Bordanèche n'y voulut jamais consentir.

— Concevez-vous cela, disait-il au cercle, moi un marchand de bouchons faire de ma fille un étudiant en médecine ! Et à Toulouse encore !

Puis il disait à sa fille :

— Si encore tu étais laide ou vieille ! mais tu n'es ni l'une ni l'autre.

Rose força bien son père à céder à ce caprice. Le négociant en bouchons se retira du commerce et accompagna sa fille à Toulouse.

Il y avait de cela trois ans à peine, et déjà la jeune fille que des examens brillants — mettons complaisants — avaient mise au seuil du doctorat songeait à soutenir sa thèse. Comme je l'ai dit ou plutôt comme elle me le disait elle-même, les bases de cette thèse reposaient sur les analyses et comparaisons des eaux des Pyrénées, depuis Cambo jusqu'à Amélie-les-Bains.

M. Bordanèche, qui en vrai bourgeois provincial craignait le ridicule et se rendait ridicule à force de ne pas vouloir l'être, consentit à ce voyage qui changerait peut-être les idées de sa fille, mais voulant en cacher le but, il eut la malencontreuse idée d'afficher un ton et des manières qu'on pardonne chez les Anglais qui paient assez cher pour qu'on les pardonne, mais qu'on n'excuse pas chez un marchand de bouchons né à Carcassonne. Sa fille dut même s'affubler d'un affreux costume de voyage qu'elle savait faire servir à ses projets et adopter la raideur puritaine d'une gouvernante anglaise.

Tous ces petits secrets m'étaient dévoilés malicieusement par mademoiselle Rose qui, ayant vu le mauvais effet produit sur moi par son air, sa voix et son costume, tenait à le dissiper.

Elle était très-instruite et connaissait parfaitement le pays que nous traversions. J'en profitai pour amener la conversation sur l'admirable paysage dont la lune photographiait autour de nous les sauvages gaandeurs.

Nous venions de monter un plateau couvert de bruyères du haut duquel on découvrait en face de soi l'Ursonia, cette montagne chère aux minéralogistes qui y font de curieuses collections et, derrière, la Rhune que je venais de quitter et le Mondarrain au pied duquel on entendait mugir la Nive et ses affluents.

— Un joli voyage à faire, me dit la jeune fille, c'est de Cambo à Bayonne, en barque, par la Nive.

— Vraiment ? demandai-je, à cause du paysage, sans doute ?

— On a à peine le temps de l'admirer. Voyez-vous, la Nive jusqu'à l'endroit où ses eaux rencontrent la mer montante n'est pas navigable. On y a remédié en construisant de loin en loin des barrages qui maintiennent l'eau et donnent plus de force au courant. Ces barrages ou plutôt ces nasses sont faites de branches de saule et de galets. Elles s'emparent de la rivière et ne lui laissent qu'une ouverture large d'un mètre. Les batelets de la Nive n'ont pas plus de largeur. Seulement ils sont plats et très-longs. Ils ressemblent aux navettes de tisserand ou aux troncs d'arbres des navigateurs primitifs. Dirigés par un seul homme, ils s'engagent lentement sur la rivière endormie, s'introduisent dans la passe et y glissent doucement. Puis voilà la Nive devenue torrent, qui court, se précipite avec force, entraînant le bateau qui s'élance au milieu de flots d'écume. Ce sont les émotions d'une course en rapide. De Cambo au point où la Nive rencontre la mer, on passe sept fois par ces émotions. Certes la barque n'a rien de commode, on est obligé de rester immobile ou couché, mais la tête est libre et peut admirer au passage la magnifique vallée que parcourt la rivière.

— Il me semble, répondis-je après avoir par politesse fait écho d'admiration, car je ne goûtais que médiocrement cette manière de voyager en rapide, que la Nive n'a pas de nasses partout. Je n'en ai pas vu près de Bayonne.

— En effet, les nasses cessent à Ustaritz. La dernière chute de la Nive y fait tourner beaucoup de moulins ; c'est d'un effet charmant.

— Soit, mais pourquoi dites-vous que la Nive rencontre la mer ? Elle se jette dans l'Adour à Bayonne.

— Oh ! ceci, c'est autre chose. Vous touchez à une des plus curieuses légendes du pays basque.

— Une légende historique ?

— Tout ce qu'il y a de plus historique. Voilà le conducteur qui nous appelle et mon père se réveille. Montons en voiture, pour ne pas rester en route.

Hélas ! il fallut remonter. Mais si j'y gagnai une courbature, j'y gagnai aussi de connaître l'histoire de Pé de Puyanne.

Au point extrême où la Nive rencontre le flux de la mer, il existait autrefois un pont, qui aujourd'hui n'existe plus, mais dont les chroniques bayonnaises ont gardé fidèlement le tragique souvenir.

En l'an 1341, Pé de Puyanne était maire de Bayonne, pour l'Angleterre. Les Anglais tenaient ces deux clefs de la France, Calais et Bayonne. Les Basques, qui avaient gardé intactes toutes leurs immunités et qui n'auraient jamais souffert que personne, surtout un Anglais, y touchât, détestaient cordialement ce Landais, ancien corsaire qui se vantait d'avoir pendu plus de Normands aux vergues de ses vaisseaux qu'il n'avait de cheveux sur la tête. Bayonne et Bayonnais l'adoraient. De cette haine et de cet amour naquirent une guerre acharnée et de scènes des carnage, qu'un poëte moderne qui les a décrites a osé appeler une pastorale du moyen âge.

Au nombre des immunités basques, était le passage en franchise des denrées et marchandises de toute sorte sur le territoire de Bayonne et notamment sur le pont de Proudines, ce pont dont je parlais tout à l'heure.

Le maire ne voulut pas de ce dernier privilége, il s'empara du pont, y mit des gardes et exigea un péage, prétendant que la seigneurie de Bayonne ayant souveraineté de la mer devait faire payer impôt jusqu'où allait le flux. Bien entendu, les Basques se mirent à rire, répondant à cette prétention qu'ils n'étaient point des chiens de matelots pour obéir à un corsaire, et que d'ailleurs le pont ne pouvait être considéré comme le point de la plus haute marée. Puis ils battirent les gens du pont, massacrant les uns et chassant les autres. Le fait se renouvela même plusieurs fois.

Pé de Puyanne ne dit rien, laissant Basques et Bayonnais se battre réciproquement sans qu'on pût décider de quel côté était la victoire. Il attendait.

Le jour de la Saint-Barthélemy, 24 août 1342, la noblesse basque se réunit comme d'habitude au château de Miots dont on aperçoit les ruines couvertes de lierre au sommet des coteaux qui dominent la Nive.

Les Bayonnais avertis de cette réunion se rassemblèrent en hâte et, dès le coucher du soleil, conduits par leur maire, ils arrivèrent sous les murs du château, y mirent le feu et tuèrent tout ce qui s'y trouvait, à l'exception de cinq gentilshommes que Pé de Puyanne s'était réservés pour arbitres, disant qu'il voulait traiter avec eux de bonne amitié et qu'eux-mêmes seraient juges si le flux allait jusqu'au pont.

Puis il les fit amarrer aux piles et dans l'eau jusqu'à mi-corps.

En ce moment la marée commençait à monter. Tout le peuple était sur le pont et regardait l'eau se gonfler autour des malheureux Basques.

Peu à peu le flot leur monta à la poitrine, au cou, puis à la bouche, et le peuple riait, criant aux martyrs de boire « comme font les moines à matines. »

L'eau montait toujours. Les malheureux qui étaient le plus bas agitaient leur tête en ouvrant des yeux effrayants. « Leur gosier gargouillait comme ces bouteilles qu'on emplit, et le peuple applaudissait disant que les ivrognes lampaient trop vite et allaient s'étrangler tant ils étaient goulus ! »

O mœurs primitives de nos pères ! Dire qu'il y a des puritains qui osent regretter le moyen âge !

Aussi je veux laisser à la chronique elle-même le soin de terminer ce récit dont les cannibales n'oseraient pas assumer la responsabilité.

« Il n'y avait plus que deux hommes d'Urtubie liés à la maîtresse arche, père et fils, le fils un peu plus bas. Quand le père vit l'enfant suffoquer, il tendit si fort les bras que la corde cassa ; mais ce fut tout et le chanvre entra dans sa chair sans qu'il pût aller plus loin. Les gens d'en haut, voyant que les yeux de l'enfant tournaient, que les veines devenaient bleues et grosses sur son front et que l'eau remuait autour de lui par son hoquet, l'appelèrent poupon et demandèrent pourquoi il avait tété si fort et si sa nourrice n'allait pas venir bientôt pour le coucher. Le père sur ce mot cria comme un loup, et cracha en l'air contre eux et dit qu'ils étaient des bourreaux et des lâches. Eux, fâchés, commencèrent à lui jeter des pierres, si bien que sa tête blanche devint rouge et que son œil droit fut crevé, ce qui fut pour lui un petit malheur, car un peu après l'eau montante boucha l'autre. »

Ici je m'arrête en frissonnant comme je frissonnai quand on me raconta cette lugubre histoire, la nuit, à l'ombre des montagnes, au bruit des eaux mugissantes de la Nive qui avaient vu ce forfait, cahoté par une voiture que semblait traîner le cheval fantastique de la légende allemande !

Voilà ce qui s'était passé à ce pont maudit. Les Basques en tirèrent une prompte vengeance et continuèrent de refuser le péage. Cela dura des années. On combattit homme contre homme, bande contre bande et beaucoup d'hommes braves moururent des deux parts. On finit bien par faire la paix, mais jamais Pé de Puyanne ne fut compris dans cette paix, ni lui ni ses fils. Il dut se retirer à Bordeaux, sous la protection du prince de Galles, ce qui n'empêcha pas qu'on retrouva un jour son cadavre percé d'un long couteau basque. Son fils aîné fut tué par le fils d'un des noyés du pont de Proudines et le dernier de sa race s'enfuit en Angleterre.

Mais cette race n'a pas dû s'éteindre en Biscaye et je soupçonne fort le conducteur qui nous enfonçait les côtes avec les brancards de son véhicule de descendre en ligne directe de ces nobles bandits. Non, jamais tortionnaire de Torquemada n'a fait éprouver à ses martyrs un supplice plus lentement cruel, plus épouvantable et surtout plus agaçant.

Ne pouvant plus y tenir, je sautai en bas de ce chevalet-voiture, et comme on remontait une pente qui contourne la montagne avant d'atteindre Espelette, j'invitai ma compagne à dégourdir ses jambes ankylosées. Soit qu'elle ne m'ait pas entendu, soit que son père la retint pour lui faire, au sujet de sa familiarité avec moi, des reproches que je devinais sans les entendre, je dus me résigner à marcher seul derrière la voiture ; et, n'ayant plus pour me distraire l'érudition de mademoiselle Rose, mon imagination, prompte à suivre la première idée qui lui plaise, me fit faire encore une fois l'école buissonnière le long de l'histoire.

C'est qu'en effet je me trouvais sur un des rayons de la route stratégique d'Espagne, que Wellington força le maréchal Soult à abandonner, bien que les Français l'eussent choisie comme centre de leurs opérations militaires.

Alors, avec la rapidité de l'éclair, ma pensée peupla ces monts endormis d'hommes et de canons, d'habits bleus, verts, jaunes et rouges, de panaches et de pompons, de généraux et de soldats, et je revis, à travers les ombres pâles dont les lueurs tremblotantes de la lune enveloppaient le paysage, cette page de la campagne de

1813, écrite en caractères sanglants sur toute la ligne des Pyrénées.

L'armée française, chassée d'Espagne, s'était retranchée sur toutes les hauteurs couronnées de redoutes, et occupait un immense triangle dont Irun, Saint-Jean Pied-de-Port et Pampelune formaient les sommets, triangle trop étendu pour une armée faible et décimée

qu'attaquaient avec rage les Anglo-Portugais, avec des troupes fraîches, nombreuses et sans cesse renouvelées.

Soult, à qui Napoléon avait confié le périlleux honneur de défendre nos frontières, n'avait en réalité que 15,000 hommes à opposer aux 50,000 alliés commandés par Wellington. Le reste de notre armée se composait de simples conscrits. Tous, du reste, étaient démoralisés par nos défaites successives.

L'attaque générale contre nos retranchements eut lieu le 7 octobre 1813. Pendant la nuit, un orage éclata sur la Rhune avec une violence incroyable, qui força les Français à abandonner leurs positions et à redescendre jusqu'à l'embouchure de la Bidassoa. Vellington, au contraire, avait profité de cet orage, qui avait épargné le camp anglais, pour faire transporter ses canons sur les hauteurs de Saint-Martial et préparer, à l'insu des Français, des fascines et des pontons pour le passage de la Bidassoa.

Le matin de ce jour mémorable, dès la première heure, pendant que le général Soult passait une revue, le canon anglais commençait à tonner ; nos avant-postes étaient culbutés, nos positions prises, et, presque sans combat, nous battions en retraite !

Heureusement encore pour notre honneur national, que vingt années de victoires et de conquêtes n'avaient pu entacher, qu'aux redoutes de Louis XIV et de la Croix des Bouquets, la résistance fut assez acharnée pour balancer l'issue de la journée.

Le général Clauzel occupait le sommet de la Rhune. En vain les troupes de l'Andalousie, conduites par le général espagnol Giron, et les chasseurs portugais essayèrent-ils de s'emparer de cette importante position par la ruse, la force ou l'escalade, ils ne purent y parvenir. Cette fois le nombre des assaillants échoua contre l'énergie française. Sans le régiment anglais du colonel Colbourne qui vint à leur aide, Espagnols et Portugais, qui se retiraient dans le plus grand désordre, n'auraient pu recommencer l'attaque. Malgré ce secours, le général Clauzel se maintint dans ses positions jusqu'à la nuit, mais, par prudence, il les fit évacuer en apprenant que les Espagnols, après avoir contourné la Rhune, occupaient le territoire français !

En somme, la victoire pouvait être contestée. Les alliés avaient perdu plus de monde que nous, et si Pampelune n'avait pas capitulé, Vellington n'aurait pu poursuivre sa marche triomphale.

Les deux armées restèrent en présence pendant un mois entier. Soult en profita pour fortifier ses camps de Saint-Pé et d'Espelette, ainsi que toute cette route calme et sauvage que je parcourais en ce moment. La droite de nos troupes s'appuyait sur Saint-Jean de Luz ; le général Reille la commandait. Au centre, c'est-à-dire au pied de la Rhune, le général Clauzel gardait les redoutes. La gauche menaçait Maya par la route d'Espagne. A sa tête était le général Foy.

Ce ne fut que le 9 novembre qu'eut lieu la vraie bataille dont nous avons vu le prélude. Dès le début, sur toute la ligne, l'attaque fut si vigoureusement poussée par les alliés, que les Français battirent en retraite dès le premier choc. Le général Couroux, frappé d'une balle à la poitrine, tomba sur la brèche de la redoute de Sainte-Barbe, et les Français postés sur les escarpements de la Rhune, durent redescendre à Sare pour éviter d'être tournés ; mais ils furent de nouveau poursuivis et un grand nombre d'entre eux faits prisonniers.

Pendant ce temps, les généraux Clausel et Foy obtenaient quelques succès, l'un en ne cédant pas une ligne de terrain, l'autre en culbutant les troupes qui s'opposaient à son passage, en franchissant les Pyrénées et menaçant Maya.

Qui eût dit alors à ces deux généraux qu'au lieu de mourir en soldats sur un champ de bataille, ils s'éteindraient au pied de la tribune du Parlement français, l'un aussi oublié qu'il avait été célèbre, l'autre aussi célèbre et aussi populaire, sous les Bourbons, qu'il avait été oublié par l'Empire !

A cette époque, le général Clausel s'était déjà distingué sous Junot et Masséna, et avait, par une mémorable retraite, sauvé l'armée de Portugal en la ramenant en Espagne. Son refus de servir les Bourbons, après Waterloo, devait lui valoir le bâton de maréchal sous Louis-Philippe. Mais son échec devant Constantine lui infligea un amer châtiment.

Le général Foy, lui, servit Louis XVIII, après de brillants services sous l'Empire. Mais qui n'avait pas de brillants services sous l'Empire? Foy quitta l'armée pour employer son talent d'orateur à lutter contre la Restauration qu'il arrêta plusieurs fois dans sa marche rétrograde. Il y trouva la mort, et une renommée qu'aucun parti n'ose attaquer.

Certes, tous deux, en se trouvant aux Pyrénées soldats de l'Empire, ne songeaient guère à cette destinée. Clausel attendait la mort dans ces redoutes qu'il ne voulait pas abandonner. Foy la cherchait en allant au-devant des ennemis qui violaient nos frontières !

Courage et exploits inutiles ! L'heure était sonnée. L'ange de la victoire s'était enfui en se voilant les yeux, et la France démoralisée saluait d'une première larme ses premières défaites !

Comme je suivais du regard vague d'un rêveur éveillé les fantômes que mon esprit évoquait, au lieu même où ils avaient vécu, lutté, souffert, une main me frappa sur l'épaule, et une voix aussi grosse que la main me cria dans l'oreille :

— Voyez-vous, c'est la faute du commandant !

Je fis un bond qu'aurait envié le cheval capricant de l'aubergiste voiturier, mais je me rassurai bien vite en reconnaissant le visage de M. Bordanèche. Je n'en répondis pas moins, un peu ahuri :

— Quel commandant? Il y en a plusieurs.

— Je croyais que ma fille vous avait tout raconté?

Et alors le marchand de bouchons commença son odyssée. Du moins, avec sa fille, j'en étais resté à l'Iliade.

Ah! ce ne fut pas amusant, et je renonce moi-même à en recommencer le récit, qui m'intéresse aussi peu aujourd'hui qu'autrefois. Tout ce que je me rapelle, c'est que le parrain de mademoiselle Rose, un commandant en retraite, avait élevé sa filleule de manière à faire un peu trop ses volontés et était la cause première de cette capricieuse vocation de la jeune fille pour l'étude de la médecine.

Heureusement, mademoiselle Rose vint me délivrer du bavardage de monsieur son père. Comme nous étions tous enfoncés dans le char à bancs, qui après avoir dépassé Espelette filait droit sur Cambo, elle me dit :

— Vous rêviez, je gage, à la légende de Pé de Puyane?

— Non, Mademoiselle, répondis-je sans la regarder, — à cause des lunettes! — je rêvais à l'histoire de Napoléon Ier.

— C'est vrai. Il y a matière. Si le général Foy avait pu profiter de ses victoires, à Maya et à Cambo, dont il a fait sauter le pont et où il a arrêté les Espagnols, Soult n'aurait peut-être pas été vaincu à Orthez et à Toulouse!

J'avais envie de lui crier :

— Mademoiselle, ôtez donc ces lunettes bleues et ce voile vert!

Mais je n'eus pas le temps et je restai sous le charme de sa conversation aussi érudite qu'enjouée. Le père écoutait, la bouche et les yeux ouverts, avec une admiration qui m'eût fait rire en toute autre circonstance, mais que je ne pouvais m'empêcher de partager.

J'avais témoigné le désir de poursuivre mon voyage sans rester à Cambo. J'en cachais le principal motif, qui était de ne pas perdre du temps à écouter les doléances du marchand de bouchons et à partager les moqueries dont on allait l'accabler, moqueries auxquelles, en dépit de la sympathie que m'inspirait mademoiselle Rose, je n'aurais jamais su m'habituer.

La jeune fille le comprit sans doute, car elle me dit avec douceur :

— Nous ne vous retiendrons pas ; mais vous avez vraiment tort de ne pas rester au moins un jour à Cambo.

— Il me tarde trop de voir les Pyrénées, et Cambo, qui en est si près, en est encore trop loin pour moi. D'ailleurs, que verrais-je à Cambo? Une ville de bains, monotone et peu agréable !

— Oh! oui, hasarda le père.

— Si je n'avais peur de ressembler à un manuel de géographie?

— Parlez, mademoiselle. Au contraire, vos descriptions ne peuvent que m'être utiles, puisque je désire être demain soir le plus près possible des montagnes de Roncevaux.

— Que vous dirais-je qu'un guide ne vous dirait pas? J'aime beaucoup Cambo ; j'y ai eu mes premières sensations du grand, du beau et du terrible. Effet d'optique naturel à une imagination d'enfant. Le haut du village domine un terrain tellement escarpé qu'on ne peut même pas se promener dans les bois qui en tapissent les pentes. De cette terrasse, on découvre un paysage charmant dans lequel la Nive aux eaux limpides descend à la mer avec la rapidité d'un torrent. Puis, c'est une vaste plaine couverte de prairies, qui ressemble à un cirque de verdure dont les coteaux qui l'environnent forment des gradins aux aspects variés. A mesure que l'on descend, les montagnes environnantes s'élèvent. Alors on aperçoit l'Ursonia et le Mondarrain qui ressemble en petit au mont Cervin de la Suisse. Mon Dieu ! je sais bien, car je vous vois sourire, que ce paysage n'a rien de grand, mais il est riant, champêtre, calme. Il repose les yeux et l'esprit. Vous le contempleriez avec plaisir malgré votre parti pris de ne vouloir admirer que des sites grandioses, pittoresques et dangereux.

J'allais répondre à cette petite mercuriale quand le père s'écria :

— Ah! je crois que nous arrivons !

— Un dernier mot alors. Rien à voir aux environs ?

— Peu de chose. Ah! j'oubliais la gorge du Pas de Roland.

— Le Pas de Roland?

— Pour vous, qui allez à Roncevaux, ce nom réveille votre attention.

— Elle n'était pas endormie.

— Invitez-la donc au sommeil, car nous allons nous quitter, et le Pas de Roland n'a d'intéressant que son nom. C'est une gorge aride et triste : le sentier suit la rive dont les eaux vertes roulent sur un lit de roches noirâtres, et passe sous un rocher bas, mince, étroit

4

qui domine à pic la rivière. Il paraît que l'illustre paladin arrêté dans sa marche n'a eu pour se frayer un passage qu'à frapper de son pied vigoureux ce rocher vraiment peu terrible.

On était arrivé. Je pris congé de mes hôtes et leur dis au revoir.

Le pas de Roland.

— C'est bien décidé, vous ne restez pas à Cambo ?
— Non, Mademoiselle, je l'ai vu et le connais assez.

Le lendemain soir, j'étais à Saint-Jean-Pied-de-Port et encore aujourd'hui il me serait difficile de me persuader que je ne connais pas Cambo!..... et que je n'ai pas traversé le Pas de Roland !

UN CONVOI DE MULETS SUR LA FRONTIÈRE.

CHAPITRE III

Saint-Jean-Pied-de-Port. — La diligence. — Compagons de route. — Un vrai Anglais. — Valcarlos et son auberge. — Comment on y dîne. — L'Anglais et la servante. — Ce que veut dire le mot *cheese*. — Le champignon d'Alexandre Dumas. — Je fais connaissance avec Édouard et Charles Verlede. — Ce qu'ils étaient tous les deux. — Le col de Roncevaux. — Caravane de mulets. — Le couvent de Roncevaux et les reliques de Roland. — Rêverie et retour dans l'histoire. — Chant des Basques. — La légende de Roland. — Un combat en 778 et une bataille en 1813. — Les dangers d'avoir un mauvais guide. — Le col d'Aphanicé. — Paysage au clair de lune. — Utilité de la corde. — Une mauvaise rencontre. — Ascension de nuit. — Les contrebandiers et leur hospitalité.

Je n'étais pas venu à Saint-Jean-Pied-de-Port pour visiter la ville. Aussi je n'y restai que le temps nécessaire pour m'enquérir du chemin le plus court qui menât à Roncevaux. Je ne me sentais pas beaucoup de sympathie pour cette citadelle que le chevalier Deville appelait sa bonbonnière, ce rêve de Vauban qui en avait fait après le traité des Pyrénées une position militaire si importante que Wellington y pénétra sans coup férir en 1813.

— Et penser, m'écriai-je à ce douloureux souvenir, que la France et l'Espagne se sont disputé cette position pendant des siècles?

La route que la diligence me fit prendre pour aller à Valcarlos est loin d'être attrayante. Côtes pénibles, tranchées creusées dans le roc, villages à l'aspect misérable, figures de contrebandiers et de douaniers, ponts scabreux, où les voitures se croiraient déshonorées si elles n'y versaient pas. Rien ne manque au désappointement du voyageur.

Je regrettais déjà mes compagnons de la veille, le conducteur avec le ronflement de sa conversation monocorde dont je n'avais pas saisi un traître mot et le roulis de sa voiture, mademoiselle Rose et son père.

Son père surtout ! car je ne sais par quelle hallucination de mon esprit il me semblait le revoir dans un gros et majestueux personnage, muet comme une carpe, qui occupait le meilleur coin de la diligence !

Une femme au capulet rouge était assise à côté de moi. Je lui demandai si par hasard elle ne connaissait pas ce voyageur.

— Çà, c'est un Anglais, me dit-elle avec un air qui me prouvait que ma question l'avait blessée.

Et moi de répondre :
— Si encore il était de Carcassonne !

A cette exclamation qui m'échappa malgré moi, la femme me

tourna le dos, et les deux voyageurs qui étaient en face de moi, éclatèrent de rire.

C'étaient deux jeunes gens à peu de chose près du même âge, francs d'allures, au visage épanoui bien qu'un peu goguenard et dont l'accent parisien expliquait sans l'excuser la crudité de leur langage.

— En voilà deux, me dis-je en moi-même, dont je ne ferai jamais mes compagnons.

La diligence descendait et montait les pentes sauvages qui surplombent la vallée d'Anéguy, et de temps en temps balancés par le cahotement, les habitants de cette boîte mal capitonnée se saluaient chacun à leur tour, quitte à tomber les uns sur les autres si le sommeil les surprenait. Je rêvais en tâchant de découvrir par le soupirail vitré quelque coin du paysage, et je ne me doutais pas que j'étais le point de mire des facéties des deux Parisiens.

Je m'en aperçus en entendant répéter :

— Quel dommage que tu ne sois pas de Carcassonne !

— Je pourrais en être !

Je fis semblant de ne pas comprendre, mais je rougis de colère, ce qui ne fit qu'augmenter ma mauvaise humeur. Et certes je n'aurais pas laissé passer cette moquerie pourtant indirecte, si mes deux mauvais plaisants s'apercevant que je les avais compris n'avaient tourné contre un autre leurs plaisanteries.

Cet autre était l'Anglais toujours muet, mais de plus en plus majestueux. Il ne comprenait sans doute pas le français ou ne voulait pas le comprendre, et ne répondait rien aux attaques de ses interlocuteurs. Seulement, il regardait de temps à autre sa montre et poussait un soupir.

On n'était pas loin de midi et son estomac sonnait l'heure du déjeuner, c'était du moins mon interprétation de ce soupir.

Enfin on arriva à Valcarlos où s'arrête la route des voitures. Chacun descendit et je vis l'Anglais entrer dans la meilleure auberge du village qui, je crois, n'en possède qu'une seule.

Le soupir allait enfin avoir ce que l'estomac avait tant désiré !

Pour moi, dont l'appétit n'est jamais moins ouvert qu'après un voyage en diligence, je voulus repaître mes yeux du premier spectacle qu'il me fût permis de voir à pareille hauteur dans les Pyrénées.

Le village est en effet bâti au sommet d'un ravin, au fond duquel mugit un torrent dont les cascades se perdent sur les pentes de la montagne, à travers une forêt très-ombragée. Par dessus ce torrent, on domine un charmant paysage de vallons, de rochers, de prairies et de bois. Depuis les Alpes, je n'avais pas encore vu de tableau plus franchement gracieux et plus terrible à la fois.

Mes deux compagnons avaient-ils eu la même idée que moi, ou désiraient-ils me poursuivre de leurs railleries, je l'ignorais, mais ils étaient à quelques pas de moi, perdus dans une contemplation naïve et sincère.

— Quel dommage, dis-je en m'approchant d'eux, que ces vallons et ces forêts ne soient pas à la France !

L'un des deux me regarda, l'autre sourit, et j'entendis cette réponse sans savoir lequel des deux l'avait faite.

— Ils pourraient en être !..

Une poignée de mains simplifia l'explication. Un éclat de rire l'acheva. Ce fut les meilleurs amis du monde que nous entrâmes à l'auberge.

Il n'y avait déjà plus rien à manger. L'Anglais avait tout pris !

Qu'on me permette ici une petite digression. On a beaucoup abusé de l'Anglais en voyage, ce que nous éviterons de faire dans le cours de ce récit.

Voulez-vous de l'anglais, on en a mis partout !

Cela vient de ce qu'il voyage beaucoup et qu'il est peu de pays où il n'ait transporté sa raideur et sa morgue britanniques ; nos caricaturistes ont été toujours très-friands de ses mines gourmées et impassibles, mais il faut avouer que si nous nous moquons des Anglais, ceux-ci ne nous ménagent pas, et ils ont raison. Le Français n'est peut-être pas si ridicule ; à coup sûr il est plus désagréable. L'Anglais voyage pour étudier, le Français pour s'amuser. De là cette divergence de caractères qui est loin d'être à notre avantage.

Fermons la parenthèse en disant que si nous, Français, nous nous étions hâtés, l'Anglais n'aurait pas eu la meilleure part du dîner.

Il est vrai en revanche que nous avions de quoi rire, si nous n'avions rien à manger.

Un peu plus habitué que mes compagnons aux auberges de village, je ne me déconcertai pas et je courus à la cuisine d'où je rapportai tout ce qui me tomba sous la main. Nous nous mîmes dans un coin de la salle commune et tant bien que mal on dévora les miettes du festin dont se repaissait copieusement le Balthazar anglais.

Celui-ci occupant la table d'honneur mangeait et remangeait, sans souffler mot, surtout sans se douter que derrière lui il y avait trois espiègles qui le regardaient malignement avec le pressentiment qu'il se passerait bientôt une scène risible.

L'Anglais avait pour le servir une jeune femme accorte et vigilante ; s'il voulait un plat, il le lui montrait du doigt et le plat aussitôt venait se placer devant lui. Quand il eut goûté de tout, elle servit le dessert, poires, pommes, raisins secs et biscuits. Le convive regarda et ne toucha à rien.

La servante attendait toujours. Elle se pencha vers l'Anglais et pour lui parler son langage montra du doigt les fruits et les gâteaux.

Aussitôt un son guttural produisit ce mot qu'il faut écrire tel qu'il fut prononcé :

— Tchize !... (*cheese*).

— Dieu vous benisse, répliqua la servante qui croyait que l'Anglais avait éternué.

— Tchize, répéta l'Anglais.

La servante ouvrit de grands yeux et cette fois se pencha pour mieux entendre.

— Tchize, reprit imperturbablement le gastronome.

Ce qui nous faisait rire surtout, car vous vous doutez bien que nous ne pouvions pas garder notre sérieux, c'est que l'Anglais avec le même calme, la même immobilité, les deux mains sur ses cuisses, répétait toujours son « tchize, » pendant que la petite servante se désespérait de ne pouvoir comprendre.

Enfin de guerre lasse, elle alla prendre une chaise, la lui porta sous le nez et lui cria :

— Une chaise ?

Le Tchize revint encore aussi digne, aussi calme.

— Mais que veut-il donc ? se disait tout haut la malheureuse en se grattant la tête.

Jusqu'à présent, nous avions pu étouffer nos rires, mais, ma foi ! nous n'y pûmes tenir et nous éclatâmes.

Cette gaieté intempestive fit tourner la tête à la servante dont la figure plutôt triste que comique accusait le plus grand embarras. Songez donc que l'Anglais sans effort et sans trouble persistait dans son éternelle répétition, au point de faire croire qu'il attendrait là qu'on lui servit son « tchize » jusqu'au jour du jugement dernier.

Cela me fit de la peine et je résolus de venir en aide à la jeune fille.

— Vous ne savez pas ce qu'il vous demande ? lui dis-je.

— Est-ce que je comprends son baragouin, répondit-elle.

— Tchize, répliqua le dîneur pour la centième fois.
— Nous n'en avons plus !
— Allez-lui chercher du fromage.
— Comment ?
— Depuis une heure il ne vous demande pas autre chose.
— Eh ! que ne le disait-il plus tôt, s'écria la jeune fille. Il me crie tchize, tchize, s'il avait dit seulement du fromage, j'en aurais donné et tout était fini !...

J'avais le malheur de boire, en ce moment ; je voulus rire et j'avalai de travers. Mes compagnons eux aussi ne pouvaient plus y tenir. Il était temps que l'Anglais mangeât son fromage !

Ceci du reste me rappelle une aventure arrivée en Suisse à Alexandre Dumas.

Il voulait à toutes forces manger des champignons dans une auberge que son guide lui avait recommandée, et où, paraît-il, on en mangeait d'excellents. Personne ne parlait ni ne comprenait le français dans cette auberge, et Alexandre Dumas qui parlait plusieurs langues n'avait jamais voulu ni parler, ni comprendre l'allemand.

Il demande donc des champignons. On le regarde. Il fait des signes et explique ce qu'il veut ; on le regarde toujours, mais nul ne bouge. Alors notre grand romancier prend une feuille de papier et un crayon, puis dessine le champignon tant désiré. L'aubergiste sourit. Il a compris. Il dit un mot et la servante qui a reçu l'ordre, rapporte, — un parapluie !...

Moralité. Il est bon de connaître les langues des pays dans lesquels on voyage !...

Je trouve cependant qu'il est encore meilleur de connaître les gens avec lesquels on voyage ; aussi nous nous hâterons de faire ensemble une plus ample connaissance avec MM. Édouard et Charles Verlède, mes deux compagnons de route.

Édouard était le fils unique et gâté d'un riche bourgeois du Marais retiré après fortune faite du commerce des denrées coloniales. Il avait fait de médiocres études à Charlemagne. Un diplôme de bachelier laborieusement obtenu en était la récompense. Quand il voulut aller au delà, les examens lui furent moins favorables et il dut renoncer à faire partie des écoles militaires ou civiles dont les portes restèrent impitoyablement fermées à son incapacité.

Il n'était pourtant ni sot, ni fat, mais son père un peu trop ambitieux pour un ancien épicier ne rêvait pas moins que d'en faire un attaché d'ambassade ou un conseiller d'État. Or le jeune homme, aussi faible de santé qu'apathique de caractère, ne désirait que le repos, bien gagné, disait-il, après dix ans d'études. Vivre à sa fantaisie dans la plus complète indépendance, ignorant et ignoré, comme le rat de la fable dans son fromage, avec cette différence que le fromage était un gâteau de beaucoup de mille livres de rentes, voilà quel était son rêve.

Son père en eût été désolé, si son médecin, un vieil ami de la famille, ne l'eût rassuré en lui disant :

— Édouard est jeune. Tu as le temps d'en faire un ambassadeur en herbe ou un ministre en terrine. Sa santé seule pourrait te donner plus tard quelques inquiétudes. Le défaut de travail et d'activité achèverait d'atrophier ses facultés et d'aliéner ses forces. Il ne veut pas travailler? Fais-le voyager. Au retour, il travaillera, parce qu'il se portera mieux.

Allez donc faire voyager un enfant qui n'a jamais été de la Bastille à la Madeleine à pied, dont le seul plaisir est de lire l'hiver au coin du feu des récits de voyages qu'il refait en dormant, ou l'été de s'étendre sur la mousse, à l'ombre, avec un livre de poésie qu'il sait par cœur !

— Voyager ! je ne demande pas mieux, avait-il répondu à son père, quand celui-ci lui eut fait part des observations du docteur, mais où aller? Dans les Alpes? Aux Pyrénées? En Auvergne? En Amérique? C'est bien loin, et il n'y a pas de chemin de fer partout. Je ne peux pas marcher, et d'ailleurs cela me fatiguerait trop.

— Travaille alors !

— A quoi bon?

— Ma foi, dit le docteur en dernier ressort, si cet enfant continue de suivre cette vie-là, à trente ans il sera gros comme un hippopotame et aura juste l'intelligence d'une mouche !

— A tout prix, il faut le sauver, répliqua le père effrayé.

Charles, cousin très-peu germain d'Édouard, bien qu'il portât le même nom et qu'il appelât M. Verlède son oncle, était orphelin et pauvre, mais plein de santé, actif et travailleur.

Tout l'opposé de son cousin. Édouard était blond et mince comme un fétu de blé. Charles était brun, trapu, un peu massif, toujours en mouvement et balançait l'emploi de son temps entre le plaisir et le travail. L'un rêvait beaucoup, écrivait très-peu et parlait encore moins. L'autre écrivait en parlant, parlait en écrivant et ne rêvait qu'au lit. A celui-ci la vie calme, paisible et uniforme du foyer. A celui-là, la vie affairée du boulevardier. Pendant qu'Édouard ronronnait dans son fauteuil, Charles courait les cercles, les salons, les théâtres, et pour se reposer allait respirer l'air des Alpes, des Vosges ou des Pyrénées.

— Je ne me repose qu'en marchant!

C'était sa devise. Ajoutons que c'était aussi son état de courir. Un grand journal parisien l'employait comme reporter et ses articles très-goûtés du monde littéraire et scientifique lui étaient payés assez cher pour qu'il pût consacrer une partie de l'année à assouvir sa rage d'excursions dans les montagnes. Il y dépensait tout ce qu'il gagnait, quelquefois plus, ce qui l'avait mis très-mal avec son oncle, lequel avait bien su gagner, mais n'avait jamais appris à dépenser.

Problème étrange que la loi des contrastes pourrait seule résoudre, les deux cousins s'adoraient. Une fois ensemble, on les eût pris pour les deux frères même pour les goûts et pour les habitudes.

— Il débaucherait mon fils, se dit M. Verlède.

Et il lui ferma sa porte. Édouard n'en sut rien et grâce à cette apathie dont nous avons parlé et qui n'est que l'égoïsme physique, il ne s'en s'inquiéta pas, attendant toujours le retour de son cousin, trop fier et trop occupé pour revenir.

Un auxiliaire sur lequel le docteur ne comptait pas, vint en aide à ses prescriptions. Cet auxiliaire, ce fut l'ennui. Édouard s'ennuya tellement un beau jour qu'il alla trouver Charles.

— Monsieur est en voyage, lui dit le concierge.

— Ah! fit Édouard désappointé, de quel côté? A Versailles? à Pontoise?

— Ma foi, monsieur, je n'en sais rien. Je crois pourtant qu'il nous a dit : Je vais à Tombouctou!

— Tombouctou? Il n'y a pas de chemin de fer de ces côtés. J'attendrai son retour.

Charles revint plus tôt qu'on n'aurait cru. Pour aller à Tombouctou, il était passé par les Vosges et y était resté si longtemps qu'il rentrait à Paris pour se ravitailler. Sa bourse était à sec. Ne croyez pas qu'il en fût contrarié. Cette vie au jour le jour lui plaisait. Le travail était toute sa richesse, et comme il travaillait beaucoup, il se croyait bien le droit de la dépenser sans souci de l'avenir, préférant chanter comme la cigale que de thésauriser comme la fourmi.

Et puis, disait-il, je ne suis riche que si je travaille. Quand je ne travaillerai plus, c'est que je serai mort.

Édouard qui, par désœuvrement, venait chaque matin demander si Charles était de retour, rencontra son cousin au moment où celui-ci descendait de voiture.

— Ne descends pas, lui cria-t-il, nous partons !

— Comment ! nous partons, mais, malheureux, j'arrive ! c'est tout le dire.

— Tu n'as pas d'argent ? J'en ai. En route !

— Pas si haut. Ton père pourrait t'entendre. Et d'abord embrassons-nous et montons chez moi. Nous causerons plus à l'aise.

Le premier résultat de la conversation que les deux amis eurent ensemble fut de faire rentrer Charles dans les bonnes grâces de M. Verlède, mais le but visé par Édouard était loin d'être atteint. Charles ne consentait à accepter son cousin comme compagnon de voyage qu'à la condition expresse de partager tous les frais que coûteraient leurs excursions communes.

Ce que voyant, Édouard trouva un terme moyen. Charles travaillait pour un éditeur très-connu à un journal de voyages qui trouvait surtout sa vogue et son succès dans les illustrations. Édouard ne dessinait pas mal. Il offrit son concours à l'éditeur. Celui-ci accepta cette collaboration qu'on lui offrait et que Charles avait chaudement recommandée. Au bout de deux ans de travail les deux cousins, collaborateurs dévoués et assidus, gagnaient à peu près les mêmes appointements. Il en était résulté que Charles voyageait un peu plus depuis qu'il avait un compagnon et qu'Édouard, ayant repris goût au travail et retrouvé dans une vie active toute sa santé était devenu un garçon plein de bonne humeur.

Cependant il n'avait pas encore pu acclimater ses jambes aux longues courses dans les montagnes. Il ne désespérait pas de les y habituer, mais malgré lui, chaque fois qu'il fallait mettre sac au dos et reprendre le long bâton ferré, il faisait une moue des plus comiques.

Voilà ce qu'étaient les deux jeunes gens que le hasard avait placés sur ma route. Comme j'aurai occasion de retrouver M. Verlede père aux Eaux-Bonnes où la Faculté avait envoyé son asthme, je les compléterai plus tard.

Pendant qu'au travers d'une conversation à bâtons rompus je cueillais au vol les renseignements que je viens de condenser en un seul récit, nous avions tous trois fait du chemin sur la route d'Espagne, sans nous préoccuper de l'Anglais que nous ne devions plus revoir, ni de la femme au capulet rouge que nous devions retrouver.

On allait à pied, gaiement, échangeant ses confidences. Édouard traînait bien la jambe et par moments reprochait à Charles de n'avoir pas pris de mulets, mais nous lui donnions raison, ce qui le faisait sourire et animait sa verve gouailleuse contre les voyages pédestres.

Du reste la route que nous suivions est faite pour décourager. Elle monte et descend à travers des bosquets de châtaigniers qui cachent des rochers et des pentes couvertes de fougères. Pas un seul point de vue digne de remarque.

Après avoir franchi quelques ruisseaux, nous arrivâmes à un ravin ouvert entre deux promontoires rocheux. C'est la limite de la France et de l'Espagne. Un hameau ferme l'entrée de ce ravin pour la plus grande facilité des contrebandiers.

Derrière le hameau la route s'engage dans des rochers et des pentes nues, mais à un détour nous fait une surprise à laquelle nous étions loin de nous attendre. Le paysage en effet a changé subitement d'aspect. Les montagnes qui bordent l'horizon se développent en un immense cirque rempli de forêts, dans lesquelles on s'engage à l'ombre des hêtres et le long d'un ruisseau.

Enfin on aperçoit une maison située au milieu d'une clairière et une chapelle abandonnée. Saluons. Nous sommes au col de Roncevaux.

Par lui-même le col n'a rien de remarquable, mais il laisse, par dessus ses croupes recouvertes de bruyères, la vue s'égarer sur les plus belles forêts des Pyrénées espagnoles et sur des plaines vastes et fertiles que ferme une chaîne bleuâtre. Le coup d'œil en est très-pittoresque.

Le passage de Roncevaux ou plutôt le port d'Ibanêta est très-fréquenté. Déjà du temps de Charlemagne la route était une des grandes voies internationales et nul doute qu'elle ne le devienne un jour si l'on veut achever le chemin de Valcarlos à Bargnete. Il s'y fait un très-grand commerce. Les vins et les laines y sont échangés par les Espagnols contre les mulets, les étoffes et la quincaillerie des Français. Nous dûmes même, pour continuer notre route, laisser passer un convoi d'une quarantaine de mulets chargés. Que portaient-ils? La douane n'aurait peut-être pas su nous le dire.

Comme ni les uns ni les autres n'étions venus pour compter les mulets qui franchissent par jour le port d'Ibanêta, nous descendîmes du col par une pente très-facile et au sortir d'un petit bois nous aperçûmes devant nous deux tours carrées avec machicoulis surmontant un bâtiment lourd et massif, une rue voûtée et fermée par de doubles portes, le tout noir, humide, monotone.

Cette forteresse du moyen âge était le couvent des Roncevaux.

— Entrons-nous? dit Charles.

— Si on veut bien nous ouvrir, répliqua Édourd, je n'y vois pas d'inconvénients, à moins qu'il n'y ait pas de chaises pour se reposer.

— Paresseux! Taille ton crayon. Tu vas avoir de la besogne.

Un moine augustin vint nous recevoir au seuil de l'église dont le vaisseau gothique à trois nefs est très-élégant. La porte du cloître ogival est placée entre deux charmantes fenêtres murées et le couvent auquel ce cloître communique a un parfum de mysticisme qui en impose aux plus incrédules.

Le moine avec une politesse et une grâce qui décelait l'homme du monde nous fit les honneurs de l'église et de la sacristie.

— Notre couvent est pauvre et ne satisferait pas votre curiosité, dit en souriant le moine à Charles qui manifestait le désir de visiter le cloître; en revanche la sacristie possède un trésor inestimable et il n'y a pas d'indiscrétion à le voir.

— Oh! oui, m'écriai-je sans voir la confusion de Charles, les reliques de Roland!

— Authentiques et inépuisables, ajouta Charles qui avait à cœur la leçon du moine.

—Monsieur, il n'y a que la foi qui sauve, répliqua le moine sans s'émouvoir et en s'apprêtant à montrer le trésor de son couvent, mais je puis vous certifier que les reliques du pieux chevalier sont aussi authentiques que les reliques non moins inépuisables vendues aux Anglais qui explorent le champ de bataille de Waterloo ou aux voltairiens qui visitent le château de Ferney.

— C'est vrai, dit Charles avec franchise.

— Battu et content, riposta Édouard.

Le moine, moins sensible à la flatterie, ne répondit rien et reprit avec modestie son rôle obligé de cicerone. Il nous montra sans enthousiasme et sans doute un peu blasé par la vue de ces souvenirs d'un autre âge, le gantelet, les bottes et les masses d'armes de Roland. Il nous parla aussi des pantoufles de velours rouge et des guêtres de soie cramoisie de l'archevêque Turpin, mais il se dispensa de les étaler devant nos yeux profanes.

Puis, toujours affable et poli, il nous fit passer par un corps de bâtiment qui tombait en ruines, et nous souhaitant un bon voyage, il salua et disparut.

J'étais pour mon compte très-désappointé. Si j'avais été seul, je n'aurais pas manqué de chercher des renseignements positifs sur la légende de Roland. Je n'étais guère venu pour un autre motif. Avec mes compagnons, il me fallait ne compter que sur l'imprévu. Je les suivis donc en maugréant et Édouard qui se plaignait d'être trop fatigué, ayant exigé qu'on se reposât, nous nous dirigeâmes vers une auberge qui avec la douane et deux ou trois cabanes forme le village de Roncevaux.

L'auberge était espagnole ; c'est dire qu'elle ne brillait ni par le confort, ni par la propreté. Le foyer, autour duquel étaient installés des bancs de bois qui servaient à la fois de siéges, de lits et de tables, était établi sur des pierres plates au milieu de la pièce et entouré de pots noirs de suie. Une chaîne pendue au plafond portait la marmite et la fumée sortait par une ouverture pratiquée dans le toit quand le vent était assez complaisant pour ne pas la repousser dans la pièce. Le personnel de l'auberge ressemblait à l'ameublement.

Vous dire que je m'empressai de ne pas y entrer est inutile. Je savais du reste que les environs de Roncevaux ont des paysages gracieux et des sites très-intéressants. Je voulus en profiter.

— Vous me retrouverez dis-je, à mes amis, en suivant ce ruisseau.

Charles aurait bien voulu venir avec moi, mais Édouard était déjà installé dans un coin de l'auberge. Il me laissa aller en me promettant de ne pas être long à me rejoindre.

Le ruisseau dont je devais suivre le cours baigne le pied des murailles du couvent et descend de la montagne en ouvrant un charmant vallon boisé, que dominent la redoute de Lindux et le pic de l'Altabiscar.

« C'est là que fut consommée la sanglante défaite de Charlemagne, la seule qu'il n'ait pas vengée ! »

Qui donc, en voyant ces belles vallées et ces magnifiques bois de hêtres, pourrait croire à l'épouvantable tragédie qui s'y est passée il y a dix siècles ? Est-ce de la légende ? Est-ce de l'histoire ? L'une et l'autre. L'histoire veut que dans les défilés de Roncevaux, sous les rochers que les Basques firent rouler sur eux du haut de l'Altabiscar, les douze pairs de l'empereur franck aient été écrasés, que Roland y ait brandi en vain son épée Durandal et sonné pour la dernière fois dans son cor d'ivoire ! Mais les Basques vainqueurs des Francks, plus exigeants que l'histoire, célèbrent encore aujourd'hui leur victoire dans des chants de guerre, dont voici le plus connu :

« Un cri s'est élevé du milieu des montagnes des Basques, et le maître de la maison, debout devant sa porte, a ouvert l'oreille et dit :

« Qui est là ? Et que me veut-on ?

« Et le chien, qui dormait aux pieds de son maître, s'est levé et a rempli de ses aboiements les environs d'Altabiscar.

« Au col d'Hañeta un bruit retentit. Il approche en frappant à droite et à gauche les rochers. C'est le murmure sourd d'une armée qui vient. Les nôtres y ont répondu du sommet des montagnes. Ils ont fait entendre le signal de leurs cors. Et le maître de la maison aiguise ses flèches !

« Ils viennent. Ils viennent ! Quelle haie de lances ! Comme les bannières de toutes couleurs flottent au milieu d'eux ! Quels éclairs jaillissent de leurs armes ! Combien sont-ils ? Enfant, compte-les bien, un, dix, vingt, cent et par milliers d'autres encore ; on perdrait son temps à les compter.

« Unissons nos bras nerveux et souples, déracinons ces rochers. Lançons-les du haut de la montagne en bas jusque sur leurs têtes, écrasons-les, frappons-les de mort. Que voulaient-ils de nos montagnes, ces hommes du Nord ? Pourquoi sont-ils venus troubler notre paix? Quand Dieu fit ces montagnes, il voulut que les hommes ne les franchissent pas.

« Mais les rochers en tombant écrasent les troupes. Le sang ruisselle. Les débris de chair palpitent. Oh ! combien d'os broyés, quelle mer de sang !

« Fuyez, fuyez, vous à qui il reste de la force et un cheval. Fuis, roi Carloman, avec ta plume noire et ta cape rouge. Ton neveu bien-aimé, Roland le robuste, est étendu mort là-bas. Son courage ne lui a servi à rien. Et maintenant, Basques, laissons ces rochers, descendons vite et lançons nos flèches à ceux qui fuient.

« Ils fuient, ils fuient ! où donc est la haie de lances ? Où sont ces bannières de toutes couleurs flottant au milieu d'eux ? Les éclairs ne jaillissent plus de leurs armes souillées de sang. Combien sont-ils ? Enfant, compte-les bien. Cent, vingt, dix, un ! Un, il n'en paraît pas un de plus !

« C'est fini; maître de la maison, vous pouvez rentrer avec votre chien. Embrassez votre femme et vos enfants. Nettoyez vos flèches, serrez-les avec votre cor, couchez-vous et dormez. La nuit, les aigles viendront manger ces chairs écrasées et tous ces os blanchiront dans l'éternité ! »

Pendant que je humais ce parfum de poésie primitive à travers les émanations printanières des forêts de Roncevaux, je reprenais aussi le point de départ de cette épopée grandiose pour la reconstruire à l'aide de mes souvenirs. Mais l'histoire se confond tellement avec la légende que je me perdis dans l'une pour me retrouver dans l'autre.

Alors, assis sur le tronc renversé d'un mélèze, la tête appuyée sur la main, le regard perdu dans l'immensité, je me mis à écouter les voix qui montaient de l'abîme, une surtout qui semblait réciter comme un chant funèbre en l'honneur de Roland :

« La victoire a rempli tous les vœux du fils de Milon, du vainqueur de Ferragus et d'Agramant. Les lueurs de sa redoutable épée ont frappé d'un vertige imprévu le perfide Abutar, et les bords de l'Èbre ont vu abattre l'orgueil du fier Sarrasin.

« Alors Roland dit à ses guerriers :

« — Retournez à la patrie impatiente. L'absence a trop longtemps refroidi la cendre de vos foyers hospitaliers. Partez. Je marcherai le dernier afin que si les vaisseaux épars se ralliant au cri de la vengeance veulent suivre en les menaçant nos illustres bannières, ils rencontrent l'écueil de mon bouclier. Partez. Je l'étends sur vos phalanges, sur vos trésors, sur vos trophées.

« Et les guerriers de répondre au preux invincible :

« — Oui, nous te précédons, pour annoncer tes exploits à la France ravie, pour l'entraîner avec nous sous les arcs triomphaux que nous élèverons sur ton passage. Allons suspendre des lauriers à la porte de nos temples, accorder les lyres et tresser les couronnes des festins. Roland va bientôt revoir nos frontières et les peuples à son aspect l'acclameront.

« Aveugle espoir ! répond la Destinée au front sévère.

« Déjà s'est dissipée la poussière de nos derniers escadrons. Au tumulte de l'armée qui s'éloigne succède un long silence.

« Roland n'a plus à ses côtés qu'Anselme, Olivier, Éginhart et Thierry. Vingt fois dans sa course isolée, des troupes d'infidèles l'aperçoivent et le regardent comme leur proie, mais à peine l'ont-ils reconnu qu'ils reculent de frayeur en se disant : C'est lui ! Et cependant Roland et ses amis s'entretenaient ensemble amicalement. Leur âme ne soupçonnait ni traîtres ni embûches.

« Le héros arrive au long défilé du Roncevaux. Les sommets des hautes Pyrénées répandent une nuit éternelle sur cet étroit sentier que resserrent les escarpements des rochers sourcilleux et que dominent des masses pendantes et des forêts redoutées. A travers ces horreurs et ces ombres sinistres, Roland passe avec sécurité. Tout à coup un bruit sourd fait retentir la triple chaîne des échos sinistres. Le preux, sans s'effrayer, lève les yeux et voit la cime des monts hérissée de soldats nombreux. »

Ce ne sont pas des soldats, mais la légende n'y regarde pas de si près. L'histoire nous dit que ces milliers de sauvages ennemis, tapis comme des loups affamés dans les noires sapinières, qui guettaient l'armée franque du haut de l'Altabiscar, étaient les Gascons d'Espagne et de Gaule dont les longues et malheureuses guerres d'Aquitaine avaient gonflé le cœur d'une haine barbare, bien que légitime. Il y avait encore plus de femmes et d'enfants que d'hommes. Tout ce qui pouvait porter un pieu, manier une hache, lancer des pierres et des flèches était là. Les Basques venaient demander compte de la liberté que Dieu leur avait donnée, aux hommes qui voulaient la leur ravir !...

Forts de leur nombre et plus encore de leurs postes inexpugnables, les lâches crient au héros qu'il faut mourir. Les lâches !... Ah ! cette fois ce n'est plus l'histoire qui a la parole ; laissons parler la légende dont les échos des ravins semblent répercuter le plaintif murmure :

« La grêle qui dans l'ardente canicule écrase des moissons entières est moins bruyante et moins pressée que la nuée de flèches sifflantes qui percent les cottes de mailles des Francks comme si elles étaient de laine. Puis, ce sont les mélèzes, les sapins, les cyprès arrachés, les rochers énormes ébranlés dans leur base qui roulent en détournant le cours des torrents et en entraînant les neiges amoncelées. L'onde égarée écume et mugit. L'avalanche tonne et foudroie. Des gouffres nouveaux ouvrent leurs flancs ténébreux. Ces volcans endormis se réveillent et lancent leurs feux souterrains. On dirait, à cette image de la destruction, qu'il faut que l'univers périsse pour que Roland soit ébranlé !

Ses compagnons ont cessé de vivre. On n'entend que les plaintes des blessés et le râle des mourants. L'arrière-garde franque jusqu'au dernier homme gît dans le val et dans les gouffres qui l'environnent.

Sanglant et mutilé, Roland est encore debout. C'est lui qui menace. Il plane sur le chaos, il lutte avec la nature, il triomphe de la mort qui l'assiége.

O prodige d'un grand cœur ! audace d'un paladin immortel ! Les débris qu'on lui lance, les troncs d'arbres, les éclats de roches fracassées, les éboulements des montagnes sont autant de degrés qu'il escalade pour atteindre son ennemi.

Hélas ! l'amas de ruines qui le porte s'écroule sous le poids de Roland. Il retombe et pour la première fois le héros tressaille, non de peur, mais de désespoir. Tantôt il saisit sa Durandal et fend les rochers, tantôt se jetant au-devant des cataractes, il oppose sa vaste poitrine aux ondes jaillissantes, tantôt il sonne du cor et le son qu'il en tire roule comme un tonnerre dans les gorges de Roncevaux.

Les monts tremblent, l'air frémit, les bêtes fauves s'enfuient dans leurs tanières, et le cor de Roland qui sonne le funèbre hallali, va réveiller les sentinelles des châteaux voisins et semer la terreur dans l'armée franque.

Charlemagne a reconnu le son de ce cor. Il n'y a que son neveu qui puisse faire résonner ce belliqueux instrument avec autant de force. Il donne l'ordre aux bataillons de reprendre la route qu'ils viennent de parcourir. A la rapidité de leur marche, on dirait qu'ils poursuivent un ennemi fugitif. Mais, à mesure qu'ils s'avancent, le bruit s'affaiblit. Le cor ne rend que des notes plaintives, déchirantes. Puis on n'entend plus rien, Roland est mort.

Mort!... Les veines de son cou robuste ont éclaté. Ses poumons déchirés ont laissé échapper à longs flots le sang qui bouillonnait et l'armée, orpheline de son héros, entoure les bords de l'abîme où gît le plus courageux de ses guerriers! »

Et la voix qui me parle, peut-être celle de Turpin, ajoute ces mots :

— Le nom de Roland éblouissant de gloire vivra jusqu'à la fin des siècles et nos descendants en conserveront religieusement la mémoire!

Et moi d'ajouter tout haut comme pour répondre à ces voix qui montent de l'abîme :

— Oui, il faut que Roland ait été un grand héros pour que son nom soit parvenu jusqu'à nous, sans une ombre à sa gloire, sans une tache à sa vie.

Un éclat de rire me répond. Charles et Édouard sont derrière moi. Ils m'ont entendu et je me sens rougir d'être pris en flagrant délit de poésie et de légende.

— Allons! debout, debout poëte, me crie Édouard.

— Avec d'autant plus de raison, ajoute Charles, que la nuit approche et que nous avons plus de trois heures de chemin.

— Où allons-nous?

— Suivez-moi. Je connais les Pyrénées aussi bien que les rues de Paris.

Je fis la moue et n'en suivis pas moins mon compagnon et mon guide. J'avais du reste en réserve dans ma pensée quelques études à faire, sur les terrains riches en houilles de fer et en marbres rouges que je n'avais fait qu'entrevoir, et sur les dispositions prises par le général Soult pour envahir l'Espagne. Ce dernier point me tracassait le plus. J'avais déjà étudié sur place la défaite de nos troupes par Wellington. J'aurais bien désiré en étudier la revanche, bien qu'au rebours des données de l'histoire, cette revanche eût précédé la défaite.

Dès que nous fûmes en marche, Édouard vint à mon secours :

— C'est en effet, me dit-il, une admirable légende que celle de Roland, mais je n'y ai jamais ajouté foi.

— Pourquoi? riposta Charles. Cette histoire est aussi simple que grande. Je me charge de te faire revenir sur ton opinion quand nous serons à la fameuse brèche que la Durandal du héros a faite aux tours du Marboré !

—Peuh ! fit Édouard, tu as lu l'Arioste. Tu revois le château d'acier d'Atlant l'enchanteur, le rocher d'où fut précipitée Bradamante et l'arène où Agramant, Ferragus et Marsile combattaient contre les preux de Charlemagne ! Je t'assure que je n'ai pas été ému en voyant le col de Roncevaux où l'histoire fait mourir le neveu de Charlemagne et que je ne le serai pas plus en voyant le Marboré, cette terre sacrée, illustrée par les héros sortis tout armés du cerveau d'un poëte.

— A de gigantesques exploits il fallait une scène gigantesque. A grande histoire il faut grand poëte : relis les *Légendes des siècles* de Victor Hugo.

— Gros rêveur ! Tu ne seras jamais un homme positif !

— Ni sous-préfet, comme tu le seras sans doute.

—Merci ! Enfin veux-tu que je te dise ? Convertis-moi ! je ne demande pas mieux. Et je te promets de croire que Roland a tranché une montagne avec son épée et sonné de l'olifant au point de se faire entendre à trente lieues de distance.

Charles s'arrêta et d'une voix grave :

— Il est des choses divines et mystérieuses consacrées par le temps et la foi populaire. Il ne faut pas les discuter, mais y croire. Les siècles ont passé sur cette légende et l'ont respectée. De quel droit, sans autre raison que ton scepticisme, viendras-tu flétrir les fleurs dont la poésie a parfumé la tombe de Roland ?

Il se fit un long silence. Nous suivions un sentier roide, pierreux qui se tordait dans des fougères et sur des croupes arides. De tous côtés de vastes forêts nous enveloppaient de leurs ombres, on entendait le murmure des ruisseaux et des torrents, mais nous ne jouissions ni d'ombrage ni de fraîcheur. L'air était lourd ; de temps en temps des bouffées de vent humide glaçaient la sueur qui perlait sur nos fronts, nous donnant un frisson désagréable auquel succédait une sensation de chaleur plus désagréable encore.

Je n'osais pas demander où nous allions, et, très-mécontent de voir les deux amis ne plus se parler, je repris le fil de la conversation où il s'était brisé :

— Et nul n'a vengé cette défaite ? m'écriai-je.

Je peux me flatter d'avoir eu un joli succès. Édouard se mit à rire et Charles sauta de joie en disant :

— A la bonne heure ! vous ressemblez aux Anglais qui voient jouer une pièce française. Ils écoutent et quand un mot est applaudi ou fait rire, ils le cherchent sur le dictionnaire et se mettent à applaudir ou à rire, une heure après que le mot a été lancé ! Très-bien ! Votre observation du reste n'est pas juste.

— Ah ! ah ! fis-je, flairant la suite de ma campagne de la Rhune.

— D'abord les généraux Moncey et Marbot ont en 1794 battu les Espagnols dans ce même défilé de Roncevaux, et je ne vous cacherai pas que la République française a daigné voir dans ce triomphe une vengeance de la mort de Roland.

J'étais désappointé, mais Édouard reprit :

— En 1813, Soult l'a passé pour aller délivrer Pampelune.

— Enfin, me dis-je, nous y voici.

Et nous nous mîmes en causant, à apporter chacun notre pierre à cet édifice historique.

C'était en octobre 1813, année fatale à nos armes ! nous avions été rejetés en deçà de la chaîne des Pyrénées. Pampelune résistait encore et Soult résolut de pénétrer de nouveau en Espagne pour délivrer cette ville qu'assiégeait Wellington et détruire la droite de l'armée anglaise. Le 25 au matin, il passa le col de Roncevaux à la tête de 35,000 combattants et attaqua à l'improviste les 18,000 Anglais postés dans la vallée, dans des positions inexpugnables. Les culbuter, emporter toutes les positions, forcer l'ennemi à la retraite et le poursuivre en désordre jusqu'à Sauroren, fut l'affaire d'une demi-journée.

— Mais là, dit Charles, s'engagea une bataille décisive.

Pendant que Soult chassait devant lui les Anglais comme des bestiaux, la garnison française de Pampelune faisait une sortie et le général O'Donnel pris entre deux feux enclouait ses canons et faisait sauter ses magasins. Le siége allait être levé et Pampelune délivrée quand arrivèrent un corps d'Espagnols et toutes les divisions disponibles de l'armée anglaise que Wellington commandait en personne. Il était temps : nous occupions déjà toutes les hauteurs dominant le village, mais les alliés étaient disséminés sur une ligne de rochers très-escarpés. Vers midi, la bataille commença. Par une imprudence du général Clausel, toute la droite de notre armée s'engagea dans la vallée où elle fut prise entre trois feux. Le centre était plus heureux, mais n'étant pas soutenu par la droite obligée de battre en retraite, il disputa énergiquement la position, repoussant vingt fois les alliés jusque dans Pampelune, mais toujours repoussé à son tour par des troupes fraîches. Le champ de bataille était jonché de nos morts. Il fallut battre en retraite sous les feux croisés de l'artillerie anglaise et harcelés par l'infanterie portugaise qui n'avait pas encore pris part au combat. Quant à la gauche de notre armée, victorieuse et fière de sa victoire, elle chassa les Anglais jusqu'au delà de Pampelune, mais après la défaite du centre dut se retirer précipitamment.

— Et à grand'peine, ajoutai-je, Soult put ramener son armée au delà de la frontière où l'attendait la défaite.

— Ceci du moins est de l'histoire, dit Édouard, mais dis-moi, Charles, est-ce que tu nous conduis à la poursuite des Anglais dans la vallée d'Estevan ?

— Nous en sommes bien loin.

— Et où sommes-nous ?

Charles s'arrêta, regarda à droite et à gauche d'un air inquiet qui pour nous, grâce à la nuit tombante, devint plus inquiétant encore :

— Ma foi, dit-il, je n'en sais rien.

Et il y avait au moins trois heures que nous marchions sans avoir vu une maison, ni rencontré âme qui vive ! Pour comble de malheur une petite pluie fine et serrée, chassée par le vent, nous cinglait la figure et nos estomacs sonnaient la cloche du dîner.

— Et tu disais connaître ton chemin ?

— Je le connais bien, mais c'est lui qui ne me reconnaît plus, l'ingrat.

— Si nous attendions ?

— Un passant ? merci, à cette heure, il n'y a plus que des ours et des contrebandiers.

— Alors que faire ?

— Marcher.

— Mais nous ne sommes plus en France ?

— Nous sommes aux Pyrénées, et les Pyrénées c'est la France. En route !

Il est de fait que le seul moyen de trouver un gîte était de continuer son chemin. Je proposai de longer une immense forêt qui semblait nous barrer le passage et que j'ai su depuis être la forêt d'Iraty et de nous diriger vers le torrent ou la rivière dont on entendait le bruissement des eaux.

Cette proposition fut adoptée, et si elle allongea d'une grande heure notre route, nous en fûmes récompensés par un spectacle auquel nous ne nous attendions pas et une aventure comico-tragique dont nous ne nous repentîmes pas d'avoir été les témoins.

A force de grimper en zigzag les longs lacets d'une arête dominant le ravin dans lequel bouillonnait le torrent après lequel on courait et qui semblait nous fuir, mouillés jusqu'aux os, mourant de faim, harassés de fatigue, nous aperçûmes enfin à travers le rideau des hêtres de la forêt, de grandes lueurs à l'horizon. La pluie avait cessé et par l'immense échancrure qu'ouvrait dans le ciel le col où nous nous trouvions, — c'était, je le sus un peu plus tard, le col d'Aphanicé, — la lune perçant les nuages nous apparut comme un flambeau tutélaire. Éclairés par cette lumière qui nous tombait du ciel et guidés par ces autres lumières qui nous arrivaient de la vallée, nous montâmes avec courage sur les croupes et les terrasses qui se succédaient sous nos pas comme les échelons d'un vaste escalier.

Arrivés au sommet, nous nous arrêtâmes épouvantés. Charles seul s'écria :

— Je me reconnais ! Enfin !

Mais son soupir de soulagement ne trouva pas d'écho dans le cœur d'Édouard. Quant à moi, j'avais tout oublié pour admirer l'immense cirque de montagnes dont nous étions le point central.

Pour la deuxième fois, je me retrouvais la nuit par un beau clair de lune au cœur des Pyrénées et je ne crois pas que leur vue soit aussi grandiose en plein soleil. J'en ai emporté une impression si profonde que je me sens impuissant pour la décrire, cette description ne devant pas plus ressembler à mon enthousiasme qu'une carte géographique ne ressemble à un tableau de Decamps.

Au fond de la vallée, dans la poussière brumeuse de la nuit, scintillaient les feux de vingt villes ou villages. Saint-Jean Pied-de-Port se découpait en noir sur l'horizon et le val d'Aneguy laissait ondoyer ses campagnes riantes qui s'endormaient le long des rubans argentés de ses mille rivières. Sur la droite s'ouvrait un ravin sombre où mugissaient des torrents, dont on entendait le bruit imitant le murmure de la foule, et dont on voyait jaillir de temps en temps les gouttelettes de leurs cascades qui crépitaient aux clartés de la lune comme les étincelles d'un feu d'artifice! Devant nous, immobile et droite, géant mis en sentinelle par le temps, se dressait la pyramide rocheuse d'Aphanicé que nul n'a songé à escalader, et derrière, les forêts de la montagne noire semblaient une immense tache d'encre sur les grisailles des rochers et la verdure des plaines.

Enfin à deux pas de nous, perché sur une terrasse, nous apparaissait un village encore éclairé où nous trouverions un gîte et du pain.

— C'est Ahusky, nous dit Charles. Bonne auberge, je la connais. Mais, pour y arriver, profitons de la lune. Le chemin n'est pas commode.

Édouard ne bougeait pas.

— Eh bien, Édouard?

— Ah! mon ami, je ne peux plus aller. Laisse-moi reposer.

— Nous nous reposerons à Ahusky! et après-demain aux Eaux-Bonnes.

— Dire que si nous avions pris le chemin de fer nous y serions depuis longtemps!

— Apprends, impie, que les chemins de fer ne sont créés et mis au monde que pour transporter nos colis et nos bagages!

— Ah! que je voudrais donc être un colis, dans ce moment surtout!

Force resta à la loi. Charles prit Édouard par le bras et le somma de nous suivre. L'espoir d'un bon dîner et d'un bon lit lui donna du courage. Par malheur, tout enthousiasme était refroidi, il fallait refaire à la descente le chemin que nous avions fait à la montée, avec cette différence qu'il était moins pittoresque, plus encombré de pierres et de ronces, et que, la lune s'étant cachée sous de gros nuages noirs, on ne voyait pas où on marchait.

Le vent soufflait avec rage et la pluie recommençait de plus belle. Nous étions glacés.

— Un riche temps pour les fluxions de poitrine, dit Charles en riant ou plutôt en essayant de rire.

Il vint un moment où nous fûmes obligés de nous arrêter. Le plateau qui nous séparait d'Ahusky ne nous offrait aucun sentier, et de chaque côté nous apercevions de larges fondrières aux trous noirs et profonds.

Charles et Édouard étaient vêtus en touristes de la tête aux pieds. Leur long bâton ferré leur fut d'un grand secours. Moi, je n'avais qu'une simple canne et des bottines de chasse, déjà toutes éculées, déformées et trouées. Ils avaient en outre un imperméable, une large ceinture et une espèce de capuchon qu'ils rabattaient sur leur chapeau de feutre. Moi je possédais un pardessus qui, une fois mouillé, fit sur mon dos l'office d'une éponge. Je ne pus m'empêcher de le faire remarquer à mes compagnons de voyage, dont l'un vexé de s'être égaré, l'autre désespéré de ne pouvoir marcher, firent peu attention à mes plaintes.

A tout prix il fallait avancer. Charles hésitait. Enfin il eut une idée.

— Le chemin n'est pas tracé, dit-il, mais je le suivrai avec prudence en tâtonnant avec mon bâton. Édouard, accroche le tien à ma ceinture, tiens-le de tes deux mains et marche derrière moi.

— Pardon, fis-je, si vous preniez ma canne, je me servirais du même procédé en accrochant votre bâton à la ceinture d'Édouard.

— C'est vrai, il ne risquera pas de tomber de cette manière. Adopté !...

Et ce fut ainsi qu'à la queue leu leu nous nous hasardâmes à affronter ce plateau criblé de trous.

— C'est probablement là que les géants jouent à la balle ! dit Charles.

Nous n'avancions que lentement, avec précaution, cherchant la route qui devait conduire à ce hameau dont les lumières commençaient à s'éteindre.

Le vent s'était un peu apaisé, mais la lune restait obstinément cachée, et de temps en temps des bruits et des lueurs étranges frappaient nos oreilles et épouvantaient nos regards.

Les bruits ressemblaient aux sons d'une harpe, un chant plaintif et monotone en accompagnait les sons. On eût dit que dans ces trous béants des âmes captives exprimaient leurs douleurs, et, réveillées par un passant audacieux, leur demandaient des secours ou des prières.

Quant aux lueurs, une minute de réflexion nous les fit comprendre.

Par de là le plateau était une usine ou fonderie dont nous n'apercevions que le reflet rougeâtre qui changeait à chaque ondulation de terrain. Les eaux des torrents de la montagne qui venaient se perdre dans plusieurs de ces gouffres signalés plus haut, en réfléchissaient la lumière, et leurs nappes s'émiettant en poussière ou se pelotonnant en écume passaient par cette zone de feu tantôt sombre, tantôt brillante, avec la vitesse et les formes capricieuses des feux follets voltigeant sur les marais.

Le bruit s'expliquait de lui-même, c'était le murmure des torrents tombant dans le gouffre ; aussi nous n'étions pas rassurés. Le pic d'Aphanicé qui semblait tantôt nous suivre, tantôt marcher à côté de nous, augmentait cette frayeur. On eût dit par moments, tant notre imagination était affolée, tant la fatigue et la faim en nous creusant l'estomac affaiblissaient notre cerveau, que ce pic inoffensif avait la forme d'une femme vêtue de blanc couronnée de houx sauvage, et pleurant des larmes de sang.

Ah ! comme je compris alors à cette illusion d'optique la facilité qu'ont eu les légendes les plus merveilleuses à s'implanter dans les croyances des populations primitives !...

Nous marchions toujours et nous n'avancions pas. Le hameau s'était endormi. Sa dernière lumière s'était éteinte emportant notre dernier espoir. Jamais pilote qui a perdu sa boussole ne se trouva aussi embarrassé que notre chef de file.

Tout d'un coup il y eut un moment de recul dans notre caravane. Je lâchai le bâton et je roulai par terre. Édouard, plus prudent, s'était cramponné et avait glissé, entraînant Charles avec lui. Je me relevai aussitôt et courus près de mes camarades :

— N'avancez pas, me cria Charles.

— Tiens, fis-je, on dirait une femme.

C'était en effet une femme coiffée d'un capulet rouge, et qui, adossée contre un rocher, semblait vouloir nous barrer la route. Je me retournai involontairement vers le pic d'Aphanické. Je croyais que, las de nous suivre, il avait fini par s'endormir sur notre chemin.

La femme, ayant sans doute vu l'effet qu'elle avait produit ou plutôt voyant bien à qui elle avait affaire, leva la tête et sur un ton nasillard, dans un dialecte moitié basque, moitié espagnol, nous demanda l'aumône. Puis, se mettant sur son séant, elle se mit à nous débiter un chapelet auquel toutes les nations réunies du globe n'auraient pu rien comprendre.

Pendant ce temps nous entendions défiler comme une cavalcade sur le sentier que nous venions de quitter et sur lequel la femme jetait les yeux attendant un signal.

Un peu impatienté, j'allai à elle avec l'intention hostile de nous faire faire place, quand soudain sa figure m'apparut, et je m'écriai :

— La femme de la voiture !

C'était elle en effet qui nous reconnut à son tour et se mit en bon français à nous faire des excuses. Sans le savoir, nous étions tombés dans une embuscade de contrebandiers.

Nous lui racontâmes notre aventure, et aussitôt elle s'offrit de nous conduire elle-même, ce que nous acceptâmes de grand cœur.

Il nous fallut rétrograder !...

La route se trouvait pour ainsi dire fermée par le rocher auquel la femme était adossée. Un sentier descendait à droite et se perdait dans une obscurité de mauvais augure que nul de nous n'eût osé affronter, mais à travers le rocher s'ouvrait un chemin très-étroit et qu'on escaladait sur de grosses pierres.

Ce chemin, qui ne devait être autre que le lit du torrent qui avait miné le rocher, nous conduisit sur l'arête d'une montagne abrupte, déchiquetée par les avalanches et entourée de pics, de glaciers, de précipices, de roches branlantes auxquels la nuit prêtait un concours fantastique.

Rien de plus beau, rien de plus terrible !

Soudain la femme nous dit :

— Les voilà. Ils m'attendent.

En effet, sur l'arête de cette montagne le long de laquelle se détachaient, à l'instant, de grosses pierres avec un bruit formidable, nous aperçûmes, grimaçant dans le clair-obscur des glaciers un groupe de montagnards dont deux portant des torches.

La femme les appela. A cet appel la petite caravane s'arrêta et nous pûmes distinguer sous un costume irréprochable de touriste les plus honnêtes figures du monde. L'un d'eux se détacha même pour aller à notre avance, mais fit-il un faux pas ou le rocher éclata-t-il subitement, il disparut dans une crevasse qu'on eût dite dessinée par la foudre.

J'avais entrevu la chute sans voir l'homme que je vis un moment après émerger du précipice en levant les bras au ciel et en poussant des cris affolés que répercutèrent les échos des montagnes et auxquels

L'éboulement.

répondirent ses camarades en se groupant sur le bord du précipice.
La situation était effrayante. Une avalanche roulait autour de nous des monceaux de pierres, et la femme qui nous guidait, retenue par

les montagnards, poussait des cris inarticulés en voulant se jeter dans le précipice au secours de celui qu'elle appelait son mari.

L'avalanche vint elle-même à son secours en formant autour de lui une sorte d'escalier branlant qu'il escalada avec tant de promptitude, qu'Édouard et Charles, qui étaient en arrière, eurent à peine le temps d'apprendre de ma bouche et l'accident et le sauvetage.

Il y eut un moment de poignante émotion. On s'embrassait, on se serrait les mains, on pleurait de joie, mais le plus vieux de la bande dit un mot, et chacun obéissant se remit silencieusement en route

Nous ne marchâmes pas longtemps, heureusement pour nous qui aurions été obligés de porter Edouard. La femme nous dit que toute la vallée ne vivait que de contrebande. Le col de Roncevaux est trop surveillé par la douane, aussi tous les alentours, surtout les plus dangereux, sont exploités par les Basques, qui de concert avec les Espagnols passent du vin, des alcools et du tabac en grande quantité. Son fils et son mari revenaient d'Espagne, cette nuit-là. Ils allaient rejoindre la route de Saint-Jean Pied-de-Port par Lecumberry, après avoir caché leurs marchandises dans des trous de mine abandonnés qui peuplent les environs. Elle nous avait entendus venir de loin et, craignant à notre marche hésitante que nous ne fussions des douaniers, elle nous avait barré le chemin afin de donner le temps aux contrebandiers d'achever leur besogne.

— Si nous avions été de vrais douaniers?

— Je vous aurais amusés avec une histoire.

— Et si nous ne l'avions pas crue, votre histoire? Les douaniers sont très-méfiants.

La femme eut un regard étrange.

— Il faudrait, dit-elle, aller demander ça aux précipices des montagnes, mais, ajouta-t-elle en riant, tout s'arrange en ce monde. Les douaniers ne nous font pas la guerre. Ils ont de la famille, eux aussi, et nous les ménageons si bien qu'ils nous rendent la pareille.

Nous étions arrivés à une cabane située sur la pente d'un mamelon. La femme frappa d'une manière franc-maçonnique, et la porte s'ouvrit pour laisser passer un flot de lumière.

Autour d'un bon feu, mangeaient, fumaient, causaient plusieurs contrebandiers à la figure cordiale, au regard joyeux, à la parole sympathique. Il y avait du pain, du jambon, du vin, de l'eau-de-vie, des couvertures et de la paille fraîche !

— Ma foi, dis-je en acceptant l'hospitalité qui nous fut offerte, nous dormirons mieux là qu'à la belle étoile.

— Oh ! le bon feu ! dit Édouard en se chauffant.

— Le bon vin ! dit Charles, en se mettant à manger.

— Le bon lit, murmurai-je en me couchant sur la paille.

Et je m'endormis aussi tranquille qu'à l'hôtel, après avoir bu un petit verre d'eau-de-vie, dont mon estomac se contenta pour dîner.

Le lendemain matin, un berger, le propriétaire de cette cabane hospitalière, entra, et, comme nous le regardions avec des yeux ensommeillés, il nous salua d'un sourire.

— Restez, mes bons messieurs, dit-il, ne vous derangez pas. Je vais vous faire un peu de feu.

— Et les autres ? demandai-je.

— Oh ! ceux-là, ils sont loin.

En effet, nous regardâmes, cherchant au moins la femme qui nous avait amenés, mais ni elle ni ses compagnons n'y étaient.

— Ne cherchez pas, jeunes gens, moi je suis bon pour vous servir, si vous avez besoin de moi, dit le berger.

— Mais sapristi, où diable sommes-nous ici ? s'écria Charles.

— Où vous êtes, mes bons messieurs ? à Ahusky, que vous pourrez voir du pas de la porte.

LA VALLÉE D'ONMAU

CHAPITRE IV

Ahusky. — Panorama des Pyrénées. — Une plaine qui ressemble à un crible. — Récits divers. — *L'Ours et la Sentinelle*. — Ce que sont les contrebandiers dans la montagne. — Le douanier et son sauveur. — Le puits qui parle. — Départ pour Saint-Engrace. — Un berger prudent. — Bayard et Renaud de Montauban. — La Pierre de Roland. — Tardets. — Où on retrouve l'aubergiste et son chien. — Ce qui leur était arrivé. — Le Portefeuille des Bordanèche. — Le Pic d'Anie. — Vallée de Baretous. — Le serment des montagnards. — Les forêts du val d'Achavar. — Ce qu'on voit du sommet du pic. — Les espadrilles. — La cascade de Lescun. — Laruns et le val d'Ossau. — Route en voiture. — Entrée aux Eaux-Bonnes. — Comment s'appelait l'aubergiste. — Départ de Joannès. — Arrêts forcés.

Ahusky ! Qui se douterait qu'il existe un hameau de ce nom sur la frontière pyrénéenne ? Qui connaît ce pauvre village où l'on n'arrive ni en voiture ni à cheval, dont la géographie parle si peu, mais que les contrebandiers connaissent tant ? Il existe, et nous allons le voir ensemble.

Je n'étais pas satisfait du début de mon voyage qui semblait m'éloigner tout en m'approchant des plus beaux sites des Pyrénées mis en parallèle avec les plus beaux sites des Alpes. Je me disais, pour me consoler, que beaucoup de voyageurs, d'écrivains, de poëtes, de naturalistes les avaient si souvent parcourus, décrits, chantés, analysés, qu'il y avait un peu d'orgueil à être le Christophe Colomb de parages moins connus et tout aussi curieux au point de vue légendaire et géologique. Faisant contre fortune bon cœur, je quittai la chaumière où je laissais mes compagnons, l'un soignant l'autre, tous deux d'accord pour ne pas user leurs forces dans une course inutile, et je gravis la pente douce qui me séparait d'Ahusky.

Je ne regrette pas d'avoir, aux dépens d'un repos bien mérité, rendu cette visite matinale, non pas précisément au village qui n'a que quelques cabanes, mais au panorama pittoresque qui l'environne.

La chaîne principale des Pyrénées se développait tout entière devant moi, de l'est au sud, avec ses neiges, ses glaciers et ses forêts. A l'est émergeait le pic d'Anie, au sud le dôme du mont Orhy. Au premier plan de ce décor, par-dessus les ravins sauvages *des Escaliers*, se dressaient cinq montagnes plus petites et terminées en cônes, abritant à leurs pieds un vallon verdoyant que garnissent les bois et les pâturages de Mendibelza.

Certes, la vue est très-belle et vous dédommage de bien des fatigues, mais il y manque le charme que présente aux yeux ce fouillis indescriptible des paysages des Alpes. C'est trop uniforme. On cherche l'imprévu, et le regard désappointé ne trouve rien qui rompe la monotonie de ce tableau trop bien brossé par la main du grand Maître.

Du flanc de la montagne, au-dessus du village, jaillit une source connue dans le pays depuis des siècles, mais dont la réputation n'avait pas encore dépassé les limites du pays basque. On commence à en parler. Les paysans n'en paraissent pas fiers, car on leur vend aujourd'hui cette eau qu'ils buvaient gratis, quand, après la fatigue des moissons, ils venaient se reposer et célébrer leur fête nationale, au pied de la montagne. Ce qu'on ne peut pas leur vendre, c'est le paysage qu'ils y contemplent et le bon air qu'ils y respirent. Agrément qui ne vaut sans doute pas l'eau qu'ils buvaient, puisqu'ils n'y viennent plus, à moins que ce ne soit pour ne pas rencontrer les touristes dont l'invasion prochaine menace de les déshériter de leurs priviléges de premiers occupants.

Le sommet de la montagne, auquel je parvins en peu de temps, m'ouvrit une nouvelle perspective, celle des campagnes d'Oloron et de Mauléon, qui s'étendent, du côté de la France, à perte de vue, mais j'y accordai peu d'attention. Je ne pouvais détacher mes regards de ces gouffres mystérieux que j'avais côtoyés la nuit précédente et dans lesquels se perdent les eaux des montagnes. Du lieu où j'étais, ils ressemblaient à des entonnoirs d'une grande profondeur; toute la plaine en était tachée.

Rien n'est plus facile que d'expliquer mathématiquement la présence de ces ouvertures profondes dans des terrains houillers. Des puits de mines y ont été creusés et n'ont jamais été comblés. Les eaux des pluies ou des torrents les ont rendus plus profonds en s'y déversant, et ceux qui ont laissé béantes leurs ouvertures tapissées de minerais de fer servent de retraite aux contrebandiers, quand la légende n'y a pas logé quelqu'une de ses figures mystérieuses. Dans ces pays-là, la contrebande est du commerce ; la légende, c'est de l'histoire. Un contrebandier est un honnête homme, aussi bien que la légende est une vérité. Le douanier joue avec les uns le rôle que Satan joue dans l'autre, voilà toute la morale qu'on puisse tirer de ces deux anomalies. De là, des récits qui n'ont rien d'orthodoxe, mais où on retrouve dans leur naïveté un grand parfum de mysticisme.

De tous ces récits que j'ai cueillis au vol, il ne m'est resté aucun souvenir, mais en revanche je me rappelle encore avec plaisir deux curieuses anecdotes que j'ai d'autant plus de plaisir à raconter que je ne les ai lues nulle part.

Les voici. Cela me donnera le temps de redescendre la montagne à la recherche de mes compagnons, qui de leur côté font la connaissance des contrebandiers et de la contrebande.

La première de ces anecdotes pourrait s'appeler l'*Ours et la Sentinelle*.

Un jeune Basque du nom de Martin, — étrange prénom dans le pays des ours ! — eut dans une de ses nombreuses courses à travers la montagne, soit comme contrebandier, soit comme chasseur, une aventure aussi étrange que son nom.

Une nuit qu'il revenait d'Espagne par un sentier fort étroit dominant des précipices, un ours de haute taille lui en disputa le passage. Le jeune homme n'était armé que de son couteau, de plus il était chargé d'un sac assez lourd qui n'avait probablement acquitté aucuns droits dus à l'État.

Que faire ! Rétrograder ? ses compagnons qui le suivaient l'auraient traité de lâche. Avancer ? c'était la lutte avec la bête fauve, c'est-à-dire la mort. En admettant que l'homme fût vainqueur, le vaincu l'entraînerait infailliblement dans le précipice.

Pendant les quelques secondes que le jeune homme mit à réfléchir à sa situation, temps relativement très-court dont l'ours profitait pour s'aiguiser les ongles et se passer la langue sur les babines, il se produisit un incident qui changea la face des choses.

Les douaniers guettaient dans l'ombre le passage des contrebandiers. Ils barraient le sentier du côté opposé où messire l'ours était en sentinelle. Se trompant sur l'attitude de la bête dont la force aidait en ce moment le droit, craignant que leur proie ne vînt à s'échapper, ils commencèrent les hostilités par des coups de feu. La première balle atteignit l'ours et lui brisa une patte de devant. Rugissant de douleur, le fauve se retourna et fondit sur les douaniers qui voulaient profiter de cette surprise pour s'emparer de leurs ennemis.

La lutte fut longue, terrible, acharnée. Pendant ce temps les contrebandiers avaient rebroussé chemin, et les douaniers se retiraient avec un mort et deux blessés, et la honte d'avoir échoué dans leur entreprise.

L'ours était vengé. Seulement il s'était laissé glisser sur la pente du chemin, épuisé par le sang qui coulait de ses blessures et impuissant à regagner sa tanière. Sa patte seule l'enchaînait. Il se leva pourtant et courut se désaltérer à une fontaine qui coulait le long d'un rocher. La fraîcheur de l'eau lui fit du bien, mais cette descente rapide, dangereuse même pour un personnage aussi bien emmitouflé qu'un ours, l'étourdit complétement, au point qu'il ne vit qu'en se retournant, presque aussi endommagé et encore plus effrayé, le jeune contrebandier pour lequel il s'était inutilement pourléché les lèvres. Au bout d'un moment, tous deux se regardèrent. L'homme voulut fuir, la peur lui donnait des jambes, mais la bête poussa un grognement plaintif, rampa jusqu'à Martin, — son homonyme, — et lui tendit la patte qui pendait comme une branche balancée par le vent.

Le jeune Basque était un peu médecin, comme tous les gens de la montagne. Il s'approcha, tira son couteau, fit l'amputation du membre brisé, et à l'aide de sa chemise qu'il déchira et d'herbes qu'il cueillit, après les avoir macérées dans l'eau-de-vie de sa gourde, — eau-de-vie de contrebande ! — il pansa la blessure de l'ours manchot qui, pour le remercier, lui léchait ces mains bienfaitrices dont un quart d'heure auparavant il eût fait son souper.

— Ah! semblait dire l'ours en regardant son bienfaiteur avec un mélange de reconnaissance et de convoitise, tu es jeune, gras, dodu. Quel bon repas j'aurais fait ! mais tu es mon bon ami, à présent, n'en parlons plus. Seulement ne me fais jamais rappeler que si je t'avais dévoré tout de suite, je n'aurais pas une patte de moins !...

L'ours devait s'en souvenir, comme nous allons le voir, ce qui prouve que la reconnaissance des bêtes est subordonnée à leur rancune. Les hommes ne sont pas meilleurs.

L'histoire s'était ébruitée. L'ours manchot était connu de tous les contrebandiers qu'il suivait dans leurs excursions et pour lesquels il faisait sentinelle la nuit, dans les sentiers périlleux et à l'ouverture des trous de mines qui, pour faciliter la contrebande, avaient toujours deux issues. On ne l'appelait plus que Martin, du nom de son sauveur : c'est peut-être de là que vient ce sobriquet donné aux ours.

Donc, les deux Martin vivaient en très-bonne intelligence. Un beau jour Martin, — l'homme, — disparut. L'ours, pour se consoler et dans l'espoir de le retrouver, continua ses services aux contrebandiers et fit plus que jamais sentinelle au passage souterrain où il avait vu pour la dernière fois son bienfaiteur.

Le jeune Basque avait changé de profession et, à son tour, s'était fait douanier. En se mariant, sa femme avait exigé cette conversion, et le malheureux y avait consenti.

La contrebande eut, grâce à ce secours inespéré, maille à partir avec la loi. Dès ce moment, si le fisc n'y gagna guère plus, les villages basques y perdirent beaucoup, mais la contrebande devenant un métier très-difficile, les contrebandiers augmentèrent de nombre pour faire la guerre aux douaniers, et punir le renégat, seul moyen de rendre à leur commerce l'éclat qu'il avait perdu.

C'est alors que l'ours eut du courage ! Toutes les nuits en sentinelle ! La pauvre bête ne mangeait ni ne dormait. En faction à la porte de ce passage souterrain qu'on m'a montré dans la plaine d'Aphourra, près d'Ahusky, il attendait, ne laissant entrer que les contrebandiers, mais grognant à la seule vue d'un uniforme de douanier.

Une nuit, nuit d'orage, où les torrents déchaînés menaçaient d'envahir tous les puits de la plaine, l'ours à son poste vit à la lueur d'un éclair arriver un douanier. Il se dressa sur son séant, mais sans grogner. Cependant il y avait nombreuse réunion de contrebandiers qui, comptant sur le manchot, avaient négligé de placer des sentinelles de ce côté-là, où l'on ne pouvait descendre que par ruse ou par surprise.

L'ours, étonné lui-même de ne pas grogner, attendait toujours. Le douanier approchait. A la lueur d'un nouvel éclair, les deux Martin se reconnurent. Ce douanier n'était autre que le renégat qui, mettant à profit son ancien flair de contrebandier, venait surprendre au gîte ses compagnons pour les livrer à la justice.

Quelle joie chez la bête fauve quand elle reconnut son bienfaiteur !

Elle se coucha à ses pieds, lui tendant la moitié de sa patte, comme pour lui dire : Souviens-toi !

Martin homme ne se souvenait plus de Martin ours. Il tira son couteau et frappa la bête au défaut de l'épaule. Le coup était mortel. Par bonheur un mouvement de l'animal fit dévier l'arme qui se brisa sur l'os. Le douanier, croyant n'avoir plus rien à craindre, passa en appelant ses hommes qui le suivaient dans l'ombre.

Tous les contrebandiers furent pris avant qu'ils aient pu se défendre.

L'ours et le contrebandier.

Martin resta le dernier pour bien s'assurer qu'il n'en laissait pas de cachés ; mais, au moment où il voulut sortir, il sentit une griffe puissante s'abattre sur son épaule. En se retournant, une haleine brûlante et fétide lui fouetta le visage, deux yeux brillants de haine le regardaient dans les yeux, et des crocs aiguisés par la faim, blancs à la base, rouges à la cime, apparaissaient sous les babines retroussées. L'ours venait demander à l'homme raison de son ingratitude et de sa méchanceté.

Le duel fut terrible : le bruit de la lutte se fit entendre jusqu'à Ahusky. Les cris de l'homme et les grondements du fauve se confondirent dans l'abîme, et le ciel lui-même se mit de la partie, ne parvenant qu'à peine à éteindre avec la voix de la tempête les voix des deux combattants.

Toute la plaine se soulevait par soubresauts, ou se creusait comme si la vaste poitrine de la terre, lasse de sangloter, eût cherché sa respiration en aspirant l'air frais du dehors pour l'infuser dans ses poumons de feu. La montagne craquait comme les ais mal joints d'un vieux meuble, et ce bruit, répercuté par l'écho, ressemblait à une fusillade bien nourrie. Les forêts déracinées jonchaient les pentes de leurs arbres au-dessus desquels des torrents, un instant arrêtés par cet immense barrage, bondissaient en mugissant et s'échappaient par les entonnoirs mystérieux creusés dans la plaine. L'inondation surprit contrebandiers et douaniers, confondant les vainqueurs avec les vaincus, noyant les uns, écrasant les autres, rejetant ceux-là au fond de l'abîme et ceux-ci contre les murailles de fer. L'enfer du Dante n'a pas vu de tortures pareilles, ni entendu de cris aussi lamentables ; mais ce qui épouvanta surtout les voisins et témoins de ce cataclysme, — les fils auxquels on en fait le récit ont hérité de la frayeur de leurs pères ! — c'est un duo convulsif de cris de rage et de douleur qui dominait même les bruits de la nature. La lutte de l'homme et de l'ours ne finit que le lendemain matin, en même temps que la tempête, qui recula sans doute d'horreur devant les deux ennemis et épargna jusqu'à leurs cadavres.

Au grand jour, quand le village, croix et bannière en tête, descendit dans la plaine pour constater les ravages de la nuit et sauver ce qui pouvait encore être sauvé, on retrouva sur les bords du puits de mine l'ours couché à côté du corps inanimé de sa victime. Il était criblé de blessures : le couteau même était resté planté dans une de ses côtes, mais le fauve respirait encore et léchait les plaies saignantes du jeune douanier qu'il semblait vouloir rappeler à la vie.

Quand on lui enleva le cadavre, l'ours, impuissant à le défendre, courba la tête, ferma les yeux et poussa un hurlement dans lequel s'éteignit son dernier soupir.

Les deux Martin étaient morts !...

Depuis ce temps, quand un douanier revient bredouille, les enfants ne manquent pas de dire dans leur patois expressif:

— Il a rencontré le manchot !...

L'autre anecdote est plus courte et moins sérieuse. C'est encore un des mille combats que les douaniers livrent aux contrebandiers. Car,

Les contrebandiers.

il faut bien le dire, il y a conflit perpétuel entre la douane et la contrebande. C'est à qui trouvera les meilleures ruses, à qui sera le plus hardi, le plus courageux. La mort d'un homme n'effraie ni les uns ni les autres. Se sauver ou arrêter les coupables, voilà le but. Ajoutons, ce qui n'est peut-être pas très-moral au point de vue juridique, que, dans les montagnes, la loi n'est pas souvent respectée et que les contrebandiers trouvent partout protection contre cette loi qui fait d'eux des insurgés.

Tout leur sert d'auxiliaire. Le chien sent de loin l'ennemi, la femme le guette et l'espionne. Nu-pieds, cachés sous un large passe-montagne, un bâton pointu pour toute arme, — et cette arme est terrible dans de pareilles mains ! — ils attendent, l'œil enflammé, les lèvres serrées, que les douaniers qu'ils ont éventés leur rendent visite.

Qu'ils ne se montrent pas ! ils seraient perdus. Les douaniers les connaissent bien, et, en flagrant délit ou non, le contrebandier risque fort d'être saisi ou tué, s'il fait rébellion.

Mais revenons à notre histoire, dont la note est émue et l'issue très-morale.

Un douanier, très-connu sur la frontière et très-redouté pour sa force herculéenne, tomba un jour dans un de ces trous mystérieux que la malveillance des contrebandiers a creusés à côté de puits naturels nécessaires à l'exploitation du minerai de fer.

Comment y était-il tombé? Nul ne le savait, ou plutôt tout le village était censé l'ignorer. Mais, dès que la nouvelle se fut répandue parmi les contrebandiers, ceux-ci tinrent conseil et furent d'accord que ce serait de la lâcheté de laisser un homme, un chrétien, mourir de faim dans cet abîme. On décida que tous les moyens seraient employés pour délivrer le malheureux, s'il existait encore.

Ce fut un jeune contrebandier de Lecumberry que le sort désigna pour opérer le sauvetage. On l'attacha solidement à une corde et on le descendit avec précaution dans le puits, au fond duquel il trouva le douanier assis et fumant sa pipe aussi tranquillement que s'il eût été à son poste sur la montagne. Il ne s'était fait aucun mal. Quelques égratignures aux jambes, son uniforme déchiré et sali, voilà tout.

Il vit descendre le contrebandier au bout de la corde et ne bougea pas. Seulement, quand le Basque toucha le fond du puits, le douanier se leva, secoua les cendres de sa pipe qu'il remit dans son étui, se boutonna, toussa, se moucha, et d'un air calme étendit la main.

L'homme de la loi toucha l'épaule de l'homme du délit et, sans colère, avec l'intonation du justicier, prononça ces paroles :

— Au nom du roi, je vous arrête !

Le contrebandier voulut crier, protester de son innocence et affirmer qu'il était descendu pour sauver un homme et non pour être arrêté, ce qui en somme devenait dérisoire; rien n'y fit, et le douanier, imperturbable :

— Pas de rébellion, dit-il, vous êtes mon prisonnier.

Pour le coup c'était trop fort. Le contrebandier éclata de rire, et se mit à appeler ses compagnons pour qu'on le remontât. Le douanier le saisit, le bâillonna, puis, dénouant la corde, il en coupa un morceau avec lequel il lia son prisonnier.

— Attendez-moi là, je vais revenir, dit-il.

Et saisissant la corde, il remonta avec la prestesse d'un singe. Les camarades du contrebandier l'aidaient en tirant à eux ce corps dont ils sentaient tous les mouvements et qu'ils croyaient être celui de leur camarade. Quand ils virent émerger du trou la tête du douanier, ils lâchèrent la corde et s'enfuirent.

Mais le douanier s'en méfiait et s'attendait sans doute à cette défection, car il n'en monta que plus vite en s'aidant des pieds et des mains contre les aspérités de la terre rocheuse. Une fois au sommet, il s'assit sur le bord du trou dans lequel gisait le contrebandier ficelé et bâillonné et se croisa les bras, en disant :

— J'en tiens toujours un ! mais comment l'avoir ?

Il aperçut la corde enroulée autour d'un énorme bloc de rocher et se fit ce raisonnement, qu'elle lui servirait à descendre, puisqu'elle lui avait déjà servi à monter.

Ce qui aurait été le plus à craindre et ce qui l'eût gêné considérablement était ce qu'il avait le moins à redouter, un retour offensif des contrebandiers. Ceux-ci étaient déjà loin et ne songeaient guère à revenir, tant la peur les avait affolés.

D'où venait cette peur ? d'une histoire merveilleuse racontée sur ce trou auquel la légende avait prêté son appui en grossissant les faits.

Il paraîtrait, d'après cette légende, qu'un mari, ayant voulu se débarrasser de sa femme, l'avait précipitée dans le puits. La croyant morte, il s'en était tranquillement retourné au logis.

La peur l'avait fait revenir le lendemain pour s'assurer que le cadavre ne pouvait se voir et trahir son crime.

A peine penché sur l'ouverture, il entendit une voix terrible, triplée par l'écho, qui du fond de l'abîme lui criait :

— Assassin ! assassin ! assassin !

Réfugiée dans une des cavités latérales, la victime attendait patiemment que la Providence vînt à son secours.

Foudroyé par cette voix vengeresse qui sort du puits pour le dénoncer, le coupable tombe à la renverse. Des témoins accourent. On délivre la femme qui dénonce son mari et le fait pendre. Les contrebandiers connaissaient l'histoire, et croyant encore à une vengeance de Satan, — car le diable est toujours dans ces affaires-là, et n'y serait-il pas que la superstition l'y logerait quand même ! — ils avaient abandonné leur malheureux compagnon victime de son dévouement.

Le douanier ne perdit pas de temps. Il redescendit dans le gouffre, attacha son prisonnier au bout de la corde et remonta comme la première fois, avec cette différence qu'il ne montait pas seul et qu'il remorquait derrière lui son prisonnier en prenant des précautions inouïes pour que le malheureux ne se heurtât pas contre les parois du gouffre.

Cette ascension était un prodige de gymnastique, et pour l'accomplir il fallait être aussi fort qu'agile.

Dès qu'il fut en haut, le douanier délivra le contrebandier à moitié évanoui de ses liens et de son bâillon, lui fit boire une gorgée d'eau-de-vie, le remit sur ses pieds, et, après un instant de réflexion qui lui fit froncer les sourcils, il répéta :

— Au nom du roi, je vous arrête !

Le contrebandier répondit fièrement :

— Je vous suis.

En route, ils causèrent :

— Pourquoi êtes-vous descendu dans l'abîme ?

— Pour vous sauver.

— Imbécile !

— Oh ! ne craignez rien, ça ne m'arrivera plus.

— Et vous aurez raison. Cependant, si je vous rendais la liberté ?

— Je n'en voudrais pas, puisque vous n'avez pas voulu de la vie que je vous apportais.

— Alors nous sommes quittes. Tu m'as donné la vie, je te rends la liberté. Adieu. Voici ton chemin. Voilà le mien. Si je fais mal, que le roi me pardonne !

Et le douanier disparut.

Il paraît que de ce jour-là douane et contrebande perdirent leurs deux meilleurs sujets. L'un et l'autre renoncèrent à leur métier.

Pendant que je raconte ces deux anecdotes, Charles et Édouard ont fait causer le berger et n'ont pu obtenir que de vagues renseignements, sauf ceux qui ne redoutaient aucune indiscrétion. Le paysan est bavard, mais il ne dit que ce qui ne peut pas le compromettre. Or celui-ci n'avait raconté aux jeunes gens que ce que nous avions appris ou deviné la veille.

Seulement Charles, sachant qu'Édouard ne pouvait marcher, et désireux de continuer sa route, avait changé le berger de leur procurer des mulets et l'avait prié en même temps de lui servir de guide au moins jusqu'à Saint-Engrace, ce que celui-ci avait accepté.

Le berger n'était pas fâché de gagner une bonne journée et de ne pas perdre de vue ces étrangers qui avaient passé une nuit dans un nid de contrebandiers. C'est lui-même qui nous l'a avoué plus tard.

— Les douaniers sont si fins! avait-il ajouté.

— Oh! s'écria Édouard, aussi comique qu'indigné, pourquoi ne pas nous prendre pour des gendarmes déguisés?

— On ne sait pas, mes bons messieurs!....

Après un déjeuner frugal, nous nous mîmes en route, tous les six, Charles, Édouard, le guide, deux mulets et moi.

Trois heures après nous étions à Tardets. La route franchie n'avait rien à signaler ; sinon la Pierre de Roland, un grand bloc isolé sans aucun caractère. Pourquoi le nom de Roland, à cette pierre que les Basques appellent dans leur patois le rocher de Saint-Michel? Je l'ignore, mais je ne peux m'empêcher à ce propos de raconter une boutade d'Édouard qui, juché sur son mulet, était d'une gaieté à rendre des points à un collégien en vacances.

— Moi, s'écria-t-il d'un ton convaincu, je sais ce que c'est. Ce doit être le tombeau de Bayard!

— De Bayard? Le chevalier sans peur et sans reproche?

— Mais non, Bayard, le fameux cheval de Renaud de Montauban.

— Ah! bien... mais... dis-moi, tu n'es pas malade?

— Non, au contraire.

— Et ce n'est pas ton mulet qui te souffle des extravagances pareilles?

— Tais-toi, faux poëte, ne vois-tu pas que je suis dans un accès de lyrisme? Depuis deux jours je n'entends parler que de Roland et de l'Arioste. Tu m'en as assez dit...

— Oui, oui, mais le cheval?

— C'est vrai, dis-je en intervenant, je réclame l'histoire de Bayard.

— Renaud de Montauban, dit Édouard avec un grand sérieux, était l'ennemi juré de son ami Roland.

— Ennemi ! Ami ! Tu ne sais plus ce que tu dis.

— N'interromps pas le poëte. Or ces deux grands paladins auraient vécu en bonne intelligence, s'il n'y avait eu Bayard.

— Voilà ! Il y avait Bayard !

— Ce Bayard était le plus fameux cheval de bataille que oncques guerrier n'eût monté. Roland le voulait à tout prix, et Charlemagne, qui ne refusait rien à son neveu, le lui donna. Seulement, il fallait que Renaud consentît à le vendre, et Renaud refusa. Il fallait que Renaud voulût bien se le laisser prendre, et Renaud s'arrangea de manière à rendre la chose impossible.

— Continue. Le style laisse à désirer. Tu abuses du Renaud !... Mais c'est très-beau.

— Voyons ce qui va se passer !...

— Charlemagne avait décidé cette malheureuse guerre d'Espagne dont nous avons vu, en souvenir, le triste résultat aux gorges de Roncevaux, et appelé sous sa bannière tous ses féaux chevaliers. Renaud de Montauban manqua à l'appel. Grande colère de l'empereur-roi qui tenait surtout à voir Bayard.

— Comme ce récit m'intéresse !...

— Alors que fit Charlemagne ?

— Ah ! voilà, qu'aurais-tu fait à sa place ?

— Il commanda un grand tournoi dont le vainqueur devait avoir pour prix Montauban et Bayard. Renaud ne donna pas dans le piége, il résolut au contraire d'être vainqueur du tournoi, ce qui semblait difficile, Roland étant un des champions et ne devant avoir aucun rival aux yeux de Charlemagne. Il teignit de blanc le poil noir de son coursier et lui apprit à boiter comme un mauvais cheval. Dès qu'on vit entrer dans l'arène une si piètre monture, chacun se mit à rire, Roland le premier, et plaignit le pauvre cavalier qui n'était autre, lui aussi, que Renaud déguisé.

Le tournoi n'offrait rien d'intéressant aux yeux de l'empereur qui, ne voyant dans l'arène ni Renaud ni Bayard, était sûr que Roland remporterait le prix. Quel ne fut pas son étonnement quand il aperçut ce cheval boiteux et le pauvre hère qui le montait, prendre, l'un une vitesse inconnue aux chevaux de bataille, l'autre un air martial digne des premiers paladins. Renaud a gagné le prix. A ceux qui veulent l'amener devant l'empereur, à Roland qui l'invite insolemment à décliner ses noms, il répond : « Allez dire à Sa Majesté impériale et sacrée que Renaud de Montauban a reconquis son titre et son fief qu'une basse jalousie voulait lui ravir, grâce à son cheval Bayard. Le voici, Roland ! viens le prendre ! » Et le chevalier, piquant des deux, disparut. Mais Roland, mis au défi, le poursuivit. On assure que la poursuite dura un an et les conduisit sur la frontière des Pyrénées, où toute l'armée réunie attendait le neveu de Charlemagne. Enfin les deux paladins se trouvèrent en présence. Le combat eut lieu près de ce rocher qu'on voit là-bas. Renaud fut vaincu, et le cheval de Roland ayant été tué, le vainqueur s'empara de Bayard; mais le noble coursier, ne voulant pas survivre à la défaite de son maître, refusa de se laisser monter par Roland; celui-ci, dans un de ces moments de fureur qui lui étaient familiers, quand hommes ou bêtes, rochers ou montagnes, résistaient à ses volontés, lui fendit la tête d'un coup de sa Durandal et poussa sur le cadavre du fidèle animal ce rocher qu'on nomme la Pierre de Roland et que je veux appeler la tombe de Bayard !...

— Si ce n'est pas vrai, c'est bien trouvé.

A Tardets, notre guide nous quitta.

Sur le moment nous n'en fûmes pas inquiets; mais quand, après un excellent déjeuner, nous eûmes vu d'un seul coup d'œil le village posé coquettement dans une plaine fertile, que nous eûmes bien écouté le bruit de son torrent et admiré ses collines couvertes de châtaigniers, il fallut se remettre en route pour atteindre Saint-Engrace où nous devions coucher. Or, sans guide et sans mulets, — l'un et les autres étaient partis, — je n'osais pas m'aventurer sur un chemin qu'on dit assez périlleux pour risquer de nous y égarer encore.

Comme je réfléchissais à ma situation peu agréable, surtout si on songe que mes vêtements étaient très-légers et mes bottines percées à jour, un chien me passa dans les jambes et faillit me faire tomber. Furieux, j'allais lui lancer une pierre quand je m'écriai :

— Mais c'est Ramoune !

A ce nom, e chien s'arrêta, se retourna et s'assit bien en face de moi.

— A la bonne heure ! dit Charles qui arrivait nous prévenir qu'il avait trouvé des mulets, vous avez des connaissances ici !

— Une vieille connaissance, répondis-je ; ici, Ramoune !...

Ramoune ne bougeait pas, mais de l'autre côté de la rue un paysan basque nous regardait.

— Hé ! l'homme, lui cria Édouard, pourriez-vous nous servir de guide ?

Le paysan s'assura bien d'abord que ces paroles lui étaient adressées et quand il vit qu'à moins de parler aux murs nous ne pouvions parler à d'autres que lui, il salua très-poliment et s'approcha.

Alors je le reconnus. C'était mon aubergiste de la Rhune, l'affreux voiturier qui m'avait conduit à Cambo. En le voyant, j'oubliai ma rancune pour ne me souvenir que de ma compagne de voyage dont la conversation érudite m'avait fait éprouver tant de plaisir ! J'aurais du reste été très-mal venu de lui faire des reproches, car le pauvre diable n'avait pas l'air heureux.

La proposition d'Édouard fut acceptée sur-le-champ. L'aubergiste allait aux Eaux-Bonnes faire, disait-il, une petite commission et n'était pas fâché d'achever son voyage en aussi bonne compagnie.

Quand il vit son maître nous combler de politesses, Ramoune se décida à quitter son poste, vint nous lécher les mains, et eut l'air de me reconnaître.

En route, l'aubergiste, — Joannès de son nom, nous l'apprîmes d'une façon assez singulière, — nous raconta le malheur qui lui était arrivé et la raison de son voyage.

On se rappelle cette auberge de mine misérable placée au pied de la Rhune et que j'avais prise pour un repaire de bandits. Depuis longtemps de mauvais drôles, vagabonds de montagnes, carlistes en rupture de ban, voulaient en faire un lieu de recel ou une succursale de leurs brigandages. Joannès avait toujours refusé leurs propositions qui n'auraient rien moins tenté que de faire de lui non-seulement un recéleur, mais encore un voleur de grand chemin. Il voulait bien écorcher les voyageurs comme aubergiste, et les torturer comme voiturier, mais il n'aurait jamais consenti à livrer ses hôtes ou à les voler.

Le jour même où il revint de Cambo, c'est-à-dire le lendemain de ma visite à laquelle Ramoune avait collaboré pour une si grande

7

part, il trouva en rentrant chez lui, buvant et mangeant, plusieurs de ces misérables, lesquels faisaient toujours leur apparition à l'auberge quand ils supposaient que l'aubergiste avait gagné de l'argent.

Joannès ne fit seulement pas attention à eux et, très-affairé, se mit à chercher à terre, dans tous les coins. Enfin il poussa un cri de joie et revint avec un petit portefeuille qu'il mit dans sa poche en disant :

— On m'a traité de voleur ! je leur prouverai que je ne le suis pas !

Les bandits se regardèrent, et l'un deux murmura :

— Un portefeuille ? Il nous le faut.

— Nous l'aurons, répondirent les autres.

Mais Joannès, qui les avait vus et compris, ouvrit son couteau, siffla son chien et alla s'asseoir près de la cheminée. Ramoune gronda et se plaça aux pieds de son maître. Lui aussi avait compris.

Les bandits s'éloignèrent, et la journée se passa sans incidents. Dès que la nuit fut venue, ils revinrent et mirent le feu à la cabane pour forcer le propriétaire à en sortir.

— Tout est brûlé, nous disait le pauvre homme en pleurant, et Ramoune, la queue basse, lui répondait par de petits aboiements plaintifs. Tout est brûlé : mes meubles, ma voiture, mon cheval ! Il ne me reste rien, pas même une chemise ; heureusement que Ramoune m'a averti, sans lui j'étais brûlé aussi. Mais j'ai la consolation d'avoir du moins sauvé le portefeuille de la voyageuse.

— Le portefeuille ?

— Une voyageuse ?

— C'est du Dickens tout pur, ajouta Charles.

— Vous vous rappelez, monsieur, dit Joannès en s'adressant à moi, cet Anglais de Carcassonne.

— Ah ! ah ! firent les deux jeunes gens à qui ce mot mit la puce à l'oreille.

— Et sa demoiselle, une charmante jeune fille qui a empêché son père de me faire arrêter, oui, monsieur, arrêter comme voleur !...

— Oui, dis-je un peu embarrassé, je me le rappelle.

— Eh bien ! en arrivant à Cambo, la demoiselle s'aperçoit qu'elle a perdu son portefeuille auquel elle tenait beaucoup. On cherche dans la voiture. Rien. Le père se désolait. Un portefeuille qui coûtait si cher et dans lequel il y avait tant d'argent !... Enfin la jeune fille se rappelle qu'elle l'a laissé chez moi. Le père se fâche et dit que si je ne lui rends pas ce portefeuille il me fait arrêter. On me connaissait à Cambo. Je n'avais crainte qu'on me prît pour un voleur. Mais ce n'est pas agréable tout de même d'être soupçonné. Bref, je prends mon cheval, je l'attelle à ma voiture, je monte dedans et me voilà parti. Je me disais : « Ce soir je serai de retour à Cambo. » Et me voilà, monsieur !

— Ils n'étaient donc plus à Cambo ?

— La jeune fille s'ennuyait. Ils sont repartis tout de suite pour les Eaux-Bonnes, où je vais les retrouver.

— Avec le portefeuille ?

— Bien entendu.

— Et s'ils ne sont plus aux Eaux-Bonnes ?

— Oh ! je les suivrai partout, dussé-je aller à Carcassonne !

Édouard et Charles chuchotaient pendant ma conversation avec Joannès. Je compris qu'ils complotaient de me forcer à une confidence que je croyais inutile de leur faire, au sujet de l'Anglais de Carcassonne et de sa fille. Je ne voulais pas livrer à leurs moqueries ces deux êtres qui, malgré leurs petits ridicules, m'étaient devenus sympathiques et que dans mon for intérieur je me réjouissais de revoir bientôt.

Le portefeuille de mademoiselle Rose était un agenda en cuir de Russie, aux feuillets dorés sur tranche, avec deux pochettes en moire remplies de billets de banque. La somme ne devait pas être très-importante, mais ce que j'aurais bien voulu lire, si ce n'avait été une coupable indiscrétion, c'étaient les pattes de mouche qui couraient sur le vélin glacé et qu'on aurait pu prendre pour des vers, quand ce n'était sans doute que des formules pharmaceutiques !

Le voyage de Tardets à Sainte-Engrace se fit rapidement. Nous n'avions pas de fatigue à redouter. Nos mulets avaient le pied sûr, et notre guide connaissait assez le pays pour nous en détailler les beautés quand le paysage provoquait notre admiration, ce qui malheureusement n'arriva guère.

Le lendemain matin nous partîmes de très-bonne heure. Joannès s'était chargé de nous conduire au pic d'Anie, un des géants pyrénéens, qui pour moi devait commencer la série des ascensions difficiles. Le soir on devait coucher à Lescun ou à Accous, dans la vallée d'Aspe, et le lendemain se trouver dans la vallée d'Ossau, où nous n'aurions que le choix des excursions pour peu que les Eaux-Bonnes n'eussent pas encore besoin de nous.

Le programme étant tout tracé, nous n'avions qu'à le suivre, et il le fut en tous points.

Notre première halte importante se fit aux cabanes d'Arlas.

C'est non loin de là qu'a lieu une cérémonie très-curieuse qui nous reporte aux temps du moyen âge ; la voici telle que je l'ai lue :

Les montagnards de la vallée de Baretous, cette vallée que depuis Tardets nous traversions sans nous en douter et qui est célèbre dans toute la France par l'excellence de sa race bovine, — l'ancien Béarn portait la vache baretone dans ses armoiries, — ont toujours été en dispute avec leurs voisins pour la possession des pâturages. Dans les Alpes comme dans les Pyrénées, les bergers ont chaque jour de ces disputes parfois sanglantes à propos d'une langue de terre sur laquelle il pousse plus ou moins d'herbe.

Les Navarrais espagnols jaloux de la réputation de leurs voisins d'au delà de la montagne — *tra los montes,* — leur firent une guerre acharnée et remportèrent une victoire tellement décisive que la vallée de Baretous dut leur payer chaque année un tribut de trois chevaux ayant une étoile au front et des balzanes aux quatre pieds.

C'était difficile de trouver tous les ans trois chevaux de cette espèce. Aussi les habitants de Baretous demandèrent à leurs vainqueurs d'autres conditions. Les trois chevaux furent remplacés par trois vaches qui se remettent solennellement chaque année, le 14 août, à la frontière au col de la Pierre de Saint-Martin.

L'entrevue des ambassadeurs montagnards a lieu de la manière suivante :

« Trois députés français et trois députés espagnols armés, comme en temps de guerre, s'avancent vers le rocher limite, gravement, comme des gens qui s'apprêtent à voir paraître des adversaires. L'un des Navarrais, selon qu'il est armé, incline sa pique, sa lance, son fusil ou son épée, vers la ligne séparative des deux pays et pose cette arme sur le gazon, la pointe tournée du côté de la France.

De son côté l'un des Français laisse tomber son arme sur celle du Navarrais, de manière à figurer une croix sur la limite. Ces préliminaires étant achevés dans un religieux silence, les députés montagnards se découvrant tombent à genou, posent la main droite sur cette croix improvisée et prononcent un serment solennel. »

Pourquoi cette redevance annuelle ? Les livres n'en parlent pas. Les habitants du val de Baretous, peut-être pour s'excuser de cette humiliation, affirment que c'est par expiation d'un meurtre de Navarrais espagnols dont les Français se seraient rendus coupables au Pas-de-Guliers.

[Le serment du 14 août.

Bien que je sois très-curieux et qu'en voyage il ne faille rien négliger, j'aurais bien laissé le spectacle de cette cérémonie un peu trop théâtrale pour celui des forêts qui peuplent le vallon d'Achavar et sur lequel je n'avais eu, en passant, que le temps de jeter un coup d'œil distrait.

Cette forêt, si l'on n'y prend garde, menace de changer ce coin de la terre en un diminutif du chaos.

Que doit-il se passer dans cet inextricable écheveau de hêtres et de sapins croissant en toute liberté sans redouter ni les bûcherons ni les charbonniers, grâce à l'absence de chemins d'exploitation? Les arbres y meurent de vieillesse et pourrissent sur le sol. Qu'y trouverait-il au point de vue de la science, le Christophe Colomb qui pénétrerait dans cette végétation où doivent naître et mourir des milliards d'animaux, issus peut-être des époques tertiaires? Un ingénieur demanda à exploiter ces forêts, à la condition qu'on lui laissât le produit des arbres en friche. Cela lui fut refusé, et le val d'Achavar est resté impénétrable aux commerçants comme aux touristes.

Près de Mauléon, où la vallée étend entre les jolies rives du Saison et des collines aux pentes douces ses champs cultivés, ses prairies et ses oseraies, il se passe un fait analogue qui prouve l'entêtement des municipalités à ne pas sacrifier un pouce de terrain au bien-être de la commune. Au printemps la rivière roule une grande masse d'eau à travers ces campagnes, se creuse un nouveau lit et recouvre les cultures de galets et de sable. Un ingénieur, — peut-être le même ! — offrit d'encaisser la rivière, à condition qu'on lui donnât en échange la propriété des terrains sablonneux que dévastent les inondations. Ce marché ne fut pas accepté, et le Saison continue de ravager tous les ans les campagnes qu'il arrose !

Mais nous voici sur les flancs du pic d'Anie. Montons en silence, car si nous ouvrons la bouche, ce ne sera que pour tirer la langue. Nous n'avons plus de mulets, et la montée, sans être périlleuse, est d'autant plus fatigante qu'il nous faudra redescendre.

Cette réflexion me vient d'Édouard. Je l'enregistre pour ce qu'elle vaut.

Le pic d'Anie mérite sa réputation. Je le dis sans enthousiasme, mais avec conviction :

Sans enthousiasme, parce que depuis les cabanes de Pescamon jusqu'au sommet du pic, nous avons marché dans d'énormes éboulées de pierres où j'ai laissé les derniers vestiges de ma chaussure, les pieds en sang et la tête en feu. Je suis obligé cependant de faire bonne mine pour ne pas achever de décourager Édouard et satisfaire notre guide, si fier de nous montrer son pays.

Avec conviction, parce que du sommet du pic d'Anie, j'ai eu par un beau soleil un spectacle aussi grandiose que celui entrevu l'avant-veille aux rayons de la lune.

J'oublie donc ma mauvaise humeur et, pendant que Joannès me fabrique une espèce d'espadrilles avec de petits cordages et du carton fourni par l'album de Charles, je repais mes yeux d'une des vues les plus étendues que possèdent les Pyrénées.

D'abord on aperçoit surtout la France, ce que je constate avec orgueil et ce que je constaterai souvent. Les Pyrénées semblent bouder l'Espagne et la cacher derrière ses forêts et ses pics neigeux. On découvre toutes les montagnes du pays basque et la mer. J'en ai fait le chemin et j'en vois la distance. Cela me console de l'avoir parcouru, en admirant ce panorama capricieux, pittoresque, avec ses tons verdoyants, ses rivières argentées et ses gorges sombres que dominent des aiguilles, des chapelles, des villages, où la nature a laissé ses plus sauvages empreintes, où l'histoire et la légende ont laissé leurs plus cruels et leurs plus charmants souvenirs!...

Devant moi s'ouvrent les vallées et ondulent les collines du Béarn, on aperçoit Orthez, on devine Pau, et par derrière on reconnaît les Landes à leur surface violette.

De tous les côtés de hautes chaînes se dressent menaçantes. A ses pieds, on a les neiges du pic que le soleil n'a pas encore fondues et les gorges profondes qui se dirigent vers le gave de Lescun.

A quoi bon, devant ce splendide paysage, se donner la peine de se retourner pour voir les montagnes arides de l'Espagne ?

Mes espadrilles étaient prêtes. Je m'en chaussai tant bien que mal et clopin clopant nous redescendîmes par la route de Lescun.

Ce qu'est cette route, ne me le demandez pas. J'avais si mal aux pieds que je ne me souviens plus que d'une chose, mon arrivée à Lescun !

Ce qui pour moi est un miracle, car je ne croyais jamais arriver !...

Et cependant il m'a fallu voir la cascade. Partir de Lescun sans voir sa cascade, — la plus belle des Pyrénées, toujours ! — eût été un crime de lèse-admiration. Ma foi, je l'ai vue avec son pont tremblant formé d'un seul tronc de sapin, son gouffre bouillonnant et sa poussière de gouttelettes d'eau qui vous aveugle. Le pic d'Anie me regardait du haut de sa pyramide neigeuse, et je lui montrai mes pieds pour lui demander pardon d'être insensible aux beautés de la vallée d'Aspe.

Le lendemain, dans la même journée, nous allâmes à Laruns en passant par Bedous, dont les environs avec leurs nombreuses éminences coniques ont un aspect tout particulier. Il y a là au moins douze villages groupés les uns près des autres, étendus dans la plaine, tapis au pied de la montagne ou audacieusement suspendus sur les rochers.

A Laruns, je m'éveillai un peu de ma torpeur, et j'eus le loisir, de Laruns aux Eaux-Bonnes, d'admirer à mon aise la vallée d'Ossau, ou plutôt de relever dans mon estime personnelle cette vallée aussi critiquée que vantée, que les malades des Eaux-Bonnes visitent parce qu'ils n'ont rien autre à faire et que les touristes ne visitent jamais parce qu'ils sont prévenus contre elle.

Comme je ne pouvais quitter les montagnes marmoréennes de Louvie et de Laruns sans leur consacrer une étude plus approfondie, et que mes compagnons de voyage, y compris Joannès, avaient hâte d'arriver aux Eaux-Bonnes, je me proposai de revenir dans ce val pittoresque. Aussi je le quittai avec d'autant moins de regret aujourd'hui que j'ai tenu parole.

Le chapitre suivant en fera foi.

Seulement je dois avouer que nous fîmes le restant de la route en diligence. Édouard n'en pouvait plus, et pour mon compte je ne savais plus marcher ou plutôt rouler dans les pierres.

Charles, infatigable et toujours de bonne humeur, Joannès habitué aux longues routes en vrai montagnard qu'il était, nous égayaient bien assez de leurs saillies : mais elles éclataient dans nos préoccupations comme les fusées d'un feu d'artifice mouillé par la pluie.

Jamais route ne me parut plus longue et plus insignifiante. Et cependant si nous avions pu ouvrir nos yeux alourdis par la fatigue et brûlés par le soleil, nous aurions vu ce paysage que Taine décrit si poétiquement et que je croirais sur parole, même si je ne m'étais assuré de la vérité de cette description :

« Les moissons, pâles dans le Nord, dit-il, ondoient ici avec un reflet d'or rougeâtre, un soleil plus chaud fait reluire plus richement la verdure vigoureuse. Les tiges de maïs sortent de terre en fusées, et leurs fortes feuilles chiffonnées retombent en panaches. Il faut ces rayons ardents pour pousser la séve à travers ces lourdes fibres et dorer l'épi massif. Les collines sur lesquelles ondule la route se rapprochent et l'on chemine en de petits vallons verts plantés de frênes et d'aunes, qui se groupent en bouquets selon le caprice des pentes et trempent leurs pieds dans l'eau vive. Un ruisseau bien clair court le long de la route, à flots sombres et pressés sous le couvert des arbres et par échappées, brillant et bleu comme le ciel. A chaque quart de lieue, il rencontre un moulin, bondit et écume, puis reprend son allure précipitée et furtive. Pendant deux lieues nous l'accompagnons, presque cachés dans les arbres qu'il nourrit, et respirant la fraîcheur qu'il exhale. L'eau dans ces gorges est la mère de toute vie et la nourrice de toute beauté.

A Louvie s'ouvre la vallée d'Ossau, entre deux montagnes boisées de broussailles, pelées par places, tachées de mousses et de bruyères dont les rocs font saillie comme des os, et dont les flancs s'avancent en bosselures grisâtres ou se courbent en crevasses sombres. La plaine des moissons et des prairies s'enfonce dans les anfractuosités comme en des cirques. Son contour se plie autour de chaque masse nouvelle. Elle s'essaye à gravir les premières croupes et s'arrête vaincue par la pierre stérile. On traverse trois ou quatre hameaux blanchis de poussière dont les toits brillent d'une couleur lourde semblable à du plomb terni. Là l'horizon se ferme. Le mont Gourzy, couvert d'une robe de forêts, barre la route. Au delà et plus haut, comme une deuxième barrière le pic du Ger lève sa tête chauve argentée de neige. La voiture escalade lentement une rampe qui serpente sur le flanc de la montagne. Au détour d'un rocher, dans une une petite gorge abritée, on aperçoit les Eaux-Bonnes. »

Nous l'apercevons en effet et nous débarquons enfin.

Cruelles déceptions !... Charles et Édouard croyaient retrouver leur oncle et leur père. M. Verlède était à Pau, il ne devait revenir que dans deux ou trois jours. Joannès cherche M. Bornadèche et sa fille. Partis aussi ! ils sont à Cauterets.

— Ma mère me l'avait bien dit, s'écrie notre guide avec un désespoir comique, Joannès, tu ne réussiras jamais parce que tu es trop honnête !

— Bon, riposta Charles, notre guide s'appelle Joannès. C'est toujours ça !

Le plus vexé et le moins déçu c'était moi. J'avais écrit à Paris pour qu'on m'envoyât à Pau ma valise et tout mon attirail de voyage, le même qui m'avait servi dans mes dernières ascensions des Alpes. Je ne pouvais rester dans un costume pareil. On m'eût pris pour un carliste.

Mais sur les instances de mes camarades je dus me résigner à rester quelques jours aux Eaux-Bonnes en attendant M. Verlède à qui ils voulaient me présenter.

Quant à Joannès rien ne put le retenir.

— Je vais à Cauterets, dit-il.

— A votre place, riposta Charles j'irais à Carcassonne, ce serait plus tôt fait.

Nous restâmes seuls et comme pour me distraire je n'avais qu'un moyen, celui de visiter les environs, je l'ai fait et le prouve.

Puissiez-vous éprouver autant de plaisir à lire le chapitre suivant que j'en ai éprouvé à l'écrire !...

LA GRANDE RUE DES EAUX-BONNES.

CHAPITRE V

Les Eaux-Bonnes un jour de pluie. — Ce que coûtent une paire de bottes et un rayon de soleil. — Le Gourzy. — Un affamé. — Ce que vaut une pièce de vingt sous dans la montagne. — Repas champêtre. — Vue du val d'Ossau. — La multiplication des pains. — Rencontre et secours imprévus. — Encore les Alpes à propos des Pyrénées. — Ossau à Béarn. — Les trésors de la vallée. — Des guerres de religion. — La poutre du château d'Assouste. — La fête de Laruns. — Costumes et mœurs ossalois. — Vue sur les Eaux-Chaudes. — La république de Goust. — Un jeune homme de 123 ans. — Le signal. — Le pic du Midi nous parle. — Une route aérienne. — Ascension du pic. — Mes compagnons et mes guides. — Les marbres. — Leur formation. — Un peu de géologie. — Première halte dans la neige. — La case de Broussette. — Les trois escaliers. — Dangers et fatigues. — Arrivée au sommet. — Vue de Pau dans le brouillard. — Descente dangereuse du pic. — Les Eaux-Chaudes. — Péripéties diverses d'une chasse à l'ours.. — Retour aux Eaux-Bonnes et départ pour Pau.

Le lendemain matin, assez tard, nous nous éveillâmes joyeux et dispos : Édouard, parce qu'il comptait se reposer ; Charles, parce qu'il voulait écrire ses impressions de voyage ; moi, parce que je m'approchais des grandes excursions dans les Pyrénées. Notre première conversation ne fut qu'un gazouillement incolore et vide comme celui des oiseaux à leur réveil.

— Rien à faire qu'à dormir, disait Édouard en bâillant.

— Je vais donc travailler, grommelait Charles.

— Ma foi, dis-je en ouvrant la fenêtre, travaillez et dormez, moi je vais me promener.

Il pleuvait. Une pluie fine et froide, un brouillard rampant jusqu'à terre, une gorge sans issue semblant noyée dans un bain de vapeur, voilà sous quel aspect m'apparut le village des Eaux-Bonnes. Pas de montagnes, pas de paysage, pas d'horizons. La longue et seule rue de la ville thermale resserrée et étouffée dans son ravin allonge devant ses trottoirs ses maisons alignées comme des soldats sous les armes.

On se croirait à Paris un jour de pluie ou à Londres un jour de brouillard. Rien de plus désolant à voir que cette rue humide et boueuse que traversent des files de parapluies, de robes mouillées et de bottes salies. Ce sont les malades qui vont boire leur eau. Triste spectacle. Maussade société. Je me garderai bien de les aller voir tremper leurs pieds dans un baquet d'eau chaude, ou ingurgiter du soufre à forte dose.

— Vous n'allez pas vous promener? me dit Charles d'un air goguenard en me voyant refermer la fenêtre avec dépit.

— Laisse donc, il n'a pas envie de se faire refaire des espadrilles, riposta Édouard.

Cela me fit penser qu'une forte chaussure de montagnes ne me serait pas inutile, et je décidai séance tenante d'aller en acheter une paire.

— Où allez-vous donc ? demanda Édouard qui croyait m'avoir fâché.

— Attendez-moi, je reviens.
— Mais encore ?
— Je vais m'acheter des bottes.
— Après déjeuner.
— Oh! je serai revenu avant!...

Certes je croyais être sincère en faisant cette réponse, et je ne me doutais pas que je ne rentrerais que trois jours après !... Mais aussi je n'aurais pas eu l'agrément d'écrire ce chapitre. Ceux ou celles qui le liront y trouveront-ils le même agrément ? c'est un problème que je vais tâcher de résoudre.

Donc, je restai trois jours absent. Voici comment et à quoi je les ai employés. Ma première préoccupation, dès que je fus dehors dans le brouillard et la pluie, fut de chercher un abri ou un rayon de soleil. Je trouvai l'abri chez un cordonnier qui me loua une paire de bottes et un parapluie, cinq sous par heure !... Seulement il fallait laisser quarante francs de caution. C'était pour rien. Je pris les bottes dont j'avais besoin et laissai le parapluie dont je n'avais que faire. Quant au rayon de soleil, ce fut plus long à chercher et moins cher à trouver. Le bon Dieu donne pour rien sa marchandise.

— Ce n'est pas étonnant, répondit un financier bien connu devant qui un pauvre hère faisait cette réflexion. Il est si riche ! Et il ne joue pas à la bourse !

Le chemin que je pris à travers le brouillard s'appelle Promenade horizontale et mérite ce nom. Il contourne le mont Gouzy en restant suspendu à ses flancs toujours à la même hauteur. N'ayant aucun paysage à admirer, puisque la montagne et la vallée, noyées dans une vapeur blafarde, ne laissaient voir le moindre coin de leur décor, je me mis à marcher sur cette route plate et uniforme avec une sensation de bien-être que comprendront tous ceux qui pendant huit jours, dans un pays d'escarpements et de descentes, ont connu la fatigue de monter courbé ou de descendre en trébuchant.

Derrière moi, le village se perdait dans la brume. Je lui tournais le dos et marchais toujours à la conquête du soleil dont les rayons commençaient à faire miroiter dans le bouillonnement du brouillard les ondulations du val d'Ossau.

J'entendais sans les voir les clochettes des vaches paissant le long d'une plaine inclinée, peuplée de fougères et abritée par des hêtres énormes, et en écoutant ce son argentin auquel le Gave mêlait sa voix bruyante, je laissais mon regard se perdre dans le lointain indistinct de cette riche vallée aux moissons dorées et aux vertes prairies que les monts d'un bleu pâle et les pics d'un rose tendre se détachant sur le ciel bas et gris semblent veiller et abriter avec un sourire affectueux !

Tout à coup au détour de la montagne, le paysage m'apparut dans toute sa splendeur, inondé de rayons de soleil. Le fond des gorges seul resta sombre et la vallée entière s'ouvrit largement devant moi.

Je n'avais pas faim. J'oubliai le déjeuner pour revoir moins des yeux que de l'imagination ce pays d'Ossau que la poésie, l'histoire et la légende illustrent de leurs récits inépuisables et dont les trésors géologiques ont enrichi la science. Pour mieux le voir et avec l'intention bien arrêtée de rentrer aux Eaux-Bonnes, je revins sur mes pas et me mis à escalader les pentes boisées du Gouzy, ce qui d'après mes calculs devait me faire atteindre mon double but.

Ce n'était pas trop mal calculé. Du reste je n'étais pas très-loin du village et j'avais le temps de prendre un bain de soleil pour me sécher de mon bain de brouillard.

Et je montai toujours. La sensation que j'éprouvais formait contraste avec celle que j'avais éprouvée le matin. Ce n'était plus de la sécurité et du bien-être, c'était l'âpre curiosité de trouver au prix d'une nouvelle fatigue, peut-être inutile, le paysage rêvé dans toute sa réalité.

La montée était rude. J'avais pris le plus court. Au lieu de suivre des sentiers frayés, je m'étais imprudemment engagé sur une pente très-inclinée dont les nombreux sapins me servaient de point d'appui. Le gazon humide était glissant et, de deux pas en deux pas, je ployais les genoux comme si le Gourzy m'eût contraint à lui faire hommage pour ma témérité.

Et puis, oserai-je le dire, mon estomac grognait et je voyais avec peine le moment où ce créancier impitoyable ne me laisserait pas un moment de repos qu'il ne fût payé entièrement ou du moins qu'il n'eût reçu un petit à-compte.

Pour comble de malheur, en sortant du bois de sapins que j'avais traversé dans toute sa hauteur, j'aperçus un enfant à l'œil futé, vêtu d'une veste trop longue et d'un pantalon trop court, coiffé d'un béret énorme, et porteur, — notez-bien ce fait! — d'une grosse miche de pain brun, doré, appétissant à faire venir l'eau à la bouche d'un affamé.

L'enfant étonné de voir un étranger à cette heure-là et dans cet endroit s'arrêta net et me regarda en fourrant les doigts dans son nez audacieusement relevé. Moi aussi, je m'arrêtai, mais ce n'est pas lui que je regardai; ce fut son pain!

— Où vas-tu, mon enfant, avec ce beau pain? demandai-je.

Les montagnards ossalois comprennent bien le français, mais ils le parlent mal. Cependant, grâce à sa pantomime, l'enfant me raconta à peu près que son grand frère faisait paître ses vaches dans les pâturages du Gourzy et qu'il allait lui porter son déjeuner.

En disant cela, le petit bandit avait changé son pain de bras et l'écornait du morceau le plus gros que ses doigts puissent prendre. Le morceau disparut dans la bouche comme une lettre à la poste, et j'entendis ses dents le broyer avec le bruit d'un moulin à café.

— Si tu as du chemin à faire, dis-je avec amertume, ton pain sera mangé avant que tu arrives. Veux-tu m'en donner la moitié?

— Non, c'est pour mon frère. Il me battrait, répliqua l'enfant.

— Mais si tu le manges, ton frère n'en aura plus.

— Oh! il sait bien que je lui en laisserai toujours. Je ne mange jamais tout. Voilà pourquoi on m'en donne deux fois plus qu'il n'en faut.

ÉTABLISSEMENT DES EAUX-CHAUDES.

— Alors vends-moi ta part.

— Vous avez des sous? montrez-les.

— Regarde.

Je fis miroiter aux yeux de l'enfant ébahi une pièce de vingt sous.

— Ah! c'est de l'argent, çà. C'est pas des sous. Enfin donnez tout de même.

— Donne-moi ton pain.

— Voilà.

— La moitié seulement.

— Oh! non. Prenez tout. En voulez-vous d'autre au même prix?

L'air goguenard du petit Ossalois semblait ajouter :

— A votre service. J'ai de bonnes jambes et j'irai en chercher.

Mais la moquerie ne pouvait m'atteindre. Je venais de mordre à pleines dents dans le pain légèrement rassis, et je m'occupais d'en dégager ma mâchoire compromise par cet imprudent assaut. Une source limpide coulait non loin de là. J'y courus et, assis sur le gazon, en plein soleil, je fis un repas excellent avec ce pain dur trempé dans l'eau de la fontaine.

Ce ne fut qu'après l'avoir fini et mangé jusqu'à la dernière miette, que je me rappelai celui qui me l'avait vendu. S'il avait été là et qu'il m'eût demandé :

— En voulez-vous d'autre ?

J'aurais répliqué aussi naïvement.

— Au même prix, oui.

L'enfant avait disparu et je ne m'en occupai pas davantage. Il y avait déjà plus de deux heures que j'avais quitté les Eaux-Bonnes, et ne voulant pas faire attendre mes camarades, comme nécessairement il me faudrait le même temps pour revenir à mon point de départ, en supposant que je ne m'égarasse pas, je me remis en route, toujours avec l'idée fixe, puisque je montais, de trouver un point de vue sur la vallée d'Ossau qui me récompensât de mon excursion buissonnière.

Le sentier que je remontais côtoyait un vallon sauvage au delà duquel se dressait le pic du Ger sous un de ses plus majestueux aspects. Ce vallon sombre, entre le mont verdoyant du Gourzy dont j'escaladais les pentes et le pic du Ger aux sommets dentelés, ressemblait à une entaille gigantesque. Les ruisseaux qui s'échappaient de la source dans laquelle j'avais trempé mon pain y rampaient sous des blocs entassés. Au fond du ravin la montagne relevait brusquement à deux cents pieds de haut sa paroi verticale à la teinte rouge, brunie par les filets d'eau qui descendent le long de son mur poli.

« Les eaux des montagnes ne ressemblent pas à celles des plaines. Rien ne les souille. Elles n'ont jamais pour lit que le sable et la pierre nue. Si profondes qu'elles soient, on peut compter leurs cailloux bleus, elles sont transparentes comme l'air. Un fleuve n'a d'autres diversités que celles de ses rives. Son cours régulier, sa masse, donnent toujours la même sensation. Au contraire, le Gave est un spectacle toujours changeant. Le visage humain n'a pas d'expression plus marquée et plus différente. Quand l'eau dort sous les roches vertes et profondes, ses yeux d'émeraude ont le regard perfide d'une naïade qui fascinerait le passant pour le noyer. Puis, la folle qu'elle est, bondit en aveugle, à travers les roches, bouleverse son lit, se soulève en tempêtes d'écume, se brise impuissante et furieuse contre le bloc qui l'a vaincue. Trois pas plus loin, elle s'apaise et vient frétiller capricieusement près du bord en remous changeant, diapré de bandes claires et sombres, se tordant comme une couleuvre. Quand la roche de son lit est large et polie, elle s'y étale veinée de rose et d'azur, souriante, offrant sa glace unie à toute la lumière du soleil. Sur les herbes courbées elle file silencieuse en ligne droite et tendue, comme un faisceau de joncs, avec l'élan et la vélocité d'une truite poursuivie. Lorsqu'elle tombe en face du soleil, on voit les couleurs de l'arc-en-ciel trembler dans ses filets de cristal, s'évanouir, reparaître, ouvrage aérien, sylphe de lumière auprès duquel une aile d'abeille paraît grossière et que les doigts des fées n'égaleraient pas. De loin le Gave entier n'est qu'un orage de chutes argentées, coupé de nappes bleues splendides. Jeunesse fougueuse et studieuse, inutile et poétique ! Demain cette eau troublée recevra les égouts des villes et les quais de pierre emprisonneront son cours pour le régler !... »

Voilà les réflexions que me suggérait la vue du Gave bondissant dans la vallée et que mes souvenirs empruntent aux descriptions de Taine pour n'avoir pas à les déflorer.

Mon escalade est achevée. Je suis sur un plateau d'où je découvre un panorama qui embrasse les vallées des Eaux-Bonnes et d'Ossau, la plaine du Béarn et toute la chaîne de montagnes qui enserre la vallée d'Aspe.

Sans m'en douter, je suis sur la montagne du Gourzy, au bout de la promenade Jacqueminot, à deux heures environ de la table d'hôte où m'attendent sans doute en déjeunant mes deux amis, Charles et Édouard.

— Au fait, me dis-je, charmé d'être dans le bon chemin, je n'ai plus besoin de me presser. Ils ne m'attendront pas, et j'en profiterai pour me donner le plaisir de voir sans fatigue le val d'Ossau que, grâce à eux, je n'aurai pas eu le temps de visiter à mon aise.

Je m'assis le plus commodément possible et, plongeant mes regards dans le paysage et ma pensée dans l'histoire de cette contrée rivale de la terre promise, je me laissai aller à la somnolence de mes rêveries.

Ce qui me manquait, c'était un guide pour fixer mes impressions. Par malheur je n'en avais pas et je voyais pour ainsi dire sans comprendre.

— Autant, me disais-je, voir jouer une tragédie de Shakspeare par des acteurs anglais, — avec cette différence que je ne pouvais me rassasier du spectacle.

Depuis combien de temps étais-je dans cette admiration muette, je l'ignore, mais un bruit étrange troubla bientôt ma rêverie en me forçant à tourner la tête.

Autour de moi, sérieux et immobiles comme des statues se tenaient une dizaine de bambins de toute taille, de tout âge et de tout sexe.

Chacun d'eux tenait un morceau de pain sous le bras. Les plus petits l'avaient à la bouche.

Je compris tout de suite. Mes vingt sous avaient fait une révolution, et le petit Manasiello qui avait soulevé ce peuple en herbe était là au premier rang pour ne pas perdre le profit de sa découverte.

Vingt sous pour un morceau de pain ! A ce prix-là j'aurais eu toute une récolte ! Le hameau voisin s'en était ému et avait délégué vers ce voyageur affamé et égaré tous ses ambassadeurs disponibles.

Ah ! qu'ils étaient comiques avec leur sérieux imperturbable et comme j'aurais ri de bon cœur si je n'avais eu peur qu'ils me suivissent jusqu'aux Eaux-Bonnes pour me forcer à acheter leur pain !

Ce qui m'inquiétait le plus, c'est que je savais parfaitement que ces enfants ne s'en iraient pas sans avoir placé leur marchandise. Or ayant donné vingt sous au premier, je ne pouvais m'empêcher d'en donner autant aux autres, ce qui me faisait déjà dix francs !

Dix francs pour un déjeuner au pain sec ! Au lycée ce n'était pas si cher !

Ces affreux petits bandits, souriants et roses comme des chérubins, mais des chérubins mal lavés et peu peignés, continuaient de me regarder sans mot dire. Dès que je fus debout éclatèrent des cris dont la foire de Saint-Cloud seule a entendu les pareils.

Chacun me tendait son pain en répétant avec volubilité :

— Une pièce blanche, mon bon monsieur !

On les eût entendus des Eaux-Bonnes !

Je ne savais comment me débarrasser de ces usuriers en bas âge. Je connaissais l'âpreté des gens de montagne dont le désintéressement est la moindre des vertus. Ils considèrent les étrangers comme une proie ou comme une récolte. Rien n'égale leur dextérité à tondre un œuf !

J'en avais déjà vu plusieurs exemples : une servante d'auberge pour vous coudre un bouton fait payer le fil, les aiguilles et la façon en détail, un sou pour le fil, un sou pour l'aiguille et vingt sous pour la façon. Ceci est encore du travail et n'est pas de l'aumône.

Mendier est un métier. Il n'y a pas un seul enfant auquel on n'ait appris à tendre la main. Un pâtre fait paître ses vaches. Vous passez en le regardant. Un sou pour ce regard. Un autre sou si vous regardez ses vaches. Et ne vous fâchez pas, ils ont toujours raison !...

Oui, c'est leur droit bien reconnu. Vous venez chez eux et vous devez payer aux habitants le plaisir que le pays vous fait éprouver. Du reste ils sont aussi marchands que mendiants.

« Un jour que je regardais un petit taureau, dit Taine, le bouvier me proposa de l'acheter. »

Je me rappelle qu'une fois en m'arrêtant auprès d'une étable, la fermière voulut me forcer à boire du lait, sous le prétexte que j'avais admiré ses vaches. Je refusai. Elle insista. Finalement je payai le lait et je m'en allais furieux, quand la fermière me lança cette flèche du Parthe :

— Pardon, monsieur, c'est deux sous de plus puisque vous ne l'avez pas bu.

Mais revenons à mes bambins qui forment un cercle menaçant et attendent que je leur paye sinon leur pain qu'ils mangeront, du moins leur dérangement dont ils se seraient dispensés.

Ne voulant ni les payer ni parlementer avec eux, je pris une poignée de sous, je la leur montrai et leur dis en la jetant dans le gazon :

— Gardez votre pain et voilà pour vous !

Puis, j'allais m'éloigner après un coup d'œil jeté sur la bataille épique qui suivit mon mouvement, quand je me sentis tirer par derrière, et le premier bambin, celui des vingt sous me cria :

— Monsieur, papa m'a dit que c'était quarante sous, cette fois !...

Abasourdi plus qu'étonné par cette réclame de grand chemin, je cherchais une réponse que ma colère m'empêchait de trouver quand une voix grave prononça ces paroles :

— Ah ! monsieur, c'est bien votre faute. Ce sont les riches qui font les mendiants. Avec un sou il eût été content. Vous lui en avez donné vingt et il en réclame quarante ! Allez-vous-en, petits malheureux ! on partage son pain avec ceux qui ont faim ; on ne le leur vend pas !

La troupe d'enfants s'envola comme un essaim d'oiseaux effarouchés. Il ne resta plus en face de moi qu'un homme grand et fort, au visage doux, à la tête blanche, qui me salua poliment :

— Je vous demande pardon, monsieur, me dit-il pour les enfants et pour moi. Ce n'est pas une leçon que j'ai voulu vous faire, c'est un simple avertissement que j'essaye de vous donner.

Ce vieillard me plut au premier abord.

Son costume tenait plutôt du citadin que du montagnard. Une longue redingote de couleur brune un peu foncée enfermait son corps souple et dessinait sa taille bien prise. Seulement le béret traditionnel couvrait sa tête aux cheveux blancs comme de l'argent, et de hautes guêtres surmontant de gros souliers ferrés faisaient ressortir l'élégance du mollet et la finesse du pied. D'une main il tenait un livre, de l'autre un gros bâton, comme s'en servent les guides des montagnes.

Ce mélange digne d'une gravure de modes m'intriguait déjà, mais l'air bonhomme, le sourire bienveillant, la voix onctueuse de ce vieillard qui me rappelaient le souvenir lointain de notre immortel Béranger, arrêtaient ma critique sur le seuil du respect.

Il devait avoir une grande influence dans le pays, être connu et craint, surtout des enfants, puisque son apparition seule avait suffi pour me débarrasser des mendiants qui m'assiégeaient.

Avouons tout de suite que j'aurais pu plus mal tomber. Ce vieillard était un poëte basque ou plutôt béarnais, très-connu dans les Pyrénées, qui a écrit des fables et des élégies dans sa langue avec un charme si touchant que le poëte Jasmin, cet autre ciseleur de langue patoise, disait en parlant de lui :

— Je suis fier d'être le grand prêtre de l'autel montagnard dont il est le Dieu!...

Ce bonhomme, ce vieillard, ce poëte, avait, quand je l'ai vu, un peu plus de quatre-vingts ans. Je crois, j'espère qu'il est encore de ce monde, mais dans la crainte peut-être un peu puérile que ces lignes lui tombent sous les yeux, je ne dirai pas son nom. Sa modestie en souffrirait trop et ce nom dont la notoriété n'a probablement pas franchi le Gave du Pau, ne donnerait pas aux lignes qui vont suivre plus de relief que lui en donnera le souvenir respectueux qui les a dictées.

Nous eûmes bientôt fait connaissance. Mon enthousiasme pour son pays le fit sourire.

— Pour bien comprendre les beautés des montagnes pyrénéennes il faut y être né, me dit-il, toute admiration ne va pas au delà de la politesse banale des gens qu'on invite à dîner et qui trouvent excellents des plats qu'ils jetteraient à la tête de leur cuisinière.

— Cependant j'ai vu les Alpes et je vous garantis que mon admiration pour elles est restée aussi intacte que profonde.

— Oh! les Alpes! c'est l'antichambre du Paradis.

— Eh bien! alors, et les Pyrénées?

— Les Pyrénées en sont le salon.

Je souris à mon tour.

— Ne souriez pas, jeune homme. Il est permis à tout le monde d'aller aux Alpes. On peut après des voyages consciencieux et des études sérieuses les connaître à fond, car je mets de côté ces pics et ces glaciers inaccessibles sur lesquels vous n'avez aucune découverte à faire et où vous ne trouvez que l'inutile triomphe d'être parvenu à mettre les pieds où nul, sinon Dieu — et les oiseaux, — ont pu se reposer. Mais, sachez-le bien, la vie entière ne suffirait pas à un homme pour connaître les Pyrénées. Moi qui y suis né, je ne les connais pas encore ! Tenez, regardez devant vous. Voici le val d'Ossau. Je l'ai vu des millions de fois et il me semble ce matin que je l'admire pour la première fois !

— Voulez-vous me permettre, lui dis-je, de vous aider à l'admirer ?

— Vous le connaissez donc ?

— Hélas ! je l'ai parcouru sans le voir et je le vois sans le connaître !

Alors commença avec ce vieillard, aussi érudit qu'il était poëte, une conversation dont les détails descriptifs m'échappent. Pour ne pas la rapporter comme je la retrouve sur mes notes de voyage, je vais tâcher de la résumer aussi fidèlement que possible.

En causant nous avions fait un bout de chemin. Nous nous trouvions sur le rebord du plateau de Gourzy d'où la vue qu'on a sur la vallée défie toute description.

Cette vallée est perpendiculaire à la chaîne des Pyrénées. Le Gave en traçait la ligne sous mes yeux, disséminant sur ses rives des villes et des villages qui ont leur histoire et leur légende et semblaient me crier, du point où j'étais : « Pourquoi ne viens-tu pas ? »

— L'histoire de la vallée d'Ossau, me dit le vieillard, se confond avec celle du Béarn. Ses armoiries portent un hêtre séparant un ours et un taureau dans l'attitude du combat avec cette légende : « Ossau et Béarn, Vive la Vacca, » allusion aux combats que les taureaux et les ours se livrent dans les pâturages. Du reste Ossau vient du latin : *Ursi saltus;* — vous connaissez le latin ?

— J'ai été dix ans au lycée, dis-je modestement.

— Moi, répliqua le vieillard, à quarante ans je ne savais ni lire, ni écrire. J'ai appris tout seul.

— Le latin ?

— Le grec aussi, le dessin, un peu de musique, beaucoup de science. Mais ce que j'en sais, c'est pour moi et cela me suffit.

Le vieillard, voyant mon embarras, continua :

— Raconter l'histoire du val d'Ossau serait raconter l'histoire de toutes ces villes que vous avez devant vos yeux. Voyez-vous, là-bas, ce hameau que surplombe un monument gothique ? c'est Bielle, l'ancien capdeuil d'Ossau. Capdeuil veut dire capitale, comme capitole...

— Oui, *capitolium, capitalis locus*, dis-je, enchanté de prouver que je connaissais le latin.

— Cette ville béarnaise est d'origine basque, poursuivit mon cicérone après un salut courtois fait à mon érudition classique, c'était là que se réunissaient autrefois les députés de la vallée, c'est encore là que, dans les grandes occasions, et lorsqu'il s'agissait d'un intérêt commun à toutes les vallées, s'assemblaient les autorités des divers villages. Un coffre à trois clefs et à trois serrures contient les anciennes archives de la vallée, dites trésor d'Ossau, et confiées à la garde des trois maires qui possèdent chacun une clef. L'église est un monument historique. Chapiteaux et consoles ruissellent de sculptures magnifiques, et les piliers sont en marbre d'Italie. Henri IV les aurait bien voulus, mais les habitants n'ont pas voulu en faire cadeau au « Renégat ». Dans le village, on retrouve des maisons des quinzième et seizième siècles, ornées de sculptures d'anges, de sirènes, de bas-reliefs et d'écussons. Tout auprès dort dans ses ruines le gothique donjon de Gaston Phœbus, ancienne résidence des vicomtes d'Ossau. Ce qu'il y a de plus remarquable et ce qu'on remarque le moins, c'est un modeste sanctuaire, un autel presque nu où trône la madone d'Ossau.

Nous nous étions assis. Le paysage baigné dans la pourpre des rayons du soleil semblait me parler par la voix du vieillard :

— Cet oratoire a sa légende. Ah ! ne vous récriez pas ! — Certes je n'en avais pas envie, au contraire j'étais tout oreilles. — Ainsi que ses aïeux l'Ossalois est encore pauvre, mais comme eux il croit aux traditions du passé, et la foi lui est restée.

— Aussi ce ne sont pas les pèlerinages qui manquent dans les Pyrénées.

— Oh ! je ne parle pas des endroits consacrés par la vénération des fidèles. Je parle seulement de nos vieilles mœurs ossaloises qui tombent en désuétude, de ces humbles fêtes de la madone où l'autel n'avait que des fleurs, mais pour qui les pèlerins avaient de bonnes prières, de ces oratoires cachés où le poëte seul évoque le temps passé. Que voulez-vous ? Ce sont les guerres de religion qui ont tout bouleversé dans notre malheureux pays. Tel qui oubliera la chapelle de Notre-Dame de Layguerade montrera avec orgueil au voyageur les ruines du château d'Assouste, ce village dont on voit d'ici les clochers perçant les fougères de la montagne verte.

— Qu'a-t-il de remarquable ce château ?

— Rien, si ce n'est une poutre.

— Une poutre ?

— Pendant les guerres entre catholiques et protestants qui ont désolé ce pays plus qu'un autre, un général de Catherine de Médicis s'empara de ce château, le renversa de fond en comble, fit massacrer et pendre à cette poutre qui existe encore au mur de la grange le seigneur d'Assouste, le vieil Abère. Sa fille fut jetée dans le torrent après avoir été témoin du supplice de son père. Tous les deux étaient protestants !...

Après un long silence et pour changer le cours des idées de mon interlocuteur, dont sans doute quelque noir souvenir avait attristé la physionomie, je repris la conversation au point le plus intéressant pour moi.

— Ainsi, dis-je, en pesant mes mots, les mœurs ossaloises tombent en désuétude ? c'est dommage. J'aurais bien voulu assister à une fête patronale, où, j'en suis sûr, on retrouve encore aujourd'hui, sinon les mœurs, du moins le costume du pays

— Le costume ? Il s'altère de jour en jour. Qui le porte ? quelques pâtres des montagnes ? Des guides, des baigneurs ? Mais ceux-là spéculent sur l'effet de leurs vêtements pittoresques pour se faire plus grassement rémunérer. Cependant...

— Ah ! vous voyez. Il y a un correctif à votre diatribe.

Le vieillard hocha la tête et reprit :

— Un seul jour dans l'année réveille nos vieilles coutumes et encore faut-il aller le 15 août à Laruns pour saluer ce réveil.

— Laruns est cette ville que nous avons en face de nous ?

— Précisément, c'est cet amas de maisons grises couvertes en ardoises. Et cependant quelle ville splendide on pourrait construire avec les carrières de marbre blanc qui l'entourent, quels chefs-d'œuvre à faire sortir de ses gisements de nickel et de kaolin !... Il n'y a à Laruns qu'une fontaine sur une place. Autour de cette fontaine et sur cette place a lieu le 15 août une grande fête d'autant plus intéressante pour les étrangers que les acteurs ou spectateurs ont conservé les costumes pittoresques de leurs ancêtres.

Le vieillard avait raison. J'ai eu l'occasion de revoir en détail le val d'Ossau, Laruns et ses carrières de marbre. Voilà pourquoi j'en parle avec tant de conviction.

Les costumes ossalois sont charmants. Les femmes s'habillent à l'antique mode du pays. Elles portent sur la tête un capulet de drap écarlate doublé de soie de même couleur. Sous le capulet, un petit bonnet rond de mousseline ou de toile en forme de calotte retient les cheveux et s'attache sous le menton laissant passer par derrière de longues tresses qui tombent sur les épaules. La taille est serrée dans un corset noir revêtu de soie rouge. Sur le cou repose un fichu de soie ou de toile peinte dont les pointes se cachent dans le corset laissant passer entre elles les bouts du ruban blanc qui serre la chemise autour de la gorge. Les manches du corsage sont très-courtes. Deux jupes en laine noire à plis symétriques descendent plus bas que les genoux. Celle de dessus, bordée d'un large ruban bleu, est relevée et va s'agrafer derrière la taille. Enfin des bas blancs sans pieds se collent sur les jambes et s'évasent au-dessus du soulier par une cannelure à côtes.

Les hommes ont une veste écarlate, en dessous un gilet blanc à larges revers qui laisse voir la chemise blanche plissée et serrée au cou par trois petits boutons rapprochés, une calotte en drap brun ou en velours noir avec des poches à revers garnis de galons dorés, pour jarretières des cordons en soie de diverses couleurs, terminés par des glands, sur la chemise une épingle à verroteries pendantes. Les bas sont blancs et les souliers ne sont autres que des sandales en fil garnies de bandelettes noires ou rouges qui se croisent sur le pied. Les cheveux coupés presque ras sur le devant de la tête flottent sur le cou et sont couverts d'un béret brun.

— Oh ! regardez donc, m'écriai-je aussitôt en apercevant descendre le long de la montagne des bergers et des troupeaux.

— Approchons-nous, me répondit le vieillard, voilà les derniers bergers de la vallée d'Ossau.

— Pourquoi les derniers ?

— Mot de poëte qui ne signifie pas grand'chose.

— Où vont ceux-là, d'où viennent-ils ?

— Dans ce mois-ci, — le mois de mai, — toutes les vallées sont en mouvement. De nombreux troupeaux de chevreaux, de veaux et d'agneaux quittent les étables et prennent le chemin de la montagne sous la conduite de leurs pâtres et de leurs chiens. Alors tout cela se dissémine dans diverses directions et gagne les hauteurs. Les pâtres vont de sommet en sommet, se bâtissent des huttes et s'y installent avec leurs bestiaux. En voilà pour quatre mois.

Montagnards des Pyrénées.

— Et pendant cette vie errante et solitaire, ils n'éprouvent jamais le besoin de communiquer avec leurs amis ?

— Oh! que si. Ils s'appellent entre eux et souvent d'un pic à l'autre, à plus d'un kilomètre de distance, la pureté de l'air leur permettant de s'entendre d'aussi loin.

En regardant les belles plaines du val d'Ossau, j'avais distingué beaucoup de femmes qui bêchaient, menaient la charrue, voituraient et brouettaient en tous sens : en revanche les hommes gardent les troupeaux en tricotant. J'en fis l'observation à mon guide qui me répondit avec son sourire narquois :

— Il ne faut pas trop se récrier sur cette anomalie. Songez donc que ces terrains féconds ont à peine besoin d'être grattés pour produire d'abondantes récoltes. Le travail des champs est peu pénible. Aussi les bergers vont chercher sur les hauteurs, au bord des précipices, par la tempête et la neige, des pâturages pour leurs troupeaux. Ils tricotent? Hercule filait bien et, ma foi, j'aime autant un berger tricotant une bonne paire de bas pour sa femme qu'un berger de Florian jouant du chalumeau.

— Mais ceux que nous voyons ne montent pas, ils redescendent.

— C'est qu'ils sont montés trop tôt et que la neige n'est pas encore fondue.

Les chèvres et les vaches, dociles à la voix des petits pâtres, descendaient lentement sous la conduite d'un vieux berger, solennel comme un grand prêtre et tricotant sa paire de bas. Tout disparut dans les pins et les rochers, laissant dans l'air comme une trace, un bruit de clochettes, de cris et de chants.

Nous avions repris notre promenade. Je me laissais conduire sans m'inquiéter de savoir où j'allais. Cependant, après avoir contourné une grande ravine qui domine un beau paysage et avant de descendre un sentier escarpé, je ne puis m'empêcher de dire, non sans quelque inquiétude :

— Où sommes-nous donc ici ?

— Cher monsieur, ce pont que vous voyez là est le pont d'Enfer, ce village est Goust qui n'a que douze maisons, mais dont tous les habitants sont centenaires, une petite république gouvernée par un conseil des anciens qui décide en premier et en dernier ressort toutes les contestations et fait ou défait les mariages convenus entre les filles de la république et les jeunes gars de la plaine. Il n'y a ni église, ni mairie, ni cimetière. Tout se baptise ou se marie à Laruns. Quant

LES BERGERS DE LA VALLÉE D'OSSAU.

aux morts, on fait glisser les cercueils le long du rocher et on va les reprendre au bas de la montagne.

Je regardai le vieillard pour m'assurer qu'il ne se moquait pas de moi. Mais il n'en avait pas l'air. Il était même plus sérieux que d'habitude.

— On vit vieux dans cet endroit-là, dit-il ; mon grand-père y est mort à cent vingt-trois ans !... Moi, j'y suis né, ajouta-t-il modestement.

Soudain, il s'arrêta, mit la main sur ses yeux comme un abat-jour et regarda fixement dans la direction du village :

— Ah ! ah ! c'est pour demain ! s'écria-t-il joyeux. Enfin ! monsieur, je me vois forcé de vous quitter...

— Pardon si je suis indiscret, mais ne pourrais-je savoir quel est le motif de votre joie et pourquoi vous me quittez si brusquement ?

— De l'indiscrétion ? mais c'est moi qui n'aurais pas dû attendre votre demande. Mon cher ami, — pardonnez à mon âge cette familiarité, — Vous aimez les grandes excursions dans les montagnes et vous comprenez l'amour passionné qu'on éprouve pour une ascension dangereuse quand on est le premier à la faire.

— Oui, répondis-je, mais nous ne sommes pas dans les Alpes.

— Oh ! comme c'est méchant ce que vous dites là ! J'ai bien envie, pour vous punir, de vous emmener avec moi de gré ou de force et de vous faire monter sur ce pic du Midi qui nous nargue là-haut avec ses deux dents ébréchées.

— Une ascension au pic du Midi d'Ossau ! j'en suis, mais nous ne serons pas les premiers.

— Les premiers de l'année, si fait. Ah ! vous croyez que nous autres gens des montagnes, nous faisons nos excursions quand elles sont déflorées par des touristes aussi ennuyés qu'ennuyeux, quand il n'y a plus de danger à franchir les précipices, quand on ne peut plus se frayer une route dans les neiges encore vierges des pas de l'homme ? Non, non, où serait le plaisir ? Demain, pour la première fois de l'année, nous escaladons le Pic. Il y a du danger, ce sera long, difficile, venez-vous ?

— Oui. Mais comment savez-vous que l'excursion est pour demain ?

— Regardez bien. Suivez la direction de mon doigt. La route qui serpente au fond de cette gorge étroite entre de sombres forêts de sapins, est la route qui mène à Gabas. N'apercevez-vous pas un grand feu?

— Parfaitement.

— C'est le signal. Allons dîner pour nous coucher de bonne heure. Demain nous serons levés avant le soleil. Mais j'y songe, et vos camarades?

— C'est vrai. Si je retournais aux Eaux-Bonnes les prévenir?

— Du temps perdu et de la fatigue trouvée. Double dépense inutile.

— Oh bien! alors qu'ils m'attendent!... Et puis j'ai si faim qu'ils seraient capables de me mettre à la diète.

— *Pauvre de moi!* s'écria le vieillard. Moi qui vous retiens à bavarder. Allons vite dîner. Nous prendrons le plus court. Êtes-vous bon marcheur?

— Vous le verrez demain.

— J'aime mieux m'en assurer de suite. Suivez-moi!

Nous prîmes un sentier taillé de biais dans les rochers; à la montée il n'offrait aucun danger, mais ce fut autre chose quand il fallut le redescendre par des escaliers étroits dominant le Gave à une hauteur vertigineuse. Quand nous l'eûmes franchi et que nous nous retrouvâmes sur la vraie route des Eaux-Chaudes, le vieillard me dit:

— Autrefois, pour franchir ce passage, de grandes, fortes et belles Ossaloises emportaient sur leur dos tous ceux qui se présentaient. Elles couraient d'une vitesse prodigieuse et sans rien craindre, tant il est vrai que l'habitude rend tout aisé! Aujourd'hui, on a les diligences de Pau, c'est moins pittoresque.

Une heure après avoir traversé le pont d'Enfer nous arrivâmes dans un magnifique amphithéâtre de forêts et de sommets granitiques au-dessus desquels le pic du Midi jusqu'alors caché montra tout à coup sa fourche sourcilleuse.

Sur les pentes, sur les rochers aux plus petites aspérités, broutant un maigre gazon, apparaissaient çà et là des chèvres qui auraient pu de loin ressembler à des isards, si le petit berger qui les garde n'avait levé la tête au bruit de nos pas.

Au détour du ravin une petite maison enfouie dans les sapins nous apparut. C'était la demeure du poëte. On l'attendait. Il y avait un bon dîner dont je pris peut-être plus que ma part et un bon lit où je dormis, comme je n'avais pas dormi depuis Paris.

Chez lui, le vieillard parla peu. Il me laissa causer. Or, comme ma

LE BERGER DES PYRÉNÉES.

causerie n'a rien d'intéressant que je n'aie déjà raconté ou que je doive raconter, je m'abstiendrai de lui donner une place qu'elle ne mérite pas après la place que j'ai largement donnée aux causeries du vieillard.

Le lendemain, le soleil en se levant nous trouva à Gabas; mon hôte m'avait prêté un manteau à capuchon, un bâton ferré et de grosses espadrilles dont on verra plus tard l'usage. Deux jeunes gens nous suivaient avec des provisions. Un vieillard de haute stature vint nous rejoindre. Il me salua poliment et les deux montagnards se donnèrent l'accolade.

Depuis près d'un demi-siècle, tous deux faisaient régulièrement l'ascension du pic du Midi, quand personne n'eût songé à la faire. Je les laissai passer devant et causer en patois. Je compris qu'ils avaient beaucoup de choses à se dire. Bien que voisins, ils ne se voyaient et ne se parlaient que ce jour-là. De graves dissentiments de famille en étaient la cause. A l'époque à peu près indiquée pour l'ascension, l'un allait sur le Gourzy et l'autre donnait le signal en allumant du feu à l'entrée du vallon de Broussette. C'était leur manière de correspondre. Mon hôte m'affirma ne jamais s'être trompé plus de deux jours, sauf une année où il monta sur le Gourzy quarante-cinq jours de suite !... Le lendemain de l'ascension, ils se donnaient une poignée de main, se tenaient longtemps embrassés et se quittaient.

Tous deux étaient octogénaires, et ma jeunesse enviait leur force et leur santé ! Ah ! comme j'aurais du plaisir à raconter leur histoire, si cela m'était permis, mais le pic du Midi m'attend et la seule infidélité que je puisse lui faire, c'est de parler des carrières de marbre blanc d'un grain saccharoïde et d'une finesse remarquable que je laissai en route, au pied de la montagne, dans le vallon de Sagette.

Déjà sur la Rhune je m'étais égaré dans le domaine de la science, et, à propos des carrières marmoréennes de Louve, je m'étais promis une autre digression de ce genre. Le moment est venu de me tenir parole.

Nous avons essayé de décrire l'action de la chaleur intérieure du globe sur les couches supérieures. Nous avons vu comment les eaux, en s'écoulant, emportent et déposent tour à tour les éléments dissous, notamment du calcaire et de la silice. Ces actions favorisées par la chaleur des couches profondes ont à force de temps fait prendre aux roches une structure compacte cristalline ou métallique, ce qui donne une idée de la manière dont ont dû se former les trésors géologiques enfouis dans nos montagnes.

Le chimiste Hall, voulant prouver l'énorme pression qui se produit dans la terre à de grandes profondeurs et dont le résultat change les conditions des actions chimiques et de la cristallisation, remplit de craie un canon de fusil dont la lumière et l'entrée étaient hermétiquement fermées. Il soumit ce canon à la chaleur rouge d'un fourneau. A l'air libre, la craie chauffée eût dégagé son gaz carbonique et laissé pour résidu de la chaux vive. Ici, la craie fondit sans se décomposer et on trouva dans le canon refroidi une baguette de marbre blanc. Tout le secret de la nature est dans cette expérience.

Les roches calcaires, dont les Pyrénées abondent, se sont donc changées en marbres, c'est-à-dire que leurs pores se sont comblés et que la pierre est devenue compacte et polissable, grâce à la chaleur intérieure qui a décomposé leurs tissus. Tout marbre blanc est du calcaire plus ou moins pur qui enrichit les montagnes assez heureuses pour le posséder, les marbres colorés n'ayant de valeur que par le polissage. Du reste, le marbre noir soumis au feu donne de la chaux blanche. Les taches ne sont autres que des impuretés, quelquefois des fossiles plus ou moins déformés. Le marbre blanc seul, qu'on nomme aussi statuaire, a beaucoup de valeur. Ceux de Carrare et de Paros ont légué leur réputation aux Pyrénées, où l'exploitation n'en abuse guère.

Ces carrières de marbre appartiennent aux terrains de transition, et nous avons déjà vu que le sol pyrénéen tout entier appartenait à cette époque. Ce qui le prouve, ce sont encore les mines de nickel et de cuivre qui abondent, que l'on connaît et qu'on s'obstine à ne pas exploiter. Qui sait si on ne finirait pas par découvrir ces mines d'argent ou d'or qui deviennent rares dans les pays aurifères, ces mines de diamant que l'Inde semble déserter? Où il y a du calcaire, et les Pyrénées en abondent, la terre laisse toujours échapper le secret de ses trésors auxquels l'ignorance ou le dédain refusent d'ajouter foi.

Un homme intelligent a tiré parti des carrières de marbre enfouies à la base du pic du Midi; mais la réputation de ce marbre statuaire n'a pas, que je sache, franchi le département. Il ne manque pourtant pas de sculpteurs ! Puisqu'on a des temples à bâtir et des palais à reconstruire, que ne se sert-on de ce marbre-là ?

Sur cette boutade mon hôte prit la parole :

— A quoi pensez-vous donc, jeune homme ?

J'avouai tout haut les réflexions que j'avais faites tout bas, et comme ce sujet de conversation lui plaisait, il me parla des Pyrénées en vrai géologue. Il me donna sur la formation du marbre certains détails scientifiques un peu trop ardus pour entrer dans le cadre descriptif de ce livre, et qui ne feraient que corroborer en termes techniques ce que j'ai dit plus haut.

— Deux grands systèmes, me dit-il, sont en présence, pour expliquer la formation de nos montagnes. Celui des vulcaniens qui les font naître des volcans, celui des neptuniens qui les expliquent par des dépôts formés au fond des eaux. Le pic du Midi d'Ossau nous prouve qu'ils ont raison les uns et les autres. En effet, vous venez de voir à sa base du calcaire; et toute la masse qui repose sur ces roches est de granit, c'est-à-dire une roche plutonienne non stratifiée. Si on pouvait casser ce pain de sucre et la table qui le porte, on trouverait là dedans du fer oxydé et du cuivre pyriteux, des cristaux de quartz, de la chaux, de la craie et toutes les variétés de marbre que peut produire le calcaire !... Ne pouvant en voir l'intérieur, contentons-nous de l'escalader...

— Si la neige le permet, ajouta silencieusement le vieillard qui marchait devant nous et que mon hôte appelait du nom étrange de Bourissou. Lui-même, du reste, répondait au surnom de Gastounette.

Notre ascension se poursuivait sans accidents et sans fatigue. La température seule était loin d'être favorable. Un vent glacial balayait la neige que l'hiver avait plaquée sur les pentes du pic et l'amoncelait dans le chemin. A la case de Broussette, nous en avions plus haut que la cheville.

Là nous fîmes halte. Cette case était autrefois un refuge pour les voyageurs qui passent le col d'Anéou. Ce n'est plus qu'une vaste fromagerie, enfouie pendant l'hiver sous quinze ou vingt pieds de neige. Les habitants y restent ensevelis pendant deux mois. Des voyageurs, et ce détail me rassurait peu, y sont restés bloqués pendant des semaines entières. Je vis les deux vieillards hésiter avant de reprendre la route.

— Eh ! eh ! Bourissou, dit mon hôte, je crois que tu m'as appelé trop tôt.

— Non, Gastounette, non, répondit le vieillard, vingt-quatre heures plus tard, nous aurions été obligés d'attendre un mois.

J'appris par là que la hauteur des neiges à la case de Broussette était le baromètre des deux montagnards.

— Nous monterons peut-être, mais comment descendrons-nous ?
— Par Bious Artigues.

Cette demande et cette réponse faites, on cassa une croûte en buvant une gorgée d'eau-de-vie, et notre petite caravane conduite par Bourissou se mit en route. Mon hôte et moi nous formions le centre. Les deux jeunes pâtres qui nous suivaient aussi muets que dociles fermaient la marche.

Je commençais à regretter de m'être aventuré dans cette ascension. La montée était fort roide et le sentier très-escarpé gravissait une forêt chétive de hêtres et de sapins qui nous servaient de point d'appui, mais ne nous empêchaient pas de trébucher dans la neige. La vallée était nue et isolée. Aucun point de vue digne de remarque ne nous dédommageait de nos peines, et il était fort à craindre qu'arrivés au sommet du pic, les brouillards ne nous empêchassent de voir le panorama. Une autre crainte plus sérieuse me faisait passer des frissons de terreur. Si, une fois là-haut, nous ne pouvions pas redescendre !

Enfin, nous arrivâmes sans encombre au pied même du pic du Midi. Les petits pâtres balayèrent la neige, firent du feu et préparèrent le repas. Nous mangeâmes en silence, agités par des préoccupations que nul n'aurait osé communiquer à son voisin. L'appétit seul aiguisé par le grand air *était au plaisir sans être à la peine*. Quand nous fûmes réconfortés, les deux vieillards donnèrent le signal du départ, chacun déposa tout ce qui aurait pu gêner la marche ; on chaussa les fameuses espadrilles et l'attaque du pic commença, sans bâton ferré, des mains et des genoux. Le premier escalier de la pyramide n'est autre qu'un rocher perpendiculaire.

Ne pas faire comme les autres quand on s'est vanté d'avoir exploré les Alpes et qu'on a traité dédaigneusement les Pyrénées de petites montagnes, eût été vraiment trop ridicule, mais je trouvais l'ascension plutôt digne d'un ramoneur de cheminées que d'un touriste.

Au-dessous de cet escalier franchi au détriment de mon pantalon et de ma peau, nous nous trouvâmes sur une pente, dont la nappe de neige laissait passer comme les dents d'une scie toutes les aspérités du granit. Cette fois, il y avait plus de fatigue que de danger. Au bout de cette pente, deuxième escalier. Les deux vieillards y montent les premiers et nous jettent une échelle de cordes. Les petits pâtres grimpent au moyen de crochets. Au moment où je vais en faire autant, un échelon se brise et je reçois dans mes bras l'un des jeunes gens qui roule dans la neige, se relève en riant et, leste comme un chat, recommence de plus belle. On me jette une petite corde à nœuds et, grâce à cette aide, j'arrive à mon tour au sommet de cet escalier pour retrouver une autre pente de neige et de cailloux.

Au bout de cette pente, troisième escalier ! Est-ce le dernier ? Toujours est-il qu'il est moins haut et plus incliné que les autres. On le franchit sans peine. Ensuite... Ah ! je ne m'en souviens guère, j'ai les pieds en sang et la tête en feu, la gorge sèche et les yeux brûlants. Je côtoie des rochers, je descends dans des ravines qu'il faut aussitôt remonter. De tous côtés des rochers aux parois perpendiculaires sur lesquels la neige ne tient pas. Partout des abîmes nus, désolés, béants ! Je passe à travers des fentes et des blocs de diverses grandeurs. Enfin j'entends pousser un cri de joie. Nous y sommes ! Je regarde. Il me semble être au sommet d'un obélisque, en plein brouillard !...

Les vieillards se sont serrés la main avec joie et orgueil. Et je sais enfin pourquoi cette obstination à monter les premiers au pic du Midi ! Ils ont l'idée superstitieuse que l'année où ils ne pourront faire cette ascension, sera la dernière de leur existence. Je leur pardonne de grand cœur la fatigue et l'ennui de cette course sans profit pour moi !

Il va falloir redescendre. Cette fois je ne cache plus mes terreurs et je prie d'attendre un peu, mais les vieillards n'entendent rien : une heure de retard pourrait nous être fatale. En effet le vent devient plus violent et, s'il nous menace d'un danger, me procure du moins le plaisir de voir un coin du panorama dans une éclaircie du brouillard qu'il chasse devant lui.

Dans ce coin caché par une brume bleuâtre apparaît la ville de Pau et je distingue toute la vallée d'Ossau dominée par la masse du Pic d'Aule drapée de neiges et de bois. Puis le brouillard se referme.

C'est un voile de gaze laissant voir les figures géométriques des pics qui m'entourent, les uns ronds comme le Pic du Midi de Bigorre, les autres bizarrement découpés, ceux-là revêtus de schistes qu'on dirait tachés de sang. Cette fantasmagorie me fait éprouver le mal de mer. Je ferme les yeux et je m'abandonne à mes guides. Je marche encore bien sur les pentes, mais pour redescendre les escaliers on me fait couler avec une corde comme un seau dans un puits. Cependant, malgré ma torpeur, je remarque que nous n'avons pas pris le même chemin. En effet, nous marchons contre le vent. Enfin nous arrivons au bord d'une gorge escarpée et, au moment où je demande s'il va falloir y descendre, des chevriers nous apportent du lait. J'entrevois de misérables cabanes, des chèvres paissant le long des abîmes, et je me laisse aller à un sommeil léthargique.

En m'éveillant, je me retrouve auprès des ramifications rocheuses du Pic du Midi entre un bon feu qui me réchauffe et mes bons amis qui me veillent. Il nous est impossible de continuer notre route. La neige nous barre le chemin. Mais rien n'embarrasse les montagnards. Dès que je peux me remettre sur mes pieds endoloris, ils me prennent chacun par un bras.

— Non, non, dis-je, je marcherai ! Descendons vite !
— Descendre ? mais il nous faut remonter.
— Alors, laissez-moi là.

Le froid devient intense. Le brouillard qui s'épaissit nous amène la nuit en plein jour, car il est à peine deux heures du soir. Coucher là serait sûrement la mort. On m'emporte. Une cabane de chevrier nous reçoit et, une fois bien abrités, nous oublions nos fatigues, en dînant, causant et dormant.

La nuit est longue ; la matinée du lendemain le fut davantage. Les pâtres avaient été reconnaître le chemin et la neige obstruait le seul sentier possible. Enfin le soleil brille dans tout son éclat. Nous sortons et les deux vieillards aidés des pâtres creusent un chemin dans la neige. Je m'y hasarde le premier, et après une heure d'inquiétude, de tressaillements nerveux, d'alternatives de chaud et de froid, nous atteignons une belle forêt de sapins. Vingt minutes après, c'est-à-dire près de cinquante heures après notre ascension, nous arrivions éclopés, fourbus, gelés, grillés, écorchés vifs, à Bious-Artigues !...

A Gabas, mes amis se séparent de moi, et je les quitte ici avec le regret de ne pouvoir relater toutes les impressions du voyage que j'ai fait avec eux. Pour cela, ce volume tout entier ne suffirait pas.

Les retrouverai-je un jour, ces deux vieillards ossalois ? Dieu le veuille ! mais au moment où je les quittai, j'avais plus de hâte à rejoindre Charles et Édouard, qu'à rêver une nouvelle rencontre avec mes montagnards.

Je passai aux Eaux-Chaudes, et je ne m'y serais pas arrêté, si la vue du petit palais de marbre qui abrite ses baigneurs ne m'eût invité à reposer mes jambes au bénéfice de mes yeux. Ce bâtiment est en effet un des plus gracieux que j'aie visités. Sa terrasse domine le Gave, et de tous côtés on aperçoit les hautes chaînes de montagnes qui forment les limites de la France et de l'Espagne.

La gorge des Eaux-Chaudes dépasse en horreur tout ce que la nature a créé en ce genre. Seulement elle manque d'imprévu et de pittoresque. Le torrent qui la parcourt dans toute sa longueur, et qu'on traverse sur des ponts, en sort bondissant de cascatelle en cascatelle parmi les sorbiers et les sureaux suspendus aux rochers.

En visitant cette gorge, j'étais loin de m'attendre à retrouver deux amis de voyage que j'avais eu le plaisir de connaître en Suisse et avec lesquels j'avais chassé le loup et le sanglier dans les Ardennes. Je ne les avais pas revus depuis un ridicule accident qui m'était arrivé non loin de Maubert-Fontaine. Très-mauvais cavalier, très-peureux même à cheval, j'eus le malheur, — malheur prévu par la malice de mes camarades, — d'avoir pour monture une bête rétive et capricieuse qui me fit faire des cabrioles de clown et joua tout le temps à la balle avec mon individu. Cet accident m'avait éloigné de la chasse et des chasseurs.

Le hasard et la gorge des Eaux-Chaudes m'en rapprochèrent. Ces messieurs avaient comploté pour le soir même une chasse à l'ours, et malgré moi je me laissai prendre à leur invitation. L'ours étant un hôte des Pyrénées, il fallait bien, pour que mon voyage fût complet, faire connaissance avec lui, le voir de près, et la chasse m'en offrait le plus prompt moyen.

J'étais assez mal équipé, mais on me mit en main une excellente carabine rayée de Devismes et à la ceinture un coutelas fraîchement aiguisé. D'ailleurs l'ours était guetté et signalé depuis la veille. La battue était faite. Il n'y avait plus qu'à aller le chercher. Du moins le guide l'assurait !...

De temps immémorial, les forêts des Eaux-Chaudes ont été renommées pour leurs ours redoutables. A force de les chasser, il y en a moins, et il faut toute la ruse des montagnards pour y dénicher le peu qui en reste.

Sous Henri IV, les dames faisaient un divertissement de la chasse à l'ours. Sully raconte un cas fort étrange de la force et de la furie de ces animaux :

« Il y en eut deux qui démembrèrent des chevaux de médiocre taille, quelques autres qui forcèrent dix Suisses et dix arquebusiers, et un des plus grands qu'il était possible de voir, lequel, percé de plusieurs arquebusades et ayant sept ou huit bris et tronçons de piques et hallebardes, embrassa sept ou huit qu'il trouva contre un haut rocher, avec lesquels il se précipita en bas, et furent tous déchirés et brisés en pièces. »

Quels ours! Et quel style! aurait ajouté Charles.

Le soir même, vers dix heures, mes compagnons vinrent me chercher. Je m'étais jeté tout habillé sur un lit et j'avais pris un repos bien mérité. Je me levai sans mot dire. Ma curiosité était trop vivement excitée pour que je refusasse une occasion peut-être unique dans mon voyage.

Le chemin que suivirent le guide et mes compagnons de chasse me conduisit aux pieds de ce Pic du Midi d'Ossau que j'avais franchi la veille. L'endroit où on devait rencontrer le fauve était à trois kilomètres de là, dans une forêt épaisse que j'avais remarquée en passant. La place était marquée par le guide qui avait déjà vendu la peau de l'ours, et quatre grands chiens de race lupine nous y conduisaient muets, la langue pendante et l'œil sanglant, toujours le nez au vent et prêts à faire déguerpir l'ours de sa tanière, s'il s'obstinait à y rester.

Voici quel était le plan du chasseur. Attendre que l'ours sortît pour sa tournée nocturne, courir à son trou, le boucher, revenir se mettre en embuscade et attendre son retour.

Le plan réussit. Au petit jour l'ours, en voulant regagner sa tanière, la trouva solidement barricadée. Le guide avait mis à profit les quelques heures de repos que nous avions prises dans une cabane où les chiens étaient solidement attachés.

Chacun de nous était à son poste. Les quatre chiens furent lâchés et l'ours, se retournant soudain, fit face au danger avec un calme et une insouciance de mauvais augure.

C'était un ours brun de grande taille, peu disposé, je vous assure, à

se laisser prendre sa riche fourrure sans la défendre énergiquement. Il s'avança à quatre pattes, la tête basse. Les chiens aboyèrent; l'un d'eux, qui s'était approché trop près, en fut quitte pour reculer avec une patte cassée et les autres tournèrent sans oser aborder leur ennemi. C'est alors que l'un des chasseurs monta à l'assaut de la petite plate-forme où les chiens et l'ours se mesuraient du regard et de la voix. Le guide nous appela, l'autre chasseur et moi, et nous fîmes un

détour pour surprendre la bête par derrière. Je croyais avoir pris le poste le moins dangereux. Je me connaissais mal en ours !...

Celui-ci recula lentement contre un rocher. J'entendis deux coups de feu. Je vis les chiens s'élancer, mais l'ours debout et sanglant se secoua, rejeta les chiens loin de lui, comme s'il méprisait d'aussi petits adversaires, et se précipita vers le sentier par lequel j'arrivais afin de gagner la forêt où il aurait trouvé sûrement un abri.

Dès qu'il m'aperçut, il rugit et d'un bond se trouva près de moi, je lui déchargeai mon arme à bout portant, mais je ne fis que lui brûler le museau. La balle alla ricocher sur le rocher qui me faisait face.

— Le couteau! me cria le guide.

Mais voyant que l'ours, aveuglé par la fumée, se roulait par terre, je sautai par-dessus lui et me sauvai du côté de la plate-forme. A peine y étais-je, que l'ours se trouva derrière moi, affolé, furieux, terrible. Je me retournai pour m'enfuir. Un rocher me barrait le passage, je l'escaladai aussi vite que possible et je ne sais ce qui se serait passé, si le deuxième chasseur, qui guettait tous mes mouvements, n'eût arrêté l'élan de l'ours en lui logeant une balle dans la tête. L'ours roula trois fois sur lui-même et se releva encore, au moment où, épuisé de fatigue et affolé moi-même, je me laissais retomber du rocher que je n'avais pu finir d'escalader.

— Le couteau, ou vous êtes perdu! cria de nouveau le guide.

Eh! je savais bien ce qu'il voulait dire avec son couteau. Est-ce qu'on raisonne avec la peur? Je me reculai instinctivement. Le guide alors épaula son arme et fit feu.

L'ours eut un soubresaut terrible, je pus éviter sa griffe et, en me garant avec mon fusil, ma main toucha le manche du couteau, je le saisis frénétiquement, et comme l'ours s'était retourné vers le guide, je lui plantai l'arme au défaut de l'épaule. Ce fut le coup de grâce.

L'ours était mort, et moi je m'évanouis bêtement.

Le jour même on me décerna le prix à un grand dîner que les baigneurs des Eaux-Chaudes donnèrent aux chasseurs. Trop modeste pour abuser de mon triomphe, je mis mon amour-propre à la torture pour ne pas me croire un nouveau Nemrod, mais j'avoue que j'aimerais mieux escalader vingt monts Cervin que d'avoir à tuer un seul ours.

Après des adieux et promesse de se revoir, je repris le chemin des Eaux-Bonnes.

Charles et Édouard m'attendaient toujours; seulement ils étaient à Pau. Je lus la lettre qui m'informait de leur départ et de leur nouvelle adresse, et je ne me donnai même pas le temps de dîner. La diligence partait.

J'aimais mieux me priver de manger que de rester aux Eaux-Bonnes avec un pantalon en morceaux, un chapeau défoncé et des bottes qui ne m'appartenaient même pas !...

C'est le cordonnier des Eaux-Bonnes qui a dû être content !

NOTRE-DAME DE LOURDES.

CHAPITRE VI

A Pau. — Souvenirs de Paris. — Visite de Charles. — Résultats de cette visite. — Le château. — Gaston Phœbus, Henri IV et Bernadotte. — Théorie sur l'origine des montagnes. — Départ, accident de chemin de fer. — Lourdes. — Son château et sa grotte. — Argelès, Saint-Savin, Saint-Orens. — Le défilé de Pierrefite et le pont d'Enfer. — Retour d'Édouard. — Où on retrouve M. Bordaneche et sa fille. — Baréges. — Le pic du Midi. — Le lac d'Oncet. — L'Espada et la Campana. — L'observatoire et le général de Nansouty. — Ce qu'on voit du haut du pic du Midi. — Impressions diverses du touriste. — Retour par un autre chemin. — L'orage. — Point de suspension.

A Pau, je retrouvai mes souvenirs de Suisse, mes affections de famille, mes habitudes parisiennes, tout cela contenu dans une petite valise qui m'attendait à la gare. J'en fus charmé surtout pour mes pieds, qui ne pouvaient décidément pas faire bon ménage avec la chaussure du cordonnier des Eaux-Bonnes et aussi pour mon pauvre corps qui, après un bain et une nuit passée dans de vrais draps, revêtit avec une satisfaction inconnue des sybarites de la grand'ville, du linge blanc et un costume confortable.

Dès la première heure, je fus sur pied, lavé, peigné et habillé. Ma correspondance et mes journaux me parlèrent de Paris ; mes albums me reparlèrent de la Suisse, où mon imagination, à laquelle mon costume de touriste donnait le change, me transporta d'un coup d'aile. Il y en avait assez pour que j'oubliasse mes amis d'hier et mes projets du lendemain.

J'étais en effet plongé dans mes rêves de voyages, donnant au diable l'idée que j'avais eue de voir les Pyrénées par le petit bout de la lorgnette, quand ma porte s'ouvrit brusquement et Charles m'apparut en tenue irréprochable de soirée ; il était à peine huit heures du matin !

La mine passablement piteuse de mon ami sous le flamboiement de sa toilette me fit flairer quelque nouvelle aventure, et avec une curiosité mélangée d'inquiétude je lui tendis les mains, non sans demander :

— Est-ce un mariage ou un enterrement?

— Tous les deux, mon ami, dit Charles en poussant un soupir.

— Qui donc est mort? répliquai-je en riant.

— Édouard!

— Ah! bah! Et qui se marie?

— Édouard, toujours Édouard! Ah! comme ce garçon-là m'a trompé!

Les soupirs et les exclamations de Charles nécessitaient une explication qui ne se fit pas attendre.

M. Verlède le père avait enfin trouvé ce qu'il cherchait pour son fils, un beau mariage et une sous-préfecture. C'était pour forcer Édouard à accepter la brillante position qui s'offrait à lui que l'ancien négociant du Marais s'était décidé à faire cet immense voyage. Sa santé n'était qu'un prétexte adroit pour éloigner les soupçons.

— Édouard a accepté, demandai-je un peu impatienté par les soupirs du narrateur.

— J'en ai peur.

— Tant mieux, au contraire, pour vous.

— Comment cela?

— Songez donc! un cousin sous-préfet! Il vous fera son secrétaire.

— Impossible. Édouard a déjà pris des informations sur mon compte, et il paraît que les renseignements sont loin d'être satisfaisants.

Je ne pus m'empêcher d'éclater de rire, bien que je n'en eusse aucune envie, car je craignais un nouveau retard pour mon voyage.

— Vous savez, me dit Charles à brûle-pourpoint, je viens vous chercher.

— Bien aimable, mais où me conduirez-vous avec votre habit de cérémonie?

— A table. Il y a grand déjeuner à l'hôtel de la Poste. Vous êtes invité. Je vous présenterai à mon oncle... Venez, nous rirons.

— Ma foi, non, répliquai-je sèchement, je pars dans une heure au plus tard.

— Vous partez? Sans moi?

— Tout seul. Voyez-vous, mon cher, j'en ai assez de tâtonner dans mon chemin comme je le fais depuis que j'ai mis le pied dans les Pyrénées. Mes albums de Suisse sont là pour me faire honte. Le souvenir de mes voyages m'a donné l'idée de tenter définitivement une de ces grandes excursions qui font époque dans la vie d'un touriste. Pau est justement le centre de ces excursions. Je vais faire mon choix, et dès demain je toucherai aux sommets d'une de ces montagnes qui semblent, là-bas, me narguer dans l'horizon !

En disant cela, j'ouvris ma fenêtre, qui donnait sur un coin de ces Pyrénées qui encadrent Pau de leurs dentelures vaporeuses.

Charles ne répondit pas. Il se leva, me tendit la main et sortit. Vingt minutes après, il reparaissait en touriste, l'œil animé et chantant à pleine voix le refrain d'une chanson béarnaise.

— Je pars avec vous ! cria-t-il en entrant. Avez-vous fait votre choix.

— Non, pas encore.

— Venez alors, nous allons le faire ensemble !

Nous sortîmes bras dessus bras dessous, moi un peu ahuri, Charles toujours joyeux.

Nous nous trouvions sur la place Royale.

Mais d'abord, un mot de la ville de Henri IV, un mot seulement, car j'avoue — avec peine pourtant ! — qu'il me serait difficile d'en dire deux.

Pau est une ville atrocement ennuyeuse, à cause de son pavé, de ses malades et de son château !

Grimper sur des têtes de clous ou des galets polis comme la glace, dans des mers tortueuses qui n'en finissent plus, entendre tousser ou se plaindre un peuple de fantômes remorqués par des domestiques ou appuyés sur des cannes, n'avoir pour dédommagement que le château à visiter, le chercher sur la colline et être obligé de redescendre dans la vallée pour apercevoir ses *deux* étages de toits pointus et de vieilles maisons flanquées de *deux* tourelles à clochetons et de *deux* grosses tours en briques, voilà l'agrément d'une matinée passée à Pau.

Si encore nous avions pu visiter l'intérieur du château ! Mais le palais de Henri IV était fermé par ordre. Nous cherchons en vain ces beaux jardins dont le Béarnais était si fier : à la place des fleurs et des grands arbres, nous ne voyons qu'une caserne. Il nous reste le parc, assez gracieux, pittoresque même. Notre mauvaise humeur nous empêche de l'admirer à sa juste valeur.

Et cependant quels gigantesques souvenirs dans ce petit coin de terre !...

Ce « moult bel chastel », comme dit Froissard, n'a-t-il pas été bâti par Gaston Phœbus, le plus illustre des princes du Béarn, le plus brave, le plus beau, le plus courtois des chevaliers de la chrétienté ?

Vraiment c'est une histoire merveilleuse que celle de ce prince, qui, du reste, vivait dans cette époque poétique de la France, où les guerres faites par plaisir plus que par intérêt se composaient d'aventures, de dangers, d'émotions, où le corps aussi bien que l'âme avait sa jouissance et son exercice, où l'on vivait au soleil, à cheval, parmi les coups de feu, où les canons et la poudre n'avaient pas encore usurpé la gloire et détrôné le courage.

Et comme ils comprenaient bien la vie, ces raffinés des siècles barbares ! Quand il n'était pas par monts et par vaux, guerroyant contre les Maures d'Espagne ou les païens de Prusse, réprimant la Jacquerie ou les révoltes de ses seigneurs, Gaston administrait ses États avec vigilance et habileté, mais laissait une large place aux plaisirs et aux fêtes. Son luxe, que nous a décrit Froissard, donne une idée naïve des mœurs grandioses du moyen âge.

A minuit il soupait dans sa haute salle. Devant lui, douze valets tenaient douze torches allumées tout le temps du repas, et cette immense clarté se reflétait sur les armures des convives. Il y avait là à foison des tables dressées pour souper. Soupait qui voulait.

Un jour de Noël, il se plaignit d'avoir froid. Un de ses chevaliers regarda par la fenêtre et aperçut dans la cour quantité d'ânes qui apportaient du bois. Il descendit, prit le plus grand de ces ânes tout chargé de bûches, le chargea sur son cou, remonta, alla droit à la cheminée « où n'était que petit feu », et y renversa les bûches en tenant l'âne par les pieds. Grande joie de Gaston, qui rejaillit sur ses courtisans. Ces géants barbares en rirent plus d'une heure !

On retrouve à chaque pas, dans le Béarn, ce type si caractérisé des temps féodaux. Henri IV en est pour ainsi dire la photographie.

Et comme on ne peut pas être venu à Pau sans parler du Béarnais, l'imagination rétive aux beautés absentes de la ville, se plaît à revoir cet enfant courant tête nue et pieds nus sur le bord du Gave avec les petits paysans, et qui devait plus tard, au nom des Bourbons, rendre à la France tout ce que les Valois lui avaient fait perdre.

Un autre enfant nous apparaît encore dans ce coin de terre prédestiné. Celui-là n'est pas de famille royale. Un jour il part, à quatorze ans, avec un tambour et revient avec une couronne. Revient n'est pas le mot, car Bernadotte n'a jamais revu la maison où il est né.

Pendant que ma mauvaise humeur fait vagabonder ma pensée, Charles ne s'est pas dérangé. En effet, je l'ai quitté sur la place Royale et je le retrouve en pleine admiration devant la statue de Henri IV, — lequel fait une mine si triste qu'on croirait qu'il s'ennuie à Pau, — seulement Charles tourne le dos à la statue, et ce qu'il admire c'est l'incomparable panorama qui fait de cette place, la rivale heureuse de la terrasse de Berne !...

En face de cet amoncellement de montagnes qui semblent autant d'escaliers destinés à faire descendre les habitants du ciel dans les vallées, en face de cet océan de rochers de neige, de glaces, de lacs, de rivières, de forêts dans lequel l'œil se perd ébloui et duquel se détachent pour moi deux nouvelles connaissances, les pics d'Anie et du midi d'Ossau, on se retrouve si humble, si petit, qu'on demande à la science pour excuser l'éblouissement de la vue et l'épouvante de son esprit une preuve que tout cela est bien réel, que cette œuvre a bien été faite par ce maçon appelé la Nature, sous la direction de cet architecte qui s'appelle Dieu !

Une explication à la science ? A quoi bon ? Que nous dira-t-il le savant que nous n'ayons déjà lu ou entendu ? Ce pays était une mer d'abord déserte et bouillante, puis lentement refroidie, enfin peuplée d'êtres vivants et exhaussée par leurs débris. Ainsi se sont formés les calcaires anciens, les schistes de transition et les terrains secondaires. Voilà ce qu'il nous dira, accumulant un millier de siècles en une seule phrase !

Le poëte est moins exact, mais plus fécond. Écoutez ce qu'il dit : « La croûte se fendit et une longue vague de granit fondu s'éleva formant ces hautes chaînes des Pyrénées... Ce que ce mur de feu fit en se dressant dans cette mer bouleversée, l'imagination de l'homme ne le concevra jamais. La masse liquide de granit s'empâta dans les roches, les couches les plus basses se changèrent en ardoises sous la tempête embrasée, les terrains plats se redressèrent et se renversèrent. La coulée souterraine monta ; elle se figea dans la tourmente et son agitation se peint encore dans ses ondes pétrifiées...

« Enfin l'océan se déplaça peut-être par le soulèvement de l'Amérique. Du sud-ouest une mer vint s'abattre sur la chaîne. Le choc tomba sur la barrière noire crénelée qu'on aperçoit vers Gavarnie. Ce fut une destruction épouvantable d'animaux marins. Leurs cadavres ont formé des bancs coquilliers qu'on traverse en montant sur les cimes. La mer roulante arrachant son lit le charria contre la muraille de rochers, l'amoncela contre les flancs, mit une montagne sur la montagne, couvrit l'immense écueil et oscilla en courants furieux dans son bassin dévasté.

« Il me semblait voir à l'horizon la nappe limoneuse arriver plus haute que les cimes, dresser ses flots sur le ciel, tourbillonner dans les vallées et par-dessus les montagnes noyées mugir comme une tempête !

« Cette mer apportait la moitié des Pyrénées. Ses eaux violentes appliquèrent contre le versant primitif des étages calcaires inclinés et tourmentés. Ses eaux apaisées déposèrent sur eux les hautes couches horizontales. Là-bas au sud-ouest le Vignemale en est couvert. Des générations d'êtres naissaient et mouraient pour élever les sommets, populations silencieuses et inertes qui pullulaient dans le limon tiède et regardaient à travers leurs vagues vertes les rayons du soleil bleui. Ils ont péri avec leur sépulcre. Les orages ont déchiré les bancs où ils s'enfouissaient, et ces lambeaux de leurs débris disent à peine combien ce monde enseveli a vu passer de myriades de siècles.

« Un jour enfin on vit grandir les grands monts qui ferment l'horizon du sud. Le sol avait crevé une seconde fois. Une ondée de nouveau granit s'élevait, chargée du granit ancien et de la prodigieuse masse des calcaires. Les alluvions montèrent à plus de dix mille pieds. Les anciennes cimes de granit pur étaient dépassées, les bancs de coquilles furent soulevés dans les nuages et les cimes exhaussées se trouvèrent pour toujours au-dessus des mers.

« Deux mers ont séjourné sur ces sommets. Deux coulées de roche embrasée ont dressé ces chaînes. Quelle sera la révolution prochaine ? Combien de temps l'homme durera-t-il encore ? Un retrait de la croûte qui le porte fera jaillir une vague de lave ou déplacera le niveau des mers. Nous vivons entre deux accidents du sol ; notre histoire tient au large dans une ligne de l'histoire de la terre ; notre vie dépend d'une variation de chaleur. Notre durée est une minute, et notre force un néant. Nous ressemblons à ces petits myosotis bleus qu'on cueille

L'ÉGLISE DE BETHÁRRAM.

en descendant sur la côte ; leur forme est délicate et leur structure admirable ; la nature les prodigue et les brise ; elle met toute son industrie à les former et toute son insouciance à les détruire. Il y a plus d'art en eux que dans toute la montagne. Sont-ils fondés à prétendre que la montagne est faite pour eux ? »

C'est à la mémoire de Charles que je dois d'avoir pu transcrire ces lignes ciselées par Taine en face de l'océan de montagnes qui encadrent Pau.

Aussi nous n'échangeâmes qu'un seul regard, un seul serrement de main et, une heure après, lestés d'un bon déjeuner, nous prenions le chemin de Pierrefite.

La route est belle, et je ne pouvais m'empêcher de donner tort au progrès, qui vient de doter d'un chemin de fer cette partie si pittoresque des Pyrénées. Mais le train marchait assez lentement pour m'en donner du moins une idée.

Nous ne pûmes voir que de loin et pendant quelques minutes la chapelle de Betharram, où un grand nombre de paysans se rendaient en pèlerinage, entre des rangées de boutiques remplies de chapelets, de bénitiers, de médailles, de petits crucifix, « à travers un feu croisé d'offres, d'exhortations et de cris ».

Du moins je le supposais, car je croyais en entendre le bruit. Le spectacle vu au grand soleil est du plus bel effet. La chapelle domine le chemin du calvaire et je distinguais son rustique édifice audacieusement bâti au-dessus d'un torrent qu'une foule variée traversait sur un pont.

Le torrent doit son nom à Gaston IV, qui, désirant perpétuer le souvenir de son expédition en terre sainte, donna à cette montagne, qui ressemble à celle du Calvaire, le nom d'une vallée du Jourdain.

Mais le nom de Betharram a une autre étymologie.

Un jour une fillette courait sur les rives escarpées du Gave. Était-ce un papillon qu'elle poursuivait, ou une fleur qu'elle voulait cueillir ? Je l'ignore, mais la folle enfant s'approcha trop près du bord et elle eût infailliblement roulé dans l'abîme, sans une grosse branche — en patois du pays, *Beth arram* veut dire beau rameau — qui se trouva tout à coup sous sa main au moment où elle appelait la vierge Marie à son secours.

Par reconnaissance pour la mère du Christ, qui l'avait sauvée, la jeune fille déposa un rameau d'or sur l'autel de l'humble chapelle, et depuis ce jour, non-seulement le nom de Notre-Dame du Beau-Rameau lui fut donné, mais les gens du pays célébrèrent tous les ans, en un pèlerinage, le jour où l'enfant avait été miraculeusement sauvée.

Une statue de la Vierge domine le portail ; on la voit de loin, ainsi que le petit clocher pointu qui élève sa maigre silhouette entre de hauts sapins.

J'admirais ce paysage étincelant de grâce et de poésie, et je ne songeais pas à faire partager mon admiration à Charles, qui restait tout songeur dans son coin.

— A quoi pensez-vous, Vandale, lui criai-je.

— Moi ? à rien, me répondit-il ; puis se ravisant :

— Pourvu qu'Édouard ne sache pas où nous allons ?

— Ce serait difficile, lui répondis-je, nous ne le savons pas nous-mêmes.

Parole philosophique renouvelée d'Ésope, et d'autant plus vraie, qu'un accident de chemin de fer nous arrêta en route et nous força de rester quelques heures à Lourdes, ce que je ne regrette pas.

Le retard dû à l'accident dura trois heures ; le plaisir qu'il m'a fait éprouver dure encore.

Lourdes n'aurait rien de pittoresque par lui-même, s'il n'avait ses environs, sa grotte, son lac et son château. Cette petite ville, sur laquelle le monde chrétien a aujourd'hui les yeux tournés, mérite cependant que le voyageur modère ses idées de touriste quand il passe auprès d'elle. L'histoire et la légende se la partagent. Un miracle la complète.

A l'extrémité de la belle et riche plaine de Bigorre, sur les premiers gradins de l'amphithéâtre formé par les Pyrénées, se dresse une tour antique suspendue comme l'aire d'un aigle sur la pointe d'un rocher inaccessible. Ce castel fortifié, vieux de plus de vingt siècles, debout au seuil des sept vallées, dont il est encore chargé de défendre l'entrée, attire de tous côtés les regards. C'est le château de Lourdes.

Un si petit château a eu une grande histoire. Ce donjon féodal a joui d'une vaste renommée. Là nos ancêtres gaulois ont opposé une héroïque résistance aux armes victorieuses des Romains. Là, les preux de Charlemagne se sont épuisés en vains efforts contre les Sarrasins. La victoire, dit la chronique, resta à la sainte Vierge, reconnue seule dame et maîtresse de Lourdes. Là, nous apprend l'histoire, ont retenti les grands événements de France dans la guerre de Cent ans, les croisades contre les Albigeois, et toutes ces querelles sanglantes suscitées au nom de la religion.

Cette sombre tour a été aussi prison d'État; elle en a conservé toute la sévère éloquence et les mystérieux souvenirs. C'était une vraie succursale de la Bastille « que le despotisme avait eu l'audace d'élever sur les frontières d'un peuple libre ».

Aujourd'hui, elle n'est plus qu'une forteresse destinée à la défense des vallées pyrénéennes, et le génie de la guerre moderne ne peut qu'utiliser ce rocher sur lequel s'assied avec orgueil un des plus imposants débris des guerres romaines et du moyen âge.

Le château de Lourdes a son histoire ; le lac de Lourdes a sa légende. L'histoire dépasserait notre cadre, mais la légende nous appartient.

Ce lac, situé dans un lieu solitaire, encaissé dans de hautes collines, a six kilomètres de circonférence et neuf mètres de profondeur. Le trop-plein de ses eaux s'écoule par un petit canal. Il ne tarit jamais; il est alimenté par des sources invisibles.

Voici d'abord ce qu'en dit la tradition populaire appuyée sur certains faits qui prouvent que si la crédulité populaire paraît étrange aux savants, la crédulité de certains savants paraît quelquefois plus étonnante au peuple.

La ville n'existait pas où elle est ; elle occupait l'emplacement envahi par le lac. Ce fait est même consigné dans un vieux manuscrit. Un jour, — peut-être à la même époque où, au dire de la genèse, Dieu aurait envoyé ses anges à Sodome, — les effroyables désordres qui corrompaient la ville de Lourdes appelèrent sur elle la colère du Tout-Puissant. Cette nouvelle Sodome fut maudite. Seulement l'Éternel, désireux d'éprouver le cœur des habitants de Lourdes, avant de les châtier, s'en vint lui-même, sous la figure d'un pauvre, frapper à toutes les portes, demandant en grâce un morceau de pain pour apaiser sa faim, un verre d'eau pour apaiser sa soif. Toutes restèrent impitoyablement fermées, à l'exception de celle d'une humble chaumière où deux femmes, la mère et la grand' mère veillaient près du berceau d'un enfant malade.

Les deux femmes avaient à peine aperçu les cheveux blancs et les haillons du divin pauvre, qu'elles s'empressèrent d'accourir à lui et de lui dire :

— Entrez, pauvre homme, entrez. A la vérité, nous n'avons que peu de chose à vous offrir, car nous sommes loin d'être heureuses ; mais quel que soit notre dénuement, il nous reste un morceau de pain à partager avec vous. Approchez-vous du feu, séchez vos habits humides de pluie, mangez, buvez ; voici notre lit. Nous, nous resterons debout pour veiller à votre sommeil comme au repos de notre petit malade.

Le vieillard remercie avec effusion et s'assied près du foyer. Mais à peine a-t-il pris place que l'enfant malade se réveille joyeux, souriant, guéri. La huche se remplit de pain, l'eau se change en vin dans les verres et le pauvre, resplendissant sous une auréole de feu, s'écrie :

— Femmes, à mon tour de vous être utile. En échange de cette hospitalité que vous m'avez généreusement offerte, quand la ville entière me la refusait, je vous apprends que Lourdes va être engloutie sous les eaux. Hâtez-vous d'en sortir.

Le bon Dieu avait disparu aux regards des femmes stupéfaites, qui suivirent le conseil qu'on leur avait donné et s'enfuirent, emportant leur seule richesse, le bel enfant dans son berceau.

Or, à peine se furent-elles éloignées que le sol sur lequel était bâtie la ville s'affaissa subitement, et qu'à la place elles n'aperçurent plus qu'un immense lac, le même qui subsiste encore aujourd'hui. En mémoire de cet événement, un berceau de pierre béant au bord du lac de Lourdes semble toujours attendre le doux enfant sauvé par la charité des deux femmes.

Pendant que la vengeance divine s'accomplissait, une femme que le châtiment n'avait pas atteint rentrait en ville ; elle eut peur et s'enfuit, mais, curieuse comme la femme de Loth, elle retourna la tête pour regarder. Victime de sa curiosité, la malheureuse fut changée en rocher.

On peut voir, ajoute la tradition, sur la route du Poueyferré, une pierre grande, isolée, debout; c'est cette femme. Il est vrai que ce grossier monolithe a beaucoup de chances pour n'être autre chose qu'une pierre druidique. Mais gardez-vous, sous peine d'être écorché vif, d'aller le dire aux bonnes gens de Lourdes!

Du reste tout donne raison à ces traditions. En regardant avec attention sur la surface des eaux du lac, quand elles sont basses, on distingue encore la pointe des édifices et les plus hautes toitures de la ville noyée. Effet d'optique assurément. En écoutant le soir, on entend sortir du lac comme le bruit des cloches de l'église submergée. Effet d'acoustique encore. Mais en fouillant les eaux profondes, — et cette fois la science est muette sur le prodige — on y découvre une végétation contemporaine du déluge. Ce sont surtout des chênes à qui le vernis des siècles a donné la couleur de l'ébène, produite sans doute par l'acide gallique contenu dans le chêne, mis en décoction avec le fer que contient la terre glaise.

Que répondre à ces phénomènes consacrés par le temps? Rien, sinon qu'un souffle de malédiction a passé sur les collines qui environnent le lac, puisqu'il ne leur reste rien de la riche végétation et des forêts antiques dont elles étaient embellies autrefois. Cette malédiction se poursuit d'âge en âge et le lac, sujet aux tempêtes, ne fait pas grâce aux téméraires qui osent sonder ses mystérieuses profondeurs!

Si le château de Lourdes, veuf de son antique importance, ne vit que du souvenir de sa gloire passée, si le lac éloigne plutôt qu'il n'attire les touristes que la légende ne peut émouvoir, une source nouvelle, imprévue, merveilleuse de renommée, qui semble destinée à surpasser celle des jours anciens et à grandir sans cesse dans les siècles futurs, vient de surgir d'une grotte obscure, à demi cachée au bas de la montagne.

Que s'est-il passé? Pourquoi l'univers chrétien vient-il rendre hommage à cette grotte naguère déserte? Voici les faits sans commentaires.

Le 11 février 1858, vers deux heures de l'après-midi, une enfant de quatorze ans, Bernadette Sonbirous, ramassait du bois sur le bord du Gave devant la grotte dite de Massavielle, quand tout à coup elle aperçut sur le bord du rocher une dame qui lui faisait signe d'approcher. Bernadette a peur, elle tombe à genoux, et pendant qu'elle murmure une prière, l'apparition disparaît. Ses deux sœurs, qui étaient avec elle, n'ont rien vu.

Bernadette retourne à la grotte, seule cette fois. L'apparition lui parle d'une voix douce, mais l'enfant a peur de cette dame vêtue de blanc qui lui semble un fantôme, et lui dit d'entrer dans la grotte et d'y boire l'eau de la fontaine qui s'y trouve.

Or, de mémoire d'habitant il n'y avait jamais eu d'eau dans la grotte de Massavielle.

Cependant l'enfant obéit; elle entra dans la grotte et ne trouva qu'une terre détrempée ; aussitôt elle fit un petit creux qui se remplit d'une eau bourbeuse et qu'elle but avec délices !...

L'apparition revient et parle encore à Bernadette; elle la charge d'aller dire aux prêtres qu'elle veut une chapelle dans cet endroit.

— Mais qui êtes-vous? demanda Bernadette.

— Je suis, répond la dame, l'Immaculée Conception.

Rien de plus. Voilà les faits.

Il est un fait très-positif, c'est que cette grotte, qui n'avait pas de source, en a une aujourd'hui, et que cette eau, sans avoir des propriétés bien marquées, est analogue à toutes celles qu'on rencontre sur les montagnes dont le sol est riche en calcaire. Beaucoup de malades lui ont dû une guérison presque instantanée « obtenue par des moyens que la science médicale condamne ».

A ces réflexions qu'a suscitées la vue du splendide monument élevé à la Vierge sur le rocher où elle a daigné apparaître à une enfant, je n'ajouterai qu'un mot. Ces manifestations religieuses faites par un nombre incalculable de pèlerins sont inoffensives pour les incrédules; elles sont une consolation pour les âmes pieuses, et l'humanité, en dépit des efforts de la science médicale, continuera à implorer les secours du ciel tant qu'il y aura ici-bas des infirmités et des douleurs que nul ne peut guérir.

— Et puis, me dit Charles à l'oreille, ça fait gagner de l'argent aux habitants, qui ne doivent pas en être fâchés.

Charles est un libre penseur. Je ne lui réponds pas, mais lui, qui s'aperçoit qu'il m'a froissé, reprend d'un air sérieux :

— Mon ami, Grégoire de Tours était un saint, n'est-ce pas?

— Peut-être.

— Bon. Or, voici ce qu'il nous dit en latin, mais ce n'est pas moins vrai en français. Il n'y a rien de divin dans une pierre, une source, un lac ou un arbre ; au lieu de souiller votre âme au contact de duperies semblables, attachez-vous à bien connaître Dieu !...

— Décidément, pour un libre penseur, ce n'est pas mal répondu.

— Oh ! je ne cherche ni à répondre ni à discuter. Je laisse libres toutes les convictions. Seulement, tant qu'à faire un pèlerinage à la grotte de Lourdes, je trouve qu'au lieu de prendre une grotte insignifiante, mal placée, sans horizon, sans curiosités naturelles, il eût mieux valu choisir par exemple celles du Loup ou des Espalongues.

— Le bout de l'oreille du libre penseur qui passe!...

— Non, c'est comme touriste que je parle. Ainsi la grotte du Loup est curieuse à visiter, surtout à cause de son précipice, dont nul n'a pu sonder la profondeur. Vous qui aimez les légendes...

La cloche et le sifflet du chemin de fer, dont nous nous approchions de la gare, interrompirent notre conversation. J'étais déjà sur le quai, prêt à escalader au vol le train qui repartait, quand Charles, resté au dehors, me rappela avec un geste désespéré.

Je laissai avec regret le train repartir et je rejoignis mon compagnon, qui me dit :

Gredins de chemins de fer.

— L'avez-vous vu? Il est dans le train.

— De qui parlez-vous donc?

— D'Édouard, qui me cherche. Oh! je l'ai bien reconnu, il avait la tête à la portière, et si le train n'était pas reparti...

— Il serait descendu? Eh bien! plus on est de fous...

— Ce n'est pas mon avis, et d'ailleurs je n'ai pas envie de rire.

— Parfait. Mais qu'allons-nous faire? Nous voici prisonniers à Lourdes.

Une discussion qui s'élevait près de nous me fit tourner la tête. Un conducteur de diligence se désolait à s'en arracher les cheveux, et ses camarades essayaient de le consoler.

Il paraît que ce malheureux attendait par le train deux voyageurs qu'il devait conduire à Luz et à Baréges. Les voyageurs, grâce sans doute à l'accident qui nous avait retenus lui avaient faussé compagnie, et il voyait déjà sa journée perdue.

— Gredins de chemins de fer ! s'écriait le Béarnais. Ils nous enlèvent toutes nos pratiques.

— Pas toutes, répliqua Charles. Si vous voulez, nous remplacerons vos voyageurs absents.

Le conducteur nous regarda avec une stupéfaction qui aurait duré longtemps, si je n'y avais mis fin en expliquant la situation.

Marché fut conclu, au désespoir des camarades du conducteur qui tout à l'heure le plaignaient et à présent trouvaient qu'il avait trop de chance. Et nous partîmes avec un double plaisir, celui de partir d'abord, ensuite celui de pouvoir étudier le pays à l'aise et jouir des beautés de la route, ce que le chemin de fer ne permet pas aux touristes.

Il eût été vraiment fâcheux pour nous de perdre la vue de la vallée d'Argelès, verdoyante oasis égarée au milieu d'un chaos de montagnes. Tous les enchantements de la nature y sont prodigués, et ce n'est pas un petit dédommagement pour le voyageur que d'apercevoir, après les sombres montagnes arides et désolées qui enserrent le château et le lac de Lourdes, des vignes, des prairies, des arbres touffus, des ruisseaux à l'onde joyeuse et claire, encadrant une petite ville pittoresquement assise sur une colline, d'où elle contemple la foule de villages et de chapelles qui fourmillent à ses pieds. Cette ville est Argelès, qui ne doit sa célébrité qu'à la merveilleuse beauté de son site.

Cette vallée, qui se ferme à Pierrefite, possède l'antique abbaye de Saint-Savin, dernière possession de l'Église dans la montagne, qui a servi de refuge aux Bénédictins, quand la gloire de ces savants moines ne fut plus considérée que comme un titre de persécution. Non loin de là sont les ruines du monastère de Saint-Orens, suspendues sur les bords d'un affreux ravin. Je n'en parlerais pas, car je ne les ai pas vues d'assez près, si Charles ne m'avait raconté la particularité suivante :

— Saint Orens était fils du duc d'Urgel. Renonçant aux grandeurs, il se retira dans la montagne et vécut en anachorète. Le bruit de ses vertus et de sa sainteté se répandit au loin et bientôt il fut nommé à l'archevêché d'Auch. Il hésitait, lorsque ayant planté son bâton en terre pour demander à Dieu par une prière de l'éclairer, il vit aussitôt ce bâton se couvrir de feuilles et de fleurs. Ce prodige témoignait de la volonté divine. Il accepta.

De Pierrefite à Luz, nous eûmes un sombre défilé de deux lieues à franchir. La gorge est étroite, obscure ; on dirait une de ces vieilles rues du vieux Paris où le soleil ne pénétrait jamais et dont le sommet des maisons semblait vouloir se rejoindre. Puis la route serpente le long des rochers. Ce ne sont que précipices, torrents ou cascades. Le bruit du Gave, qui écume entre les rochers, le son du vent qui s'engouffre dans les souterrains, les cris des oiseaux de proie transportent l'imagination dans les contrées où le Dante a placé l'Enfer. Du reste voici le pont d'Enfer, qu'on devrait appeler Infernal. C'est une seule roche franchissant un épouvantable abîme et l'on se demande comment les ingénieurs ont pu réussir à le construire.

Depuis 1735, au même endroit, onze ponts ont été jetés sur les abîmes du Gave. Ces ponts ont été fréquemment détruits, mais la ténacité des montagnards les a toujours rétablis. Il faut espérer que celui-là résistera mieux que les autres.

Enfin la gorge s'élargit et nous pouvons respirer à l'aise au milieu du riant paysage qui entoure la ville de Luz.

C'est là que nous devons établir notre quartier général. Comme la nuit est venue nous remettons au lendemain, à la première heure, notre excursion au pic du Midi de Bigorre. C'est par là que débute notre programme. A tout seigneur tout honneur. Seulement nous avons soin de nous enquérir d'un guide et la satisfaction d'en trouver un prêt à nous suivre partout.

Mais le lendemain nous apporta aussi, pour Charles un ennui et pour moi un plaisir.

Édouard nous a trouvés et il ne nous lâche plus !

Mettons-nous en règle avec lui et disons en quelques mots ce qui s'est passé à Pau. Mon impatience de me retrouver dans les montagnes sera la meilleure excuse de la brièveté de ce récit.

On n'a pas oublié mademoiselle Rose, futur médecin, et monsieur son père, ex-négociant en bouchons, de Carcassonne. Tous les deux étaient aux Eaux-Bonnes au moment où le père d'Édouard y arrivait avec son asthme. Les relations se font vite dans les stations balnéaires hantées par les malades. M. Verlède et M. Bordaneche se lièrent d'amitié. Les deux pères avaient un but qu'ils visaient sans sourciller, faire reprendre la bonne voie à leurs enfants, qui pour eux avaient déraillé complétement. M. Verlède avait préparé à son fils une place de sous-préfet, son rêve depuis qu'Édouard avait renoncé à se faire diplomate ; c'était ce qu'il apportait à son fils pour l'arracher plus vite à l'amitié de Charles et à sa vie errante.

Par malheur M. Verlède, que le voyage avait fatigué, dut s'occuper d'abord de se reposer. Il dut à ce repos de se lier avec M. Bordaneche, et il en résulta que mademoiselle Rose, dont les études de médecine faisaient déjà un docteur assez sérieux, entreprit la cure du malade par des conseils, ce qui réussit parfaitement.

La reconnaissance s'étant mise de la partie et les deux vieillards étant en conformité d'idées, on devine aisément ce qui s'ensuivit.

La place de sous-préfet n'avait été promise à M. Verlède qu'à la condition qu'Édouard serait marié. Le parti très-convenable, sous le rapport de l'âge et de la fortune, était tout trouvé. Il s'agissait seulement qu'Édouard et Rose y consentissent.

A Pau, où les deux familles se retrouvèrent réunies, les choses avaient en principe marché toutes seules. Une entrevue eut lieu, et comme mademoiselle Rose se souciait fort peu de sacrifier ses études de médecine à une union un peu trop primesautière, comme de son côté Édouard n'avait accepté que séduit par le mirage de l'habit brodé de sous-préfet, cette entrevue eut des résultats déplorables.

Charles, qui devait y assister, avait préféré m'accompagner, et nous ne sûmes exactement la fin de l'histoire qu'à Luz, où Édouard nous dit, avec un désespoir comique :

— Non. Je n'épouserai jamais une femme à lunettes !

Ce mot seul m'expliqua tout. Mademoiselle Rose avait paru à table dans le costume qu'elle portait quand je la vis pour la première fois à l'auberge de Joannès.

Je comprenais l'effroi d'Édouard et, ne voulant pas me mêler de cette affaire qui nous aurait dérangés de nos excursions, je me tins sur la plus grande réserve, pressentant bien que ce n'était pas fini et que j'aurais peut-être à m'en mêler plus tôt que je ne voudrais. D'ailleurs Charles boudait encore. Édouard, un peu penaud, était loin d'être gai. Mon voyage semblait compromis.

Le guide vint nous tirer d'embarras. A sa vue, les fronts se déridèrent, et après avoir bu le coup de l'étrier, nous partîmes très-gaiement pour Baréges.

Décrire la route de Luz à Baréges serait recommencer la description déjà faite cent fois depuis le commencement de ce livre. Rien de particulier, en effet. La rivière du Bastan ressemble à tous les Gaves des Pyrénées : mêmes précipices, mêmes paysages, mêmes montagnes. Un tout petit filet d'eau appelé du nom euphonique le Roulet, attire notre attention, grâce au guide qui nous le dénonce comme le torrent « le plus méchant du pays », quand l'orage éclate sur la montagne. Il paraît que ce ruisselet est la terreur des Barégeois.

Quant à Baréges, où nous arrivons en une heure et demie, c'est une seule rue dont toutes les maisons sont en bois, afin de pouvoir les démonter à l'entrée de l'hiver, car les habitants émigrent chaque année à cette époque, pour ne pas mourir de froid. Ce malheureux village est en outre exposé aux inondations et aux avalanches. Il suscite l'ennui et la tristesse. Un hôpital militaire est là pour rappeler que les eaux de Baréges sont salutaires aux blessés.

Charles voudrait bien me donner des preuves de son érudition, mais je ne l'écoute pas. Édouard et moi, nous sommes à cheval.

— Où allez-vous? demande-t-on au guide.
— Ces messieurs vont au pic du Midi.
— En cette saison? Ils sont fous!

Et un immense éclat de rire accompagne notre départ. Mais nous sommes bien équipés, nous avons des vivres, de bonnes jambes et ma foi! nous nous moquons des moqueurs. En route! Il fait beau, la route est longue, profitons du beau temps! Édouard lui-même ne se plains pas, il a accepté notre programme tout entier, qui est de passer huit jours dans les montagnes, et il a tellement hâte de partir qu'on croirait presque qu'il voudrait déjà en être revenu. Charles a repris son insouciance et sa gaieté, moi, à mesure que je m'avance vers les neiges, je crois revoir les Alpes.

A un moment donné, nous sommes obligés de descendre de cheval. La route parcourue dans les brouillards roses du matin ne nous a offert aucun site digne d'être remarqué, mais celle qui s'ouvre devant nous est pleine de mystères et peut-être de dangers.

Un petit pâtre est chargé de ramener à Baréges nos chevaux, que ce pauvre Édouard voit partir avec regret. Il nous reste nos bâtons ferrés, une bonne corde et un excellent guide, sur le dos duquel sont nos provisions.

Le soleil a dissipé les brouillards et la sauvage vallée de Bastan nous apparaît. Baréges n'est plus qu'un point perdu dans la neige, une tache d'encre sur une nappe, et devant nous les montagnes de la Noubielle et de Bergons nous cachent encore le pic du Midi, que nous ne devons apercevoir qu'après une heure d'ascension assez pénible.

Cette fois la colossale pyramide nous écrase de toute son élévation. Géant isolé, il trône dans son orgueilleuse majesté, élevant vers le ciel sa tête superbe à une hauteur de près de 3,000 mètres.

Nous faisons halte et nous déjeunons avec un appétit féroce. Puis armés d'un nouveau courage, nous nous remettons en route.

Mais plus on avance, plus la neige est épaisse. Édouard fait la grimace. Le guide le rassure tant bien que mal. Cependant je commence à voir que les Barégeois avaient raison de se moquer de nous. La saison n'était pas assez avancée pour faire cette ascension, et nul doute que plus on monterait, plus il y aurait de danger.

C'est surtout en côtoyant le lac d'Oncet, auquel nous arrivâmes bientôt, que je compris notre fanfaronnade. Le lac lui-même était encore gelé, et comme la pente est très-forte, que le chemin ordinaire se dérobait sous les neiges, il nous fallait marcher avec la plus grande prudence pour ne pas glisser dans l'entonnoir qui s'ouvrait à côté de nous.

Ce mauvais pas fut long à franchir. Nul n'osait parler, du reste le guide l'avait défendu. La vibration de la voix fait, paraît-il, détacher la neige et parfois provoquer des avalanches. Enfin nous en fûmes quittes pour la peur. Nous parvinmes sans accident à un petit plateau sur lequel est bâtie une auberge. L'auberge était vide, bien entendu, mais tout auprès nous trouvâmes un roc dépourvu de neige. Tant bien que mal on s'installa sur cet écueil, et nous mîmes à profit cet instant de repos pour jouir du magnifique coup d'œil qu'offrent les rochers abrupts qui s'élancent de l'autre côté du lac d'Oncet.

Ce fut une excellente occasion pour Charles de délier sa langue.

— Qu'est-ce donc, demanda-t-il, que ces deux rochers qui sont en face de nous, l'un pointu comme une épée, l'autre rond comme une cloche?

— Vous en avez dit le nom, répliqua le guide. L'un est le rocher de l'Espada. Cette espèce de glaive qui semble menacer le ciel est, dit-on, l'épée de l'archange saint Michel. L'autre est celui de la Campana. S'il faut en croire nos légendes, c'est là que repose la cloche qui doit appeler les hommes au jugement dernier.

— Il a raison, s'écria Charles. Oui, mes amis, ces deux rochers-là résument à eux seuls toutes les légendes des Pyrénées.

— Pas toutes, dit le guide avec ironie, car pour mon compte je n'en connais pas une seule.

Comme nous éclations de rire, Charles reprit avec un grand sang-froid :

— Mon cher guide, vous nous avez promis de rester huit jours avec nous. Eh ! bien, je suis prêt à vous parier le pic du Midi d'Ossau contre le pic du Midi de Bigorre, qu'avant l'expiration de ce délai vous nous aurez raconté une légende, même une histoire où ces rochers auront leur rôle.

— Oh ! des légendes ? répondit le guide, on n'en fait plus ; mais des histoires on en a toujours à votre service. Si vous voulez en lire une toute moderne, vous n'avez qu'à me suivre.

— Lire ? répliqua Édouard, j'ai trop mal aux yeux...

— C'est la réverbération du soleil sur les neiges. Voulez-vous des lunettes ?

— Non, non, pas de lunettes. J'en ai assez !...

Cette exclamation comique ne m'empêcha pas, bien que j'eusse été un des premiers à en rire au souvenir de mademoiselle Rose, de demander au guide :

— Et cette histoire, irons-nous loin pour la lire ?

— Oh ! ma foi, non. Tenez, Messieurs, des jeunes gens instruits comme vous devraient même savoir ce que je veux dire.

Nous suivîmes notre guide en silence, et je mettais ma pensée à la torture pour deviner de quoi il voulait parler, quand nous débouchâmes sur un plateau étroit et dominé par une série de pics neigeux aboutissant au sommet définitif de la montagne que nous étions encore loin d'atteindre.

Dans un coin, une maison à un étage, en contre-bas, une autre maison plus solidement construite et surmontée de poteaux, un peu à côté une espèce de guérite et au sommet du tertre rocheux qui protége ces constructions contre les avalanches, un échafaudage de pierres sur lequel est scellé un sémaphore.

Du premier coup d'œil j'ai deviné. Nous sommes à l'observatoire du Midi. Charles est honteux de ne pas y avoir songé plus tôt, et le guide jouit de notre confusion.

Voici en résumé ce que, d'après nos souvenirs et le récit du guide, j'ai pu recueillir sur l'historique de l'observatoire du Midi.

Trois hommes, le général de Nansouty, M. Baylac et M. Brau résolurent un jour de s'enfermer dans les neiges du pic du Midi pour s'y livrer à toutes les observations intéressant la science météorologique.

Le danger ne les effraya pas. Ils eurent à subir un tremblement de terre, les avalanches, les tempêtes, la neige menaça de les engloutir. Le froid, un froid mortel attaqua leur santé, un coup de vent emporta leur habitation, ils furent obligés, en plein hiver, de redescendre à Gripp au milieu des précipices et à travers la neige nouvelle. Rien n'y fit, rien ne put les décourager. Ils remontèrent sur la montagne dès les premiers jours du printemps et y construisirent l'habitation et l'observatoire que nous avions sous les yeux.

Le mamelon auquel s'appuie l'observatoire s'appelle le mamelon Plantade. C'est là que la société Ramond a envoyé le général Nansouty pour y faire des observations de météorologie, de physique du globe et d'astronomie qui ont déjà rendu de grands services à la science.

Comme son aîné du Puy-de-Dôme, comme celui de Montsouris, cet observatoire a pour but d'observer chaque jour et constamment la marche du baromètre et la pression atmosphérique, les variations du thermomètre et de la température, l'état hygrométrique de l'air, la direction et la force du vent, l'état du ciel et la vitesse des nuages, les phénomènes du magnétisme terrestre, en un mot les faits permanents de la physique du globe et de la météorologie, science aussi exacte que l'astronomie et par laquelle on finira par prédire le temps comme on annonce les événements célestes.

Au congrès général de météorologie tenu à Vienne, en 1873, il a été décidé que l'on ferait tous les jours, au même instant, sur le globe entier, une observation simultanée et générale de l'état de l'atmosphère. Cette observation étant simultanée sur le globe entier, à la fois en Amérique et en Europe, tombe à des heures différentes. Au pic du Midi, elle est faite à midi 43 minutes.

OBSERVATOIRE DU PIC DU MIDI.

La maison du général est solidement construite, voûtée et blindée contre les avalanches. L'intérieur est d'une simplicité spartiate. Le général lui-même est vêtu comme un simple montagnard ou fermier. Sa figure mâle et douce à la fois respire l'énergie, sa taille dénote une grande force musculaire. Ses manières sont à la fois celles d'un gentilhomme et d'un soldat. Il nous salua avec un sourire affectueux, mais nul de nous n'osa l'aborder. Du reste, comme nous le dit notre guide, il montait à son observatoire et devait être pressé par l'heure.

Nous fîmes une petite halte à l'hôtellerie, dont nous saluâmes « les pénates d'argile » et, ne voulant pas être indiscrets, nous suivîmes Édouard, qui, indifférent à la science et plus fatigué du repos que de la marche, nous invitait le premier à achever notre escalade de la montagne.

Quelques centaines de mètres nous séparaient du sommet, et il nous semblait que nous y touchions ; mais à mesure que nous nous élevions la montagne s'élevait aussi, étageant ses sommets sous nos pas comme les dernières marches d'un escalier. Enfin nous y sommes, et pour nous dédommager de nos peines, le soleil déchire les nuages qui le voilent et chasse tous les brouillards qui embrument l'horizon, ce qui nous permet de voir la chaîne des Pyrénées sans obstacle avec son entassement de neiges accumulées par les siècles, ses glaciers éblouissants, ses gouffres, ses pics inaccessibles, ses précipices, ses gorges, ses vallées, gigantesque épopée géologique dont un coup d'œil suffit pour saisir la structure.

De Pau à Saint-Gaudens, de Lourdes à Mielan, les plaines de l'Adour et du Gave nous apparaissent dans leurs moindres détails. Et par delà le plateau stérile de Lannemezan on devine à leurs reflets d'argent les rivières qui se jettent dans la Garonne, comme vers le nord la lueur qui éclaire l'atmosphère, nous fait supposer que l'Océan est là !

Du côté de l'Espagne le contraste est parfait. Quelques cabanes éparses indiquent la présence de l'homme, mais elles sont reléguées dans les bas-fonds, où on les aperçoit à peine, tandis que la nature grandiose offre sur tous les points des montagnes escarpées comme le mont Perdu et le Vignemale, des neiges éblouissantes comme celles de la Néouvielle, ou des cirques immenses, comme celui de Gavarnie, dominé par les tours du Marboré et ce grand mur de granit qu'a ébréché la Durandal du paladin Roland.

On dirait un éventail déployé dont certaines parties éclairées par le soleil scintillent comme de lointains mirages, tandis que d'autres s'assombrissent sous les nuages qui dans leur cours déplacent des masses colossales d'ombre et de lumière. Contemplé des hauteurs où planent l'aigle et le vautour, notre monde habité nous paraît un jouet d'enfant, les travaux les plus gigantesques ont l'air d'ouvrages de fourmis. Suspendu entre le ciel et la terre, on se sent tour à tour agrandi ou annihilé, nos sens sont plus parfaits, nos impressions plus vives. On pense à Dieu, et comparant sa petitesse à la grandeur du tableau, on réprime son orgueil, et fût-on un génie ou un roi, on rend hommage, comme le plus humble des pâtres et des chèvriers, à l'éternel auteur de toutes choses!

Si la pensée a un vaste champ pour se mouvoir, nos pieds n'ont guère qu'une terrasse étroite, élancée au-dessus des épouvantables escarpements qui descendent jusqu'à la base du pic. Le vertige nous prend et le guide coupe court à notre contemplation en donnant le signal du départ.

Nous ne reprimes pas le même chemin et nous nous trouvâmes, je ne sais plus comment, dans les ravins de l'Arizze, au milieu de la neige, par un orage effroyable qui nous arrêta pendant une heure, sans autre abri que nos manteaux.

Ce qui s'y passa, je vous le dirai dans le chapitre suivant, éprouvant le besoin de sécher mes habits, que le souvenir de cet orage a mouillés au point de m'en faire grelotter!...

GAVE DES PYRÉNÉES

CHAPITRE VII

Ravins de l'Arizze. — Le vieux pasteur de 909 ans. — Première neige. — Le tombeau du pasteur. — Deux heures de pluie. — Retour à Baréges et à Luz. — Fuite et terreur d'Édouard. — Saint-Sauveur. — Le colosse de Rhodes. — Le Pas de l'Échelle. — Légende renouvelée de Roland. — La *Peyre redoune*. — L'écho. — La cascade de Sia. — Vallée de Pragnères. — Gèdres et sa grotte. — Changement de programme. — Départ pour Troumouse. — Pays ravagés. — Avalanches et inondations. — Le caillou d'Arrayè et le lac d'Héas. — La chapelle d'Héas. — Son histoire miraculeuse. — Ce que sont les fées pour les montagnards. — Le cirque de Troumouse. — La route de Coumelie et la vallée d'Estaubé. — Le chaos. — Arrivée à Gavarnie. — L'auberge de Palasset. — Le cirque. — Longue course et petit accident. — Repos forcé à Gavarnie.

Les ravins de l'Arizze sont d'immenses pacages qui forment la racine du mont qu'on appelle le pic du Midi de Bagnères ou de Bigorre.

— Là, nous dit le guide, et je respecte son langage, vivait dans des temps très-reculés un vieux pasteur. Là paissaient ses troupeaux en toute liberté, car il n'avait jamais neigé sur la montagne.

Or le pasteur venait d'atteindre sa neuf cent neuvième année lorsqu'il vit pour la première fois tomber de la neige, et le voyant, il connut que sa fin était prochaine. Lors il appela ses deux fils. Ceux-ci, qui le savaient très-vieux, avaient essayé de ranimer ses forces en lui portant du vin. Le vieillard y trempa ses lèvres et les retrempa encore.

— De quel arbre est ce fruit? dit-il.

— Ce n'est point fruit de ronce, répliquèrent en souriant ses fils, mais la liqueur généreuse et nouvelle que donne le fruit de la vigne.

Le vin donna au pasteur un plaisir passager, alluma son vieux sang une minute, mais ce ne fut que la flamme plus haute et dernière d'une lampe qui s'éteint, et à la première neige qui descendit sans relâche :

— Mes fils, dit-il, je meurs, voici ma fin qui arrive. Rien ne peut à présent me retenir parmi vous. Je le savais, cela me fut prédit. Ces blancs flocons sont mon linceul qui vient, qui se déploie et tombe. Vous, prenez courage et suivez, quand je ne serai plus, cette belle vache à la bruyante sonnette. Elles vous mènera d'abord dans la région des Eaux-Chaudes, à Bagnères. Là doivent s'élever des thermes bienfaisants, et où elle s'arrêtera, arrêtez vous!

Le vieux berger, qu'on appelait le Pan des Pyrénées, l'ancien des anciens, mourut alors, et nul ne chanta ses vertus et sa science, nul ne regretta celui qui avait guéri tant de malades avec les herbes de la montagne. Il mourut au bruit sourd, étouffé, de la neige qui tombe et l'immense linceul s'étendit, s'amassa et monta toujours.

Ses fils, pieux observateurs de la volonté du mourant, suivirent la vache qui partait sans les attendre en agitant sa sonnette. Elle fut d'abord, eux après elle, aux merveilleuses sources thermales connues sous le nom de Bagnères. Et il neigeait, neigeait toujours. La vache marchait sans hésiter, tout droit. Un esprit supérieur la guidait. On n'entendait dans le brouillard de neige qui obstruait la voix et le regard et étouffait le bruit des pas, que le tintement de la sonnette.

En descendant les bords de l'Adour, torrent jadis aurifère, qui ne roule aujourd'hui que des eaux et des rocs parfois tumultueux, elle s'arrêta au lieu où s'élève le village de Montgaillard. Les fils du pasteur s'arrêtèrent aussi. Il ne neigeait plus.

C'est depuis lors qu'il a toujours neigé dans la montagne.

Cependant le corps du grand pasteur ne resta pas sans sépulture. On l'inhuma pieusement, et la terre fut ornée en cette place d'un marbre blanc sur lequel parurent gravés des caractères inconnus. Une fois d'audacieux sacriléges, violant la sainteté de ce tombeau, enlevèrent le marbre, mais il commença aussitôt de pleuvoir, et la pluie dura quarante jours sans trêve. Il fallut bien rendre sa pierre au mort irrité.

Telle est la légende. Ainsi se coucha dans la terre le grand pasteur d'Arizze, ainsi eut-il pour dernier vêtement la première et merveilleuse neige qui tomba du ciel sur les vallées profondes des Pyrénées, dans un temps qui n'a point d'histoire!

Cette légende est tout ce que je sais des vallons de l'Arizze, où la neige, peut-être la même qui avait enseveli le vieux pasteur, faillit nous ensevelir aussi.

L'orage nous sauva. Nous ne fûmes pas enterrés, mais noyés. Pendant une heure, pluie, rivières, ruisseaux, torrents, cascades, se déchaînèrent à nous faire croire qu'on avait encore violé la sépulture du pasteur. Nous étions mouillés comme des éponges, et, sans abri, forcés de rester en repos sous une pluie oblique crépitant comme la grêle, qui nous fouettait du haut en bas.

Quand nous pûmes reprendre la route, un soleil bienfaisant darda ses rayons les plus chauds sur nos vêtements, ce qui nous fit ressembler à une lessive ambulante. Nous grelottions sous cette chaleur et nous marchions avec peine sous le poids de nos habits mouillés.

— Quelle position pour un sous-préfet! me dit Charles en me poussant du coude et en me montrant Édouard qui, les dents serrées, n'osait pas se plaindre, mais devait bien maudire *in petto* les voyages dans la montagne.

Enfin nous arrivâmes à une petite auberge qui se trouve sur la route de Bagnères et où nous trouvâmes une chaise et du feu!

A demi séchés, nous en repartîmes pour Luz, où nous étions le soir même et où nous serions peut-être restés un jour, si le lendemain Édouard ne nous avait forcés à reprendre la route de la montagne.

Pourquoi? Nous le saurons bien assez tôt. Heureusement que notre plan de campagne était fait et que nous savions où aller. Charles et moi avions vu du sommet du pic du Midi, à plus de dix lieues de distance, le cirque de Gavarnie. C'est là que nous avions résolu d'aller, bien que ce voyage ait été fait, raconté, défloré même par beaucoup de voyageurs, dans beaucoup de romans, sans que voyageurs et auteurs pussent affirmer y avoir été.

Le cirque de Gavarnie est comme certains points à la mode de la Suisse. Tout le monde y va. Qui donc peut affirmer l'avoir vu?

C'est à Saint-Sauveur que nous reprenons haleine, car depuis Luz notre voyage ressemble à une fuite.

— Est-ce qu'il y a des gendarmes derrière nous? demande Charles.

— Non; mais il y a mon père et une autre personne.

— Tiens! dis-je en moi-même, si j'avais su, j'aurais rapatrié tout ce monde-là! Erreur ne fait pas compte. C'est partie remise.

Saint-Sauveur n'est qu'une seule rue bordée de jolies maisons et terminée par une église gothique. Bâti sur le versant de la montagne, il se cache comme un lis au milieu d'un épais fouillis d'arbres au-dessus du Gave, qui roule ses eaux écumeuses dans une vallée profonde et sombre.

Un pont effrayant de hauteur relie Saint-Sauveur à la route de Gavarnie. C'est une arcade de granit, à plein cintre, reposant sur la base de deux rochers à pic et franchissant d'un seul bond une gorge de plus de deux cents pieds de profondeur. Les plus grands navires pourraient passer sous les jambes de ce nouveau colosse de Rhodes.

Le défilé qui suit le pont est d'un aspect sauvage. Nous l'avons déjà vu en sortant de Pierrefitte, mais celui-ci se prolonge pour ainsi dire pendant six lieues. Le seul endroit de cette horrible gorge qui pique notre attention est le Pas-de-l'Échelle, aussi lugubre que l'événement dont il fut le théâtre.

Deux masses granitiques se penchent, gigantesques, l'une vers l'autre et simulent l'arche d'un pont que l'on aurait coupé pour fermer le passage à une armée de Titans. Au-dessus se voient encore les vestiges du fort de l'Escalette, où se réunirent une nuit plusieurs montagnards du Bigorre qui, lassés des invasions fréquentes des Espagnols dans leurs vallées, avaient résolu de les arrêter et au besoin de les anéantir en une seule fois.

Sept cents miquelets aragonais tombèrent dans cette embuscade. Il n'en revint pas un seul. Tous furent broyés par les pierres et les troncs d'arbres que les Bigorrais purent précipiter sur eux. Les blessés et les fuyards furent impitoyablement massacrés.

— C'étaient, dit Charles, les descendants probables des Basques qui ont anéanti les chevaliers de Charlemagne !

Après avoir passé le Pas-de-l'Échelle, notre guide, — le même que la veille, un bon garçon qui ne rit pas assez et ne parle pas souvent, — nous invite à crier aussi haut que possible.

Édouard, très-nerveux, répond à cette invitation par un éclat de rire, et aussitôt nous croyons entendre ce rire répété par mille voix invisibles. C'est l'écho de la *Peyre-Redoune*, un roc qui en équilibre sur le précipice, semble vouloir nous barrer le passage. Tout en marchant, nous interrogeons encore l'écho, qui finit par se lasser de nous répondre.

— Nous lui avons fait baisser la voix, dit Édouard enchanté.

Ce n'est pas nous, mais bien le bruit de la cascade de Sia, qui semble jaillir de quatre petits moulins élevés à sa source et se précipite,

NOUVEAU PONT SAINT-SAUVEUR.

rapide comme la flèche, retentissante comme le tonnerre sous plusieurs ponts superposés qui se présentent fort bien à l'œil dans leur cadre de plantes grimpantes.

Nos chevaux fatigués nous portent avec un ennui qui nous gagne et auquel contribue l'aspect terrifiant des montagnes. Tout à coup, par un contraste indicible, nous nous trouvons en face du vallon riant et fleuri de Bagnères. Nous faisons halte sous une verte sapinière et nous dévorons un goûter frugal, que viennent partager les chèvres et les brebis paissant dans une prairie voisine.

Enfin nous atteignons le village de Gèdres, dont le cachet pyrénéen, ses maisons construites en bois et disséminées en groupes pittoresques sur les pentes capricieuses du terrain nous réjouissent le cœur. Nous nous sentons revivre en approchant du but.

En effet, on aperçoit déjà les gradins supérieurs du cirque de Gavarnie. Le Marboré dresse dans la nue son étincelant diadème de neige et de glace. On dirait qu'il est à une portée de fusil, et pourtant nous en sommes encore à plus de deux lieues. La brèche de Roland se profile admirablement dans le ciel d'Espagne. On dirait d'un immense tombeau élevé au sommet des Pyrénées et que la foudre aurait brisé par le milieu. Cette brèche a trois cents pieds de profondeur. L'œil lui donne à peine trente pieds.

Pour faire plaisir à notre guide, nous consentons à visiter la grotte qui se trouve derrière l'auberge, et dont l'aubergiste défend l'entrée à ceux qui ne lui donnent pas cinquante centimes.

Cette grotte n'a rien de remarquable, sinon ce qui nous y est arrivé et ce qu'en dit monsieur de Chausenque.

A tout seigneur tout honneur. Voici d'abord ce que dit le poëte :

— C'est une longue tranchée d'où s'échappe le gave d'Héas entre deux murailles de granit et sous les branches croisées des érables et des tilleuls qui n'y laissent pénétrer qu'une demi-clarté. Les parois de cette tranchée sont ornées de plantes toujours fraîches, de grêles saxifrages et de framboisiers hors d'atteinte, dont les fruits mûrissent et se dessèchent sur leurs tiges. Lorsque les rayons du soleil filtrant au travers du feuillage viennent tomber sur les eaux du petit bassin où le Gave s'endort au-dessous de son tortueux canal, ils répandent dans la grotte un demi-jour, merveilleux mélange de lumière et d'obscurité.

— Coût : cinquante centimes, s'écrie Charles.

— Chut! fait Édouard, qui, de plus en plus nerveux et agité, parle bas, tressaille au moindre bruit et se cache de tous les voyageurs qui passent par Gèdres pour aller à Gavarnie ou en reviennent.

Il nous force même à prolonger notre séjour dans la grotte jusqu'à ce qu'une caravane d'Anglais soit passée. J'entrevois en effet une jeune miss au voile vert et aux lunettes bleues, qui me rappelle le charmant souvenir de mademoiselle Rose Bordanèche, mais doit avoir produit un tout autre effet sur notre ami Édouard.

Ne voulant pas le rendre ridicule aux yeux de Charles, qui ne lui ménagerait pas ses plaisanteries, je m'extasie devant les beautés de la grotte dont l'obscurité nous protége et que ne visite aucun des touristes dont l'invasion cause à Édouard le même effroi que causa l'invasion d'Attila à la Lutèce de Sainte-Geneviève.

Seulement je suis puni de mon indulgence, sinon puni, du moins très-contrarié par ce qui en résulta, bien que j'en aie tiré profit à tous les points de vue.

Soit caprice, soit crainte de retrouver la caravane qu'il n'a fait qu'entrevoir du fond de la grotte, Édouard refuse d'aller à Gavarnie.

Voilà tout notre programme changé. Le guide vient à notre secours.

— Nous irons tout de même, me dit-il à voix basse.

— Comment cela?

— Laissez-moi faire, nous y coucherons ce soir.

— Alors, dit Charles, qui ne nous a pas entendus, nous n'avons plus qu'à retourner à Luz, de là à Pau, et de Pau à Paris.

— Non, fait le guide, à défaut de Gavarnie nous avons la chapelle d'Héas et le cirque de Troumouse.

— Parfait, s'écrie Édouard, qui s'accroche à cette branche perfide.

— Et nous partons? demande Charles.

— Après déjeuner!

Pauvre Édouard! combien de fois s'en est-il repenti? Je suis persuadé qu'il s'en repent encore.

Après le déjeuner, qui aurait pu être meilleur et coûter moins cher, mais du moins qui fut vite expédié, nous nous mîmes en route joyeusement. Le paysage était charmant. On longeait le Gave sous des berceaux de verdure et les montagnes qui nous environnaient ne nous paraissaient, vu la hauteur à laquelle nous étions, que des petites collines indignes du regard d'un touriste. Hélas! l'illusion et le charme ne durèrent qu'un quart d'heure.

Soudain le paysage change d'aspect. Le Gave est redevenu torrent. Il se brise en écume, à travers des débris, au fond d'un ravin triste et nu. Une gorge sauvage remplace les prairies verdoyantes et les bouquets d'arbres. Les terres détrempées glissent et entraînent des blocs de rochers.

Le guide nous fait mettre pied à terre et conduire nos chevaux par la bride. La route devient même très-dangereuse, et, pour nous dédommager, nous n'avons que l'aspect d'une nature morte qui rappelle l'avalanche de 1650 et l'inondation de 1788.

L'avalanche a rempli le vallon de rochers et de sapins, misérables restes de la montagne qu'elle a fait s'écrouler et de la forêt qu'elle a entraînée dans sa chute. Cette barrière a arrêté les eaux du torrent qui, en amont, avaient formé un immense lac.

C'est ce même lac qui, un siècle et demi après, en 1788, trouva une issue, et brisant l'obstacle qui l'avait créé, se répandit dans la plaine de Luz. L'inondation fut terrible. Les ravages qu'elle a faits sont encore là pour l'attester.

Du milieu de cette morne solitude s'élève, entre d'immenses quartiers de granit effroyablement fendillés, un bloc énorme appelé le Caillou d'Arrayé, qui domine les environs et semble menacer la montagne dont il est le produit et le contemporain.

Ce bloc a sa légende comme le lac d'Héas a la sienne, qui n'est qu'une variante de la légende du lac de Lourdes.

Là aussi le pauvre compatissant n'hésite pas à donner à Dieu, qui se présente à lui sous la livrée de la misère, l'hospitalité que le riche a refusée durement. Là aussi le pays des méchants est englouti sous les eaux, mais cette fois c'est un pauvre pâtre qui accueille le divin voyageur.

Ce pâtre n'a plus qu'un veau dans son étable; c'est sa fortune et son ami; il prie son hôte d'attendre un peu et de l'excuser s'il ne peut de suite satisfaire à sa faim. Puis il prend son veau, le tue sur le seuil de la porte et en fait un excellent rôti qu'il présente au pauvre affamé.

Après le dîner, avant d'aller se reposer, Dieu dit à son hôte :

— En souvenir de ton repas, je garde cette côte du veau que tu viens de tuer. Demain, à la première heure, tu sortiras de ta cabane et tu suivras celui que tu trouveras sur le seuil et qui te conduira dans un lieu sûr. Cet avis, que je t'engage à ne pas oublier, est pour te remercier de ton hospitalité.

Le lendemain Dieu a disparu ; le pâtre s'éveille, ouvre sa porte et trouve sur le seuil son veau, frais et joyeux, qui le regarde de ses bons gros yeux bêtes et semble lui dire : « Viens-tu ? »

Le pâtre suit en effet cet étrange guide au cou duquel pend une sonnette dont le battant est précisément l'os que Dieu avait mis de côté. A peine l'homme et la bête sont-ils en sûreté, qu'arrive le cataclysme qui a bouleversé la contrée.

La vénération des montagnards pour le rocher d'Arrayé date des Druides ; il est à remarquer du reste que tous les rochers isolés sont considérés par eux comme des pierres sacrées et des autels que la nature elle-même a dressés pour son culte.

Le Caillou d'Arrayé ne pouvait manquer d'exciter l'imagination poétique et superstitieuse de ces hommes primitifs. Voici ce qu'on raconte :

La sainte Vierge, descendue des cieux pour visiter ces vallons où il n'y avait ni églises ni chapelles, vint se poser sur ce rocher, et comme elle y restait, sans vouloir ni remonter aux cieux ni descendre sur terre, ce qui désolait son divin Fils et inquiétait les montagnards, ces derniers résolurent de lui construire une petite chapelle où du moins la sainte Mère de Dieu fût à l'abri.

Dès ce moment, l'heureux bloc fut doué de propriétés miraculeuses et chacun de ses fragments devint un préservatif contre toute espèce de maladies. Sur la foi de cette légende, Louis XVIII avait voulu faire transporter à Paris ce rocher béni, afin d'en construire une chapelle au duc de Berry, que Louvel venait d'assassiner. La mort du roi ou plutôt la difficulté de l'entreprise firent échouer le projet.

C'est un peu plus bas, dans une sorte de vallée nue, sans arbres, sans horizon qu'il faut aller chercher la chapelle d'Héas, sur laquelle notre guide, qui cette fois parle toujours, nous raconte cette autre légende :

La chapelle a été bâtie par trois maçons inconnus que trois chèvres, suivies de trois chevreaux, venaient tous les jours nourrir de leur lait. Au bout de trois mois l'édifice était presque achevé quand les trois maçons, ennuyés sans doute de ne boire que du lait, résolurent d'égorger l'un des chevreaux et de le faire rôtir. Mais les chèvres étaient fées; elles devinèrent le complot et ne reparurent pas, si bien que les maçons, se voyant exposés à mourir de faim, furent obligés de descendre dans la vallée chercher leur nourriture.

Il fallait que ces maçons fussent eux-mêmes des sorciers, car leur œuvre est parfaite pour le peu de temps qu'ils ont mis à la construire.

La forme est celle d'une croix grecque surmontée d'un tout petit dôme. La porte et les pilastres sont de marbre. L'Attique recèle une statue de la Vierge et de l'enfant Jésus, très-élégante, qui étonne moins encore que le tableau représentant Notre-Dame en capulet rouge, comme une franche montagnarde.

Rien de mieux fait que cette chapelle pour maintenir dans ces montagnes le culte de la Vierge. Il faut la voir surtout au 15 août, quand les échos d'alentour retentissent du chant des cantiques et que le flanc de la montagne est sillonné de milliers de pèlerins qui viennent déposer leur offrande au pied du mystérieux oratoire!

Tout en descendant le vallon qui s'élargit à la *Combe du Four* pour nous laisser voir la belle masse de Troumouse avec ses étages superposés de gazon et de neige, je demande au guide s'il croit véritablement à l'existence des fées, qu'il place à tout propos dans ses récits.

— Si j'y crois, me répond le montagnard, mais notre famille est payée pour y croire!

— Votre famille? Est-ce qu'il y a des fées parmi vos parents?

— Oui et non.

— Oh! fit tout à coup Édouard.

Nous levons la tête et nous apercevons le jeune homme au sommet d'un petit escarpement, en proie à une admiration et à un enthousiasme que nous avions remarqués rarement chez lui.

— Le cirque de Troumouse, dit le guide, produit son effet.

— Est-ce qu'on m'aurait changé mon Édouard en route? dit Charles très-étonné de l'étonnement de son cousin.

A peine arrivés près de lui, nous eûmes le mot de l'énigme. L'arête de l'escarpement que, sur les indications du guide, nous avions franchi pour mieux voir le cirque de Troumouse, finissait brusquement au-dessus d'une pente verticale de plusieurs centaines de mètres de profondeur. Édouard, à moitié endormi sur son cheval, s'était éveillé en sentant son conducteur s'arrêter instinctivement et, ne voyant pas devant lui de route ouverte autre que celle du précipice, il avait poussé ce « Oh! » sur la signification duquel Charles seul avait eu raison d'avoir des doutes.

— Est-ce qu'il va falloir descendre là-dedans, demanda enfin Édouard.

Nul de nous ne répondit. Nous regardions stupéfaits.

Après la route que nous venions de faire et qui eût été insignifiante si la causerie du guide ne l'eût émaillée de légendes, tomber tout à coup sans préparation sur un des plus sublimes spectacles de la nature pyrénéenne, était une trop grande surprise pour que nous n'en fussions pas vivement éprouvés. Pour ma part, je restai interdit à l'aspect d'un objet aussi nouveau pour moi que si jamais je n'avais vu de montagnes, si interdit même que la voix me fit défaut alors, comme aujourd'hui l'inspiration.

Comment décrire en effet le cirque de Troumouse? Ce n'est à l'œil qu'une vaste plaine de granit alternant avec la verdure et entourée de gradins gigantesques, de neiges et de pelouses, de glaciers et de crêtes qui sont les fleurons de cette immense couronne.

En face de soi s'ouvre une courbe qui forme environ les quatre cinquièmes d'une circonférence complète. L'une des branches se compose de deux énormes rochers qui se projettent en avant comme deux bastions, l'autre d'une longue montagne toute unie, sans ressauts, sans anfractuosités dont le sommet se termine par la Tour des Aiguillons. Le pic de Troumouse réunit ces deux branches.

« Rien ne voile ses brillants glaciers, dit un des plus intrépides voyageurs des Pyrénées et des Alpes, ses noires saillies, ses deux obélisques d'égale hauteur qu'on appelle les sœurs de Troumouse. Il semble régner seul sur le vaste cirque ouvert à ses pieds. Ce cirque serait un gouffre s'il n'était immense. Il n'a nulle part moins de huit à neuf cents mètres de haut, mais il a plus de deux lieues de circuit; l'air est libre, le ciel ouvert, la terre parée de verdure. De nombreux troupeaux s'égarent dans cette étendue dont ils ont peine à trouver les limites. Trois millions d'hommes ne la rempliraient pas, dix millions auraient place sur son amphithéâtre, et ce vaste amphithéâtre, cette vaste plaine, c'est à la crête des Pyrénées qu'on les trouve, c'est à mille huit cents mètres d'élévation absolue, c'est au fond d'une gorge hideuse où le voyageur se glisse en tremblant le long d'un misérable sentier dérobé aux précipices !... »

— Eh ! bien, qu'en dis-tu, Manlius?

— C'est presque aussi beau qu'au diorama des Champs-Élysées, mais c'est plus fatigant.

— Impie !...

A ces quelques mots échangés entre Édouard et Charles succède un silence embarrassé. Qu'allons-nous faire? Visiter le cirque ou continuer notre route? Mais il est trop tard pour descendre dans cet abîme que dix années ne suffiraient pas à explorer, et pour continuer notre route il faut rétrograder, ce qui effraye avec raison ce pauvre Édouard, à bout de forces.

Enfin le guide nous console en promettant un voyage agréable, qui ne doit pas durer plus de trois heures. Nous acceptons avec une résignation souriante ce programme et cette promesse. Le guide m'a du reste fait comprendre d'un coup d'œil que nous allons coucher à Gavarnie.

La route en effet est très-agréable par le Coumélie ; les sentiers serpentent dans les pâturages, traversent la vallée d'Estaubé, au-dessus de ses gracieuses cascades, découvrent tout le vallon d'Aguila, avec ses blocs épais et ses gorges où mugit le Gave, puis viennent échouer sur les flancs du cirque de Gavarnie, dont on voit peu à peu se développer l'arc immense à l'horizon.

Bien que nous soyons fatigués, nous nous arrêtons pour contempler sous nos pieds les débris d'un contrefort du Coumélie qui s'est écroulé en fragments énormes et forment le passage du Chaos.

Une montagne ruinée est plus désolée que toutes les ruines humaines. C'est l'image du chaos dans toute son horreur. La solitude est morte, le silence est effrayant. On croit assister au réveil d'animaux antédiluviens dont les débris ont la forme, ces monstres formidables et gigantesques échelonnent le long des pentes leurs groupes accroupis, couchés dans toutes les attitudes et s'appuyant les uns sur les autres.

Pas un buisson, pas un brin d'herbe. Des avalanches de roches et de cailloux descendent de la cime jusqu'au fond, le chemin se tord péniblement dans les masses qui surplombent ; hommes et chevaux y paraissent des nains, et la noire armée de débris suspendue sur leurs têtes semble prête à fondre sur les insectes humains qui troublent son domaine.

L'accès de fièvre qui a convulsionné la montagne a dû être terrible. Le pays en frémit encore et muet de douleur montre cette plaie vive et saignante que la nature lui a faite à ses flancs crevassés !

Le contraste du chaos qui gît à nos pieds avec le charmant paysage qui nous entoure et que les teintes rosées du soleil couchant rendent plus gracieux, fait sur nous une impression qu'aucun spectacle ne peut surpasser.

C'est sur cette impression, partagée même par Édouard, que nous arrivons au village de Gavarnie, déjà peuplé des touristes du lendemain, auxquels les montagnards s'empressent d'offrir les produits du pays et surtout les bâtons ferrés.

Il n'y a qu'une auberge à Gavarnie. Il faut l'emporter d'assaut. Malgré les intrigues du guide, nous ne trouvons rien à manger et pas le moindre coin pour nous abriter.

Tout ce monde du reste effraye Édouard qui, dans d'intrépides *missess* croit reconnaître l'objet de son aversion. Aussi est-il le plus ardent à vouloir repartir, malgré sa fatigue et la nuit qui s'approche à grande vitesse. Seulement nous ne savons de quel côté diriger nos pas. Notre guide va nous tirer encore d'embarras.

— Écoutez-moi; nous dit-il, à la guerre comme à la guerre. Je vais vous trouver du pain, des œufs et du jambon, et nous mangerons dans une heure à l'auberge de Palasset, où je vais vous conduire et où nous passerons la nuit à l'écurie, s'il n'y a pas de lits.

— Une heure de chemin ? A pied ?

— A pied. Mais demain nous verrons se lever le soleil sur le cirque de Gavarnie.

— Allons, dis-je.

Charles regarde Édouard, qui ne répond rien. Enfin il se décide quand le guide nous dit :

— Au moins là-bas nous serons seuls.

L'heure fut longue, mais l'auberge de Palasset nous fut très-hospitalière. L'omelette brûlée, le jambon rance, le pain dur et noir, composèrent notre repas arrosé d'un vin aigrelet, mais les lits étaient excellents et chauds. Pour ma part, j'avais une vieille couverture et de la paille fraîche, non loin d'une bonne vache laitière qui semblait me dire :

LES MARCHANDS DE CURIOSITÉS.

— Repose. Demain je te ferai mieux déjeuner que tu n'as dîné.

L'aubergiste nous réveilla en même temps que le soleil; une tasse de lait chaud dans lequel nous émiettâmes notre pain nous réconforta, et comme nous avions parfaitement dormi, ce fut avec la plus franche gaieté que nous partîmes pour le cirque de Gavarnie, dont la réputation européenne gâtait notre curiosité comme elle gêne aujourd'hui la description que je veux en faire sans tomber dans les redites.

Aussi, sans m'occuper de mes compagnons de voyage, je vais noter au courant de la plume et des souvenirs les impressions que j'en ai rapportées. Ce ne sera qu'un journal, mais assez fidèle pour prouver que cette description n'a pas été apprise par cœur, comme celles de ces soi-disants touristes ou écrivains qui ne sont jamais allé plus loin que Versailles, ou ne font le voyage des Pyrénées que pour voir de loin ces montagnes et ces cirques, ces lacs et ces cascades qui n'ont de charme qu'à être vus de près, au prix souvent d'une grande fatigue.

Et encore combien resterai-je au-dessous de la vérité !

— La grande, la belle chose, s'écriait milord Bute quand il vint à Gavarnie pour la première fois; si j'étais encore au fond de l'Inde et que je soupçonnasse l'existence de ce que je vois en ce moment, je viendrais sur-le-champ du fond de l'Inde pour en jouir et l'admirer !

Qu'on se figure un cirque dix mille fois plus colossal que le Colisée de Rome, peuplez son amphithéâtre et demandez à votre imagination d'y placer une scène digne de la majesté du lieu.

— L'un, dit Cuvillier-Fleury, convoquait un peuple, l'autre une armée, Charlemagne ou Napoléon; celui-ci déchaînait dans l'immense hémicycle la danse des morts d'Holbein, celui-là y plaçait les assises du jugement dernier !

C'est le site le plus vaste qu'on puisse rêver. Il semble qu'une puissance invisible a voulu édifier ici une œuvre destinée à confondre l'orgueil humain. Un voyageur a dit : Sa grandeur, c'est Dieu. Le cirque est plein de cette idée.

La poésie et la peinture sont impuissantes à reproduire ce prestigieux tableau. Là ce sont des tours arrondies se profilant sur le ciel d'Espagne, ici des gradins curvilignes superposés avec symétrie et que le temps a ornés de sculptures et d'arabesques fantastiques. Ces murs millénaires labourés de rides profondes sont une gigantesque épopée de granit sur laquelle est écrit l'âge du monde.

Vu ainsi à vol d'oiseau, d'un premier coup d'œil, pour ainsi dire d'une première impression, le cirque de Gavarnie saisit l'âme, la subjugue et l'annihile. Mais la majesté de l'ensemble se laisse encore surpasser par le fini de détails.

Nous voici dans l'intérieur de l'enceinte pavée de blocs énormes, où se voient encore des lacs entiers taris, mais dont le fond garde des neiges éternelles, que ne peut fondre le soleil du Midi. Partout la neige forme des ponts sous lesquels rugissent les torrents et qui s'ouvrent tout à coup devant nous comme autant de soupiraux qui vomissent des gaves. La pente neigeuse s'incline de plus en plus. Nous approchons de la chute, dont nous entendons le bruit assez semblable à celui du vent dans les feuilles. Enfin nous sommes à ses pieds, et en levant la tête nous estimons que sa hauteur est bien trois fois celle de la flèche de Strasbourg.

La cascade nous couvre de sa rosée glaciale et nous suivons d'un œil charmé le cours majestueux de cette rivière suspendue dans les airs. Elle forme d'abord une abondante colonne d'eau puis se brise sur des rochers, retombe en pluie, que le vent fait voltiger, et, calmée par cette course folle, vient se coucher dans son lit de glace. Un voile de mousseline n'est pas plus léger que cette nappe humide brodée de perles fines qui se balance mollement le long d'un rocher de quatre cents mètres de haut. Ce n'est plus une cascade, c'est un torrent d'or et d'argent mélangé de saphirs et de rubis; quand sa poussière s'irise sous les rayons du soleil, ce sont des arcs-en-ciel qui sillonnent l'air ou des gerbes de feu qui pétillent d'un millier d'étincelles.

Au-dessus on voit de formidables remparts, gardiens de cette merveille; ce sont les sommets dentelés du Marboré dont les tours sont immortalisées par les poésies de l'Arioste, où nous retrouvons encore le souvenir de Roland, dont le cheval Bayard a franchi le cirque d'un seul bond, et dont la Durandal a fendu la montagne en deux! Aux géants de l'histoire ou de la légende, il fallait cette scène gigantesque.

Donc, le cirque de Gavarnie peut se résumer ainsi : murailles qui touchent le ciel, glaciers échelonnés en gradins, cascades floconneuses, et le tout dans un espace de trois lieues de circonférence. Nulle part on ne retrouve cette majestueuse décoration de gradins, de cascades, de neiges éternelles.

Qu'on ne s'y trompe pas! Le cirque de Gavarnie si vanté est fort peu connu. On y vient beaucoup en partie de plaisir, on y reste deux ou trois heures et on repart croyant le connaître. Grossière erreur! Il faudrait séjourner dans le pays, voir le cirque à toute heure du jour, au coucher du soleil, au lever de la lune, au printemps, à l'automne, l'examiner de toutes les hauteurs environnantes, visiter les autres grands cirques, et alors on pourrait emporter une impression vraie et personnelle de cette merveille.

Tout à mon admiration, je n'ai pas noté l'accident survenu à Édouard. Et cependant il marque le point de départ d'une nouvelle phase de mon excursion dans les Pyrénées.

L'accident n'était pas grave, mais les suites faillirent le devenir. Le jeune homme s'était laissé tomber dans un de ces soupiraux que j'ai déjà signalés. Ce fut un bain glacé qu'il prit jusqu'à mi-jambes. Pour comble de malheur, nous avions très-chaud et le soleil qui nous avait escortés jusque-là venait de nous fausser compagnie. Une bise glaciale précéda la pluie et nous rentrâmes grelottants à l'auberge de Palasset, où nous nous séchâmes tant bien que mal.

Édouard seul ne put parvenir à se réchauffer; comme le temps s'était radouci nous partîmes pour Gavarnie, où nos chevaux nous attendaient. Mais, arrivés là, il fut impossible à Édouard de continuer la route. Charles, très-inquiet, le fit coucher, et, ne voulant pas abandonner mes camarades, je leur sacrifiai ma journée du lendemain.

— Un jour de repos, me disais-je, et ce sera suffisant.

— Grosse fièvre, dit le guide, le jeune homme en a pour quelques jours.

— Vrai! vous m'effrayez!

Charles rentrait au même instant.

— Mon cher ami, dit-il, Édouard a une fièvre épouvantable. Où trouver un médecin, ici?

— Oh! des médecins, c'est bon pour les villes. Nous n'en avons pas besoin dans les campagnes, dit le guide. Venez. Ça me connaît, les fièvres.

Je laissai le guide et Charles monter chez le malade. Moi j'allai, pour me distraire, voir l'église et ses treize crânes des Templiers. Puis, trouvant ce spectacle aussi court que peu amusant, je rentrai à l'auberge où m'attendait une surprise que je réserve pour le chapitre suivant.

LE MONT PERDU.

CHAPITRE VIII

Une surprise. — Demande du guide. — Nouveaux compagnons de voyage. — Parenthèse à propos du mont Perdu. — Américains et Américaines. — Une anecdote à leur propos. — Nouvelle causerie avec mademoiselle Rose. — Les jeunes filles à l'escalade. — Neiges et glaciers. — Éboulis et coquilles fossiles. — La brèche de Roland. — Manière de traverser une crevasse. — Un saut difficile. — Ce qu'on voit de la brèche. — Où l'on descend pour monter. — Un mauvais pas. — Charme des excursions. — Opinion de Ramond à ce sujet. — Isards et bouquetins. — Repos à la cabane de Gaulis. — Premier aspect du mont Perdu. — Ascension pénible. — Ce qu'on voit du sommet par le brouillard. — La bouteille aux cartes de visite. — Histoire d'une Parisienne. — Châtiment de l'amour-propre d'une touriste. — Ce qu'on voit du sommet par le beau temps. — Comment un sourd-muet peut être appelé Carillon. — Le cirque de Gavarnie à vol d'aigle. — Ramoun et Joannès. — Charles et le père de Rose. — Histoire des trois pêches. — Retour à Gavarnie.

— Ah! monsieur, je vous attendais, me dit le guide dès qu'il m'aperçut. J'ai un service à vous demander.

Sa figure, joviale d'ordinaire, respirait une certaine crainte de se voir refuser le service pour lequel il m'attendait avec tant d'impatience.

Mais au fait, j'ai oublié de vous présenter notre montagnard, dont le type très-caractéristique se perd de plus en plus. Aujourd'hui les guides des Pyrénées, comme ceux des Alpes, perdent à la fréquentation des gens civilisés — ou soi-disant civilisés — qui visitent leurs montagnes, sinon leur physionomie native, du moins la nature primitive de leur caractère et de leurs habitudes.

Celui-là, jeune encore, présentait le type le plus pur de la race béarnaise, cette race qui nous a donné Henri IV et fournit encore à l'armée ses plus rudes soldats.

Son béret planté crânement sur l'oreille, son attitude fière sans être fanfaronne, sa chemise bien blanche, sa veste aux larges revers, sa ceinture rouge lui ceignant les reins, son bâton manié avec dextérité, tout décelait en lui le vrai montagnard. Sa plaque seule dénonçait sa profession, et certes j'ai rarement vu dans mes voyages de guide aussi patient, aussi instruit, aussi doux pour les voyageurs que ce jeune Béarnais, auquel je faisais attention, précisément au moment où il venait me demander à me quitter.

Du moins je devinai sa demande à son air embarrassé et j'allais lui répondre, quand je me retournai brusquement pour écouter le gazouillement de trois jeunes femmes qui venaient sans doute de descendre à l'auberge, puisqu'elles n'y étaient pas avant ma sortie. Le son de voix de l'une d'elles me frappa surtout, et je cherchai dans ma mémoire où je l'avais déjà entendue, tout en répondant d'une manière distraite à la demande du guide :

— Quel service, mon ami?

— Voilà, monsieur. Mais vous ne m'écoutez pas.

Je ne pus m'empêcher de rougir, car j'étais pris en flagrant délit d'indiscrétion. Je venais de chercher à voir la figure des jeunes personnes que j'entendais causer et qui, en ce moment, me tournaient le dos.

— Si fait, je vous écoute, parlez.

— Eh bien, votre ami est assez malade pour ne pouvoir sortir. Un voyage, si petit qu'il soit, pourrait lui faire mal. Je lui ai conseillé de rester ici, où il sera bien traité, et moi, si vous le permettez, j'en profiterai pour conduire ces jeunes dames et leur père au mont Perdu. C'est l'affaire de quatre jours pour l'excursion des voyageurs et la guérison de votre ami ; vous m'obligeriez beaucoup, monsieur, car vous concevez bien que je ne vous quitterais pas d'une minute sans votre permission.

Si je ne l'avais arrêté, le guide parlerait encore. Ce retard me contrariait beaucoup, et la maladie d'Édouard ne laissait pas de m'inquiéter; d'un autre côté, j'aurais bien voulu connaître le nom de la voyageuse dont la voix m'avait tant frappé, que cette préoccupation primait toutes les autres.

J'allai voir Édouard qui, décidément, avait une forte fièvre. Charles le soignait. Le malade et le garde-malade ne pouvant ni ne voulant faire d'excursion, je leur demandai à mon tour la permission de m'absenter, ce qui me fut accordé de fort bonne grâce et je descendis pour aller retrouver mon guide, à qui je communiquai mon projet de le suivre au mont Perdu.

Le guide causait avec les voyageuses, et la conversation se terminait par ces mots, que couronna un triple éclat de rire :
— Très-malade? Pauvre jeune homme !

Le guide des Pyrénées.

— S'il a besoin d'un médecin, tu pourrais te proposer.
J'apparus soudain. Ces mots venaient comme un éclair d'illuminer

ma mémoire, et, avant de l'avoir vue, j'avais reconnu mademoiselle Rose, mon premier compagnon de voyage.

Une réflexion arrêta mon élan. Je me rappelai la terreur d'Édouard et je me dis que la fièvre du jeune homme pourrait s'aggraver s'il savait sa fiancée aussi près de lui, — à moins, ajoutai-je en moi-même, qu'il ne le sache déjà et que ce soit là précisément le secret de sa fièvre. Je saluai très-respectueusement les jeunes filles, et, tout joyeux de faire une excursion en si gracieuse compagnie, j'entraînai mon guide en dehors de l'auberge.

— Permission accordée. Je suis des vôtres. Me voulez-vous? lui dis-je.

— Comment donc? Et pourquoi pas? Nous partons de suite.

— En route, en route !...

Nous nous retrouverons à la cabane de Gaulis. Pour le moment, j'ouvre une parenthèse nécessaire à la clarté de mon récit.

Qu'est-ce que le mont Perdu, qui fait son entrée sans être annoncé ?

C'est la partie la plus colossale et la plus extraordinaire de la chaîne des Pyrénées, que les touristes se contentent de contempler du fond des vallées. Sa puissante nature est d'une grandeur et d'une sublimité formidables. Mais, pour en rapporter une vraie et sérieuse impression, il faut, au lieu de s'arrêter sur le seuil, pénétrer plus avant dans l'intimité de la montagne et ne pas craindre une excursion très-fatigante, presque dangereuse.

Le mont Perdu est situé sur le territoire espagnol, en Aragon. Il se relie par le *Cylindre* au *Marboré*, dont il constitue le dernier échelon, et, bien qu'il écrase de sa prodigieuse élévation tous les monts qui l'entourent, même la Maladetta, il se dérobe aux regards dès qu'on descend des sommets. Voilà pourquoi nous n'avions pu l'apercevoir de Gavarnie. Il cache son étincelante couronne de glaces derrière les grandissimes murailles du Marboré qui lui font une inexpugnable ceinture de granit.

Et maintenant que nous connaissons à peu près le noble personnage auquel nous allons rendre visite, je reprends ma route et mon récit.

Sans compter mademoiselle Rose, avec qui nous allons renouer tout à l'heure la connaissance ébauchée de la Rhune à Cambo, nous étions cinq, trois hommes et deux femmes, dont l'une aurait pu passer pour une enfant. C'étaient deux Américaines, intrépides touristes qui avaient fait leur éducation en France et ne voulaient retourner en Amérique qu'après avoir visité les Pyrénées. Elles revenaient de Norwége et connaissaient la Suisse aussi bien que le guide Becker. Ce goût pour les excursions dans les montagnes leur était venu d'une manière assez originale.

Un peu excentriques de caractère, ces jeunes filles, laissées par leur famille complétement libres en Europe, sous la surveillance d'un domestique et d'un parent sourd-muet, avaient surtout étudié notre langue dans les livres de voyages ; le *Magasin pittoresque* et le *Tour du monde* étaient leurs lectures favorites. Or un jour on discutait devant elles les moyens d'escalader l'Himalaya, et comme dès leur enfance ces jeunes demoiselles avaient fait plusieurs voyages dans les Cordillères, elles prétendirent que toutes les montagnes d'Europe n'étaient que des jouets d'enfant auprès de cette immense chaîne de l'Amérique méridionale, qui n'a de rivale en hauteur que l'Himalaya, ce géant de l'Asie. Leurs camarades sourirent et l'une d'elles, avec ironie, leur proposa d'escalader le mont Cervin, où venait justement d'avoir lieu le fatal accident qui coûta la vie à un des meilleurs guides de la Suisse et à un des plus charmants gentlemen de Londres.

L'amour-propre se mit de la partie, et nos Américaines donnèrent rendez-vous à leurs camarades d'Europe cinq ans après, à Toulouse. Elles devaient avoir franchi les plus hauts sommets des Alpes et des Pyrénées, y compris le Cervin et la Maladetta.

Rose était une de ces camarades de pension ; seulement elle s'était mise du côté des Américaines, et, si son père le lui avait permis, elle serait allée, elle aussi, faire dans les Alpes ce voyage scientifique pour accompagner ses amies. Ajoutons que toutes les trois étaient parfaitement instruites, bien élevées, d'une excellente santé et d'un caractère aussi charmant que joyeux, l'excentricité n'étant pas un défaut quand elle est corrigée par le bon goût.

Toutes trois avaient un costume de touriste plus commode qu'élégant, les lunettes bleues et le voile vert, le bâton et les souliers ferrés, le large chapeau de paille et la ceinture à brides et à anneaux qu'ont tous les excursionnistes des Alpes.

Leurs deux compagnons n'offrent rien de particulier. On a vu leurs pareils sur toutes les gravures, on les a rencontrés à toutes les tables d'hôte des villes alpestres ou pyrénéennes. De forte encolure, d'une taille élancée, le type américain fortement prononcé, le jarret solide, l'œil vif et la parole brève, tel est le portrait du plus âgé, le domestique que le guide a pris pour le père des jeunes dames. L'autre, sourd-muet, baptisé du sobriquet de Carillon, est un jeune homme de trente ans, sans distinction, très-sauvage pour les étrangers, mais très-dévoué pour ses compagnes, qu'il appellerait ses cousines s'il pouvait parler.

Les deux hommes ont chacun un havre-sac bourré de provisions et renfermant une petite pharmacie de poche, des cordes et des pieux, plus une toile et des piquets pouvant servir de tente de campement et, par un ingénieux système, de chaise à porteur, le tout pesant à peine sept cents grammes; un guide Joanne et une lorgnette marine complètent le chargement.

C'est à Pau que mademoiselle Rose s'est retrouvée avec ses camarades de pension. Comment? Je l'ai appris en causant avec elle, causerie que je vais sténographier le plus exactement possible.

— Eh bien! me dit-elle après m'avoir présenté à ses compagnons de voyage, lesquels m'accueillirent avec une cordialité un peu hautaine, eh bien! monsieur le voyageur, êtes-vous content de nos Pyrénées? les avez-vous bien visitées depuis la Rhune jusqu'au pic du Midi de Bigorre.

— Oui, mademoiselle, mais j'avoue n'avoir pas encore rencontré les émotions du danger. Trop bonnes, les Pyrénées, pour les touristes.

— Vraiment? Le mont Perdu va vous faire revenir de cette erreur.

— Ah! et vous n'avez pas peur?

— Peur? non, mais il y a bien un petit peu de réserve dans mon courage. Enfin!... depuis longtemps je rêvais de faire une de ces ascensions. Grâce à mes amies, je peux voir se réaliser mon rêve.

— Vos amies? fis-je, comme pour lui demander une explication.

— Des amies de pension. Leur état civil doit peu vous importer. Ce sont des Américaines, touristes par goût, peut-être de naissance, que j'ai retrouvées à Pau dans une circonstance... A propos, j'ai failli me marier, moi!

— Je le sais, je connais M. Édouard Verlède.

Mademoiselle Rose rougit un peu, mais se remit vite de ce moment de trouble ; elle sourit d'abord, puis ce sourire se changea brusquement en un éclat de rire qui fit arrêter ses compagnes. Elle leur dit quelques mots en anglais et les parois du cirque de Gavarnie, dont nous longions en ce moment le côté occidental, résonnèrent de leurs rires joyeux.

— Voici, me dit mademoiselle Rose, ce qui s'est passé. A Cambo, mon père s'ennuya vite, et il me pria de le laisser reprendre son air bonhomme. Moi de mon côté je devais redevenir simplement une bonne petite provinciale. Mon père avait l'air si malheureux que j'acceptai, mais je ne me doutais guère de son piége. Il voulait me forcer à abandonner petit à petit mes études de médecine et à me marier. Or je ne veux ni l'un ni l'autre. Mon père ne réussira pas. Aux Eaux-Bonnes nous avons fait la connaissance de M. Verlède, un malade imaginaire qui n'a absolument que le malaise ordinaire d'un bourgeois de soixante-cinq ans, habitué à bien manger et à mieux dormir. Il paraît que je l'ai guéri. C'est ma première cure. A Pau, où nous sommes allés, au lieu de partir pour Cauterets, où j'avais une étude sérieuse à faire, M. Verlède et mon père se sont entendus...

— Je connais le complot et son résultat. Quant aux détails je les ai devinés.

— C'est vrai aussi ; de but en blanc papa me dit : Demain je te présenterai le fils de M. Verlède ; il est jeune, riche et sera sous-préfet. Cela m'a fait passer une très-mauvaise nuit, et le lendemain je me réveillai de méchante humeur, en entendant une caravane de touristes qui s'apprêtait bruyamment à partir pour Gavarnie.

— Et dans cette caravane étaient vos deux amies ?

— Tout juste. Vous comprenez quelle diversion à mon chagrin ! Je leur raconte même le mauvais tour que voulait me jouer mon père. Alors nous eûmes spontanément toutes les trois la même idée, celle de me donner le cachet britannique, avec lunettes et voile vert.

— La présentation a fait son effet !

— Oh ! un effet miraculeux ! Le jeune homme court encore ; les deux papas se consolent ensemble ; ils nous attendent à Saint-Sauveur. J'en ai profité pour arracher à mon père l'autorisation de suivre mes amies.

— Partout...

— Oui, partout dans les Pyrénées ! pas en Amérique !...

La route est devenue mauvaise. On ne parle plus. On fait attention et le guide recommande beaucoup de prudence.

— Où sommes-nous donc? Il me semble que j'ai déjà passé par là.

Nous nous trouvions en effet en face de la grande cascade. Sans le savoir, j'avais fait beaucoup de chemin, et si je n'avais eu à franchir des rochers escarpés, à suivre un ravin creusé dans le schiste calcaire, ravin vertical dont la disposition des couches rendait heureusement l'escalade facile, j'aurais oublié, dans le charme d'une conversation spirituelle et enjouée, les beautés pyrénéennes qui m'enveloppaient.

Le mot « beautés » est même trop pâle. Le cirque était baigné dans une lumière rose glacée de reflets d'argent, et le fond de l'enceinte plongé dans une demi-obscurité formait un contraste frappant avec les vives couleurs des hautes régions.

Nous nous arrêtâmes bientôt devant une espèce de muraille qui fermait le sentier.

— A l'escalade! crièrent les deux Américaines.

Et le mur fut escaladé, sauf par mademoiselle Rose, que le guide porta sur son dos comme un commissionnaire porte une malle sur son crochet. La jeune fille m'avoua qu'elle avait eu peur et qu'elle préférerait à l'avenir grimper et escalader que d'être transportée comme un colis.

Au sommet de ce mur, nous nous trouvâmes sur une large pente gazonnée qui nous conduisit à une petite terrasse d'où nous pûmes envisager le cirque sous un autre aspect et à la hauteur de ses murs nous faire une idée de la chute prodigieuse de sa cascade. Nous la voyions s'élancer d'un seul jet dans l'abîme, se briser contre les rochers, se résoudre en poussière et mourir au pied du Marboré dans un épais nuage flottant.

A cent mètres au-dessus de nos têtes était la brèche de Roland. En face se dressait la cime abrupte du Taillon, l'une des plus hautes montagnes des Pyrénées, et dans la nue des aigles aux larges ailes rousses décrivaient des orbes immenses.

Le spectacle était devenu imposant, mais il y avait dans ce repos de la nature quelque chose de glacial qui vous pénétrait de tristesse. La neige, qui faisait sous nos pieds un épais tapis, avait des teintes rougeâtres et sous l'action du soleil nous brûlait les yeux. Il fallait marcher en aveugle et surtout ne pas parler. Cette première étape jeta un froid dans la petite caravane, non qu'il y eût aucune espèce de danger, mais chacun pressentait des difficultés auxquelles on n'avait pas voulu croire quand le guide en avait parlé.

Après la neige vinrent des éboulis, des pierres calcaires noires

La brèche de Roland.

et pleines de dépouilles d'animaux marins, dont les coquilles fossiles attestent d'une manière indubitable que la terre a été entièrement couverte par les eaux, puisque les plus hautes montagnes en ont gardé les preuves.

Mademoiselle Rose était comme moi, elle ne pouvait parler, sans cela nous aurions entamé une nouvelle discussion géologique, mais nous avions la gorge en feu et d'ailleurs nous ne nous occupions que de ne pas glisser dans le glacier qui subitement venait de succéder aux éboulis.

Enfin, nous arrivons. La brèche de Roland, qui semble fuir devant nous, se rapproche cette fois, et son double rocher nous apparaît presque à portée de la main ; mais ce n'est qu'une fausse promesse, et entre la brèche et le glacier s'ouvre une large et profonde crevasse produite par la réflexion du soleil contre le roc.

Le guide qui, en définitive, n'était guide que pour la forme, puisque ses avis étaient peu écoutés et que le plus âgé des Américains conduisait seul notre caravane, se tourna d'un air goguenard vers les touristes pour leurs demander ce qu'ils comptaient faire. Il n'en eut pas le temps. En une seconde, le sourd-muet s'était débarrassé de son havre-sac et avait sauté de l'autre côté avec une souplesse digne des isards de la montagne. Les jeunes filles causaient comme si de rien n'était. La Française seule jetait des regards inquiets de mon côté ; moi, j'étais peu rassuré, non pas que le saut fût terrible à faire, mais je me demandais ce qu'allaient devenir mes jeunes compagnes.

Pendant que je communiquais le résultat de ces réflexions à mon guide, les deux Américains se parlaient par signe ; le sourd-muet déploya une double ligature plate munie à ses deux extrémités d'un double crochet et d'une barre transversale, qu'il lança à son compagnon. Alors je vis se former sur la crevasse une espèce de pont volant, vide à son milieu ; sur ce milieu était un siége en toile mobile et glissant sur les deux bandes ; une ficelle très-mince, que l'un ou l'autre des Américains pouvait tirer à volonté, soit en avant, soit en arrière, conduisait la personne assise, aussi facilement et aussi sûrement que dans une chaise à porteur ordinaire. Pas un mot ne fut échangé. Les trois jeunes filles passèrent à tour de rôle, mais la troisième fois le siége ne revint pas. Le sourd-muet laissa son compagnon ramener à lui tout le système de bandes et de ficelle, et, prenant son élan, franchit la crevasse non sans avoir jeté de l'autre côté tout ce que son compagnon et ses compagnes avaient laissé.

Du guide et de moi, il n'en était plus question. Seulement ils nous attendaient !.... Mademoiselle Rose elle-même nous tendait la main en riant :

— Je n'ai pas le bras assez long, me cria-t-elle.

— Mais nous avons les jambes longues, répliqua le guide.

J'avais à peine eu le temps de m'enquérir de ce qu'il voulait faire que mon compagnon était déjà de l'autre côté. Son élan avait été si bien compris qu'il tomba sur ses pieds ferme et droit comme s'il sautait à la corde. Il fallait bien que je suivisse le même chemin, mais je m'étendis sur la neige en retombant avec tant de maladresse que je faillis rouler au fond de la crevasse ; mon bâton ferré me sauva. Il est vrai que la chute n'eût pas été mortelle, mais c'était le premier pas et c'est le seul qui coûte. Je devais m'en apercevoir dans une autre chute plus dangereuse que celle-là.

Quand chacun se fut remis de cette petite alerte, nous entrâmes dans le couloir qui forme la brèche de Roland, par laquelle nous arrivaient les bouffées des émanations de l'Espagne.

Cette brèche, aux colossales dimensions, sépare la France de l'Espagne et se voit à près de trente lieues de distance. Quelle main inconnue a dressé entre les deux peuples cette muraille taillée à pic ? Qui donc a pu la fendre en deux et lui faire une blessure large de cents pieds, profonde de trois cents ? Problème insoluble. La légende attribue cette brèche au coup que Roland, sur le point de mourir, lui asséna avec sa Durandal. Cependant, en regardant le rocher de droite qui est affreusement crevassé et surplombe d'une manière effrayante, il est hors de doute que, succombant à son tour à l'action du temps, ce géant des monolithes s'affaissera sur lui-même, comme il est arrivé au pan de mur dont la chute a formé la brèche.

Du point où nous étions la vue est très-belle, surtout vers le sud où l'Espagne ouvre ses plaines fertiles étagées derrière ses montagnes sombres ; au premier plan se montre une vallée au fond de laquelle roule la Cinca, un des affluents de l'Èbre. Cette vallée espagnole n'a rien qui rappelle la terre classique des orangers. Au delà des innombrables montagnes de l'Aragon, sur la dernière limite de l'horizon, on distingue vaguement une ligne bleuâtre qui est l'Èbre et un amas confus de maisons qui est Saragosse.

Après quelques minutes de contemplation données à cette immense étendue de pays, nous franchîmes la frontière où, à cette hauteur, la douane laisse tranquille la contrebande. Le terrain s'abaissait tout à coup et, pour contourner le casque du Marboré, trop dangereux et inutile à franchir, nous fûmes forcés de prendre à gauche un chemin qui descendait à pic le long d'un rocher vertical dominant des précipices. Monter passe encore, mais descendre quand il s'agit d'atteindre la cime du mont Perdu, c'est une besogne aussi ennuyeuse que vexante.

Le pas à franchir est très-mauvais. A chaque instant le pied heurte des pierres branlantes qui s'échappent et vont rouler dans l'abîme. Nous les franchissons de cette manière : le guide en tête, — cette fois il n'a voulu confier à personne la direction de la marche, — puis les Américains, les jeunes filles et moi. A certains endroits le guide s'arrête, nous tend la main et nous fait passer un à un. Puis on reprend la route avec plus de précautions à cause de la neige qui pourrait recouvrir des crevasses. Mademoiselle Rose seule semble faiblir. Le vertige lui tourne la tête et le guide la fait changer de place pour mieux la la surveiller. Malgré le danger nous n'employons pas de cordes. Le guide ne s'en soucie pas. Du reste nous franchissons sans accident ce mauvais pas, le plus périlleux de ceux du mont Perdu, sans même nous préoccuper qu'il faudra repasser par là, ce qui double le péril.

Bien des gens m'ont souvent demandé quel charme on peut trouver à s'exposer à de pareils dangers. La réponse est difficile. Il faut avoir fait une excursion comme celle que je raconte dans ce chapitre pour comprendre la satisfaction qu'éprouve le touriste « à triompher de la nature, à conquérir par la volonté, l'obstination et le courage ce que Dieu semble avoir voulu mettre hors de la portée du commun des hommes. »

— Quiconque, a dit Ramond, le premier qui ait monté à la cime du mont Perdu, quiconque n'a point pratiqué les montagnes de premier ordre se formera difficilement une juste idée de ce qui dédommage des fatigues que l'on y éprouve et des dangers que l'on y court. Il se figurera encore moins que ces fatigues mêmes n'y sont pas sans plaisir et que ces dangers ont des charmes, et il ne pourra s'expliquer l'attrait qui y ramène sans cesse celui qui les connaît, s'il ne se rappelle que l'homme, par sa nature, aime à vaincre les obstacles, que son caractère le porte à rechercher des périls et surtout des aventures, que c'est une propriété des montagnes de contenir dans le moindre espace et de présenter dans le moindre temps les aspects de régions diverses, les phénomènes de climats différents, de rapprocher des événements que séparent de longs intervalles, d'alimenter avec profusion son avidité de sentir et de connaître !

Il y avait près de sept heures que nous marchions. Un petit quart d'heure de repos, une légère collation avaient peu contribué à réparer nos forces. Les jeunes filles, sans se plaindre, commençaient à

LA CHASSE AUX CHAMOIS.

montrer une grande lassitude. D'un commun accord, nous campâmes à l'abri d'un rocher, et les provisions furent étalées. Rien ne manquait. Notre appétit, un peu trop surmené par la fatigue, n'y fit pas grand honneur, mais ce n'était qu'un à-compte sur le repas du soir.

Le paysage qui nous entourait est nu et stérile, on ne voit que de la neige et des rochers taillés en scie, aux formes empreintes d'une sauvagerie indescriptible. De plus, le silence y est si absolu qu'on entend le moindre bruit. Aussi fûmes-nous très-étonnés d'apercevoir subitement devant nous une troupe d'isards, dont la neige avait assourdi les pas et qui arrivaient sans s'apercevoir de notre présence, bien que, comme le chamois des Alpes, ils flairent le chasseur à de très-grandes distances et que leur troupe soit conduite par un chef, espèce d'éclaireur qui signale l'ennemi au moyen d'un petit sifflement aigu.

Le guide se leva pour nous les montrer, mais ce mouvement fit s'enfuir toute la bande qui disparut dans le ravin, où nous la vîmes encore longtemps bondissant avec une légèreté dont on ne peut se faire une idée.

Les isards se tiennent habituellement dans les régions des neiges. Ce joli petit animal, tout à la fois chevreuil et chamois, rivalise de gentillesse avec la gazelle et de rapidité avec le faucon. On ne les trouve que dans les Pyrénées. Linné l'appelle *Antilope rupicarpa*. Ses cornes, petites, rondes, ont leur pointe recourbée en arrière comme un hameçon. L'isard est moins grand que le chamois, sa taille ne dépasse pas celle d'une chèvre; faible et sans armes, cet animal ne trouve le moyen d'échapper aux animaux carnivores que dans sa légèreté, dans la hardiesse de ses bonds qui lui permettent de franchir des précipices et de trouver asile sur des rochers inaccessibles.

Les montagnards font grand cas de sa peau, encore plus de sa chair, mais il devient très-difficile de le chasser. La race se perd dans les Pyrénées, comme celle de l'ours et celle du chamois ou de la marmotte dans les Alpes.

Un animal très-intéressant à tous les points de vue tend aussi à disparaître; c'est le bouquetin, qu'on ne rencontre plus qu'à de rares intervalles.

Le bouquetin n'est autre que la vraie chèvre sauvage. Aussi léger que l'isard, sinon plus, il se laisse bien moins approcher encore et vit isolé dans des retraites fixes où il est presque impossible de le surprendre.

L'extinction totale du bouquetin serait fort regrettable ; toutes les sympathies lui sont acquises comme au dernier représentant d'une race qui s'éteint. En outre tous les montagnards verraient avec chagrin disparaître un animal doué de si nobles qualités, qui quelques mois après sa naissance peut sauter d'un bond par-dessus la tête d'un homme sans prendre d'élan, dont toute la vie est une lutte constante pour son existence, qui possède un sentiment si vif des beautés de la nature et un tel mépris pour la souffrance qu'il reste parfois immobile des heures entières au milieu de la tempête la plus violente et la plus froide jusqu'à ce que le bout de ses oreilles soit gelé, qui, enfin, lorsque sa dernière heure arrive, grimpe sur le pic le plus élevé de la montagne, se suspend à un rocher par ses cornes qu'il frotte contre la pierre jusqu'à ce qu'elles soient usées et tombe alors dans le précipice où il expire. Légende merveilleuse à laquelle je ne crois pas, malgré les affirmations de mon guide de qui je tiens ces détails.

Notre petite caravane s'était remise en route pour achever de contourner, par leur face méridionale, les cinq montagnes dont l'ensemble constitue la partie la plus colossale de la chaîne des Pyrénées. Ces montagnes, dont le nom dépeint la forme, sont : le Casque, la Tour et l'Épaule du Marboré, le Marboré proprement dit et enfin le Cylindre du Marboré, ce fils aîné du mont Perdu, armée de géants qui marque la limite entre les deux nations.

Enfin nous arrivâmes à la cabane de Gaulis, située au pied même du mont Perdu ; nous devions y passer la nuit, et grande fut notre déception de n'y trouver personne. Portes et fenêtres étaient ouvertes, et rien n'annonçait qu'elle fût habitée. Ces désagréments firent impression sur mes compagnons habitués à avoir toutes leurs aises, même au sommet des montagnes. Moi seul n'y prêtais pas grande attention.

C'est qu'en effet, ce mont Perdu tant cherché était enfin trouvé ; bien que nous en fussions encore loin, il dressait devant nous tout d'un jet sa vaste pyramide calcaire couverte de champs de neige, de glaciers, d'éboulis, « que la nature a jetée sur les épaules du Marboré pour couronner son impérissable monument. »

Le mont Perdu est calme dans son immensité : il monte vers le ciel, sans efforts, majestueusement, et cette simplicité lui vaut un aspect grandiose et austère. — Ces formes simples et graves, dit Ramond, qu'on ne pourrait se lasser de citer, ces coupes nettes et hardies, ces rochers si entiers et si sains, dont les larges assises s'alignent en murailles, se courbent en amphithéâtres, se façonnent en gradins, s'élancent en tours où la main des géants semble avoir appliqué l'aplomb et le cordeau, voilà ce que personne n'a rencontré au séjour des glaces éternelles. Voilà ce qu'on chercherait en vain dans les montagnes primitives dont les flancs déchirés s'allongent en pointes aiguës et dont la base se cache sous des montagnes de débris. Quiconque se rassasie de leurs horreurs trouvera encore ici des aspects étranges et nouveaux.

Il était trop tard pour gravir le colosse. La partie étant remise au lendemain, nous n'avions plus qu'à nous résigner à passer la nuit dans cette cabane, qui aujourd'hui est un peu plus hospitalière aux étrangers, mais à cette époque offrait un asile moins que sûr contre les avalanches et les bandits.

Les Pyrénées espagnoles sont pleines de ces cabanes assez grandes et assez bien construites où les bergers sont tassés comme des sardines, mais ces bergers ne sont souvent que des bandits qui détroussent les voyageurs sans scrupule. C'est leur manière de se faire payer une hospitalité gratuitement donnée.

Le guide, méfiant comme tous les montagnards et qui avait eu plusieurs fois maille à partir avec ces damnés Espagnols, nous prévint afin de nous tenir sur nos gardes en cas d'aventure.

On s'installa du mieux qu'on put. Le feu fut allumé. Les Américains firent un excellent potage avec du liebig et des croûtes de pain grillées, puis du café et du thé. Avant de s'endormir, on causa de franche amitié et cette causerie nous tint éveillés assez longtemps. Du reste la nuit se passa tranquille, et les premiers rayons du soleil ne nous auraient pas secoués de notre torpeur si le guide n'eût sonné la diane avec une chanson de son pays.

Nous laissâmes dans la cabane nos sacs et tout ce qui aurait pu nous charger inutilement. On ne garda que les bâtons ferrés, les cordes et la hache, et par un temps radieux nous commençâmes l'escalade laborieuse du mont Perdu.

Laborieuse est un mot trop doux. Les escarpements en effet étaient devenus plus abrupts et l'air se raréfiait à mesure que nous approchions des espaces éthérés. Aussi la dilatation de l'air, nous obligeant à faire de fréquentes inspirations, nous rendait la marche très-pénible. De dix pas en dix pas, chacun s'arrêtait pour respirer, en sorte que nos poumons semblaient se comprimer et nos tempes battaient avec une violence inouïe. Nous ressemblions à des cerfs haletants poursuivis par le chasseur.

Ce malaise finit par se dissiper quand nous mîmes le pied sur un glacier énorme où nous pûmes marcher de pied ferme, mais nos tribulations recommencèrent quand, arrivés à la base de la Tour de Gaulis, il nous fallut attaquer des fissures de rochers aux escarpements verticaux, qui me rappelaient le Pic du Midi d'Ossau où j'avais laissé autant de mon pantalon que de ma chair.

Le guide marchait en avant, taillant avec la hache des degrés dans la neige gelée. Le sourd-muet le suivait, tenant d'une main la corde attachée à la taille des jeunes filles. L'autre Américain suivait immédiatement, et moi je fermais encore la marche, ayant pour principale mission de bien marquer ces degrés qui devaient nous servir à la descente.

Cette ascension dura une heure de préparatifs, une autre heure pour la faire, et quand nous fûmes au bout, harassés de fatigues, respirant à peine, que nous nous trouvâmes sur une sorte de dos d'âne bombé, nu et dépouillé de neige, le guide nous demanda en riant si nous voulions aller plus haut. Nous étions arrivés !...

Oh ! alors, notre fatigue disparut comme par enchantement, et, aspirant de tous nos poumons le plus d'air possible, nous plongeâmes nos regards dans l'immensité.

Hélas ! quelle désillusion ! l'immensité n'était qu'un vaste champ de brouillards de toutes les couleurs dans lequel le soleil tamisait ses rayons encore trop jeunes et trop faibles pour percer le rideau qui le séparait de la terre. Ces brouillards flottaient dans l'espace comme un voile mal attaché et venaient parfois baigner jusqu'aux rochers sur lesquels nous étions assis, muets et découragés. Nous ressemblions assez à des naufragés perdus dans les airs qui auraient été recueillis sur le sommet convexe d'un ballon. Par une étrange illusion d'optique, le ballon semblait s'élever au fur et à mesure que les brouillards baissaient, ce qui complétait l'erreur de nos yeux.

— Tout n'est pas perdu, nous dit le guide, le ciel est pur, nous aurons beau temps, et ces brouillards ne dureront pas une heure. Peut-être deux, et encore, j'en doute.

— Deux heures sont quelquefois vite passées, répondis-je, mais ici !..

Le guide, au lieu de me répondre, alla déterrer de dessous une pyramide de pierres une bouteille où les voyageurs ont coutume d'enfermer leurs noms. Nous nous amusâmes à la dépouiller de son contenu, et nous aussi, nous léguâmes aux générations futures le souvenir de nos exploits, en enfermant dans la précieuse bouteille nos cartes de visite.

A ce sujet, le guide nous raconta l'histoire suivante :

— Il y a quelques années une Parisienne partit de Luz avec la ferme résolution de parvenir morte ou vive au sommet du mont Perdu ; elle avait même fait jurer à ses guides de transporter son corps sur la dernière cime si la mort venait la surprendre en chemin. L'intrépide voyageuse, forte de son audace et de son indomptable volonté, n'eut pas un instant de trouble ni d'hésitation. Elle franchit, sans que son pied chancelât, sans que la tête lui tournât, sans que le cœur lui faillit, les glaciers du cirque, les neiges et les éboulis que nous avons franchis en deçà la Brèche, et le soir même parvint à l'endroit où nous avons trouvé la cabane de Gaûlis et qui à cette époque avait une hutte plus misérable encore, où les douaniers espagnols venaient d'établir leur bivouac.

— Et cette dame se trouvait seule ?

— Complétement seule. Elle prit bravement son parti et fit étendre une couverture de laine sur la pelouse à deux ou trois cents pas, puis, congédiant ses guides, elle dormit à la belle étoile à deux mille cinq mètres de hauteur.

— J'aurais bien voulu connaître cette dame, dit mademoiselle Rose.

— Moi, dirent les Américaines en elles-mêmes, j'en eusse fait tout autant.

— Le lendemain il fallut la réveiller...

— Comme Alexandre et Condé le matin de la bataille.

— Et après deux heures d'une pénible ascension sur les talus croulants du cône, le long de cette étroite cheminée que nos mains et nos genoux ont ramonée tout à l'heure, elle atteignait le sommet de ce géant superbe après avoir déployé une force musculaire et une puissance d'énergie morale que bien des hommes lui eussent enviées. Seulement elle gâta sa gloire.

Les guides lui ayant montré cette bouteille.....

— Est-ce qu'elle l'a bue? demandai-je en riant.

— Non, acheva mademoiselle Rose. Cette dame eut le triste courage de la vider, n'est-ce pas, monsieur? et d'en disperser le contenu.

— Triste courage en effet, reprit le plus âgé des Américains. Cette bouteille contenait, sur de frêles morceaux de papier, une pensée, un rêve, un mot du cœur, un cri de l'âme, une espérance, un regret, un souvenir. Jeter au vent ce dépôt sacré des voyageurs est une puérile satisfaction d'amour-propre. Cette dame voulait avoir le droit de dire dans son salon à Paris : Vous ne trouverez que mon nom au sommet du mont Perdu.

— Eh bien! continua Rose, sa conduite reçut un juste châtiment.

— Ah! vous connaissez donc l'histoire? Racontez-nous-en la fin.

— Cette dame eut la maladresse de dire, en passant à Saint-Sauveur, ce qu'elle venait de faire. Un étranger l'entendit, et lui aussi parvenait heureusement à la cime du mont Perdu. Huit jours après la dame recevait chez elle, à Paris, la carte de visite qu'elle avait déposée dans l'aire des aigles à plus de trois mille quatre cents mètres au-dessus de l'Océan.

— Bien fait...

Cette histoire avait permis aux brouillards de se dissiper petit à petit. Le soleil nous donnait la permission de contempler le vaste champ qu'il inondait de ses rayons.

Il est à remarquer qu'en voyage, on marche d'étonnement en étonnement. Ce qu'on a vu la veille est effacé par ce qu'on voit le lendemain. Ainsi de suite, de manière que ce cliché : « C'est le point de vue le plus imposant de la chaîne des Pyrénées, » pourrait être consacré et servir de début à chaque nouvelle description. Le panorama du mont Perdu est au-dessus d'un banal compliment, nous ne le déflorerons pas par des épithètes élogieuses, nous y enverrons les curieux en leur donnant le programme de la fête.

Nous avions à nos pieds une immense carte en relief où les montagnes immobiles ressemblaient aux vagues pétrifiées d'une mer en furie. Pas la moindre trace d'un monde habité. Rien qu'un chaos de pics neigeux, de pentes aux glaciers bleuâtres, de tours, de dômes, de murailles abruptes, de corniches aériennes, d'amphithéâtres évasés en entonnoirs. La grandeur du tableau émeut sans charmer. On est dominé par la sensation de l'immense, par cette écrasante puissance de l'infini qui subjugue l'âme sans la séduire.

Au nord ce sont les pics Cambielle et le Néoubielle avec son amas de neiges phosphorescentes, la Barbe de bouc, le Pimèné et l'Astazzou et surtout les énormes pitons du Vignemale, ce rival du mont Perdu dont les glaciers chatoient au soleil comme des cuirasses d'acier poli. A dix lieues à vol d'oiseau s'élève le Pic du Midi de Bigorre, un des meilleurs souvenirs de mon voyage dans les Pyrénées. Tout autour, des cimes aiguës, et décharnées s'enchaînent si étroitement sous sept ou huit rangs de grandeur décroissante que les plaines de France sont complétement cachées par elles.

Au sud les montagnes s'abaissent dans les plaines d'Aragon et semblent ne plus être que d'humbles collines suzeraines du mont Perdu. Voici la vallée de la Cinca, la Tour de Gaulis, la gorge de Nerin et la Sierra de Guarra qui court dans la direction des plaines de l'Èbre.

Nous ne pouvons apercevoir le cirque de Gavarnie que nous cachent les masses du Marboré, mais en revanche nous revoyons le cirque de Troumouse, ce rival trop délaissé de Gavarnie. La mode a de ces ingratitudes, même avec les montagnes.

Nommer tous les pics, tous les cols que nous apercevons serait fastidieux. Un seul attire notre attention, et encore c'est le sourd-muet qui nous le montre.

— Le pic de Nethou, dit le guide.

— La Maladetta, ripostent les Américains.

Le sourd-muet insiste avec des signes qui veulent dire :

— C'est là qu'il faut aller. C'est bien plus haut qu'ici.

— Nous irons, lui est-il répondu.

Et rendez-vous est pris immédiatement à Luchon pour faire l'ascension de la Maladetta, qui est aux Pyrénées ce que le mont Cervin est aux Alpes.

Après nous être repus du spectacle indescriptible que nous avions sous les yeux, nous songeons au retour, et il est même décidé qu'on ira le soir coucher à Gavarnie. Nous laissons nos cartes à la bouteille du mont Perdu et nous redescendons vers la cabane de Gaulis où sont nos sacs et nos provisions.

Tout ce que je me rappelle de cette descente assez pénible, c'est que mademoiselle Rose me raconta en deux mots pourquoi le sourd-muet avait été surnommé Carillon. Il paraît qu'étant tout jeune, il se plaignait constamment d'entendre le bruit des cloches. On l'emmena à la campagne, le bruit assourdissant des carillons l'y suivit. Il finit par en faire une maladie qui lui enleva l'ouïe et la voix. Depuis, le nom de Carillon lui était resté. Le sourd le portait dignement sans se plaindre!

Entre un faux pas et une glissade, je m'écrie tout à coup :

— C'est étrange, il me semble entendre les aboiements d'un chien.

— Moi aussi, répond Rose. Est-ce que ce serait Ramoune ?

— Tiens ! vous ne l'avez pas oublié ? mais à propos...

— Je suis payée pour m'en souvenir. J'ai laissé mon portéfeuille à l'auberge de son maître. L'auberge est brûlée, le maître disparu.

— Si vous m'aviez laissé achever, je vous aurais prévenu d'abord que le maître ni le chien n'ont disparu, ensuite que votre portefeuille est retrouvé.

— Tant mieux! mais je crains bien, à moins d'un grand hasard, ne jamais rencontrer ce pauvre homme.

— Peut-être. Je vous assure qu'il vous cherche assez pour vous trouver.

Les aboiements du chien se faisaient toujours entendre, sans avoir l'air de se rapprocher. On eût dit plutôt que c'étaient nous qui nous rapprochions d'eux. En effet, au moment où je demandais au guide pourquoi nous n'étions pas encore arrivés à la cabane de Gaulis, et où le guide me répondait que les Américaines avaient décidé de faire un grand détour dont je ne serai moi-même pas fâché, un chien que je reconnus tout de suite se précipita vers nous en remuant la queue de joie, se laissa caresser un instant et repartit avec la même vitesse et les mêmes aboiements. Ce chien, c'était Ramoune. Joannès ne devait pas être loin.

— Mon portefeuille non plus, ajouta mademoiselle Rose, à cette réflexion que j'avais faite tout haut.

Les Américains, très-indifférents à l'histoire de Ramoune, poursuivaient en silence leur route. Enfin le guide s'arrêta et d'un signe fit :

— C'est là.

Le mont Perdu derrière nous gardait son aspect fantastique. Vu de ce côté, on l'eût pris pour une pyramide d'Égypte transportée par les Titans au sommet du Marboré. Le soleil l'éclairait bien de face et sous le ciel d'azur qui lui servait de dôme, avec ses deux énormes glaciers étincelants comme du métal, son sommet perdu dans la nue, il semblait ne plus être de ce monde et nous apparaissait comme un bolide détaché d'une planète.

La plaine que nous venions de traverser ensuite n'était autre que la terrasse même du Marboré où nous retrouvâmes sous nos pieds des épais tapis de coquilles fossiles. L'arête au bord de laquelle le guide nous avait fait un signe séparait brusquement la terre ferme d'un précipice d'une lieue de pourtour et de 1,500 mètres de profondeur.

C'était le cirque de Gavarnie qui se déployait là tout entier comme un immense entonnoir. Étendus sur le sol, nous penchâmes la tête sur cet abîme, dont nous dominions les gradins, les glaciers, les neiges, les cascades. Ce magnifique amphithéâtre contemporain de tous les siècles, qui m'avait paru si grand, vu d'en bas, me semblait double vu d'en haut. Placé au faîte du dernier des gradins, je n'apercevais le fond de l'enceinte qu'à travers le voile vaporeux des couches d'air superposées.

— Non, rien n'est plus beau, plus extraordinaire, plus féerique, s'écria la plus âgée des Américaines, debout sur le bord de l'abîme, son grand bâton à la main, ses cheveux dénoués et flottants.

— La vallée de Naerodal en Norwége, dit la plus jeune, n'est pas plus belle vue à vol d'oiseau du plateau de Stalheim.

Il fallut malgré nous s'arracher à ce grandiose spectacle et reprendre la route de la cabane de Gaulis, dont nous nous étions détournés.

Cette fois le chien vint à notre rencontre et ne nous quitta plus. La première personne qui nous apparut au détour d'un rocher fut Charles qui piétinait d'impatience en nous attendant. Deux autres personnes étaient avec lui. Joannès d'abord et ensuite M. Bordanèche, qui, inquiet de sa fille, était monté jusque-là à son avance.

M. Verlède et son fils Édouard, un peu remis, sinon guéri, nous attendaient à Cauterets. C'était une fuite en règle du père et du fils, car ils avaient abandonné, jeté à l'eau pour ainsi dire le père de Rose que Charles avait repêché et ne quittait plus depuis qu'il savait que sa fille avait été mon compagnon de voyage. Curieux comme tous les hommes de lettres, il flairait dans cette aventure un racontar pour ses chroniques d'hiver. Moi seul en ai fait mon profit.

Voici ce qui s'était passé. Arrivés à Gavarnie, M. Bordanèche et son nouveau compagnon ne voulurent pas abandonner, l'un sa fille, l'autre son ami. Et comme j'étais avec mademoiselle Rose dans la montagne depuis trois jours déjà, Charles décida le vieillard très-inquiet à l'accompagner. Seulement il n'y avait pas de guide. Or Joannès était sur la piste de la jeune fille, à qui il voulait rendre son carnet et se débarrasser de ce dépôt qui lui pesait. Il venait d'arriver, et n'ayant pas mangé depuis la veille, il n'était pas fâché de gagner quelque argent. Il se proposa et fut accepté pour guide. Ce ne fut qu'en route qu'il reconnut le père de mademoiselle Rose, à qui il rendit son portefeuille avec un soupir de satisfaction. Il fut même impossible de lui faire accepter la moindre récompense.

— Voyons, murmura Charles, c'est être trop honnête.

— On ne l'est jamais trop, monsieur.

— Dites donc plutôt qu'on ne l'est pas assez !

— Connaissez-vous, monsieur, l'histoire des trois pêches ?

— Non, ma foi.

— On l'a mise à toutes les sauces, en chanson, en fable, en patois béarnais et catalan, même en français. Eh bien ! foi de Dieu ! ça m'est arrivé à moi, et depuis ce temps j'ai juré d'être honnête, de ne jamais toucher à ce qui ne m'appartiendrait pas et, s'il le fallait, mourir de faim auprès du dépôt qu'on m'aurait confié.

— C'est donc bien grave ?

— Oh ! monsieur, un enfantillage. Écoutez. J'avais dix ans. Ma mère, veuve de bonne heure, ne pouvant m'envoyer à l'école me laissait pour garder la maison et le jardin où nous avions les plus beaux fruits du pays, les pêches surtout. Cette année avait été très-mauvaise pour les pêches. Il n'y en avait pas une seule à vingt lieues à la ronde, si ce n'est sur notre pêcher où il y en avait trois !

— Trois ! Peste, quelle récolte !

— J'avais ordre de ma mère de veiller que les oiseaux ne vinssent pas becqueter les pêches, ni que les maraudeurs vinssent les voler. Je remplis bien ma tâche jusqu'au bout. J'aimais tant les pêches qu'il me tardait de les voir cueillir. Je me disais : Il y en aura toujours une pour moi ! Hélas ! un beau matin ma mère cueillit les trois pêches, les enveloppa d'une feuille de figuier, les mit dans un panier et me dit : « Porte ça à M. le curé. C'est tout ce que je peux faire pour lui cette année. Ne t'amuse pas en route et reviens tout de suite afin que je sache s'il les a trouvées bonnes. » Me voilà parti, messieurs. Il faisait une chaleur affreuse, j'avais bien vingt minutes de chemin et pas un seul ruisseau sur la route. Je ne sais pas si je vous ai dit que j'adorais les pêches.

— Oui, oui, vous nous l'avez dit.

— Je n'avais pas fait vingt pas, que l'odeur de la pêche me fit jeter les yeux sur le panier. Maudite odeur ! maudit regard ! je me persuadai qu'après tout M. le curé aurait bien assez de deux pêches et, ma foi, j'en pris une, la moins belle, que je croquai à pleines dents.

— Elle était bonne, hein ?

— Trop bonne ! Et puis cette chaleur me donnait une soif ! Je me persuadai de nouveau qu'en définitive, puisqu'il y avait trois pêches, nous étions trois aussi, M. le curé, ma mère et moi. J'avais mangé la part de ma mère, je mangeai la mienne, mais je laissai celle de M. le curé, par la meilleure des raisons, c'est que j'étais trop près du presbytère. Je sonne, j'entre.

— Bonjour, monsieur le curé.

— Bonjour, petit, que m'apportes-tu là ?

— Des pêches, monsieur le curé ; mais il n'y en a eu que trois cette année.

— Eh bien, mon enfant, nous nous contenterons de trois.

Et il ouvre le panier.

— Il n'y en a qu'une !

— Oui, monsieur le curé.

— Tu disais trois ?

— Oui trois, monsieur le curé.

— Mais alors, comment as-tu fait ?

— Comment j'ai fait, monsieur le curé ?

— Oui, comment as-tu fait ?

— Voilà comment j'ai fait, monsieur le curé !

Je prends la troisième pêche et je la mange aux yeux du curé stupéfait !..
Ma mère ne m'a jamais pardonné, M. le curé non plus, moi non plus, et

depuis ce temps on peut me confier le Pérou, je n'y toucherai pas.

— Et vous n'aimez plus les pêches ?

— Oh! si, monsieur ! c'est mon tourment. Pour manger une pêche, je ne sais pas ce que je ferais, sauf de la voler, par exemple !

Cette histoire avait amusé Charles, mais non déridé le père de Rose qui joignait une vive inquiétude à la fatigue de la route. Cette inquiétude trouva un nouvel aliment à la cabane de Gaulis où nos sacs et nos provisions que nous y avions laissés firent faire au pauvre père les suppositions les plus invraisemblables. Joannès le rassura et envoya Ramoune en avant. Le malheur voulut que les Américaines nous eussent fait faire un détour, ce qui retarda notre retour à la cabane et redoubla les perplexités de M. Bordanèche.

Enfin nous nous retrouvâmes. Ce furent des cris de surprise et de joie. Les Américaines eux-mêmes s'étaient déridées. Le plus étonné, le plus ravi, ce fut Charles, qui me dit à l'oreille, le soir même, dès notre retour à Gavarnie :

— Décidément Édouard fera des bêtises toute sa vie.

Qui pouvait motiver cette exclamation? Rien de plus simple.

Non-seulement Rose avait ôté ses lunettes, mais encore elle avait causé tout le long de la route !...

LE LAC DE GAUBE.

CHAPITRE IX

De Luz à Cauterets. — Premières impressions à l'aspect du village. — Eaux thermales. — César et Charlemagne. — La Marguerite des Marguerites. — Saint-Savin. — Discussion à propos des eaux des Pyrénées. — La Raillère. — Le Mauvais-Trou. — La Fée des Vertiges. — Accident changé en légende. Cascade de Ceriset. — Théorie légendaire de la formation des lacs. — Le serpent. — L'œuf fatidique. — Le Pas de l'Ours. — Le bœuf et l'âne. — Légende bien trouvée si elle n'est pas vraie. — Le Juif-Errant. — Un seau d'eau devenu inépuisable. — Le pont d'Espagne. — Digression scientifique. — Le lac de Gaube. — Retour et séparation. — Tarbes. — Histoire de cent deux singes. — De Tarbes à Bagnères. — Bigorre me fait oublier Luchon. — Rendez-vous manqué.

Mademoiselle Rose et son père, Joannès et Ramoune, Charles et moi ferons seuls les frais de ce chapitre, dont la légende aura la plus belle part.

Nous sommes à Cauterets, bourg assez triste, mais que notre bonne humeur va nous faire paraître gai. La route que nous venons de parcourir pour y arriver nous a donné les premiers éléments de cette bonne humeur que rien ne devait gâter.

Après avoir perdu de vue le délicieux bassin de Luz et passé ce fameux défilé de Pierrefitte dont nous avons déjà parlé, nous nous trouvons au sommet d'une côte d'où l'on aperçoit toute la vallée d'Argelès, le beau pays du Lavedan, le roc que couronnent les ruines chancelantes d'un vieux manoir et au-dessous de la route, à une énorme profondeur, le joli village de Pierrefitte au milieu des flots écumeux du Gave qui l'entourent de toutes parts.

Puis la route, quittant la gorge dans laquelle la sape et la mine l'ont frayée, remonte péniblement les flancs de la montagne qui lui fait face. C'est la côte du Limaçon, probablement appelée ainsi à cause des immenses lacets qu'y décrit la route et qui font ressembler cette montagne au vaste tronc d'un arbre touffu sur lequel se tordrait un serpent. Il y a là, malgré la végétation luxuriante, une masse de roches calcaires dont les débris éboulés forment une sorte de chaos et dans un profond ravin on distingue la cime des sapins d'une forêt renommée pour ses ours. Nous avons beau jeter des pierres dans le ravin, ses hôtes dorment sans doute, car nul mugissement ne répond à notre fanfaronnade.

En face, il nous semble voir un chemin de fer aérien. C'est une mine d'argent et de plomb qu'on exploite au sommet d'une montagne. Le minerai descend au moyen d'un système très-ingénieux de cordes en fils de fer sur lesquelles glissent des poulies.

Enfin la gorge s'élargit. Ce n'est plus que prairies et champs cultivés. Le Gave lui-même de torrent est devenu rivière paisible, et nous entrons à Cauterets par la promenade du parc.

Notre première impression, comme je l'ai dit plus haut, a été un peu triste. Cauterets est en effet dans une vallée solitaire environnée d'épaisses forêts et de rochers arides, vallée sombre, âpre et triste, serrée dans un corset de hautes montagnes qui lui prennent son soleil et dont le vert foncé des forêts de sapins jette un jour mélancolique sur toute la nature environnante.

Cauterets et ses eaux thermales sont connus depuis les temps les plus anciens. Une de ses sources est appelée source de César, bien que le dictateur romain, fort soucieux de léguer son nom à la postérité, n'en fasse pas mention dans ses Commentaires.

Ce qui est plus certain, c'est que, lorsque en 945 Charlemagne restaura le monastère de Saint-Savin détruit par les Normands et que le temps a détruit à son tour, n'en laissant que des pierres rongées et noircies, des dalles disjointes incrustées de mousse, il comprit la vallée de Cauterets dans la donation de terres qu'il fit aux moines, à la condition d'y bâtir une église et d'y entretenir des bains.

Des souvenirs illustres se rattachent à ces bains. Le plus illustre est celui de la Marguerite des Marguerites, sœur de François Ier et reine de Navarre.

Cette spirituelle princesse raconte elle-même le piquant séjour qu'elle fit à Cauterets :

« Le 1er jour de septembre que les bains des Pyrénées commencent d'avoir de la vertu, plusieurs personnes tant de France, d'Espagne que d'ailleurs se trouvèrent à ceux de Cauldérès, les unes pour boire, les autres pour prendre de la boue, qui sont choses si merveilleuses que les malades abandonnés des médecins s'en retournent tous guéris.

Mais sur le temps de leur retour, vinrent des pluies si excessives qu'il semblait que Dieu ait oublié la promesse faite à Noé de ne plus détruire le monde par eau, car il fut impossible de demeurer dans les maisons de Caulderès remplies d'eau.

« Ceux qui étaient venus d'Espagne s'en retournèrent par les montagnes du mieux qu'il leur fut possible. Mais les Français, pensant s'en retourner à Tarbes, trouvèrent les petits ruisseaux si enflés, qu'à peine purent-ils les passer au gué. Mais quand il fallut passer le Gave béarnais, qui en allant n'avait pas deux pieds de profondeur, il se trouva si grand et si impétueux qu'il fallut se détourner pour aller chercher des ponts, lesquels, pour n'être que de bois, furent emportés par la véhémence de l'eau.

« Quelques-uns, cuidant rompre la violence du cours, furent emportés si promptement que ceux qui voulaient les suivre ne purent que rétrograder.

« Les autres traversèrent les montagnes et, passant par l'Aragon, vinrent dans le comté de Roussillon et de là à Narbonne, ceux-ci s'en allèrent droit à Barcelone et passèrent à Marseille et à Aigues-Mortes. Ceux-là, pour prendre une route détournée, s'enfoncèrent dans les bois et furent mangés par les ours.

« Quelques-uns vinrent dans des villages qui n'étaient habités que par des voleurs. L'abbé de Saint-Savin logea les dames et les demoiselles dans son appartement. Il leur fournit de bons chevaux du Lavedan, de bonnes capes du Béarn, force vivres et escortes pour arriver à Notre-Dame de Sarrance. »

Voilà donc ce qu'était il y a trois siècles un séjour dans les Pyrénées, et l'on était heureux de trouver sur son chemin :

> Le long dîner, la courte messe,
> Du bon curé de Saint-Savin.

Aujourd'hui, de somptueux hôtels s'élèvent sur les lieux mêmes où la Marguerite de Marguerites couchait avec sa cour sous des toits de planches.

L'érudition de mademoiselle Rose, qui m'a fourni tous ces détails et bien d'autres disséminés dans ce chapitre, ne me fit pas grâce d'une histoire, d'une légende, d'un point de vue, tant que nous restâmes à Cauterets.

Pourquoi étais-je revenu sur mes pas et, au lieu de m'en aller tout droit à Luchon, avais-je repris un chemin non compris dans mon programme? Pourquoi surtout suis-je resté si longtemps à Cauterets, c'est ce qu'une petite parenthèse va nous apprendre.

Et d'abord réglons nos comptes avec Édouard. Le jeune homme, à peu près guéri, avait transigé avec son père.

— Je veux bien être sous-préfet, lui dit-il, mais je ne veux pas me marier.

— Soit, avait répondu M. Verlède. Nous verrons plus tard.

Le père et le fils, à peu près d'accord, s'étaient pour ainsi dire sauvés, sans nous dire adieu, nous laissant Charles un peu triste, Rose très-joyeuse et le père Bordanèche ni triste ni joyeux. Ce dernier avait eu avec le père d'Édouard une conversation qui sans doute était destinée à contenter tout le monde sans donner raison à personne.

Voilà donc comment nous nous étions retrouvés réunis. Notre excursion dans les Pyrénées suivait son cours, à la condition de ne pas gêner mademoiselle Rose dans ses études, dernier argument qui nous a conduits à Cauterets.

Quant à Joannès, suivi de Ramoune, ce sont nos guides, et la probité du Basque lui a valu l'amitié de la famille Bordanèche, qui a promis, pour le récompenser, de faire reconstruire son auberge de la Rhune.

Il va sans dire que je ne suis pas venu à Cauterets sans protester, ce qui m'a valu une leçon de mon jeune professeur.

— Voyons, mademoiselle, ai-je eu l'imprudence de lui dire, avouez que toutes les eaux des Pyrénées se ressemblent.

— Oh! non. Je n'avoue pas.

— Cependant elles guérissent indistinctement toutes les maladies.

— Grave erreur. Lisez plutôt l'histoire.

— Il faut de la foi en histoire comme en médecine. Ainsi les Eaux-Bonnes guérissaient autrefois les blessures, puisqu'on les appelait eaux d'arquebusades et que François Ier y envoya les blessés de Pavie. Aujourd'hui elles guérissent les maladies de gorge et de poitrine. Dans cent ans, elles guériront autre chose. Chaque siècle, la médecine fait des progrès.

— Où voulez-vous en venir avec cette théorie?

— A ceci, que de même que Sganarelle mettait le foie à gauche et le cœur à droite, de même aujourd'hui les médecins vous disent : Employez vite ce remède pendant qu'il guérit encore. Les médicaments suivent la mode. Ainsi vous allez à Cauterets. A quoi bon ? Il y a vingt-quatre sources toutes différentes les unes des autres. Laquelle est la meilleure ?

— C'est précisément ce que je vais savoir. Maintenant je vous répondrai que si les eaux ne guérissent pas la maladie, elles soulagent le malade. Et pour être aussi sceptique que vous, je terminerai cette discussion un peu oiseuse par cette citation d'un de vos auteurs favoris, que pour ma part je n'aime guère.

— Voyons la citation.

— Que peut-on dire contre Cauterets? Le climat est chaud, la gorge abritée, l'air pur. La gaieté du soleil égaie. En changeant d'habitudes, on change de pensées. Les idées noires s'en vont. L'eau n'est pas mauvaise à boire. On a fait un joli voyage, le moral guérit le physique. Sinon, on a espéré pendant deux mois. Et qu'est-ce, je vous prie, qu'un remède, sinon un prétexte pour espérer ? On prend patience et plaisir jusqu'à ce que le mal ou la maladie s'en aille, et tout est pour le mieux dans le meilleur des mondes.

— Est-ce votre avis ?

— Moi, je cherche le remède. C'est aux malades de trouver l'espérance.

Charles, qui écoutait, sourit de ma confusion. Moi je me trouvais tout fier d'être honteux. Je me suis puni en restant deux jours à Cauterets et dans ses environs. Bienheureuse punition qui m'a valu un souvenir des plus curieux et des plus agréables de mon voyage.

Voici le bilan de ce séjour :

Nous sommes allés et nous avons bu à toutes les sources dont cette partie des Pyrénées est si riche. Cette richesse hydrologique est même étonnante dans des montagnes qui offrent un si grand nombre de thermes. Il y a vingt-quatre sources rien qu'à Cauterets, et toutes sont utilisées chaque année par treize mille malades environ.

Leur température maxima varie de 48 à 55 degrés. L'eau est en général sodique, sulfurée, saline, sulfatée ou ferrugineuse ; seulement elle ne dégage que très-peu d'acide sulfhydrique et ne laisse pas de soufre dans les conduits ; très-altérable, elle dépose au contact de l'air de la barégine.

Cette classification chimique est tout ce que j'ai retenu de la vraie conférence que mademoiselle Rose a essayé de nous faire et que j'ai écoutée religieusement pendant que Charles, pour prouver son attention, buvait afin de mieux reconnaître les effets physiologiques de cette eau salutaire.

— Sapristi, me dit-il après plusieurs heures de cet exercice, il me semble que j'ai avalé une vingtaine de boîtes d'allumettes.

Le père de Rose écoutait sa fille comme un oracle et ne buvait qu'avec sa permission. Quant à Joannès, il ne se trouvait pas assez malade, même pour goûter à ce qu'il appelait « de l'eau de javelle après la lessive. »

Un petit incident à noter. Ramoune, en chien intelligent qu'il était, nous avait parfaitement reconnus, mais il s'obstinait à ne se laisser caresser par mademoiselle Rose que lorsque celle-ci avait ses lunettes et son air britannique. Explique qui voudra ce caprice. Je constate. Voilà tout.

Donc, le matin de très-bonne heure, nous étions partis pour les bains de la Raillère. Il y avait déjà des buveurs et des baigneurs, très-étonnés de voir de simples touristes faire cette promenade assez ingrate sans y être forcés.

Si la promenade n'offre aucun intérêt pour les malades, pour nous elle était pleine de charmes. Nous nous rappelions la reine Marguerite, qui allait avec ses femmes dans un beau pré « le long de la rivière du Gave, où les arbres sont si feuillés que le soleil ne saurait percer l'ombre ni échauffer la fraîcheur, et s'asseyait sur l'herbe verte, si molle et si délicate qu'il ne fallait ni carreaux ni tapis. » Rabelais aussi était venu là, et certes j'aurais bien voulu savoir l'opinion du bon curé de Meudon, qui aimait tant le vin !

Le sentier que nous avons pris grimpe entre des rochers et des précipices, passe sur un pont, au pied d'anfractuosités toujours remplies de neige, et traverse une gorge sauvage assombrie par de noires forêts de sapins, où vivait autrefois le lynx, cet animal disparu des Pyrénées. Nous laissons derrière nous la Raillère, où les deux gaves de Lutour et de Gaube réunissent leurs eaux limpides, descendues par mille ressauts des sommets neigeux du Vignemale et du Pignère, et nous entrons dans le val de Géret, après être passés devant une foule d'établissements thermaux, stations du calvaire médical de notre jeune compagne.

Je n'en citerai qu'une, pour mémoire, et parce qu'il me semble avoir encore le goût de l'eau nauséabonde que j'y ai bue.

Cette station est celle de la grotte du Mauvais-Trou, cavité naturelle d'où s'échappe une forte odeur sulfureuse. Autrefois le Gave la remplissait à chaque crue, et on n'y arrivait qu'en se laissant glisser sur les poutres, au risque de tomber dans l'eau du torrent. Aujourd'hui on y entre comme chez soi. Il y a là une source minérale qui sent les œufs pourris à plein nez. Les buveurs y sont très-nombreux, par la meilleure des raisons, c'est qu'ils peuvent s'y verser la santé gratis.

Il a fallu y goûter, à cette eau! Or, comme la Faculté ordonne de la boire à grandes doses, vous devez bien penser que mademoiselle Rose, notre échanson pour la circonstance, n'a pas ménagé le liquide.

— Je ne pourrai plus manger d'omelettes, me dit Charles avec une grimace comique qui me vengea un peu de mes mésaventures du pic d'Anie.

— Ma foi, répondis-je, il faut avoir de la santé à revendre ou ne pas en avoir du tout, pour pouvoir faire un usage prolongé de cette boisson.

Nous en sommes dédommagés par la vue du paysage, aussi sauvage que grandiose. Partout des fonds bouleversés où les traces des déluges apparaissent comme pour rappeler ces antiques punitions du ciel, des masses ruinées, des forêts dominées par des pics superbes, des rampes effroyables suspendues sur des précipices d'une profondeur vertigineuse.

Joannès nous arrête auprès d'un de ces gouffres. Une croix rappelle un accident qui a eu lieu il y a quelques années et que notre guide nous raconte sous la forme d'une légende; on pourrait l'intituler « la Fée des Vertiges. » Jamais, même en Norwége, les fées n'ont joué un aussi grand rôle que dans les Pyrénées.

D'ailleurs, comme à tout récit il faut un cadre, pour bien comprendre celui que nous a fait Joannès, je rappellerai que le chemin suivi par notre caravane serpentait à travers des abîmes, « marche gigantesque que la main de Dieu a jetée là pour aider le voyageur altéré de science à monter jusqu'à lui. » Le moindre regard jeté sur les profondeurs séculaires des récifs suspendus à nos pieds troublait notre vue. Jamais nous n'avions éprouvé cette sensation du vertige. Il nous semblait voir, dans l'ombre du gouffre, comme une lueur étrange dont l'éclat magnétique et fascinateur nous éblouissait et nous attirait.

« Les traditions du pays expliquent cette hallucination des sens que le génie des poëtes allemands s'est plu à faire fantastiquement tournoyer sur le bouclier à facettes de l'Adamastor des montagnes.

« Chacun de ces rochers, de ces gouffres, de ces abîmes est sous l'invocation d'une fée malfaisante, que les montagnards appelle la *Fée des Vertiges*.

« Ces sirènes dangereuses, — une des plus poétiques réminiscences des superstitions antiques que le flot vainqueur du christianisme ait respectée dans sa course à travers les âges, — ces sirènes dangereuses, aux regards de flammes, aux provocations ardentes, fascinent le voyageur imprudent qui ose contempler leur sauvage beauté. Éperdu, le cœur serré d'effroi, il sent bien tout à coup un secret pressentiment de malheur prochain courir dans ses veines avec le frisson, mais il n'est plus temps.

« Le fils d'Ève paie de sa vie les imprudences de sa curiosité, et l'on entend les rires d'une voix satanique se mêler aux rumeurs du vent. »

Et maintenant je laisse la parole à Joannès :

— Dans ce gouffre vivait autrefois la plus belle des fées des Vertiges. La croix du Rédempteur, qu'on a mise sur les bords de l'abîme où sa dernière victime a été engloutie, l'en a chassée pour toujours. Ce qui prouve que toutes les fées sont de bien mauvaises chrétiennes.

Nul voyageur ne pouvait passer là sans lui payer son tribut. Aussi les montagnards forcés de prendre ce chemin, qui à cette époque était encore plus dangereux qu'aujourd'hui, lui faisaient-ils en passant toutes sortes de cadeaux afin de l'apaiser. Puis ils franchissaient ce mauvais pas en fermant les yeux. Il arrivait aussi que les cadeaux ne plaisaient pas toujours à la fée; alors c'étaient des cris de colère, des menaces qu'un signe de croix faisait cesser. Mais on était bien sûr que le jour même, ou le lendemain au plus tard, il y aurait un nouvel accident à déplorer.

Chose curieuse à noter. La Fée des Vertiges ne s'attaquait qu'aux jeunes gens et aux enfants, tandis que ses autres sœurs ne choisissaient pas leurs victimes, et du reste, plus faciles à satisfaire, se laissaient apaiser par les dons de toute nature que leur jetait la terreur superstitieuse du voyageur ou du montagnard.

Un jour vint dans le pays, pour cause de santé, un jeune homme accompagné de son domestique. Tous les deux étaient du même âge et du même pays. Mais autant le maître était blanc, délicat, fluet, autant le domestique était brun, fort et hardi.

Sous l'influence du climat, le jeune homme revint vite à la santé. Son père le pria par lettre de revenir, et son domestique l'invita à obtempérer à ce désir, pour achever de rassurer sa famille, qui doutait encore de sa guérison.

— Nous partirons demain, répondit l'enfant, tu ne sais donc pas que j'ai des amis dans la montagne auxquels je dois dire adieu avant de les quitter?

— Des amis? répéta le domestique stupéfait.

— Viens avec moi. Je te présenterai.

En effet, le jeune homme venait souvent se promener sur les bords de ces abîmes, où il aimait à nouer conversation avec les fées. Il n'avait encore cédé à aucune de leurs irrésistibles séductions. Mais la Fée des Vertiges le guettait du fond de l'ombre, et, jalouse d'enlever cette jeune proie à ses sœurs, elle l'attendait ce jour-là, l'œil plein d'effluves magnétiques, la bouche de sourires, la voix de promesses. Le malheureux enfant ne put y résister, et il roula la tête la première dans l'immense cratère béant devant lui.

Son domestique accourut aux cris de la victime, mais il était trop tard. Le gouffre perfide s'était refermé. La fée avait disparu, et les échos de la montagne murmuraient un concert de rires sataniques.

Le pauvre homme, en face de cet immense malheur dont il se croyait responsable aux yeux de la famille, tomba à genoux, immobile, dans un état de morne stupeur, et resta toute la nuit abîmé dans sa douleur et les larmes. Le lendemain, des montagnards le trouvèrent à la même place et voulurent l'arracher à sa muette contemplation. Il résista et assura qu'il ne quitterait le lieu où était mort son maître, qu'après être descendu dans l'abîme pour y chercher le cadavre.

Les montagnards, effrayés par cette résolution et se souciant peu de se mesurer avec la Fée des Vertiges, ne voulurent jamais consentir à l'aider dans son funèbre projet.

L'abîme a gardé sa proie et nul n'a osé y descendre chercher son secret, seulement la Fée des Vertiges a perdu une partie de sa puissance et, grâce à cette croix qui nous protége, j'ai pu sans danger vous raconter cette histoire que je vous donne pour ce qu'elle vaut.

Involontairement et mus par la même terreur superstitieuse, nous fîmes un signe de croix, commentant en nous-mêmes cette prodigieuse habileté des gens primitifs à transformer un accident vulgaire en une touchante légende. Chacun poursuivit sa route en silence et nous étions arrivés à la cascade de Cerizet que notre émotion n'était pas dissipée.

La superbe cataracte devant laquelle nous nous trouvions est encaissée entre deux parois à pic. Le torrent jette ses eaux bouillonnantes contre d'énormes blocs éboulés sur lesquels il se brise et s'éparpille. Puis, comme s'il avait hâte d'en finir, il rassemble ses eaux et, par un bond vertigineux, il s'engloutit dans l'abîme où l'œil ne peut pénétrer et d'où s'élèvent de formidables mugissements. Le sol tremble, les branches de sapins sont agitées par le courant d'air que produit la chute des eaux, et les rochers eux-mêmes semblent ébranlés dans leur base.

L'émotion est poignante, le bruit étourdit, l'écume aveugle et le gouffre fascine. On admire, mais on a hâte de s'en aller, d'autant plus qu'on est vite mouillé par l'humide fumée de la cataracte.

Pour nous consoler, nous allons tout auprès voir une autre cascade, car dans ces régions ce n'est que torrents et lacs.

Mademoiselle Rose nous en donne une explication assez curieuse, « Le serpent fut, dans les Pyrénées comme dans l'Inde splendide; comme dans l'Afrique brûlée, l'objet de l'attention tremblante des hommes. Aujourd'hui même il est plus d'un pasteur aux vallons de Bigorre qui le croit doué d'un pouvoir malfaisant incomparable. Le hideux reptile aspire tous les êtres qui sont à sa portée et les dévore. Il fait venir à lui par la puissance de son haleine les petits oiseaux et les petits enfants.

« Or un des plus grands serpents qu'on ait jamais vus se traînait jadis sur le plateau d'une montagne verdoyante. Au pied de cette montagne et de plusieurs autres qui forment un amphithéâtre vaste et serein, s'étend une vallée si douce que l'âme y reste captive et s'y croit enchantée, de grands troupeaux allaient et venaient dans ce paradis, bondissant comme l'avalanche, sous la conduite de leurs pasteurs, à la voix sonore de leurs chiens blancs comme la neige nouvelle ; mais, chose horrible, pasteurs, chiens et troupeaux, enlevés de terre par une force irrésistible, montaient vers le plateau magique et s'engouffraient dans la bouche du serpent.

« Et cela dura longtemps. D'innombrables victimes succombèrent en sorte que tout ce pays n'était que larmes, gémissements et consternation.

« Or, il vint un homme aussi adroit que courageux, qui résolut de délivrer le pays. Dans ce but, il établit une forge au lieu le plus secret qu'il put trouver et là il forgeait du fer et, lorsque ce fer était rouge, il le mettait à la portée du serpent. Le monstre, qui cherchait toujours une proie, dès qu'il voyait le fer rouge, l'aspirait comme toute autre chose et, par la puissance de son souffle, il l'avalait d'un seul trait. Le feu se mit à ses entrailles et il eut une si grande soif qu'il se prit à boire, à boire, et il buvait toujours. A la fin il creva. L'eau qu'il avait absorbée se répandit de tous côtés en cascades, en torrents, et forma tous les lacs que, dans cette nature prodigue, il est plus facile d'admirer que de compter.

« Ensuite on prit les côtes du reptile et l'on crut faire une chose agréable à Dieu de s'en servir pour construire une église. Mais quand l'église fut bâtie, la grêle tomba sans relâche. On connut par là qu'il fallait brûler ces os parce qu'ils étaient maudits, et, quand ils furent consumés, la grêle ne tomba plus. »

La légende est ingénieusement trouvée. On y reconnaît la trace de la vieille tradition euskarienne dans laquelle le feu central de la terre, cet inextinguible foyer origine des lacs, est comparé à un énorme serpent sorti d'un œuf couvé dans le fumier.

Ce monstre a sept gueules flamboyantes d'où, dans un jour de colère, est sorti le feu qui a bouleversé le globe, nouvelle théorie du déluge à laquelle la science donne un semblant de raison.

Depuis longtemps le terrible dragon dormait sous terre enroulé sur lui-même. Soudain il tressaille, s'allonge, bâille et se réveille. Réveil terrible et fatal ! Le monstre fait craquer ses sinistres mâchoires d'où sortent des volcans, consume en dix jours toute l'ancienne terre et de sa longue queue, plus horrible que celle du castor, pétrit celle qui subsiste dans les eaux fumantes du déluge.

Puis, quand son œuvre est achevée, le gigantesque reptile cherche la digestion dans le sommeil, et se replie trois cent soixante-cinq fois sur lui même. Sa tête seule, sortant de cette carapace, repose sur les genoux d'une jeune femme qui, aidée de quatre génies, veille jour et nuit sur le sommeil du monstre.

Il attend ainsi, dans une insoucieuse paresse, l'aurore d'un nouveau déluge. Sa destinée dépend de celle d'un œuf mystérieux qu'un ramier couve sur le sommet le plus inaccessible des Pyrénées. Le jour où cet œuf fatidique sera brisé, le ciel en feu se déchaînera sur la terre d'où sortiront des torrents de lave bouillante, et pour la seconde fois le serpent dévorera le monde.

Heureusement que cet œuf est introuvable et que, d'après les calculs de l'école d'Alexandrie, cinq cents siècles s'écouleront encore avant qu'il soit écrasé.

Nous avons le temps d'attendre !...

Mais la légende bigorraise, tout en conservant son parfum naïf, n'en a pas moins une étrange ressemblance avec la géologie, dont la science attribue aux éruptions du feu central de la terre, la naissance des lacs.

Charles ne veut pas être en reste avec mademoiselle Rose, nous le connaissons bon conteur. Il va nous en donner encore une preuve.

La cascade devant laquelle nous nous trouvions s'appelle le Pas de l'Ours. Les sapins encadrent bien sa colonne d'eau qui, au lieu de bondir, forme une chevelure d'écume qui se fractionne aux aspérités du roc.

C'est Joannès qui nous donne l'acte de baptême de la cascade.

— Un jour, nous dit-il, un ours et un chien se rencontrèrent dans le sentier, un sentier à peine assez large pour qu'un cheval y posât son sabot. Nos deux voyageurs ne pouvaient le franchir en même temps. Il fallait que l'un ou l'autre consentît à rétrograder. Or l'habitant des bois, bien que mal léché, ne pouvait céder le pas à l'habitant des villes. Celui-ci de son côté refusait de se déranger de sa route. Un combat seul devait trancher la difficulté et les deux adversaires, en vidant leur querelle, roulèrent au fond du précipice.

— Cela vous fait sourire, monsieur Charles.

— Ma foi non, mademoiselle, seulement je demande pourquoi cette cascade s'appelle plutôt le pas de l'ours que le pas du chien. Je réclame pour le chien.

— Mais, monsieur, s'écria Joannès, piqué au vif, l'ours était chez lui !

— Raison de plus pour être poli. Il devait céder la place. Du reste vos légendes sont pleines d'injustices.

— Oh ! oh ! Charles a une histoire au bout de la langue.

— Non. Mais tenez, cela me rappelle l'histoire du bœuf et de l'âne.

— Ah ! j'avais raison ! m'écriai-je.

— Quand les mages, suivant une étoile miraculeuse, s'arrêtèrent dans une humble bourgade de la Judée, que trouvèrent-ils ? Une sainte femme auprès d'un nouveau-né couché dans une crèche entre un bœuf et un âne. Les deux bêtes se regardaient, et ce regard semblait dire : nous n'avons rien à manger que la paille de cette crèche, n'y touchons pas. Seulement l'âne eut peur que le bœuf, qui était le plus gros des deux, ne mangeât avant lui, et brin à brin il dévora la layette rustique du petit Jésus. Et le bœuf, qui avait bien faim aussi, ne voulant pas manger et ne pouvant empêcher l'âne de manger, s'approcha et souffla sur l'enfant pour le réchauffer de sa puissante haleine. Marie chassa l'âne en lui disant : « Tu seras un objet de risée et de moquerie, ignorant, qui as ignoré qui était mon fils. » Puis, s'adressant au bœuf : « Toi, lui dit-elle, tu auras la force et la bonté. » Eh bien ! cela n'a pas empêché qu'au moyen âge, on ne fît la fête de l'âne dans toutes les églises, parce que l'intrigant avait prêté son dos à Jésus-Christ pour entrer à Jérusalem ! Or, si l'âne est durement traité aujourd'hui, il l'est moins que le bœuf qui trouve sa récompense à l'abattoir. L'âne est battu, soit : mais il n'est pas mangé. Le bœuf voudrait bien changer, je vous assure. Ce qui prouve une fois de plus que, depuis que le monde est monde, en passant par Christophe Colomb qui n'a pas donné son nom à l'Amérique, la légende comme l'histoire ne vit que d'injustices. Et je n'appellerai cette cascade que le Pas du Chien !…

Cette boutade nous fit rire jusqu'aux larmes tant elle fut débitée avec un sérieux imperturbable.

— Grâce du moins, reprit mademoiselle Rose, pour ma légende du serpent.

— Pas de grâce, même pour celle-là ! Toutes vos cascades, vos lacs, vos gaves ont une autre origine, légendaire, c'est vrai, ne s'appliquant peut-être pas exclusivement aux Pyrénées, c'est encore vrai, mais tout aussi curieuse que la vôtre.

— Pourrait-on la connaître ?

— L'horloge est remontée ; elle ne s'arrêtera pas de si tôt. Profitons-en.

— Elle s'arrête peut-être au quart ou à la demie ?

— Non, mademoiselle, à l'heure !... Vous connaissez l'origine du lac de Lourdes...

— Oh ! Fi ! une horloge à répétition.

— Non, reprit Charles toujours sérieux malgré nos éclats de rire, le point de départ seul est le même. Du reste toutes les légendes commencent comme la fable de Philémon et Baucis. Donc, un jour, un pèlerin à longue barbe blanche, un grand bâton à la main, l'œil sinistre, la bouche pincée par un rictus de haine et de douleur, partit du pied du Calvaire, et, poussé par une force irrésistible, se mit à marcher jour et nuit sur cette terre où le repos lui était interdit. C'était le Juif-Errant. Mais, d'un autre côté, l'Ange du pardon, toujours en route sur les plus mauvais chemins de cette terre si mauvaise marchait, l'œil doux et la bouche souriante, tout fier de son ingrate mission.

— Il improvise, me dit la jeune fille à l'oreille.

— L'Ange et le Juif devaient nécessairement se rencontrer : mais Dieu avait réglé leur marche de manière à ce qu'ils ne se rencontrassent pas.

— Alors qu'est-ce que cela peut nous faire ? murmura la jeune fille.

— Il barbote, répondis-je.

— Seulement il arrivait que souvent le Juif-Errant entrait dans un village au moment où l'Ange en sortait. Un soir l'Ange vint dans ces montagnes dont le christianisme n'avait pas encore dégrossi la nature primitive et sauvage des habitants ; il frappa en vain à toutes les chaumières, nulle ne s'ouvrit à son appel. Ces gens-là ne connaissaient sans doute pas plus la charité que le pardon. L'Ange s'en retournait tout triste quand une porte s'ouvrit pour lui. La ménagère lui donna escabeau à sa table et place à son foyer.

« Bonne femme, répondit le voyageur à cette gracieuse hospitalité, merci de m'avoir donné un gîte quand tout le monde me le refusait,

LE PONT D'ESPAGNE.

je veux vous en récompenser. La première action que vous ferez demain en vous levant se continuera toute la journée. Que Dieu vous bénisse dans vos actions vous et toute votre postérité ! »

L'Ange s'en alla laissant la villageoise peu crédule à ce souhait. Mais une voisine avait tout entendu et voulant, elle aussi, avoir sa part dans les bénédictions du voyageur, elle courut après lui pour l'inviter à se reposer dans sa cabane beaucoup plus grande que l'autre. Elle le rattrapa au tournant de la route et malgré sa résistance le ramena chez elle. Malheureusement elle se trompait. Celui qu'elle ramenait ainsi n'était autre que le Juif-Errant qui suivait l'Ange du pardon pour le prier de porter une pétition au Bon Dieu. S'il fut bien reçu par la ménagère, lui, la reçut fort mal et s'arracha à cette hospitalité qu'il paya cinq sous et récompensa par ce vœu :

« Ce que vous ferez demain matin en vous levant, vous le ferez cent ans ! Et la villageoise de répondre en empochant les cinq sous :

« Je ne demandais pas autre chose. La voisine va en crever de dépit. »

Ce fameux lendemain arriva. La femme qui avait donné l'hospitalité à l'Ange du pardon, sans songer au don de son hôte, se mit à ranger son linge dès qu'elle fut debout. Alors les hardes se multiplièrent à tel point que la hutte fut comble jusqu'au faîte. Pendant ce temps, l'autre villageoise qui avait forcé le Juif maudit à entrer chez elle, ne se souvenant plus de rien, se levait comme d'habitude et allait puiser de l'eau pour sa lessive. Ce ne fut pas fini ! Malgré elle, poussée sans doute par la même main qui poussait le Juif-Errant, elle continua à puiser de l'eau dans un trou inépuisable et à la verser dans une auge qui naturellement déborda et forma les premiers ruisseaux. Ce manége dura cent ans. Les ruisseaux firent des lacs et les lacs débordant à leur tour des rivières, des gaves et des torrents. Ces gaves et ces torrents firent de leur côté des cascades, des cataractes et je ne sais où les Pyrénées en seraient si la centième année n'était enfin arrivée, et si la pauvre villageoise n'avait jeté son dernier seau au Juif-Errant qui repassait par là, sa destinée étant de repasser chaque siècle au même endroit !...

Cette légende qui nous a tant égayés perd de son charme à être lue. Débitée par Charles, c'est tout simplement une épopée.

Soudain notre causerie fut interrompue par un grondement sourd.

Nous approchions du Pont d'Espagne où le gave de Gaube venant du Vignemale et celui de Mascadaou venant d'Espagne se rejoignent et se confondent. Le pont tremblant qui surplombe l'abîme est fait avec trois sapins posés là, comme si le hasard les y avait fait tomber.

Deux énormes rochers encaissent la rivière impétueuse qui sentant tout à coup le terrain manquer sous ses flots, se précipite par un étroit goulot dans un bassin de granit avec le fracas d'un coup de canon. Ce bassin est très-profond et ses bords taillés à pic défient toute escalade. La chute est d'un seul jet. On dirait un bloc de glace qui se brise sur la pierre. Puis les gaves se réunissent et continuent leur cours de chute en chute, sous la poussière de vapeurs irisées qui s'élèvent constamment des cascades.

Ce pittoresque tableau a tenté une courageuse artiste qui osa pendant trois mois rester seule au Pont d'Espagne pour s'exercer à la peinture.

— Et c'était une Française, ajoute Joannès.

Comme la course avait déjà été très-longue, nous nous hâtâmes, après un repas aussi court que notre goûter, de prendre la route de sapins qui monte du Pont d'Espagne au lac de Gaube. Une véritable ascension... Aussi personne ne parle. On souffle, le père de Rose surtout, qui commence à regretter d'être venu. Ce n'est qu'une heure de fatigue bien vite oubliée quand on a fait le trajet, qui çà et là offre à notre curiosité de touriste un élément nouveau.

D'abord nous ne pouvons nous empêcher d'admirer cette route serrée entre des colonnades de sapins et de pins rouges, dont les avalanches n'ont pu rompre l'uniformité. Ce corridor sombre et mystérieux semble ne pas avoir d'issue, et quand la voix de Joannès trouble le silence qui nous enveloppe comme d'un suaire, nous ne pouvons nous empêcher de tressaillir.

— Eh bien ! vous ne voyez pas ? nous répète Joannès étonné.

Nous nous arrêtons les yeux écarquillés, mais nous ne voyons qu'un roc monstrueux, déplacé sans doute par l'avalanche dont nous avions aperçu un peu plus bas les énormes débris formant une arcade au-dessus du Gave. Seulement Joannès nous fait remarquer, au pied de ce roc, une curiosité naturelle assez bizarre : c'est un entonnoir d'un mètre de diamètre, taillé dans le rocher, aussi rond que s'il était sculpté par la main de l'homme.

L'entonnoir ne provoque en rien notre admiration, ce qui vexe Joannès et nous fait sourire. Pourtant, comme je crains d'avoir trop froissé son amour-propre, j'essaie de le consoler; mais j'en suis mal récompensé : notre ami me regarde de travers et, d'un ton méprisant :

— Si c'était dans les Alpes, me crie-t-il à bout portant, ce serait un chef-d'œuvre de la nature ; mais dans les Pyrénées...

Cette fois, Joannès est étonné lui-même du succès qu'il remporte et notre route s'en continue plus gaiement.

D'ailleurs nous ne devons pas être loin du but. Les sapins commencent à s'éclaircir. On sent que c'est ici la limite de la végétation, car les arbres deviennent maigres et chétifs, on n'entend plus le cri des oiseaux et l'on devine déjà à ce silence profond le calme des hautes régions.

— Dirait-on, s'écrie mademoiselle Rose, que nous montons si haut pour trouver un lac ?

— J'ai assez de tes lacs et de tes cascades, lui riposte son père vec aigreur. Si encore cela servait à quelque chose ?

— Oh ! petit père, dit la jeune fille d'une voix câline et en prenant le bras de son père qu'elle appuie sur le sien, rien n'est inutile en ce monde. Si les cascades et les lacs ne sont pour le touriste qu'un gracieux décor des montagnes, ils ont une autre importance bien plus sérieuse pour les hommes de travail et de progrès qui cherchent à connaître et à exploiter toutes les richesses de la terre. Les montagnes sont destinées à un grand avenir. Grâce à leurs chutes d'eau inépuisables, elles n'ont pas besoin, pour avoir une force motrice, de brûler du charbon comme la plaine. Quand la plaine n'aura plus de houille — et cela viendra — on réfléchira que, si une pauvre source de la vallée de la Maurienne a pu sans chaudière à vapeur percer le mont Cenis, elle aurait pu faire marcher pendant le même temps d'innombrables métiers dans toutes les maisons de la vallée. Les fabriques des Vosges restent à sec pendant deux mois, et la Suisse grâce à ses neiges, ne manque jamais d'eau. Que les Vosges fassent comme Saint-Étienne qui a su transformer en lac de montagne l'eau de son petit torrent du Furens pour donner de l'eau en tout temps à ses fabriques. Croyez-vous, mon cher père, et vous, messieurs, qui ne m'écoutez guère, qu'une fois conquis et asservis les lacs et les torrents ne seront pas une richesse pour le travail et l'industrie ?

— Un peu trop pratique pour une jeune fille, murmurai-je à l'oreille de Charles.

— Dédommageons-nous-en par la poésie.

En effet nous venons d'apercevoir en face des trois pitons du Vignemale drapés de neige le lac de Gaube qui

« Dort entre les précipices. L'eau verte, profonde de trois cents pieds, a des effets d'émeraude. Les têtes chauves des monts s'y mirent avec une sérénité divine. La fine colonne des pins s'y réfléchit aussi nette que dans l'air. Dans le lointain les bois vêtus d'une vapeur bleuâtre viennent tremper leurs pieds dans son eau froide et l'énorme Vignemale drapé de neige le ferme de sa falaise. Quelquefois un reste de brise vient le plisser et toutes ces grandes images ondulent. La Diane de Grèce, la vierge chasseresse et sauvage l'eût pris pour miroir. »

Délayons en humble prose ces lignes étincelantes de Taine.

Le lac de Gaube dans lequel la montagne épanche ses neiges et ses glaces est encaissé entre de hautes montagnes âpres et nues. Sur ses rives tout est silencieux. Pas d'oiseaux, pas de fleurs, peu d'arbres et peu de gazon. Le soleil même est impuissant à réchauffer ses bords glacés, mais dans son calme éternel et sa solitude infinie, ce sombre miroir que jamais la tempête n'a ridé nous paraît imposant, et son éclat étrange aux reflets chatoyants nous inspire le désir de soulever le mystérieux secret que recèlent ses muettes profondeurs !

Hélas ! un petit monument de marbre nous rappelle comment le lac punit et garde les téméraires qui veulent lui dérober son secret. Sur ce marbre sont inscrits deux noms : William Fattison, âgé de trente et un ans, et Sarah Frances, âgée de vingt-six ans. L'histoire de ces deux époux est connue de tout Cauterets. Il n'est ni touriste, ni malade qui ne soit venu rendre visite à cette tombe. Le fermier du lac en sait quelque chose. C'est à lui qu'il faut payer, car, dans les Pyrénées comme dans les Alpes tout se paie, le droit de prier pour ces malheureux époux.

Tous deux ont trouvé ici la mort loin de leur patrie, loin de leur famille, quand la vie s'ouvrait devant eux séduisante et pleine d'avenir. Ils étaient venus à Cauterets goûter au milieu des splendeurs pyrénéennes les douceurs des premiers jours de leur union. Un jour ils montent au lac. Cette surface aux reflets d'émeraude les attire, ils détachent la nacelle amarrée au bord et s'aventurent sur cette nappe perfide.

— Parvenus à quelque distance du bord, dit M. Achille Jubinal, ancien député des Hautes-Pyrénées et témoin oculaire, ils s'arrêtèrent et le jeune homme voulut essayer de sonder ; mais comptant toucher la terre avec le bout de sa rame il se baissa trop précipitamment. Le poids de sa tête et le manque d'obstacle déterminèrent la chute de son corps. Il tomba dans les ondes et disparut. C'est tout au plus si ceux qui le regardaient virent quelques sillons se tracer momentanément sur cette flaque d'eau. Le lac engloutit sa victime et reprit son calme de mort. Cependant la jeune femme qui, au premier moment, restait sans force et sans voix, l'œil ouvert sur cette eau qui se refermait, la jeune femme comprit subitement, en recouvrant toutes ses facultés l'horreur de sa position ; elle se mit à courir d'un bord à l'autre de la barque, tâchant de saisir le moindre mouvement sur les ondes ; elle cria, appela, plongea ses bras tout autour de la nacelle, espérant sentir quelque chose. Vain espoir, le gouffre gardait sa proie.

Alors une idée lui traversa la tête comme un éclair, elle se redressa, jeta un dernier coup d'œil vers la terre et vers le ciel, puis, s'élançant dans le lac elle disparut à son tour. Tout cela se passa rapide comme la pensée. Qu'on se figure l'émotion des spectateurs de cet horrible drame ! Trois heures après, le cadavre de cette pauvre femme battait la grève. On ne retrouva celui du mari que vingt-deux jours plus tard.

Étrange coïncidence ! A la même heure où ces deux infortunés se noyaient, le vieux batelier dont l'absence causait leur mort car il ne les aurait pas laissés monter seuls dans sa barque, expirait à Cauterets !

Ce récit fait près de cette tombe, en face du lac dont la surface immobile ressemble à une dalle de marbre, n'est pas destiné à nous égayer : aussi Charles nous propose-t-il d'aller manger des truites à l'auberge que nous apercevons perchée sur un escarpement de granit. La proposition est acceptée à l'unanimité.

Mais à l'auberge il y a foule. Une caravane qui descend du Vignemale emporte les plats d'assaut. Nous faisons comme elle, et quelques minutes après, au grand effroi de mademoiselle Rose, et à ma grande joie, nous nous trouvons assis à la même table qu'une dizaine de personnes, dont deux jeunes filles, qui nous font un accueil très-cordial.

La compagnie est très-gaie, les uns et les autres nous nous connaissons à peine, mais en voyage doit-on y regarder de si près ! Et puis les truites sont excellentes, le vin est frais, on a bon appétit et, comme chacun paiera son écot, on ne fait pas de façon pour boire et pour manger à son aise.

Nous revenons tous ensemble à Cauterets. Cette fois je suis moins content ; cela me prive de la conversation de mademoiselle Rose, mais je compte me rattraper le lendemain. Hélas ! cette journée ne devait pas avoir de lendemain. A mon réveil, le domestique me remit un mot de Charles qui m'apprenait le départ subit de mademoiselle Rose et de son père pour Toulouse. Lui-même était forcé de les accompagner, et il me priait de l'attendre à Bagnères. C'est là du reste que nous devions tous nous retrouver dans huit jours.

Cette lettre mystérieuse qui venait déranger mes plans me contraria beaucoup plus que je ne voudrais le dire. Nous devions faire l'ascension du Vignemale, mais la faire seul ne me souriait guère, et puis la veille j'en avais assez entendu parler pour savoir que la montagne n'est qu'un glacier très-ordinaire, que ses cascades n'ont rien d'effrayant, et que du sommet la vue, bien que très-vaste, ne s'étend absolument que sur les sommets des autres montagnes.

Je me hâtai donc de quitter Cauterets où je craignais qu'un plus long séjour ne gâtât mes souvenirs, et je courus à la diligence retenir une place.

— Où monsieur va-t-il ? me demande-t-on.

— Tiens, au fait, où vais-je aller ? Parbleu ! à Toulouse : non. Ils croiraient que je cours après eux. Aller à Bagnères, c'est trop tôt. J'ai cinq à six jours devant moi.

— Les voyageurs pour Tarbes, crie une voix.

— Voilà !

C'est moi qui viens de répondre. Le soir, je couchai à Tarbes, où je m'endormis dans un excellent lit de l'hôtel de France, en riant tout seul d'une bonne histoire que j'avais récoltée en route.

Je vous la donne pour ce qu'elle vaut — moins que rien :

Un des plus riches rentiers de Tarbes, aussi avare que riche du reste, avait pour neveu et seul héritier un jeune capitaine au long

LA DESCENTE DE VIGNEMALE.

cours qui avait jugé opportun de se créer position et fortune, jugeant aux largesses de son oncle vivant, ce que pourrait être l'héritage de son oncle mort. Un jour qu'il allait quitter l'Amérique pour revenir en France, le capitaine reçut une lettre de l'oncle le priant de lui acheter cent deux singes.

Le neveu, stupéfait d'étonnement, lut et relut la lettre. Il n'y avait pas à s'y tromper. Le nombre 102 était écrit en beaux et bons chiffres. Or comme il connaissait son oncle, cette demande devait cacher quelque spéculation ; le capitaine n'hésita pas, il fit charger 102 singes, mit à la voile et partit.

A peine au Havre, il écrivit à son oncle qu'il lui rapportait ses singes, s'excusant de ce que le mal de mer en avait tué 23 sur 102, et le priant de venir prendre livraison le plus tôt possible.

L'avare répondit qu'il avait demandé un ou deux singes et non pas long 102. Le capitaine riposta en envoyant à son oncle sa propre lettre avec le fameux chiffre 102 souligné.

Tout s'expliqua. L'erreur provenait d'un défaut de prononciation et aussi d'orthographe. A Tarbes *ou* se prononce *o*. Or le bonhomme, écrivant comme il prononçait, avait écrit 1 *o* 2, ce qui pour tout profane voulait dire cent deux.

Mais l'oncle prit la chose du bon côté ; il partit pour le Havre, reçut livraison de ses 79 singes et les revendit avec un gros bénéfice, — d'autant plus gros que le capitaine ne fut remboursé que sur l'héritage.

Tarbes est une assez jolie ville, comme je pus m'en convaincre le lendemain ; seulement ses rues sont trop étroites et ses pavés trop pointus. Quant à ses habitants, je ne me rappelle avoir vu que des femmes coiffées d'un foulard rouge, des hommes vêtus d'une veste d'écurie, et des soldats de cavalerie traînant leurs longs sabres et leurs longues jambes, ce qui produit aux oreilles la même musique qu'un poêlon à la queue d'un chien.

En fait de monuments, je vois une vieille église et un palais de justice tout neuf, tous deux amas irréguliers de maçonnerie sans aucun style, puis une vieille tour, dernier débris du château de Marguerite, enclavée dans les bâtiments de la prison.

Ne serai-je donc venu à Tarbes que pour regretter mon voyage ? Non, puisque me voici au jardin Massey, promenade des plus gracieuses, au centre de laquelle s'élève le musée, et que du balcon de cet édifice en briques, à l'architecture demi-moresque, je répète en face du panorama qui s'étend à mes pieds ces lignes admirablement vraies de Malte-Brun :

— Ce que Tarbes peut montrer avec orgueil, c'est la belle plaine qui l'entoure, si fertile, si bien cultivée, si habilement arrosée en tous sens de ruisseaux d'eaux vives détournées de l'Adour, si gracieusement ornée de ces vergers où la vigne se marie aux arbres et les unit par de verts festons, si belle enfin à contempler du haut des terrasses et des belvédères dont plusieurs maisons de la ville sont judicieusement pourvues. C'est surtout cette magnifique chaîne des Pyrénées qui forme le fond du tableau, en hiver tout éclatante de blancheur sous la neige où brille le soleil, en été non moins belle et plus sombre avec ses flancs noirs que couronnent quelques cimes encore neigeuses.

Me voici tout à fait revenu sur le compte de Tarbes, et je ne m'attendais pas à y retrouver mes chères Pyrénées sous un aspect aussi favorable, et surtout aussi poétique. Cette ligne bleuâtre estompant l'horizon m'apparaît dans son lointain vaporeux, comme le rêve de mon voyage ; ces nuages qui, après avoir caressé les montagnes se fondent sur ma tête, semblent m'apporter encore le parfum des sommets que j'ai foulés aux pieds.

Je regrette de ne pas être cocher, jockey ou sportman quelconque ; j'avoue même ne pas beaucoup aimer les chevaux, c'est ce qui me prive de visiter les haras de Tarbes qui, paraît-il, sont superbes. Que le dieu qui préside aux courses de Laloubère me pardonne cette infidélité !

Tarbes est la patrie du conventionnel Barrère ; c'est même le seul homme que la ville ait formé aux lettres. Quelle stérilité ! Qui donc essaiera de stimuler une bonne fois les esprits vifs et gracieux mais un peu paresseux des Bigourdans ? Certes j'aurais grande envie de parler de Barrère que son esprit, son talent d'écrivain, la grâce de sa figure, firent bientôt, suivant l'expression de madame de Genlis, l'homme de toutes les académies et de tous les salons, mais ce serait faire encore l'école buissonnière dans le domaine de l'histoire, et j'aurais honte de donner si peu de place à de si grands souvenirs.

J'ai encore le temps d'aller coucher à Bagnères et de me réveiller le lendemain pour une ascension quelconque, dussé-je l'avoir déjà faite. Cela me fera prendre en patience l'arrivée de mes compagnons qui m'ont délaissé. Du reste je sais déjà que les environs de Bagnères fourmillent de promenades et d'excursions. Je n'aurai même que l'embarras du choix pour certaines ascensions très-dangereuses dont la Suisse seule a le secret. Il y en a assez pour piquer ma curiosité et me faire oublier l'ingratitude de mes camarades de voyage. Je pense même d'avance au plaisir que j'éprouverai en leur racontant ce que j'aurai fait sans leur concours.

Comme on voit bien que nous sommes près de l'Espagne pour bâtir ainsi des châteaux sur un grain de sable que le moindre souffle emportera !

C'est sur cette illusion que j'arrive à Bagnères. Le soleil est couché, je dîne à la hâte et je vais respirer sur la promanade, où, première désillusion, je n'avale que de la poussière et j'ai peine à me frayer un chemin dans la foule.

— Ah ! ça, ne puis-je m'empêcher de m'écrier, c'est donc le boulevard Montmartre, ici ?

Et je me heurte contre un monsieur fort poli qui répond à ma maladresse par un sourire, et à mon exclamation par ces mots :

— Bagnères, monsieur, c'est Paris à deux cents lieues de Paris !

Je m'en aperçois vite. Je ne vois que des hôtels à figure moderne, dont l'un appartient à Rothschild, des boutiques illuminées, des cafés avec leurs terrasses pleines de consommateurs et encombrant les trottoirs, des toilettes de ville et même de soirée ! c'est un bourdonnement confus de conversations et de pas, de cris de marchands et de musique de concert. Je cherche à m'enfuir, mais le va-et-vient de la foule m'en empêche. Je suis pris dans un tourbillon et ce n'est qu'une heure après, la gorge sèche, les yeux brûlés, les pieds écrasés, les habits déchirés, que je me retrouve à la porte de mon hôtel.

Le lendemain je suis debout de très bonne heure. Bagnères repose encore et par un soleil splendide je peux visiter à mon aise cette ville charmante pleine de jardins et de terrasses, qui se mire dans les flots de l'Adour, d'où un millier de ruisseaux s'échappent pour remplir les places et les rues de leur murmure, de leur fraîcheur et de leur gaieté. De loin j'aperçois une de mes vieilles connaissances, le Pic du Midi couché comme un sultan parmi les roches verticales qui se dressent tout autour de lui, trop éloigné cependant pour projeter ses grandes ombres sur la délicieuse vallée où Bagnères sourit et se joue sous l'azur de son beau ciel, n'empruntant à la montagne que sa fraîcheur et lui laissant sa majesté.

Tout en flânant, je quitte la ville et je me trouve dans une allée longue et touffue qui domine la vallée de l'Adour. Pas de montagnes. Ce ne peut être mon affaire. Au risque de m'égarer, je prends un sentier transversal et me retrouve dans un vallon festonné de riches cultures, de bouquets de bois, de prairies, de métairies et de granges qui en occupent les flancs et la base. Puis une allée de peupliers, un pont, un réservoir d'eaux thermales et enfin des carrières de marbre gris. Très-joli, le paysage, mais où sont les Pyrénées? Les aurais-je égarées en route?

Je reviens sur mes pas et je passe par une forêt de hêtres. En un clin d'œil je suis à Bagnères. Cette fois je regarde la ville avec un peu plus d'attention. Je vois des maisons aux chambranles et aux assises de marbre, des terrasses suspendues et des murailles blanches comme la robe de noces d'une jeune fille. Où suis-je donc? En Espagne ou en Italie, mais à coup sûr pas dans les Pyrénées. J'interroge le garçon d'hôtel.

— Je suis bien à Bagnères, n'est-ce pas?

Le garçon me regarde hébété :

— Où voulez-vous que nous soyons? me répond-il.

A la table d'hôte où nous sommes assis de trois quarts, tant il y a du monde, j'écoute parler les voyageurs. Pour la plupart ce ne sont que des malades. Je ne devine parmi eux aucun touriste. Ma foi je n'y tiens plus.

— Personne de vous, dis-je à mes voisins, n'a fait l'ascension de la Maladetta?

— La Maladetta? Il faudrait qu'elle vînt à nous pour cela, mais elle est trop loin pour que nous allions la chercher.

Je bondis sur ma chaise.

— Nous ne sommes donc pas à Bagnères?

— Si, à Bagnères de Bigorre.

— Et Bagnères de Luchon? fis-je, n'ayant pas conscience de ce que je disais, et rouge autant de dépit que de colère.

— Dame! c'est comme la Maladetta. Si vous n'allez pas le chercher, il ne viendra pas vous trouver.

Un fou rire accueillit cette réponse. J'allais me fâcher quand, à la réflexion, je me mis à rire aussi.

— Je ne me croyais pas si distrait, m'écriai-je, mais puisqu'il en est ainsi, que Bigorre me fasse oublier Luchon !

Hélas ! j'en avais vu le plus beau et, ne voulant pas perdre mon temps à des excursions de malades, après avoir visité les marbrières de Campan qui donnent ce marbre vert nuancé de rouge et de blanc

qu'on admire au grand Trianon, je résolus de dire un définitif adieu à Bigorre et aux Bigorrais.

Aussi le lendemain je pars pour Luchon, et, désireux de me venger de ma distraction, je fais en voiture la route qui est assurément une des plus belles courses des Pyrénées.

D'abord c'est la vallée de Campan avec ses maisonnettes à flanc de montagne ombragées de bouquets d'arbres et rafraîchies d'eau vive, ses troupeaux de chèvres et de moutons qu'un pâtre indolent et rêveur garde avec un chien non moins rêveur que lui, puis le col d'Aspin et ses blocs erratiques, d'où la vue découvre les mille petits villages du val d'Aure, ses collines cultivées, ses montagnes boisées et dans le lointain les neiges de la Pez, ensuite la petite ville d'Arreau aux maisons de marbre, enfin le col de Peyresourde et ses pentes gazonnées. La variété des horizons est un enchantement perpétuel. Nous descendons les pentes poudreuses de l'Arboust, et, à un détour de la route, Luchon m'apparaît sous un voile de vapeurs bleuâtres, au milieu de ses montagnes, de ses forêts, de ses torrents, de ses cascades.

Quelle charmante vision pleine de promesses ! Qu'il me tarde d'escalader ces pics redoutables, et de fouler sous mes pieds la neige vierge de ces sommets ! Mais voici les premières maisons ; des vagues senteurs de tilleuls annoncent les allées d'Étigny. C'est là à l'hôtel des Bains qu'est notre rendez-vous.

Je m'installe avec la certitude que Luchon me fera oublier Bigorre. Mais au fait à quoi bon oublier, puisque je ne suis venu aux Pyrénées que pour me souvenir ?

LE PIC DE SAUVEGARDE.

CHAPITRE X

Les deux Luchon. — Ce qu'il en coûte pour y vivre. — Trop de pluie. — Excursion sur un plan en relief. — Le Val d'Esquierry. — Faune et flore. — La chevelure de la Madeleine. — Oo et Seculejo. — Les nids d'aigles. — La grotte du Chat. — La vallée du Lys. — La rue d'Enfer. — Le port de Venasque et Sauvegarde. — Aigles, isards et chasseurs. — Le val d'Aran. — Le Pont-du-Roy et Saint-Béat. — Où l'on retrouve les voyageurs. — La Maladetta. — Le Nethou. — Une nuit dans la montagne. — Visite des ours. — Ascension difficile. — Le pont de Mahomet. — Chute dans un glacier. — Où mademoiselle Rose comprend les inconvénients d'être médecin.

Luchon est comme Bigorre une miniature de Paris égarée au fond des Pyrénées. Rien n'y manquerait pour la faire honnir du touriste, hôtels et boutiques, cafés et concerts, bals et salons de jeu, bruit incessant de pianos, étalage de toilettes, que sais-je encore ? tout ce qui plaît au désœuvré et fatigue le malade, mais par bonheur, elle a pour tableau un vallon vert, frais, ombreux, arrosé de mille ruisseaux, et pour cadre, les plus hautes montagnes et les plus gracieux sites qu'on puisse trouver de Bayonne à Perpignan.

Finissons-en avec Luchon, où nous ne resterons que contraint et forcé. Du reste, la ville mérite qu'on s'y repose quelques jours, soit qu'on revienne d'un long voyage, soit qu'on s'apprête à en recommencer un nouveau.

Il y a deux villes dans Luchon, l'une fraîche, pimpante, coquette, trop coquette même pour une petite paysanne, et l'autre triste, noire, enfumée, aux rues étroites, aux façades lépreuses, fière de ses haillons qu'elle frotte au luxe de sa sœur privilégiée. Tout le mouvement, la vie, l'éclat se sont portés sur l'allée des Tilleuls à laquelle on a donné le nom de d'Étigny, son fondateur. Entre parenthèses, cela nous rappelle que d'Étigny faillit être lapidé pour ce méfait, et qu'une compagnie de dragons dut forcer les Luchonnais à souffrir la prospérité de leur pays, dragonnade qu'on ne peut mettre au compte de Bossuet, mais qui, si elle ne fut pas sanglante, fut du moins très-injuste, car M. l'intendant d'Étigny, en expropriant de son autorité privée tous les propriétaires riverains, oublia de les indemniser.

Luchon ressemble beaucoup à Interlaken, séjour d'été si connu de tous ceux qui ont visité la Suisse. L'allée d'Étigny me rappelle la célèbre avenue de cette ville alpestre, si fashionnable, qu'elle ne garde que les gens de bon ton et renvoie dédaigneusement les simples touristes à sa voisine Unterseen, ville antique et pittoresque qui, comme le vieux Luchon, reçoit ce que sa sœur ne veut pas. La ressemblance n'existe pas seulement pour les deux villes. Si Interlaken est assise aux pieds de la Jungfrau, ce géant de l'Oberland, Luchon est fière du voisinage de la Maladetta, ce colosse de la chaîne pyrénéenne. La Gemmi, la Staubach, les lacs de Thun et de Brientz, ont leurs pendants dans le gouffre d'Enfer, les cascades et les lacs d'Oo. En un mot, si Luchon est une miniature de Paris, ses environs sont une miniature de la Suisse. A eux seuls ils résument toutes les beautés des Pyrénées.

Il fait cher vivre à Luchon. D'ailleurs, il n'y a que deux sortes de gens, ceux qui boivent et ceux qui ne boivent pas, les malades et les indigènes, c'est-à-dire les étrangers et ceux qui les exploitent. Parmi les étrangers, il y a les malades et les touristes. Les malades sont bien obligés d'en passer par tout ce qu'on veut et les touristes par tout ce qu'ils ne veulent pas. Cette exploitation a beaucoup d'analogie avec le brigandage à main armée, — sauf la patente. Ma bourse en sait quelque chose.

On paie pour boire l'eau qui est donnée gratuitement ! On paie pour s'asseoir et se promener. Vos créanciers les plus exigeants sont encore les enfants et les mendiants qui vous font escorte jusqu'à ce que vous ayez largement rémunéré leurs psalmodies nasillardes. Et ne vous moquez pas d'eux, ne les chassez pas, ils se fâcheraient. Si vous ne leur jetez pas de sous, ils vous jetteront des pierres.

Aussi je commence à être très-inquiet de la tournure que prend mon séjour à Luchon, d'autant plus qu'il pleut depuis mon arrivée et que, pour me consoler, on m'affirme qu'il ne se passe guère de jour sans orages ni pluies.

Je suis seul, et n'ayant pas encore eu le temps de me créer des connaissances parmi les touristes, je vais pour me désennuyer et m'abriter de la pluie, rendre visite à l'établissement thermal, où, m'a-t-on dit, je trouverai le moyen, sans me déranger, de faire toutes les excursions ou ascensions que je voudrai. Sans cela, du reste, je n'y serais pas allé, n'aimant pas à voir de trop près un asile de malades, qu'il s'appelle Hôtel-Dieu à Paris, ou palais des Thermes à Luchon.

Et puis, je suis de ceux qui ne croient pas beaucoup à la guérison de toutes sortes de maladies par des eaux sulfhydriques dans lesquelles la médecine chimiste trouve des carbonates, des sulfures, des sulfates, des chlorures, des iodures, des silicates et des phosphates de toutes sortes, sodium, manganèse, cuivre ou chaux. Un seul litre de cette eau-là défie l'officine d'un apothicaire. Jugez donc de ce que doit être votre estomac quand il a avalé cette potion d'œufs couvés ! Oui, messieurs les docteurs, Bagnères de Luchon comme Bagnères de Bigorre, attire les malades par la douceur de son climat et la beauté de ses environs bien plus que par l'efficacité de ses sources thermales. Un voyage aux Pyrénées ne peut manquer d'avoir des résultats heureux. Aussi, je conseille aux malades, même aux malades imaginaires, rhumatisants, scrofuleux, catarrheux, asthmatiques et phthisiques, que le médecin envoie aux eaux souvent pour s'en débarrasser, de méditer cet aphorisme de Bordeu :

« Les eaux guérissent quelquefois, soulagent souvent et consolent toujours. »

La pluie m'a empêché d'admirer le portique de marbre blanc par lequel on pénètre dans le palais des bains de soufre. La nef est assez bien décorée, mais je ne crois pas, en dépit de l'orgueil luchonnais, que les fresques du Vatican en soient jamais jalouses. Le peintre est un enfant du pays, M. Caze, je crois, qui du moins a su faire usage, dans ses peintures, de couleurs que les émanations sulfureuses ne pussent altérer. C'est son plus grand mérite.

Me voici dans la salle du plan, et ma mauvaise humeur fait place à un étonnement joyeux. Ce plan est une véritable merveille. M. Lezat, son auteur, est parvenu, à force de talent, de patience et d'ascensions, à figurer en relief toute la chaîne des Pyrénées centrales. Avec une scrupuleuse fidélité, il a reproduit, sous leurs aspects divers, les monts, les glaciers, les pics, les torrents, les lacs, les forêts, les routes et les vallées. De petites flammes rouges indiquent les crêtes que l'on ne peut atteindre qu'à pied, des flammes jaunes celles qui sont accessibles aux chevaux, des drapeaux tricolores flottent sur les points où arrivent les voitures ; enfin, de longues épingles, à tête de cire, délimitent les frontières de France et d'Espagne.

Grâce à ce plan, je fais une première excursion au Montné, à Perdiguières, à Venasque, même à la Maladetta, prenant des notes pour mon prochain voyage, et très-heureux, moyennant deux francs, d'être guidé dans ce dédale de montagnes. Mon guide m'en donne pour mon argent, et me raconte une anecdote assez curieuse qui se rattache à la construction du plan.

Pendant huit ans, M. Lezat avait gravi successivement et à plusieurs reprises chacun des pics dont se hérisse la chaîne, et puis là-haut, sur place, au milieu du vol des aigles ou des sifflements de la tempête, l'intrépide ingénieur pétrissait le mastic, lui faisant prendre, sous l'ébauchoir, les formes exactes des soulèvements qu'il avait devant les yeux. Un guide l'accompagnait dans toutes ces excursions ; toujours le même, c'était le vieux Michot.

Or, la première fois que l'auteur du plan en relief fit flotter son drapeau sur la cime de la Pique, il avait avec lui un flacon d'excellent rhum, qu'il coucha sous un roc dès l'arrivée; puis, tout entier aux émotions de l'escalade, un peu aussi aux préoccupations de la descente, il l'y laissa intact et gagna Luchon. Il se trouvait déjà à mi-chemin de la pyramide de la Pique, quand il se rappela la bouteille oubliée.

— Bah ! dit-il à Michot, nous la boirons à la prochaine ascension.

Quelques jours après, un ami de M. Lezat s'apprête à escalader la Pique, et notre ingénieur, charmé de rendre service à un ami, lui dit :

— Vous aurez chaud. C'est dur à monter, mais quand vous serez là-haut, vous trouverez, sous une pierre, certaine bouteille de rhum que j'y ai laissée. Buvez à ma santé, mais ne buvez pas tout !

L'ami accepte, remercie et part avec Michot. Ce dernier n'avait pas l'air très-content. Ce fut bien pis quand, arrivés au sommet, les deux voyageurs trouvèrent la bouteille de rhum complètement vide ! Le guide alors avoua naïvement que la veille il avait eu une colique épouvantable. Or, le rhum étant un remède souverain pour cette maladie, il était parti pour en chercher. Seulement, au lieu d'aller à Luchon, il se dirigea vers le sommet de la Pique, franchit la pyramide, et une fois là-haut, il se guérit de sa colique si consciencieusement, qu'il ne resta rien dans la bouteille !

Qui n'aurait pas ri de l'anecdote et pardonné au malade ? Conquérir un remède au prix de dix heures de marche, faire une des ascensions les plus périlleuses des environs, si périlleuse que les touristes ne la font que par amour-propre et encore quand ils la font ! Tout cela pour guérir une colique et boire un verre de rhum !...

Après avoir voyagé par la pensée sur le plan en relief de l'ingénieur Lezat, je me laisse aller à jeter un coup d'œil sur d'autres curiosités d'un ordre inférieur qui se trouvent dans la même salle et concernent la faune et la flore de Luchon. Je prends, là aussi, quelques notes qui pourront m'être utiles.

L'ours, l'isard et le bouquetin me sont déjà connus. J'espère bien les revoir, mais ce que je n'ai pas vu et ne suis pas destiné à voir, ce sont le merle blanc, qui niche le long des torrents, le pego accenteur montagnard, dont la tête est recouverte d'un capuchon noir et les sourcils larges et jaunes, la perdrix blanche dont la couleur change quatre fois par an et qui, grâce à ce changement, échappe aux chasseurs, et enfin le vautour Arrian qui n'habite que les sommets couverts de neige.

Je cherche aussi à me reconnaître dans la flore si abondante de Luchon, et regrette de ne pas être botaniste, en voyant cette variété de plantes et de fleurs, saxifragées, safran d'automne, cochléaria, aconit, rhododendron, gentiane. Les Pyrénées sont prodigues de ces plantes dont la médecine tire un remède bienfaisant ou un poison mortel, de ces fleurs si jolies baptisées d'un affreux nom latin, de ces mousses et de ces lichens qui tapissent ses bois et ses rochers.

La pluie a cessé et je me hâte de quitter l'étuve où j'ai passé une heure excellente, pour respirer l'air frais. Il est inutile de songer à une excursion et je me hâte d'aller déjeuner, afin d'avoir le temps de faire une promenade dans les environs, au Castel-Viel par exemple, sombre tour qui domine Bagnères et dont je voudrais bien connaître la mystérieuse histoire.

A table, je me trouve à côté de trois jeunes gens qui engloutissent leur déjeuner avec une vitesse vertigineuse. Une calèche à deux chevaux les attend ainsi que leur guide. Où vont-ils ? Je l'ignore, mais le cocher et le guide les pressent. J'entame la conversation, et la bouche pleine, ces messieurs me répondent qu'ils vont au val d'Esquierry, que, si je veux venir, cela diminuera d'autant leurs frais, mais qu'il faut me hâter.

— Une promenade en voiture ! c'est bon pour un malade, dis-je en faisant la moue.

— Oui, riposta le guide, mais vous aurez le temps de vous promener là-haut.

J'ai tellement peur de m'ennuyer en bas, que j'accepte la proposition. Ne pouvant déjeuner, j'emporte du pain et du vin que je mange et bois en route. Mes compagnons, du reste, ont des provisions qu'ils m'offrent gracieusement, et pendant qu'ils bavardent, fument, rient et jouent aux cartes, moi je m'occupe du paysage, qui est splendide.

Mais au fait je le reconnais. Je l'ai vu la veille en sens inverse. Voilà cette allée de sorbiers et de sycomores, qu'on nomme allée des Soupirs et qui nous conduit aux pentes de la vallée de l'Arboust ; puis la croix de la Saunère. C'est de là que j'ai vu se dérouler à mes pieds la vallée de Luchon et les montagnes qui l'encadrent. J'en revois le tableau avec plus de plaisir. A cette place les baillis rendaient jadis leurs arrêts. L'ombre d'un tilleul abritait le juge, et aux branches on pendait le condamné. La croix a remplacé le tilleul.

A gauche, cette montagne qui nous domine, c'est Superbagnères qui balance « son crâne dénudé au-dessus d'une chevelure de sapins ». Dans le fond, encaissée entre des couloirs de roche, mugit la rivière de l'Ou. A droite, une jolie église et un pauvre village, le tout dominé par une vieille tour ; enfin, de tous côtés des bouquets d'arbres, des ponts romantiques, des ruisselets courant sur le pré. Le charmant à côté du grandiose !...

Mes compagnons jouent et se disputent ; le guide dort et le cocher fouette ses chevaux... quand il se réveille. J'essaie de faire parler les uns ou les autres, mais les joueurs me regardent de travers, le guide ne souffle mot, et le cocher est trop occupé de ne pas nous verser pour répondre.

Nous traversons Saint-Aventin. — J'ai su plus tard le nom de ce village et la légende de son saint. — Un petit toit en auvent surmonté d'un campanile à la croix de fer me donne une fausse idée de ce que peut être l'église, un bijou roman du douzième siècle. La voiture nous cahote au triple galop et nous fait descendre vers un autre village sur lequel nous avons l'air de vouloir nous précipiter et que cette fois le guide baptise du nom de Cazeaux.

Triste village ! De loin il avait encore quelque apparence, de près ce n'est qu'un amas de murailles aux pierres mal cimentées dont les pignons de bois servent de grenier à foin, d'étable et de logement. Une église que l'on dit très-curieuse à visiter est assise sur un tertre verdoyant, en dehors de la route. Son isolement est rendu encore plus triste par le cimetière qui l'entoure et dont les croix rompues, les pierres disloquées, sont heureusement voilées sous des guirlandes de mauves, de vipérines et de pâquerettes.

Nous descendons toujours. La route se poursuit, rapide, sur une sorte de rampe étroite surplombant des champs de blé. Au-dessous une onde bleue se joue tout ensoleillée à travers les arbres de ses rives. Le voyage devient fantasmagorique. Encore un village, avec son église et son cimetière, le seul de France qui ait gardé un arbre de la liberté planté sous la première République. C'est Oo qu'on le nomme. On peut bien l'appeler les Eaux. Il y a assez de ruisseaux qui le traversent.

La route se relève et passe sous des frênes au milieu de prairies verdoyantes, le long d'un torrent que domine le glacier aérien du Seil de la Vache. Puis, nous entrons dans un vallon désolé, clos de toutes parts de montagnes grisâtres et dénudées. Dans le pli de ce désert, l'eau coule tristement parmi les blocs détachés sous l'effort des hivers tandis que les sommets s'illuminent du pâle feu des glaciers.

— Mais regardez-donc à la fin, m'écriai-je, en m'adressant à celui qui est assis à côté de moi.

— Eh ! je m'en moque pas mal, me réplique-t-on d'une voix rauque, j'ai écarté mes piques !...

On descend de voiture aux granges d'Astos. Nous avons mis deux heures pour faire trois lieues ! Il est midi. J'ai huit heures de jour et je vais tâcher d'en profiter pour peu que le guide veuille m'y aider, car mes trois compagnons ne se soucient pas plus de moi que de la nature. Ils sont installés à l'auberge et finissent leur partie en attendant le déjeuner.

Le guide, qui connaît l'auberge et sans doute aussi ses voyageurs, me promet que nous pouvons aller jusqu'au val d'Esquierry et revenir avant que la vieille hôtesse, qui préside à la cuisine, ait confectionné la collation commandée.

— Du reste, ajoute-t-il, ces messieurs jouent, et quand on joue... !

Le soupir qui achève cette phrase me persuade que le guide ne déteste pas le jeu. Enfin, nous montons à cheval et nous voilà partis. Je respire. Je vais pouvoir admirer le paysage et questionner mon guide tout à mon aise.

Nous laissons sur notre gauche une cascade qui se déploie sur le roc noir en mille filets soyeux rougis par les reflets de soleil. C'est la chevelure de la Madeleine, dont les ondoyantes cascatelles ressemblent aux cheveux de la pécheresse. Plus loin, est le pont de Sainte-Catherine jeté sur le torrent du Gô ; puis, commence un sentier dont le ruban court aux flancs de la montagne, et qui par une illusion d'optique me rappelle la Gemmi. L'œil ne découvre aucun passage sur les parois lisses de la roche. Entre des touffes d'aconit bleu, nous passons sous un roc absolument inaccessible, et dont les anfractuosités servent de nid aux aigles. Ce roc a son histoire.

Un jour, des enfants aventureux guettèrent le départ des aigles et résolurent d'aller leur dérober les aiglons. L'un d'eux se fit descendre, au moyen d'une corde, dans la fissure du roc, au bas de laquelle les aiglons étaient groupés sur les fagots, qui leur servaient de couche. Mais comment emporter sa proie ? L'enfant suspendu dans l'espace au bout de la corde oscillante, sans une saillie où mettre le pied, sans un point d'appui d'où prendre son élan, cria à ses compagnons de le remonter, mais ceux-ci affolés ne bougeaient pas. Aux cris des aiglons effrayés accouraient les deux aigles. La mère descendit droit à son nid, le père courut sus aux enfants qui tenaient la corde. Heureusement qu'un montagnard aperçut et devina la scène. Il accourut à temps pour éloigner l'aigle à coups de bâton et permettre aux enfants de remonter leur camarade. La femelle, occupée à couvrir ses petits de ses larges ailes, s'était tenue sur la défensive, observant son ennemi, décidée à n'attaquer que s'il attaquait. C'est ce qui sauva le petit maraudeur.

Du reste, les aigles, et surtout les gypaètes, sont la terreur des montagnes dont ils se sont proclamés les rois. Il n'est pas rare qu'ils n'enlèvent des louveteaux et des chats sauvages. Cependant ils ne sont pas toujours vainqueurs dans leurs luttes.

Le guide me raconte qu'un jour, un gypaète, — oiseau moitié vautour, moitié aigle, aussi lâche que méchant, — enleva un chat sauvage et s'éleva dans les airs, choisissant de l'œil un abîme profond où il pût précipiter sa victime. Celle-ci se retourna brusquement, allongea le cou et saisit son ravisseur à la gorge. La lutte ne fut pas longue : le gypaëte étranglé tomba par terre et le chat sanglant et boiteux se retira dans la forêt, d'où il envoya ses camarades chercher l'oiseau pour son souper.

Un bruit semblable aux roulements du tonnerre me fait tourner la tête, c'est l'écho de la cascade de Seculejo dont on aperçoit une partie de l'arc immense au milieu de magnifiques glaciers et de sommets de neiges. Soudain la scène change, plus de blocs erratiques, plus de torrents, plus de poussière noire sous nos pieds et de neige blanche sur nos têtes. Une atmosphère balsamique nous enveloppe, d'ineffables parfums nous arrivent avec la brise, et, comme si la baguette d'une fée avait touché au décor, on se trouve transporté dans un jardin au gazon toujours vert, aux corbeilles toujours fleuries.

C'est le val d'Esquierry, un coin de l'Éden égaré dans les Pyrénées. A peine si j'en peux croire mes yeux. Ce val de fleurs est enfermé dans des murailles de rocs escarpés qui en semblent les sentinelles jalouses. Je m'avance avec une espèce de crainte respectueuse et j'ose à peine secouer la poussière de mes bottes sur ces pelouses ondulées qu'émaille une flore aussi abondante que choisie. Çà et là je reconnais et je cueille des fleurs que n'ont pas nos jardins, des athamantes, aux ombelles blanches et aux feuilles de ciguë d'une âcre et enivrante odeur, des œillets roses et des myosotis larges et vigoureux, des gentianes, des iris, des arnicas dorés, et enfin cette rose des Alpes, si embaumée et si gracieuse, qui couvre de ses guirlandes des rochers entiers. Puis ce sont des champs de résédas, d'anémones, des gerbes de centaurées et de valérianes, des buissons de véroniques et de myrtilles, et tant de silènes roses, de saxifrages blancs, de plantes inconnues de nos pays, depuis la carline aux fleurs d'or, jusqu'à l'arméria des glaciers ou au rhododendron empourpré des sommets !

Le guide m'arrache à ma muette contemplation. J'emporte une brassée de fleurs et je jette un regard presque dédaigneux sur les neiges du Neouvielle que j'aperçois au loin à travers les déchirures abruptes de ces *Pics Néré* qui ont la gloire d'avoir donné leur nom aux Pyrénées.

Nous reprenons le chemin des granges d'Astos, mais mon bouquet fait retourner ma pensée au val où je l'ai cueilli. Non, rien n'est plus frais, plus riant, plus embaumé, et pour retracer les séductions de cette oasis embaumée, il faudrait, selon l'image d'un grand coloriste, tremper sa plume dans l'arc-en-ciel, puis saupoudrer avec la poussière des ailes du papillon !...

Ah ! comme ils ont bien fait de ne pas venir, les compagnons que le hasard m'a donnés ! C'est aussi leur avis, car ils sont encore à jouer et l'hôtesse n'a pas servi la collation.

En me voyant, ils interrompent leur jeu, mais ce n'est que pour manger; à peine ont-ils trempé un biscuit dans un verre de champagne et bu un bol de café noir, qu'ils reprennent leurs cartes, me laissant libre d'aller où je voudrai avec mon guide.

— Ma foi, allons au lac !

Au lac, soit, bien que comme les cascades ce soit toujours la même chose.

Le lac d'Oo où nous arrivons bientôt par une route affreuse, est une vaste cuve ovoïde cerclée de bords escarpés, inaccessible en plusieurs points. Les monts qui l'entourent, nus, herbeux, vert-de-grisés, plongent à pic dans les eaux transparentes dont la teinte est bleue, blanche ou verte selon le temps et l'heure où on les voit. En face bondit la splendide cascade qui l'alimente et que la chute de Gavarnie seule dépasse en hauteur sans l'égaler en volume. Derrière elle se dressent à l'horizon les trois pyramides neigeuses de Quayrat, de Montarqué et de Spijoles. Pas la moindre végétation, quelques sapins suspendus le long de la cascade, voilà tout. Quel contraste de ce tableau plein de grandeur mais nu et desséché, avec celui du val d'Esquierry dont le souvenir ne me quitte pas plus que le parfum.

Au moment où le guide me propose une promenade en bateau à laquelle je répugne fort en pensant à l'accident du lac de Gaube, un orage éclate brusquement et nous cloue pendant près d'une heure dans l'hôtellerie du fermier du lac. Le crépuscule nous avertit qu'il est temps de revenir aux Granges d'où mes compagnons pourraient bien être partis, mais en route le guide me rassure :

— Ne craignez rien, me dit-il, c'est encore vous qui serez obligé de les attendre.

En effet, quand j'ouvre la porte de l'hôtellerie, j'entends une voix qui s'écrie avec colère :

— C'est trop fort, ça. Capot trois fois de suite !

Je leur fais remarquer très-poliment qu'il est temps de rentrer à Luchon et que s'ils n'ont pas de raison pour être fatigués, moi j'en ai plusieurs.

— La dernière, me crie-t-on, la vraie dernière !

Mais cette dernière partie menace de se prolonger jusqu'au lendemain et je m'apprête à m'en aller à pied avec le guide, quand le cocher nous sauve :

— Vous savez, messieurs, dit-il, que vous paierez double si...

On ne lui laisse pas le temps d'achever, et grâce à ce subterfuge nous rentrons à Luchon vers onze heures du soir.

Le lendemain, pas de nouvelles de Charles ni de mademoiselle Rose. J'en suis très-ennuyé et ne peux pourtant pas passer mon temps à les attendre. Encore une journée perdue, car pour une excursion difficile ou une ascension, il faut partir dès le matin. Que vais-je faire aujourd'hui ? D'abord éviter mes compagnons de la veille, ensuite choisir une promenade qui remplisse ma soirée. Mon guide me tire d'embarras. Je le vois passer sous les fenêtres de l'hôtel et je l'appelle.

— Venez avec nous, me dit-il, quand je lui eus fait part de mes ennuis.

— Pas de joueurs ?

— Non, rien qu'un vieux monsieur et sa demoiselle. Nous allons à pied. La demoiselle seule est à cheval. Pauvre petite... Mais je vous conterai ça.

— Ce monsieur voudra-t-il ?

— Oui, j'ai droit à un voyageur. Pardon, je vois mes pratiques. Oui ou non, venez-vous ? Prenez quelques provisions, nous serons rentrés pour souper.

Et me voilà encore une fois allant je ne sais où, avec je ne sais qui !... Mais le guide est bon enfant, il m'explique la situation.

Nous allons à la grotte du Chat. Le vieillard et sa fille y vont tous les jours, quelque temps qu'il fasse. Il y a toujours pour eux un guide à disposition.

— Chacun notre tour, ajoute mon cicérone. La jeune fille est malade, très-malade même, je la crois perdue, et son père qui doit être de mon avis a voulu sans doute satisfaire à ce dernier caprice, caprice bien innocent. Chaque jour que le bon Dieu fait, la jeune fille va à la grotte du Chat pour y boire l'eau de la fontaine Rouge. Elle y reste une partie de la journée, puis redescend à Luchon avec son père. Je ne lui ai pas encore entendu dire une seule parole.

Qu'est-ce que la grotte du Chat et la fontaine Rouge? autant de mots hébreux pour moi. En attendant une explication *de visu*, je respire à pleins poumons la senteur des pins dont nous traversons une immense forêt. C'est la forêt séculaire de Sésartigues. Ses vieux sapins portent à leurs rameaux de grands lichens gris qui par leur ressemblance avec la barbe d'un vieillard leur donnent un aspect vénérable. Au bout de ce sentier perpétuellement jonché de copeaux se trouve la grotte du Chat.

Sous de hauts sapins, dans le voisinage d'une hutte de bois logement du gardien de la grotte, j'aperçois une arche de verdure et tout au bout, dissimulée dans un fouillis d'arbres, d'herbes et de mousses, une ouverture à flanc de montagne fermée par une porte de prison ! Le gardien qui nous attend en tient la clef d'une main et de l'autre nous demande le prix d'entrée. C'est un franc par personne. Nous payons. L'énorme clef ouvre l'énorme porte; chacun allume un bout de chandelle qui a dû servir plus de vingt fois et on pénètre dans l'antre mystérieux. La visite n'est pas longue. Il n'y a plus rien à voir dans la grotte du Chat que quelques stalactites ferrugineux et son histoire ne me dédommage pas de ma curiosité inassouvie.

— Il y a quelque quinze ans, me dit mon guide, deux chasseurs de Luchon poursuivaient un chat sauvage. L'animal serré de près par les chiens s'engagea dans ce petit sentier et disparut dans un trou. Les chiens, honteux de leur défaite, fouillèrent, élargirent l'entrée du terrier et disparurent à leur tour. Comme ils ne revenaient pas, les chasseurs creusèrent autour du trou et s'y introduisirent. A la lueur d'une branche de résine enflammée ils virent d'abord les deux chiens étranglés par le chat, mais cette déception qui en d'autres temps aurait pu froisser leur amour-propre de chasseurs, fut de courte durée devant le spectacle magique qui s'offrait à leurs yeux ! De nombreuses stalactites formant de capricieuses grappes de raisins, des stalagmites unissant le sol à la voûte, des autels votifs, révélaient une mine inconnue. Luchon l'apprit bientôt. Ce fut un événement.

Tout le monde rapportait des échantillons de la grotte, à tel point que l'administration dut en ordonner la clôture et en vendre le fermage. Aujourd'hui vous avez vu ce qui reste...

Je ne le laisse pas achever et je sors furieux de la grotte où mes compagnons de voyage, plus avisés que moi, n'ont pas mis les pieds. Je cherche ma petite malade et je la vois assise à l'ombre d'un sapin, buvant à petites gorgées de l'eau rouge comme du sang. La fontaine sourd au pied de la hutte et coule d'une rigole de bois. Son eau fortement chargée de sesquioxyde de fer teint en ocre vif les pierres et les racines qu'elle touche. On ne l'appelle dans le pays que la fontaine Rouge. C'est à ses infiltrations que furent dues les stalactites que je n'ai pas vues dans la grotte du Chat. Le guide m'affirme que cette eau est souveraine et que, prise pendant quelques jours, sa boisson tient du prodige. Pourquoi pas ?

La jeune malade, que je peux voir à mon aise, est d'une pâleur mate et d'une maigreur diaphane. Ses grands yeux cerclés de noir m'enveloppent d'un regard indifférent et sa bouche aux lèvres sans couleur semble avoir perdu à jamais la parole et le sourire. Le père nous regarde et cherche à comprendre notre pensée. Pour éluder sa muette question, nous nous mettons à goûter, le guide et moi. Le vieillard en fait autant, et sa fille continue de boire l'eau de la fontaine Rouge.

En revanche, quelle bonne après-dînée le guide m'a fait passer !

Nous avons escaladé le Poujastou ! Des prairies humides, des parcs à moutons, des riantes cabanes de pasteurs, voilà ce que nous trouvons au milieu de bouquets d'arbres arrosés d'eaux vives. Le plan de la montagne est à peine incliné et les rhododendrons y poussent encore, bien qu'ils aient depuis longtemps perdu leur couronne de fleurs. Enfin un large tapis de gazon un peu glissant, par exemple, nous conduit sans effort, au bout d'une heure de marche, jusque sur le sommet du Poujastou, crête longue de plusieurs centaines de mètres, ouatée de pelouses parfumée de thym, fleurie de bruyères et de marguerites. Çà et là, des bornes y marquent la séparation de la France avec l'Espagne.

Cette cime est le meilleur observatoire des environs de Luchon. Je reconnais d'anciens amis, les glaciers des Hautes-Pyrénées, le Marboré, le pic du Midi, le Vignemale et le mont Perdu ! Tous du fond de l'horizon semblent me dire : « Te voilà ! » et je leur réponds :

« Oui, c'est moi. Ah! quel plaisir de vous revoir! » Puis, tout autour gravitent des pays que j'explorerai, des monts que j'escaladerai peut-être demain. Voici la Catalogne et ses moissons dorées, le val d'Aran et les flots de la Garonne qui y déroule ses anneaux d'argent, les crêtes de l'Andorre et le pic du Nethou. Plus près, ce sont l'Entécade, la Pique luisante comme une ardoise, Sauvegarde, le Montné, l'Antenac, l'Arboust, Bagnères à nos pieds et plus loin dans un rideau de vapeurs roses, Saint-Gaudens et Toulouse ! C'est le plan en relief de l'ingénieur Lezat que je revois en réalité. Mais cette fois c'est la main de Dieu qui l'a tracé.

Nous suivons le sommet de la crête et la vue change comme ces dioramas qui se déroulent sur une toile, ne nous faisant grâce d'aucun détail de l'admirable paysage qu'illumine pour nous le soleil du Midi.

A notre retour à la grotte du Chat, nous retrouvons la jeune fille à la même place, et pendant que le guide va chercher le cheval, moi, pour ne gêner ni la malade, ni son père qui n'ose pas parler devant un étranger, je me dirige vers une pelouse verdoyante qui borde le ruisseau.

Soudain je pousse un cri d'effroi : plus je marche, plus j'enfonce ; j'ai beau faire des efforts pour sortir de ce marécage trompeur, inutile ! Le guide accourt à l'appel désespéré de la jeune fille qui, la première, s'est aperçue du danger : en me voyant enlizé dans l'herbe, le Luchonnais me jette une longue corde que je m'attache autour du corps et je reviens au rivage sain et sauf, mais dans quel état, mon Dieu ! on dirait que je viens de prendre un bain de jambes dans une bouteille d'encre !

La malade me regarde et s'approche de moi, rouge et confuse, pour m'offrir ses services ; mais en me voyant accepter gaiement ma mésaventure, elle se retire en riant, et j'entends pendant une grosse minute ses éclats de rire que tempèrent à grand'peine les observations paternelles.

— Fallait ça pour le faire parler, me dit le guide.

— Et pour la faire rire, ajoutai-je. Si elle pouvait en guérir !

Dès que je suis rentré à Luchon, où je n'ai garde d'aller me promener sur les allées, je cours prendre un bain, et après souper je remplace par quelques heures de flânerie un temps si précieux pour de lointaines excursions.

Sur le cours j'aperçois les Américains avec lesquels nous sommes allés au mont Perdu. Je les aborde poliment, mais ceux-ci me tournent le dos d'une façon très irrévérencieuse. Me serais-je trompé? Non, pourtant ce sont bien eux. Cette fois je leur parle et n'en reçois qu'un grognement de dédain. L'un d'eux s'est même mis dans la position exigée par la boxe. Déjà on s'assemble autour de nous. Je deviens le point de mire de tous les yeux et je me retire en haussant les épaules. Seulement la vue des Américains me donne l'espoir que je ne tarderai pas à voir mademoiselle Rose, et sur cet espoir je rentre à l'hôtel. Pas de lettre. Ma foi, pour ne pas être pris au dépourvu, je rédige mon programme du lendemain. Tant pis pour les retardataires!

Ce lendemain se lève avec un temps splendide, et seul, sans guide, je me dirige vers la vallée du Lys.

La route qui m'y conduit ne diffère pas sensiblement des autres que j'ai déjà parcourues. Il y a un peu plus de cascades et les montagnes se rapprochent davantage de vous. Les gaves sont plus furieux et le chemin très-rocailleux s'enfonce dans des gorges et côtoient des gouffres. Je n'y étais plus habitué depuis Pierrefitte et Gavarnie. Enfin, au détour d'un ravin, m'apparaît la vallée et le cirque du Lys s'apprête à dérouler sous mes yeux ses assises majestueuses.

« Que les Alpes revendiquent l'azur transparent des lacs ou l'hermine de leurs incomparables glaciers! Les Pyrénées, elles, ont leurs cirques presque aussi nombreux que les vallées, et cela seul suffirait à leur gloire. Qu'il est ravissant celui qui apparaît à nos yeux! Gavarnie est certes plus imposant, mais l'amphithéâtre du Lys charme davantage. On admire l'un, on aime l'autre. Pourquoi essayer de décrire ce que le crayon et la photographie ont tant de fois reproduit? Et cependant comment ne pas saluer, ne fût-ce que d'un mot, cette assise de forêts blanchie de cascades sur laquelle s'appuient ces murs de roches à pentes herbeuses qu'entrecoupent des gradins de neige et que de leurs arêtes vives et déchiquetées couronnent les sombres Cabrioules? Comment ne point admirer entre tous le grand glacier de Boum avec son pic noir qui en émerge semblable au cadavre d'une baleine échouée sur les banquises du pôle? »

Voilà pour le poète. Voici pour les amateurs d'étymologies : le mot de Litz, et non Lys ou Lis, veut dire en langue celtique avalanche. Il est de fait que de nombreuses avalanches annuelles ont forcé les habi-

-tants à s'éloigner de la vallée et à construire leurs habitations en dehors du torrent. Il est vrai aussi que le lis jaune ponctué de noir et le martagon aux fleurs roses ponctuées de pourpre, ainsi que le lis tout blanc, dit de Saint-Bruno, abondent dans la vallée. N'est-ce pas plutôt la fleur qui a donné son nom à ce val fleuri?

A quoi bon faire du pédantisme? Quel que soit son parrain, la vallée n'en est pas moins belle, et de l'auberge où je prends un frugal repas, je peux en voir tous les détails gracieux.

Cependant je ne suis pas venu pour voir des parterres de lis. Les horreurs de la cascade d'Enfer m'attirent. M'y voici. La route n'est ni longue ni difficile, mais je suis un peu assourdi par le ronflement de toutes les petites cascades qui entourent la principale cataracte. Celle-ci se précipite entre les parois de la montagne qu'une main de fer semble avoir disjointes et les flots arrosent de leur poussière humide des roches abruptes et les splendeurs d'une végétation puissante.

Je tiens à la voir sur toutes ses faces et pour cela je prends un sentier sinueux dont l'ombrage épais des chênes, des coudriers, des hêtres et des sapins me protège contre les rayons du soleil. Bientôt j'arrive aux ponts jetés sur la gorge. Du premier, la vue est bornée; mais du second, œuvre merveilleuse qui semble « jetée par l'esprit des ténèbres sur un écroulement d'eaux fantastique, » la vue plonge sur la cascade du Gouffre-Infernal. Rien ne peut rendre à l'esprit cet effroyable glissement sur le roc d'une rivière qui s'y précipite d'un seul jet! Effroyable vision qui donne le vertige! Spectacle saisissant vu du balcon suspendu sur la chute!

Grâce à un escalier rustique, je descends à travers le fracas du torrent et je me trouve en plein dans le gouffre, de l'eau sur la tête, de l'eau aux flancs, de l'eau sous les pieds! Je n'y reste pas longtemps. Il y fait trop froid pour quelqu'un qui vient d'avoir trop chaud!

Un chemin à travers broussailles me mène à un troisième pont qui domine à pic le torrent et la cascade. L'aspect est effrayant et la vue a besoin de se reposer sur les paysages verdoyants de la vallée du Lys qui entr'ouvrent leur horizon.

Je redescends de l'autre côté. Encore des forêts et des cascades qui se succèdent sur mon chemin. L'œil s'en fatigue et on craint de devenir sourd. La route heureusement dure une heure à peine et j'arrive par une pente insensible dans un cirque sauvage aux roches nues qu'argentent des cascatelles. Je franchis le torrent, et sans transition aucune, je me trouve dans la rue d'Enfer.

« Quelle Durandal a fait cette brèche à la montagne ? Oui, c'est bien une rue, mais une rue du sombre royaume. Deux murailles lisses, noires, d'une seule pièce, immenses, se regardent face à face. Le ciel n'apparaît au-dessus d'elles que comme une raie d'azur. Par cette ouverture béante sort le torrent des glaciers du Lys. C'est splendide. »

Je ne veux pas quitter ce pays des cascades sans connaître la cascade du Cœur dont je n'ai pas compris le nom prétentieux. Du reste il faut que je passe par là pour redescendre à la cabane où j'ai goûté et où je veux faire un bon repas avant de rentrer à Luchon. Cette fois je ne suis plus seul. J'entends des voix. Tant pis! Cette solitude me plaisait dans ces lieux horribles.

Quelle mauvaise idée j'ai eue d'aller contempler ces sites enchanteurs et ces deux torrents contournant une immense roche gazonnée, qui ressemble à un cœur comme un ours ressemble à un isard ! Deux élèves de l'école polytechnique sont là en contemplation. L'un s'écrie :

— Cœur de pierre! c'est un adjudant qui l'aura laissé tomber là !
— Horribles détails! riposte l'autre.
— Holà! hé! les autres, viendrez-vous? crie son camarade.
— Est-ce qu'ils se seraient remis à jouer?
— Non, j'ai caché les cartes, et comme nous ne rentrerons pas à Luchon avant deux jours... Seulement entends-les. Ils se disputent.

Cette conversation m'a mis la puce à l'oreille. Je fais un détour pour ne pas rencontrer ceux que le jeune homme appelle et que je reconnais avant de les avoir vus. Peine inutile ! Je tombe en plein sur mes joueurs de l'avant-veille. Exclamations et poignées de mains. On renoue connaissance et ne pouvant garder rancune à cette franche explosion d'amitiés, j'accepte tout ce qu'ils me proposent, espérant être libre plus vite.

Il paraît que ces messieurs, aussi bons touristes que joueurs enragés, — qui l'eût dit ? — ont fait le pari de quitter Luchon par la vallée du Lys et d'y rentrer par Saint-Béat. Pari insensé pour qui connaît le pays. Moi, qui ne vois dans ce programme qu'une longue promenade à travers les montagnes, j'accepte, oubliant ainsi le rendez-vous que j'ai donné à Charles et à nos amis.

Nous allons dîner à l'auberge du Lys, d'où nous repartons en voiture pour le port de Venasque. Les guides, car nous en avons deux, marchent en avant et à cheval. Le cocher fouette ses quatre chevaux, et couchés sur les coussins assez moelleux de la calèche, nous rions et causons de ce voyage auquel la nuit qui vient prête un début fantastique.

Il est temps d'arriver, car la pluie qui nous précédait est revenue sur ses pas pour tempérer notre ardeur et rafraîchir nos fronts brûlés par le soleil. Nous sommes à l'hospice, lourde maison de pierre qui sert de refuge, et nous donne de très-mauvais lits et du lait excellent.

Le lendemain aux premières lueurs du jour, nous sommes debout. Chacun marche à pied; la calèche retourne à Luchon, mais les deux chevaux nous suivent chargés de provisions et destinés à reposer ceux qui seraient trop fatigués, car la route n'est ni belle ni bonne. Le sol est rocailleux. Tout est désert. Un peu de verdure, quelques rhododendrons, beaucoup de saxifrages ne suffisent pas pour égayer le chemin qui à chaque pas nous offre des souvenirs de mort.

Ici, c'est un gros amas de pierres sèches figurant un homme et en portant le nom. Ces pierres marquent l'endroit où un douanier français fut tué par un contrebandier espagnol. Les mousses, les fougères et les lichens poussent en abondance sur ce tombeau problématique. Là, c'est le trou des Chaudronniers, où neuf ouvriers de cette profession furent engloutis.

— Ils ont eu le temps de blanchir sous la neige, ces Auvergnats! dit une voix.

— Horribles détails! répète le polytechnicien qui abuse de cette *scie* de l'école.

Enfin nous touchons au port de Venasque. Encore quelques efforts et par une brusque déchirure de la montagne, nous apercevons tout à coup la Maladetta étalant dans sa splendeur sa poitrine bossuée de glaciers!

Nous laissons les chevaux sous la garde d'un guide, et nous attaquons, sans coup férir, le pic de Sauvegarde, dont le sommet déchiqueté, les rocs aux reflets de cinabre et d'ocre dominent la plaine de près de 2,800 mètres. La vue est fort belle. Les monts Maudits s'y déploient dans leurs moindres détails. L'Aragon nous laisse voir ses champs calcaires et arides. Les Posets et le Perdiguère étalent leurs robes blanches mouchetées de crevasses vertes. Par là-bas, l'Ariége, la Catalogne et le val d'Aran projettent leur damier de plaques grises, jaunes et noires.

Cette course n'a duré que deux heures, mais elle a aiguisé notre appétit. Nous faisons honneur à nos provisions, pendant que le guide nous raconte l'histoire suivante :

— En 1792, un proscrit et une religieuse s'étaient réfugiés à Luchon, loin de la tourmente révolutionnaire ; mais, poursuivis jusque dans leur retraite, ils durent s'enfuir dans la montagne par une nuit froide et obscure. Au milieu de difficultés sans nombre, des souffrances les plus cruelles, ils parvinrent au port de Venasque. La force humaine a un terme. Celles de la jeune fille étant équisées, elle s'écria : « Mon Dieu ! je me sens mourir. » Les prières de son compagnon ne purent ranimer son courage. Il essaya de la porter, mais ses forces le trahirent, et le proscrit dut, sur les instances de la sœur, sauver sa propre vie en passant la frontière. La religieuse, après des efforts inouïs, parvint à gravir le pic au bas duquel elle était adossée. On ne la revit plus. Ce fait allait s'oublier lorsqu'en 1849, M. Lezat, en découvrant son chapelet, put indiquer la place où mourut cette malheureuse femme.

Le « horribles détails » s'apprête à sortir, mais je l'arrête au passage.

Au moment où rafraîchis, restaurés et reposés, nous nous apprêtons à reprendre la route des montagnes — car il est bien décidé, coûte que coûte, que nous ne passerons pas par Luchon, — des coups de feu précipités se font entendre du côté de l'Espagne, et nous assistons, malheureusement de trop loin, à un épisode d'une chasse aux isards.

Derrière les rochers, d'intrépides montagnards se sont postés suspendus sur les abîmes ayant juste une petite saillie pour appuyer leur fusil. D'où nous sommes, on les voit parfaitement, grâce au petit panache de fumée qui ponctue leur position. Seulement nous ne voyons pas les isards. Enfin, le long de la montagne de Salenques, sur laquelle crépite la fusillade, nous apercevons une troupe de ces jolies chèvres à la robe fauve, au poil net et lustré et aux yeux d'escarboucles. Leurs fins jarrets se détendent soudain à la manière d'un ressort et ils bondissent le long des précipices, affolés par les coups de feu qui ne les atteignent pas. Pourtant nous voyons une victime se débattre sur la neige, et des hourrahs de joie nous apprennent que cette victime ne doit pas être la seule.

Je n'écoute plus ni mes guides ni mes compagnons, et bien que la distance qui me sépare des chasseurs soit très-grande, je la franchis en peu de temps.

Un spectacle inattendu me surprend et m'arrête. Je regarde autour de moi, je suis seul. En face, sur un rocher, l'isard tué gît dans la neige, et certes, je doute que les chasseurs puissent y aller chercher leur gibier. D'ailleurs trois carnivores se disputent cette proie facile, trois aigles énormes dont la vue seule me fait tressaillir.

J'entends la voix des chasseurs qui se rapprochent. Les aigles vont commencer leur sanglant festin. L'un est à la tête menaçant l'autre de son bec; le second, les ailes étendues, les serres ouvertes, plane sans oser fondre sur le cadavre de l'isard. Le troisième, sans s'occuper des autres, enfonce son bec crochu dans les flancs de l'animal.

Une lutte terrible s'est engagée. L'un des deux aigles, repoussé par l'autre, tournoie autour du rocher et soudain m'aperçoit. Alors la scène change. Pendant que ses deux compagnons s'acharnent sur un cadavre, l'aigle fond sur moi et j'ai à peine le temps de me jeter de côté. Un coup de feu étend le terrible oiseau à mes pieds et je l'achève d'un coup de mon bâton ferré.

Les chasseurs arrivent au même instant. Les aigles acharnés à à dépecer l'isard les ont bien vus, mais ne se dérangent pas de leur sanglant dîner. Faire l'assaut du rocher serait trop long. D'ailleurs les oiseaux ont compris qu'on venait leur arracher cette proie et avec l'instinct de leur race, ils la traînent et la jettent dans le précipice. Là, ils sont sûrs qu'on ne viendra pas la leur disputer, aussi ils s'envolent lentement, guettant tous les mouvements des chasseurs et attendant leur départ pour descendre dans l'abîme achever leur repas.

Les chasseurs, parmi lesquels est Charles, le plus célèbre tueur d'ours que possèdent les Pyrénées, se consolent vite de cet échec; ils ont tué un autre isard, et celui-là, les aigles ne l'auront pas. En effet, en redescendant, j'aperçois un montagnard en bras de chemise qui dépèce son isard avec plus d'adresse que les aigles n'en ont mis à dépecer le leur.

LES AIGLES SE DISPUTANT UN ISARD.

La bête est pendue par les pieds de derrière à un bâton fixé à deux

clous et qui lui traverse les jarrets. Le chasseur lui fend la peau du haut en bas, pendant qu'un autre apprête le feu. Les aigles dîneront dans l'abîme et les montagnards sur le rocher.

Je rejoins mes compagnons au moment où le guide explique, en m'attendant, à mes compagnons si peu inquiets de mon escapade qu'ils ne me demandent même pas d'où je viens et pourquoi je les ai quittés, les péripéties d'une chasse aux isards.

Nous nous remettons en route d'un bon pas. La course à faire est, m'a-t-on dit, très-longue. J'ajouterais qu'elle est assez monotone si les pics qui surgissent de tous côtés, les belles forêts qui nous environnent, les épais gazons sur lesquels paissent de nombreux troupeaux ne venaient nous distraire ; leur vue nous console et raffermit nos jambes fatiguées.

Nous avons vu la Pique, que Michot a escaladée pour une bouteille de rhum, passé le pic de l'Entacade, et traversé le plan de Campsaure. Nous sommes au pied du Couradilles, où nous allons monter malgré la nuit qui s'avance, quand un violent orage éclate. La pluie nous perce jusqu'aux os, la nuit vient plus rapide, et, pour trouver un abri, nous sommes obligés de revenir sur nos pas. Enfin nous apercevons une lumière, et en dépit des avis de nos guides qui nous demandent encore un peu de courage pour atteindre un lieu plus hospitalier, nous nous glissons affamés, grelottant, harassés, dans une mauvaise hutte, où brille un bon feu. Deux bergers espagnols se chauffent avec gravité et ne se bougent pas à notre entrée. L'un d'eux cependant a levé la tête en voyant les chevaux, et son œil faux semble nous compter comme s'il rêvait déjà au moyen de nous dévaliser. Les guides ont froncé le sourcil. Nous sommes pourtant en nombre pour nous défendre. A quoi bon fuir un danger imaginaire pour en affronter d'autres qui peut-être seraient trop réels? Nous sommes déjà installés, du reste, et je prévois bien que parmi nous il y en a qui veilleront. Ce sont mes joueurs qui se provoquent? Cette provocation nous rassure tous. Quant aux Espagnols, ils se lèvent et sortent nous laissant la place libre.

Minuit a sonné depuis longtemps. Tout le monde a fini par s'endormir près de l'âtre qui s'éteint. Soudain l'un des guides se réveille en sursaut et réveille son camarade. Puis tous deux, après s'être parlé à l'oreille, se lèvent et sortent à pas de loup.

Comme j'ai le sommeil très-léger, j'ai eu le temps d'ouvrir les yeux et de voir ce mystérieux manége. Au moment où je vais me lever pour les suivre, je vois, sous les branchages qui forment les murs de la hutte, se glisser deux têtes, puis deux corps qui s'allongent près du feu et s'accroupissent dans la position d'un homme profondément endormi.

Les deux guides rentrent très-pâles. Je leur fais signe, ils approchent.

— Nous sommes volés; on nous a pris nos chevaux et nos sacs.

— Ce sont les Espagnols qui ont fait le coup.

Mes compagnons s'éveillent et chacun se regarde d'un air embarrassé, cherchant sur qui on en fera tomber la faute. Quant aux bergers, ils ont jugé prudent de faire semblant de s'éveiller et d'écouter sans ostentation.

L'un des guides, voyant que les Espagnols nous écoutent, s'empresse de nous rassurer :

— Bah! je gage qu'avant le jour nos chevaux nous seront rendus, dit-il.

Cette exclamation provoque un imperceptible sourire sur les lèvres des Espagnols.

— Bon, dit tout bas notre guide, ils comprennent le français, attends !

Et il reprend froidement :

— Aussi vrai que saint Nicolas est mon patron !

Les Espagnols font vivement le signe de la croix et écoutent avec anxiété.

Le guide poursuivit sur le même ton :

— Vous n'ignorez pas que notre grand saint Nicolas, patron des enfants et des bateliers, est aussi le gardien des trésors. Aussi nous avons tous un scapulaire avec l'image du saint, béni par notre saint père le pape. Il nous suffit de mettre cette image sur ce que nous ne voulons pas qu'on nous dérobe et les voleurs ont bien garde d'y toucher, sans cela ils seraient damnés. Pas un prêtre ne leur donnerait l'absolution.

Les Espagnols sont devenus livides.

— Or, comme nos chevaux ont chacun leur scapulaire...

Cette fois les Espagnols se regardent avec terreur.

— Il doit y avoir une légende, dis-je, racontez-la-nous.

— Ce n'est pas une légende, c'est de l'histoire qui remonte au temps où Castel-Viel était un château-fort qu'habitaient les Sarrasins, cet éternel ennemi de tout ce qui est Espagnol. Le roi de ces mécréants, une fois maître du pays, exigea que les chrétiens lui fissent amende honorable et devinssent tous païens comme lui et ses soldats. Or il y en eut un, hélas! un seul qui refusa. C'était un homme de grand âge et de grand renom, que les mécréants avaient un jour trouvé dans sa cabane, à genoux devant une image de monseigneur saint Nicolas, chevalier baron du paradis, et qu'ils avaient conduit enchaîné devant leur roi. Les païens s'étaient aussi emparés de l'image, qui n'était autre qu'une petite figurine de bois. Cette image fit bien rire toute la païenne et maudite assemblée !

« Vilain, dit le roi, que fais-tu de ce morceau de bois ?

« Je le prie tous les jours. Le grand saint qu'il représente multiplie et fait prospérer tout ce qu'on lui recommande de garder.

« Vilain, je te fais larder si ce morceau de bois ne multiplie et garde bien mon trésor. Je le lui donne en garde pour te confondre. »

Le vieillard fut reconduit en prison, la corde au cou, puis le roi ouvrit ses trésors et y coucha la statue de saint Nicolas, en jurant que si une seule pièce en sortait, le vieillard serait torturé et occis.

Des larrons l'apprirent. Il y avait beaucoup de larrons à cette époque; ils étaient même tous Français, pas un seul Espagnol ! Ces larrons vinrent donc dans la nuit et s'emparèrent du trésor, mais en route Dieu leur donna une telle envie de dormir qu'ils s'arrêtèrent dans une hutte, — celle-ci par ma foi ! Et là s'endormirent d'un profond sommeil, — où vous êtes, jeunes gens.

Les Espagnols apostrophés directement répondirent par un signe de croix.

— Quand le roi vit son trésor enlevé il fit venir le chrétien :

« Vilain, tu m'as trompé. Tu vas mourir de mort laide et honteuse.

— Saint Nicolas, répondit le vieillard, viendra à mon secours.

— Et comment ?

— Rendez-vous à la salle où était votre trésor et regardez. »

Le roi étonné s'y rendit aussitôt et retrouva, en effet, son trésor toujours gardé par la statue de saint Nicolas. Le trésor avait doublé.

Qu'était-il arrivé? C'est que le bon saint Nicolas avait quitté le paradis malgré les remontrances de saint Pierre qui n'aime pas à être dérangé la nuit, et était venu directement à cette hutte. Les larrons dormaient et sur un signe du saint, se levèrent tout endormis, puis rapportèrent le trésor où ils l'avaient pris. Quand ils se réveillèrent, ils furent tout étonnés de se trouver en prison. Le roi effrayé se convertit, fit convertir tous ses Sarrasins, et depuis ce temps on ne vit plus, dans ce pays, aucun païen. Vous comprenez bien que saint Nicolas ne va pas laisser voler nos chevaux et tomber son image dans de vilaines mains. D'abord les chevaux reviendraient d'eux-mêmes, mais je préfère que les larrons nous les ramènent. C'est une satisfaction pour nous, et puis ça fera tant de plaisir à notre grand saint Nicolas, chevalier baron du paradis.

— Amen ! fîmes-nous tous en bourdon, ce qui acheva de terrifier les bergers espagnols.

Je ne sais plus ce qui se passa, car je m'endormis, mais au réveil nos chevaux étaient là et les Espagnols courent encore !...

Aussi radieux que le soleil qui nous éclairait et achevait de réchauffer nos membres transis, nous reprîmes la route du col du Portillon, frontière d'Espagne. Je jette derrière moi un regard de regret sur le val de Burbe, dont je n'ai que côtoyé les fougères et les bruyères roses, et qui de là ressemble aux plantureux paysages normands que baigne la Seine... Devant moi, un pic granitique me cache toute la vallée, et ma mauvaise humeur ne se dissipe qu'une demi-heure après, à la vue du val d'Aran, qui du haut de la chapelle Saint-Antoine, où nous sommes parvenus, nous apparaît en entier.

Le tableau est attristé par les pics qui l'enserrent de leur ombre, mais il ne manque pas de grandeur. La Garonne y court entre les peupliers comme un ruban vert lamé d'argent. Bosost y mire ses toits d'ardoise et ses maisons de bois. Canejan est suspendu sur son rocher comme une chèvre aux buissons de la montagne. Lez estompe son casino et ses bains, et en dessous, le Pont du Roy se laisse deviner dans sa gorge étroite.

Le val d'Aran, qui se trouve situé au centre même des Pyrénées, dans cette espèce de remous circulaire de montagnes, formé par la rencontre des chaînes venues de l'Atlantique et de la Méditerranée, n'a pour ouverture que l'étroit défilé de la Garonne, et ne peut communiquer avec les autres vallées ses voisines que par des cols très-élevés. Sa situation aurait dû en faire un État indépendant comme le val d'Andorre, ou un suzerain de la France, mais ses douze mille habitants et ses trente villages sont tributaires de l'Espagne.

— Heureusement pour la France, dis-je, en réponse à ces réflexions, suite d'une conversation tenue avec mes compagnons de voyage.

— Pourquoi donc? me demanda-t-on à la ronde.

— Regardez!

Nous entrons, en effet, à Bosost. Jamais rien d'aussi sale ni d'aussi infect. Les rues sont étroites et fangeuses. On y respire une forte odeur d'étable et d'écurie. Les habitants, surtout les femmes, sont malpropres et vêtus d'une manière sordide. Tous demandent l'aumône et vous menacent de leur *navaja* si on ne la leur fait pas à leur gré et le plus tôt possible.

Je suis furieux d'avoir perdu mon temps à une course inutile et je demande à retourner à Luchon, car je ne sais où ces messieurs avec leur pari et leur fantaisie m'entraînent. Je ne suis pas écouté, mais du moins nous ne restons pas à Bosost. Nos guides sont congédiés, et nous nous entassons dans une vaste calèche qui nous attend à l'auberge de France. C'est le même cocher qui nous avait quittés à l'hospice et qui revient nous chercher.

Nous allons au Pont du Roy, et la route que nous franchissons me déride. Rien n'est plus sauvage que le défilé pris entre la montagne et le fleuve. Rien n'est plus beau aussi, quand on peut l'admirer sans se fatiguer et l'œil perdu dans cette vague somnolence que produit le cahotement de la voiture.

Ces villages entourés de tilleuls et d'érables, suspendus sur les terrasses des montagnes, ces pics noirs, ces cols neigeux, la Garonne écumante comme une mer en courroux, me dédommagent amplement des bourbiers de Bosost.

On arrive au Pont du Roy. Nous descendons. A l'hôtel? Non. Au casino. Enfin je comprends. Dans ce casino il y a une roulette et on y joue comme à Monaco. Voilà le secret de mes touristes qui ne voient, dans cette promenade circulaire, qu'un moyen de satisfaire à leur passion pour le jeu.

Peu soucieux de faire une brèche à mon budget, je dédaigne d'entrer dans une salle aussi laide que pauvre, où le bruit d'une bille d'ivoire courant dans un bassin de cuivre et la voix monotone d'un croupier rappellent désagréablement la musique de Monte Carlo. Mes amis s'y sont déjà installés. Soudain je les vois revenir effrayés et sauter dans la calèche en m'y entraînant; ils donnent l'ordre au cocher de partir au plus vite et celui-ci obéit en criant avec tereur : « Les carlistes ! »

Je me retourne joyeux, espérant que ce nouvel épisode de mon voyage me fournira de précieux documents; mais le cocher impitoyable ne nous fait pas crédit d'une minute. Je m'en console en sachant que c'est tout simplement le juge de Viella qui a envoyé quatre hommes

Les Carlistes au Casino.

et un caporal pour percevoir l'impôt. Le croupier a emporté la caisse, les joueurs se sont enfuis et les soldats judiciaires ont ramassé ce qui était sur la table. Il paraît même que cela arrive assez souvent, si souvent qu'on croit l'administrateur du Casino d'accord avec ces estafiers du fisc.

Par une succession de jolis villages et de jardins naturels qu'entrecoupent des prairies et des forêts buvant à même le flot de la Garonne, nous arrivons à Saint-Béat, dernière étape du programme.

Mes compagnons s'installent à l'hôtel du Commerce, où ils commandent un excellent dîner, et en attendant qu'il soit prêt, j'en profite pour aller me promener.

« Une rue et un torrent, voilà Saint-Béat. Ses maisons plaquées au roc d'un côté baignent de l'autre leur pied verdi dans le courant du fleuve ; mais le roc ici est de marbre et le fleuve semble charrier de l'or. »

Un escalier taillé en zigzag dans le rocher me conduit aux ruines du château qui autrefois défendait la ville, appelée clef de la France, à cause de sa position entre deux montagnes escarpées qui ne laissent passer que le flot boueux de la Garonne. Ces ruines n'offrent rien de saillant si ce n'est un donjon carré qui sert de piédestal à une grande statue de la Vierge. Il y a tout autour un horizon de montagnes assez tristes, mais quand on les considère avec attention on s'aperçoit que ce n'est qu'un empâtement immense de marbres, un amoncellement de blocs énormes, bruts, informes, d'où sortiront un jour peut-être les chefs-d'œuvre de notre sculpture.

Un sentier d'arbustes et de buissons sauvages me permet de grimper au mont Arri, où s'exploitent les carrières de marbre blanc. L'entrée est une voûte aussi haute que l'abside de Notre-Dame de Paris, mais la montagne ne se ressent guère de cette brèche faite à ses trésors. Le mode d'extraction est un peu trop élémentaire, les ouvriers ne sont pas assez nombreux. Il me semble qu'on pourrait utiliser un peu mieux cette source naturelle de richesses pour le pays.

L'heure du dîner me force à redescendre à Saint-Béat, regrettant de ne pouvoir escalader le pic de Gar, géant aux sept pointes, dont le roc grisâtre marqué de taches de rouille s'élance comme d'un jet vers le ciel qu'il déchire à arêtes vives. Ses flancs recèlent encore du marbre prêts à nous le donner quand le mont Arri n'en aura plus.

Le dîner est servi sur une terrasse qui domine la Garonne ; chacun de nous y fait honneur, surtout aux *cheveux d'ange*, plat très-précieux que je recommande aux gourmets. Seulement, pour le manger avec plaisir, il faut aimer le sucre dans les sauces, les carottes rouges et l'écorce de citron cuite. Ces fines découpures de carottes sucrées ne sont pas mauvaises, mais je doute que les anges songent jamais à en faire leurs perruques !

La nuit est venue. Il faut songer à retourner à Luchon. Les joueurs ne sont pas de cet avis et ils ont recommencé une partie interminable. Cette fois je me fâche et j'obtiens gain de cause. Aussi nous repartons, mais inconscients de la route parcourue dans la nuit noire, nous n'arrivons à Luchon que vers minuit. Pour comble de malheur une lettre que Charles a laissée pour moi m'empêche de dormir et mes compagnons me voyant éveillé me proposent pour le lendemain une nouvelle course dans les montagnes.

Charles m'apprend que les Verlède et les Bardonèche sont arrivés depuis deux jours et qu'à l'heure où il m'écrit toute la société, flanquée des Américains, se met en route pour la Maladetta.

« J'accepte, messieurs, votre proposition, dis-je aux joueurs, si vous voulez m'accompagner aux monts Maudits.

— Soit. Allons nous coucher. Nous finirons notre partie à la Renclude.

— Et de bonne heure, n'est-ce pas ?

— Comment donc, au lever du soleil !... »

Mais le lendemain à dix heures, nous sommes encore couchés. Le garçon ne nous a réveillés ni les uns ni les autres. En revanche nos deux guides — qui sans doute avaient été retenus et prévenus d'avance, — ont tout préparé pour la longue et périlleuse course entreprise peut-être trop à la légère.

Chaussures solides, gants chauds, cordes, bâtons ferrés, tout est renouvelé et passé en revue. Il n'est pas jusqu'aux provisions auxquelles ils n'aient songé. Poulets, côtelettes, jambonneaux, vin, café, assiettes, rien n'y manque, même la petite pharmacie de poche si utile en cas de chute.

En un mot, nous n'avons qu'à nous lever, nous équiper, déjeuner et monter dans une calèche qui nous emporte jusqu'à l'hospice par un chemin déjà parcouru l'avant-veille. Là commence notre excursion. Sac au dos, nous partons à la conquête des pics du Nethon. Seulement j'ai soin de m'informer si on n'aurait pas vu passer une caravane dont je fais une description la plus exacte possible. J'ai hâte de rattraper Charles, Édouard et mademoiselle Rose. Je tiens à me retrouver face à face avec les Américains pour savoir s'ils me recevront dans la montagne comme ils m'ont reçu sur la promenade de Luchon. Je tiens surtout à savoir pourquoi mes compagnons m'ont quitté mystérieusement sans mot dire.

Je suis si distrait, si préoccupé, que je ne m'aperçois pas que nous sommes sur une route nouvelle dont les horizons ne me sont pas tout à fait inconnus. Nous venons de traverser les pâturages du Val de la Frèche, à pente très-douce ; mais nous sommes au Pas de Risebette, et là, il ne s'agit plus de rêver, il faut regarder où l'on met les pieds. Nous saluons pour la deuxième fois le pic de l'Entécade, et nous le contournons en sens inverse par un chemin difficile et rocailleux.

Cette première course nous a brisé les jambes et torturé les pieds, et pourtant nous ne sommes pas au bout. Le pas le plus difficile à franchir est celui de la Scalette « petite échelle » dont chaque échelon est une roche moussue et tremblante. Comment l'ai-je franchi? je n'ose me le rappeler. Ce que je sais, c'est qu'arrivé au sommet de cette échelle, je me laisse tomber sur une motte de gazon, où je serais peut-être encore, si mes compagnons ne m'en eussent arraché par ces mots : — Dieu! que c'est beau!

En effet, du port de la Picade où nous sommes, on aperçoit tout le versant septentrional du Nethon, le pic de Fourcanade, le Malibierne, dont la crête déprimée et blanche ressemble à la tête d'un président à mortier des anciens parlements. C'est surtout le groupe des monts Maudits qui attire nos regards, car il se déploie là dans toute sa magnificence.

Cette vue me donne du courage, d'autant mieux que le guide affirme que la maladettos a reçu de nombreuses visites. En deux heures d'un chemin assez facile le long de la Pêna blanca et à travers le plan des Étangs, nous atteignons la Rencluse, où nous nous disposons à passer une partie de la nuit. Il y a déjà plusieurs touristes venus par le port de Venarque ou partis bien avant nous. On se salue, on se souhaite la bienvenue. En voyage, les liaisons sont aussitôt faites que rompues.

La Rencluse est un petit cirque bordé de roches au fond duquel coule un torrent dont les eaux laiteuses vont grossir l'Essera. « La nature a tout prévu : à l'entrée du cirque, un plan de pâturages fournit aux chevaux la litière et le ratelier, les eaux pures de l'Essera désaltèrent les bêtes et les gens. Au fond du cirque, la roche haute de vingt pieds s'avance en surplomb, offrant aux hommes un large abri. Des sapins pendant au front du rocher protégent contre l'humidité de la nuit et au pied du roc un amas de débris informes couverts de gigantesques orties, garantit des vapeurs du torrent. » On pourrait tenir cent personnes sous ce rocher. Dans un coin derrière une petite muraille en pierres sèches, on a ménagé « l'appartement des dames ».

L'Essera se perd à quelques pas de là dans une cavité qu'on appelle le gouffre de Turmon. Le torrent glisse sous terre, et ne reparait qu'au plan des Étangs d'où il coule dans l'Èbre jusqu'à la mer. La Garonne, sa sœur jumelle, en fait autant de l'autre côté de l'arête, ce qui, pour un philosophe, est sujet aux réflexions les plus étranges sur les destinées des fleuves comparées aux destinées humaines.

Autour d'un immense foyer qui rôtirait un bœuf, nous nous installons dans le grand salon de la Rencluse. Le souper est excellent, nous sommes assis sur des jonchées de branches de sapins que recouvrent nos couvertures et la conversation s'étant généralisée, ceux qui sont trop fatigués s'assoupissent au murmure des paroles. Les guides nous racontent des histoires ou nous chantent des chansons du cru qui nous endorment, mais j'ai retenu certaines anecdotes, et j'éprouve autant de plaisir à me les rappeler éveillé que j'ai eu de plaisir à les entendre endormi.

Sur le plan en relief de M. Lezat, j'avais remarqué que le sommet du pic de la Fourcanade portait un drapeau vert; le guide nous expliqua la couleur de ce drapeau par la légende suivante :

— La superbe Fourcanade n'a été réellement escaladée qu'une seule fois. Tonneli fut son vainqueur, et nul autre ne peut se vanter de pareil exploit. C'est pourquoi, seule de ses compagnes, cette cime porte un drapeau vert au plan Lezat. La légende a nécessairement exploité la rébellion de cette montagne en donnant comme vrai le récit suivant :

« Entre les aiguilles de la Fourcanade se dissimule un trou fermé par une grande pierre, où l'on ne peut descendre qu'à l'aide de cordes et au péril de sa vie. Un guide de Luchon le découvrit un soir. S'y étant glissé, il vit que le sol était revêtu d'une substance mate, jaunâtre, absolument inconnue. Il en détacha un fragment, le rapporta à la ville et le montra à un joaillier. Celui-ci ne l'eut pas plutôt essayé qu'il reconnut une pépite du plus bel or. Ivre de joie, l'heureux montagnard retourna dès le lendemain à la Fourcanade, accompagné de plusieurs collaborateurs très-disposés à se courber sous leur charge de métal. O douleur! ils retrouvèrent bien la grotte, mais du précieux pavement, nulle trace. Plusieurs jours s'étaient écoulés; dans l'intervalle, des Espagnols avaient tout pris. Or chaque année, paraît-il, la couche aurifère se reforme durant l'hiver, car le rocher sue de l'or; mais à chaque printemps aussi, ces gueux de Catalans qui sont sur place en abusent pour guetter la fonte des neiges, profiter de la débâcle, descendre dans le trou et remplir leurs sacoches. Quand les Français se présentent avec leurs paniers, la récolte est faite. »

L'anecdote trouve autour du foyer beaucoup d'incrédules, mais les suivantes qu'un autre guide raconte à propos des grandes chasses faites dans les Pyrénées nous plaisent davantage par leur parfum de vérité et la terreur qu'elles nous inspirent.

— Le cirque de la Rencluse est l'arène favorite des ours. C'est là, au pied de ce pic aigu, que je me suis mesuré avec un ours énorme dont je n'attendais guère la visite. J'étais en train de tailler des branches de sapin pour allumer le feu, et le couteau dont je me servais, ma seule arme, du reste, ne me semblait pas de taille à paralyser l'élan du fauve. Ce dernier, debout, marchant sur ses pattes de derrière, s'approchait petit à petit, sans se presser, et déjà sa large patte allait s'abattre sur mon épaule quand un coup de feu retentit. L'ours chancela; une balle l'avait frappé au défaut de l'épaule, mais il n'en continuait pas moins son chemin, vers moi qui reculais du côté de cet abri, tenant en respect mon ennemi au moyen de ma branche de sapin. Second coup de feu; l'animal se retourne. J'en profite pour m'élancer sur lui et lui enfoncer mon couteau tout entier dans la gorge. Au même instant, mon camarade arrivait son fusil à la main. Il me vit me roulant avec l'ours qui, dans ses dernières convulsions, m'avait étreint et m'eût étouffé si une dernière balle ne l'eût achevé.

— Ici même, ajouta un autre guide, mon fils, surpris à l'affût, déchargea à bout portant son fusil dans la gueule d'un ours qui l'ouvrait toute grande pour le dévorer.

— Une jeune fille, raconte le premier qui tient à ne pas se laisser distancer en émotions, s'amusait le long du torrent à se faire un bouquet avec des aconits jaunes, des marguerites et des myosotis. Son père reposait; il avait chassé toute la matinée les coqs de bruyère et les perdrix blanches, et sa carabine placée à côté de lui n'était même pas chargée. Soudain il se réveille aux cris poussés par sa fille. La malheureuse venait d'être enlevée par un ours de haute taille qui s'enfuyait dans la montagne avec sa proie. Charger sa carabine et poursuivre le fauve fut pour le chasseur l'affaire d'un instant, mais en s'entendant poursuivre l'ours s'est retourné, et, voyant le canon qui s'abaisse, marche à reculons se servant de sa victime comme d'un bouclier. Lentement il opère sa retraite sous les yeux du père désespéré qui n'ose faire feu dans la crainte de tuer son enfant. Enfin l'ours, reculant toujours devant le chasseur qui avance, perd pied soudain et s'abîme dans le gouffre entraînant la jeune fille dans une même chute et un même trépas!

Ces histoires jetées au milieu de notre insomnie, près d'un feu qui projette sur nous des lueurs oscillantes, en pleine montagne, au cœur même de ces forêts qu'habitent de préférence les ours luchonnais, nous ont laissé une vague impression de terreur, et notre imagination est si peuplée de silhouettes d'ours qu'il nous semble voir un de ces animaux se dresser devant nous.

Mais ce n'est pas une illusion. Un ours est bien là, nous guettant dans l'ombre, loin de la projection des rayons du foyer. Tous les regards sont portés sur cette masse noire pelotonnée sur le gazon. Un guide, plus incrédule et plus fort, s'en approche et remue du bout de son bâton cette masse informe, d'où sort un grognement suivi de ces mots caractéristiques :

— Horribles détails!...

C'est un des polytechniciens qui, ayant trop chaud au salon, est allé se coucher sur le gazon enveloppé dans les larges plis de son manteau.

Cette diversion à notre terreur nous a plus vite endormis et le lendemain, dès l'aube, nous sommes tous debout, frais et reposés comme si on sortait d'un bon lit. Le ciel est moins gai que nous, mais il est si capricieux à Luchon!

L'ascension commence. Nous ne sommes que huit. Il y a dans la société que nous avions trouvée à la Rencluse, des peureux, des réfractaires qui, ayant vu la Maladetta, partent pour d'autres excursions. Je le préfère. Du reste, je commence à être rassuré sur l'issue de notre course. Non-seulement nous avons les meilleurs guides de Luchon, mais encore les touristes qui m'accompagnent ont déjà escaladé les glaciers de la Maladetta. Aujourd'hui ils se réservent d'aller plus haut et d'inscrire leurs noms sur le registre qui a été signé pour la première fois le 20 juillet 1842 par MM. de Franqueville et Thihatcheff. Je comprends que cette montagne maudite ait résisté si longtemps aux efforts des excursionnistes tandis que le mont Blanc, depuis 1786, avait livré ses secrets à Joseph Balmat. Le mont Cervin lui-même n'offre pas au début des difficultés aussi grandes et de passages aussi périlleux.

De la Rencluse à la Malahitta, arête rocheuse aux colorations rouge sombre, qui sépare la Maladetta proprement dite des prés du Nethou, nous n'avons qu'à monter sur des anfractuosités où notre pied glisse à chaque pas; nous sommes obligés de nous accrocher à des touffes d'herbe qui souvent ne résistent pas, et c'est presque à genoux que nous arrivons à un écroulement de roches gigantesques qui me rappelle le Chaos. Là, autre exercice. Il nous faut bondir d'un bloc à l'autre à la façon des isards et surtout ne glisser, ni tomber, à cause des crevasses et des cavernes ouvertes dans ces roches. Cette gymnastique dure une heure, et nous poussons un soupir de satisfaction en foulant les plaques neigeuses qui nous séparent des vrais glaciers.

Les guides nous forcent à un repos qui pourrait bien nous être fatal, car le sommeil des neiges, celui dont nos soldats mouraient à la Bérésina, s'impose à nos paupières et engourdit nos membres fatigués. Quelques gorgées d'une eau délicieuse et pure nous délassent et secouent ce sommeil dominateur, mais ce début nous attriste, car la route parcourue n'est rien auprès de celle à parcourir.

Les cordes sont déroulées; nous nous attachons l'un à l'autre avec un jeu de cinq à six mètres et solidaires ainsi les uns des autres nous attaquons le monstre. Son premier champ de neige est franchi sans accident. Plus d'un a glissé dans quelque crevasse perfide, mais les autres en se mettant à plat ventre ont tendu vigoureusement la corde et fait rebondir l'imprudent hors du trou.

— Pourvu que la corde ne casse pas, me dis-je agité par un secret pressentiment.

Quand les crevasses ont disparu, ce sont les pentes qui se redressent. Le glacier monte presque à pic jusqu'au lac Coroné, où nous sommes reçus par une bourrasque épouvantable. Nous tournons le dos au vent qui nous saupoudre de neige et nous secoue comme un prunier. Impossible d'avancer. C'est là du reste qu'a disparu pour toujours le guide Barrau, ce Balmat des Pyrénées. Ce souvenir évoqué par nos guides ne nous est pas très-agréable.

Enfin, la rafale s'apaise, et nous pouvons, muets et presque découragés, contourner le Dôme, grosse tour arrondie comme le toit d'une mosquée, et remonter le glacier qui se redresse encore davantage avec une brusquerie vraiment effrayante.

La soif nous dévore, la neige nous brûle les pieds, et notre respiration haletante annonce que l'air se raréfie à mesure qu'on approche du sommet. Trois longs quarts d'heure de ce supplice, et nous touchons au sommet maudit, qui semblait fuir devant nous. Hélas ! quelle atroce désillusion ! Le vrai, le seul Nethou se dresse brutalement derrière cette fameuse cime. Nous avons vaincu les difficultés ; il nous reste le danger à affronter.

Pour arriver au Nethou, il n'y a qu'un chemin de trente mètres de long sur quatre pieds de large, déchiré par la foudre, miné par les hivers et dont le granit forme une scie aux dents branlantes. C'est le pont de Mahomet suspendu sur un abîme insondable.

Les guides se délectent de notre stupéfaction. Mes compagnons, qui étaient déjà montés jusque-là, se consultent du regard, mais leur hésitation dure peu, et déliant les cordes, ils s'apprêtent à franchir l'obstacle. J'en fais autant et sans les guides qui nous prient d'attendre, nous serions déjà sur le chemin du paradis oriental « plus étroit qu'un poil délié, plus aigu que le tranchant d'une épée. »

— Oh ! oh ! jeunes gens, pas si vite. C'est à nous de vous montrer le chemin et pas de faux courage ! Soyons prudents.

Et sur ce sermon aussi court qu'énergique, le guide, tantôt debout, tantôt à cheval, rampant, glissant, jouant des coudes ou de la hache, met cinq longues minutes à traverser l'abîme. Une fois de l'autre côté, il s'attache fortement à la ceinture la corde dont il nous jette l'extrémité. Son compagnon s'en empare et les deux montagnards s'arc-boutant aux rochers, nous font une espèce de rampe au moyen de laquelle nous passons l'un après l'autre, les yeux fermés à cause du vertige, moitié assis, moitié à cheval. Ah ! comme nous en ririons s'il ne nous fallait pas repasser par le même chemin ! Mais enfin nous foulons en vainqueurs la vraie cime des monts maudits, le

Nethou, cet antique Olympe d'un dieu des Celtes ou des Ibères !....

La plate-forme n'est ni longue, ni large, et de tous côtés, sauf celui par lequel on arrive, s'ouvrent des précipices, des gorges sauvages et de profonds escarpements. Les glaciers du Nethou, presque partout couverts de neiges, montrent leurs pentes bleuâtres et leurs larges fissures. Au premier coup d'œil, on ne voit qu'un chaos informe. On croirait n'apercevoir qu'un immense troupeau de moutons, mais bientôt on découvre un ordre admirable dans ce désordre apparent ; on reconnaît le faîte de la chaîne centrale avec les vallées qui la creusent et les sommets qui la bouclent, les plaines de la Gascogne semées d'arbres et de villas, et les champs de la Catalogne sillonnés de rubans d'argent. En un mot, le plus beau spectacle, dit Ramond, que l'homme puisse contempler, et qui nous récompense largement de nos peines et de nos fatigues ! Le froid est très-vif ; il nous faut redescendre, mais non sans avoir signé le registre de la Maladetta qui est déjà ouvert sur les genoux de mes compagnons. Ceux-ci inscrivent leurs noms. Je vais donc les connaître ! Au moment où je prends la plume en jetant les yeux sur la page à moitié signée, je pousse un cri.

— Ils sont venus !... Édouard Verlède, sous-préfet ; plus bas, Charles, mademoiselle Rose Bordanèche, des noms anglais...

Et comme pour répondre à mon exclamation, je vois à l'est, sur le sommet arrondi du glacier du Nethou, une caravane qui redescend par un chemin opposé au nôtre. Les voiles verts et bleus qui flottent, indiquent qu'il y a là des dames et les noms lus sur le registre me désignent ces touristes pour ceux que je suis venu demander aux monts maudits.

Impatient, je presse le retour, oubliant de signer et négligeant de manger. L'appétit me manque et ma gorge en feu ne peut avaler de vin. Quelques morceaux de glace et de névé mis dans la bouche apaisent ma soif, et des frictions d'arnica sur les jointures rendent un peu d'élasticité à mes membres.

Le pont de Mahomet est franchi à plat ventre. Nous nous attachons avec les cordes et la descente commence avec les précautions d'usage. Cette fois, au lieu de contourner le dôme, nous descendons droit devant nous sur un empâtement de roches très-inclinées. Le passage est follement dangereux, mais comme je désire satisfaire ma curiosité le plus tôt possible et couper au plus court pour rattraper les touristes que j'ai vus du sommet du Nethou, je n'écoute aucune observation, je néglige même de rester attaché à la corde et marche d'un air dégagé sur le pas du premier guide qui m'ouvre le chemin.

Que s'est-il passé à un moment donné? Je ne me le rappelle guère.

Toujours est-il que mon pied glisse, au moment où je me retournais pour m'accrocher à l'angle d'un rocher. Le poids de mon sac m'entraîne en arrière et je tombe sur des roches qui me relancent la tête la première sur le glacier. Une fois sur cette pente dont les flancs verticaux, heureusement tapissés de neige, plongent dans un abîme d'au moins deux cents pieds, je descends en tournoyant, par une série de bonds de plus en plus précipités, jusqu'au bord de l'abîme où mes vêtements s'accrochent aux aspérités de glace. Je m'y cramponne avec frénésie et je tâche de remonter pour trouver une place moins périlleuse. Le sang m'aveuglait, ma tête surtout qui avait reçu le premier choc était la plus malade et tout le côté gauche du corps était comme paralysé. Enfin je parviens à me hisser sur un plan du glacier moins incliné, et au moment où me croyant sauvé, je bouchais mes blessures avec de la neige, le sol semble s'effondrer sous moi, une crevasse que je n'avais pu deviner s'ouvre sous le poids de mon corps et je disparais dans l'intérieur même du glacier, sans pouvoir atteindre la corde que les guides m'avaient jetée.

Je descendais le long des parois de ma prison de glace avec une vitesse que mes genoux et mes coudes tempéraient autant que possible. Enfin je sentis que j'étais arrivé au fond et j'ouvris les yeux que j'avais tenus fermés, n'osant pas voir toute la réalité du danger. Un petit canal frayait un passage aux eaux du glacier, dont un peu de clarté me révélait l'issue. Je m'y précipite, et quelques brasses me suffisent pour retrouver enfin l'air du ciel, la liberté, la vie !.. Là je m'évanouis. Je l'avais bien gagné !

En m'éveillant je me trouvai enveloppé dans des couvertures sous une petite tente. Charles et Édouard me veillaient. J'entendais au dehors un bruit confus de voix parmi lesquelles je distinguais celle de mademoiselle Rose causant en anglais avec d'autres personnes. Décidément j'avais trouvé le plus court pour les rejoindre.

— C'est vous qui m'avez soigné, dis-je d'une voix faible. Je suis le premier malade de mademoiselle Rose, car je pense bien...

— Non, dit Édouard avec un peu d'aigreur, ce sont les Américaines qui vous ont tiré de là. Mademoiselle Rose a compris, en voyant la difficulté qu'il y a de soigner un blessé, qu'elle ne ferait jamais qu'un mauvais médecin.

Cette réponse me fit sourire, surtout quand Charles m'eut dit à l'oreille :

— Mademoiselle Rose ne porte plus lunettes.

Un grand bruit interrompit notre conversation. En soulevant la toile de la tente, je pus voir un de mes guides accompagné d'un des polytechniciens demandant de mes nouvelles aux Américains. Ceux-ci toujours roides ne répondaient pas. Mademoiselle Rose d'ailleurs s'en était chargée.

En me voyant sain et sauf, le guide poussa un soupir de satisfaction, et l'élève, les yeux humides, la voix altérée, me serra la main non sans dire :

— Horribles détails !

Le soir même vers minuit je rentrai à l'hospice, laissant mademoiselle Rose et sa société dans les montagnes maudites. Charles lui-même ne vint pas m'accompagner, et ce sont mes compagnons de route, ceux dont j'ignorais encore le nom, qui le lendemain me ramenèrent à Luchon.

LE COR DE ROLAND.

CHAPITRE XI

Repos et guérison. — De Luchon à Toulouse. — Saint-Bertrand-de-Comminges. — Grotte de Gargas. — Saint-Gaudens. — Miracles et légendes. — Toulouse et son histoire. — Le capitole, les églises, le musée. — Le cor de Roland. — Les jeux Floraux. — La bataille de Toulouse. — Retour aux Pyrénées. — Un guide de Saint-Girons. — Une aubade à la provençale. — Les monts Vallieret du Montcalm. — Le val d'Andorre. — Un enterrement dans la montagne. — Figures de bandits. — D'Andorre à Ax. — Le Pic de Tabe. — Foix et son château. — Encore Ramoune. — Ce que sont devenus mes compagnons.

Condamné à quinze jours de repos forcé pour excès d'amour-propre, j'ai subi ma peine dans un des meilleurs hôtels de Luchon, et j'ai pu me livrer à mes plus intimes réflexions, la compagnie des uns et des autres m'ayant vite fait défaut. Ce n'est pas un reproche que je leur fais, je constate un fait simplement et je l'ai constaté assez souvent en voyage pour ne plus me préoccuper, à quel titre que ce soit, de ces amitiés écloses dans un wagon, à une table d'hôte ou sur les glaciers des montagnes.

Mes blessures n'étaient pas graves. Aucun os n'avait été brisé, malgré la violence des chocs. Ma tête était la plus endommagée, mes coudes et mes genoux étaient râpés comme si on les eût passés sur une meule ; les paumes des mains, le bout des oreilles et la pointe des pieds étaient coupés, entamés ou écorchés.

Il est assez rare qu'on survive à une pareille chute. Aussi les sensations que j'ai éprouvées en tombant sont-elles intéressantes à noter. J'avais conscience de ce qui m'arrivait, et à chaque coup je comptais, mais sans ressentir aucune douleur. Je comptai ainsi jusqu'à dix, puis je me dis : « Cette fois, c'est la fin. » Ce n'était que le commencement, car je venais de glisser à moitié mort déjà dans ce couloir de glace ; ce qui devant me perdre m'a sauvé.

Cette nouvelle chute, plus terrible, mais moins douloureuse que l'autre, m'a convaincu — conviction fort improbable sans doute, —

que la mort causée par une chute faite d'une hauteur considérable est une des moins douloureuses qu'on puisse subir. On est d'abord engourdi comme un malade chloroformé, et quand on heurte violemment l'obstacle sur lequel tout porte à croire qu'on sera brisé, si on ne s'y réveille pas avec étonnement, on doit y mourir sans souffrance.

Ma convalescence menaçait d'être longue. J'y ai mis bon ordre en faisant, autour de Luchon, quelques promenades qui m'ont rendu mes forces sans les user. Du reste Toulouse est là qui m'attire et je m'y rends à petites journées marquées chacune par une surprise, une histoire, une légende.

La route est charmante, éclairée par le soleil du Midi. Les villages se cachent derrière les pommiers ou les pampres verts, et la Garonne découvre ou voile tour à tour ses eaux vertes aux plis de sa ceinture de peupliers.

Je laisse de côté Sainte-Marie, où les Luchonnais vont se reposer de l'étranger par la chasse et les parties joyeuses ; je ne jette qu'un coup d'œil au beau pont de Labroquère, et je vais rendre visite à Saint-Bertrand-de-Comminges.

Ce village antique m'apparaît sur un mamelon escarpé. La basilique s'en élance comme d'un piédestal. Qui dirait que ces quelques maisons enveloppées de remparts sont tout ce qui reste de la *Lugdunum Convenarum*, fondée par Pompée, dont l'histoire est écrite en lettres de sang par le fer des barbares, et qui, ressuscitée au douzième siècle par la voix du saint qui lui a donné son nom, en est arrivée de chutes en rechutes à n'avoir plus que 700 habitants au lieu de 50,000 qu'elle avait alors !...

Du sommet de l'escalier de soixante-trois marches qui conduit à la place de la ville, on a « une des plus belles vues du monde. » C'est du moins l'avis de Lamartine. Moi qui reviens des Pyrénées, je reproche au riant paysage qui étale à mes pieds une succession indéfinie de collines, de prairies, de champs ombragés, de villages et de villas, de n'avoir pas pour horizon les sommets couverts de neiges et les glaciers éblouissants que la nature a semés avec tant de profusion autour de Luchon.

Mais mon œil, habitué aux paysages des montagnes, verrait tout en petit dans ce pays de plaines, et d'ailleurs la légende de saint Bertrand et sa basilique me réclament. Ne les faisons pas attendre.

A quinze ans, Bertrand Alou de Yla, petit-fils d'un Taillefer comte de Toulouse, avait embrassé la carrière des armes, mais bientôt lassé de la gloire il quitta l'épée pour prendre l'habit ecclésiastique. Ses vertus et son zèle en firent bientôt un archidiacre et le successeur de dix-huit évêques sur ce trône épiscopal de Lugdunum. La ville, presque déserte, tombait en ruines et depuis cinq siècles n'existait pour ainsi dire plus. Bertrand la releva, réédifia splendidement la cathédrale, bâtit un couvent pour les chanoines, et par sa réputation de sainteté attira bientôt un grand nombre d'habitants qui changèrent l'ancien nom de Lugdunum contre celui de leur saint.

Saint Bertrand habitait la ville basse près du pont de Labroquère. Il allait chaque dimanche dire la messe à l'église située dans la ville haute, monté sur un âne qu'il attachait aux anneaux de fer visibles encore à l'angle de la place. Un jour des enfants coupèrent la queue de l'âne, qui se mit à braire d'une horrible façon. Son maître étonné sort de l'église, voit son âne se roulant dans une mare de sang et indigné, appelle sur les coupables tous les châtiments célestes. A l'instant même l'âne dont la queue est repoussée par miracle se relève et ses bourreaux, la langue, le nez et les oreilles coupés, s'en vont cacher leur honte et leur douleur dans les ruines romaines du faubourg du Plan. Quant au saint évêque, il disparut abandonnant ce pays dont les habitants comblés de ses bienfaits n'avaient pas craint d'insulter à sa douleur. Pendant cinq ans que dura son exil, la terre resta stérile et ne donna ni blé, ni fruits, ni fleurs. Mais le ressentiment du saint prélat céda au repentir des habitants et le fléau cessa sur sa prière.

Deux ans plus tard un de ces reptiles si communs sur les bords du Nil, fut importé par les preux venus de la Palestine. Échappé de son asile, le monstre se réfugia dans la vallée où par ses vagissements il attirait les curieux et les dévorait. Saint Bertrand touché du malheur de son peuple s'avança vers le crocodile sans autre arme que son bâton. Il toucha l'animal, posa sur sa tête le bout de son étole et le dragon le suivit comme un agneau jusqu'à la place de l'église où il expira.

Ce pasteur vénéré administra son diocèse pendant plus de cinquante ans, instruisant le peuple, priant pour lui, l'édifiant par ses vertus, guérissant ses malades, ressuscitant quelquefois ses morts.

Le 16 octobre 1130, saint Bertrand expirait en disant sa messe au pied de l'autel de la vierge Marie. C'est là qu'il est enterré.

Sa basilique n'est plus qu'un grand vaisseau délabré, temple des traditions vénérables et... des toiles d'araignées, mais que de merveilles enfouies sous la poussière des siècles ! Ici des tombeaux de marbre avec leurs statues couchées sur des lions, là onze chapelles rayonnant autour de la grande nef ; le chœur isolé au milieu de l'édifice est lui-même une église en miniature. Plus loin le buffet d'orgues couvert de sculptures en bois dont la plus grande partie représente des sujets païens. Voilà le maître-autel en marbre rouge, le mausolée de saint Bertrand et la sacristie où sont conservés la mitre de l'évêque, son anneau de saphir, ses gants, sa chape, sa lourde crosse d'un seul morceau d'ivoire redressé. Enfin, suspendu à la muraille, apparait, plus empaillé qu'effrayant, le fameux crocodile.

A la cathédrale est attenant un petit cloître en ruine avec arcades romanes, en colonnettes géminées à bases toriques. Il y a beaucoup plus de mousse et d'herbes que de tombes dans ce cloître à qui la Révolution a enlevé ses statues et ses sculptures, comme elle enleva aussi au buffet d'orgues ses tuyaux de plomb pour en faire des balles.

La route par laquelle j'ai quitté Saint-Bertrand-de-Comminges est couverte de débris antiques, de restes d'aqueducs, d'une tour en ruines, du piédestal d'une statue de Minerve, à laquelle chaque passant jetait autrefois des pierres et côtoie le lit que la Garonne s'est taillé dans un rocher. C'est par là qu'on va au village romain de Tabiran. Puis un sentier grimpant dans un petit bois de noisetiers et de chênes noirs nous amène à la grotte de Gargas, qui, pour les touristes de Luchon, est une des *attractions* les plus recommandées.

Cette grotte, en effet, mérite d'être visitée. On y pénètre par une vaste arcade sur un sol revêtu d'un spath calcaire qui se dresse en piliers, s'arrondit en monticules et s'abaisse insensiblement sous une voûte armée de fines aiguilles de pierre.

Puis la grotte s'élargit et se creuse. On dirait une vaste église avec des pilastres réguliers formés par les stalactites qui descendent de la voûte et les stalagmites qui montent du sol. A la clarté des torches l'illusion est complète. Plus loin, c'est un palais oriental avec ses cristaux et ses tapisseries, ses glaces et ses candélabres. A côté s'ouvre un arsenal où flamboient des milliers d'épées, de casques, de boucliers et de cuirasses. Pour peu qu'on avance encore, cet arsenal se transforme en un bazar d'orfèvrerie. Les murs sont de jaspe, de porphyre et d'agate. Le sol est de rubis et de topazes, le plafond se revêt d'argent, de perles et de diamants.

Vers le milieu est une fosse profonde où se déroule, en spirale, un sentier qui conduit à une enceinte d'ordre grave et sévère, pleine de mausolées et de statues. Tout à l'extrémité est une nouvelle fosse d'un difficile accès. A ceux qui ne craignent pas d'y descendre au moyen d'une corde hérissée de nœuds et d'une échelle, sont réservées d'autres surprises. C'est là, disent les paysans, que réside la fée Tibirane, femme de Gargas. Je n'ai pas osé m'en assurer.

Du reste, Gargas n'était autre qu'un grand seigneur féodal qui enfouissait là ses prisonniers et ses victimes. L'histoire n'en dit pas davantage et je n'ai trouvé aucune légende se rapportant aux mystères de cette grotte, si ce n'est la notice suivante :

Un maçon, nommé Blaise Ferrage, homme de petite taille, mais d'une force herculéenne, s'était choisi, à la manière des bêtes fauves, un repaire dans ces grottes. Il enlevait les femmes et les filles des environs, tuant à coups de fusil celles qui s'enfuyaient, les coupait ensuite en morceaux et les dévorait. Il marchait toujours armé d'une ceinture de pistolets, d'un fusil à deux coups et d'un poignard. Déjà plus de trente malheureuses avaient été victimes de ce cannibale, quand on parvint à l'arrêter. Il fut condamné à mort par le Parlement de Toulouse, et exécuté le 13 décembre 1782.

La longue visite que je viens de faire aux grottes de Gargas m'a fatigué et je remonte en voiture jusqu'à Montrejeau, petite ville aux toits rouges, étagée le long d'une colline entre une double haie de roses. La nuit est venue et je monte dans un compartiment de première avec un ticket pour Toulouse. A peine le train est-il parti que, dans le coin opposé, j'entends une conversation qui me prouve que je suis en pays de connaissance. En effet, ce sont MM. Bordanèche et Verlède père. Cette rencontre me contrarie beaucoup, et dans la crainte qu'ils ne me reconnaissent et que je sois forcé de leur parler, je descends à la première station. Cette station, c'est Saint-Gaudens. Le hasard ne pouvait mieux me seconder.

Une légende a donné son nom à cette ville. La voici dans toute sa naïveté :

« Gaudens, enfant de douze ans, gardait les oies sur le bord de la

Garonne. Les Sarrasins arrivèrent et lui dirent : « Veux-tu être des nôtres et embrasser notre religion ? » L'enfant répondit qu'il voulait auparavant consulter sa mère. On le laissa aller. « Garde-toi, lui dit sa mère, d'écouter les paroles de ces mécréants et surtout d'abandonner la religion de ton père. » L'enfant revient naïvement auprès des Sarrasins et leur déclare qu'il ne changera point de religion. Là-dessus le général ennemi tire son cimeterre et lui fait voler la tête. Mais, sans s'embarrasser de si peu, l'enfant la ramasse et, la tenant dans ses mains, court au plus vite vers l'église. Il y alla avec une telle promptitude qu'un Sarrasin qui le poursuivait à cheval n'arriva juste qu'après qu'il eut fermé la porte, et le fer du cheval, heurtant le bois, y demeura enfoncé. On montre encore aujourd'hui une pierre qui en porte, dit-on, la marque, et l'on conserve en commémoration un fer à cheval sur le grand portail de l'Église. »

Cette légende a un grand tort, c'est de venir après l'histoire véridique du grand saint Denis et celle non moins véridique de saint Aventin dont nous avons salué l'église en allant au val d'Esquiery.

Comme pour saint Gaudens, ce furent les Sarrasins qui saisirent saint Aventin et l'enfermèrent dans la tour de Castel-Blanc, forteresse qui dominait la vallée de l'Arboust. Aventin, désireux de reprendre ses travaux apostoliques, ne trouva pas d'autre moyen d'échapper à ses geôliers que de franchir d'un seul bond toute la vallée, en se précipitant du haut de la tour. Il réussit et alla tomber sur un rocher qui garde encore l'empreinte de son pied. Poursuivi par les Sarrasins, il fut atteint sur le bord de l'Oueil et le cimeterre d'un Arabe lui trancha la tête. Mais comme saint Denis, comme saint Gaudens surtout, Aventin prit sa tête dans ses mains et alla se cacher sous un rocher où, grâce à un taureau, on retrouva trois siècles après son corps aussi frais et aussi vermeil que le jour de sa mort.

Les petits-fils de Voltaire auront beau rire de la naïveté de ces légendes que nous a transmises la foi de nos pères, il faut bien qu'elles soient vraies sinon vraisemblables, puisqu'elles sont parvenues intactes jusqu'à nous sans que les guerres et les révolutions aient pu les ridiculiser ni les défraîchir.

Pour mon compte je crois fermement aux choses soi-disant surnaturelles quand elles entrent dans le domaine des choses possibles. N'y pas croire serait croire au néant succédant à la vie et nier l'existence de l'âme, ce seul prétexte que Dieu ait laissé à l'homme de ne pas douter de l'éternité. La science, sceptique et matérialiste par conviction, ne peut refuser à un corps décapité cette dernière contraction nerveuse qui lui laisse longtemps l'apparence de la vie, et l'histoire nous donne une preuve que la mort elle-même est impuissante à maîtriser l'énergique expression de la volonté humaine. J'en emprunte le récit à notre grand romancier Alexandre Dumas, récit puisé dans les chroniques de l'Allemagne du quatorzième siècle :

— ... Hermann Théodore de Schawenbourg conspira contre l'empereur Charles IV et entraîna dans sa conspiration trois aventureux compagnons comme lui. Tous quatre furent pris et condamnés à être décapités. C'était leur droit. Ils étaient non-seulement gens d'épée, mais encore de vieille noblesse. L'empereur voulut assister au supplice et cette présence amena un résultat inattendu. Hermann était déjà agenouillé et attendait le coup mortel, lorsqu'il aperçut l'empereur et fit signe de la tête qu'il avait quelque chose à demander. « Parle, dit l'empereur. — César, daigne m'accorder une grâce, dit Hermann. — Oui, pourvu que ce ne soit pas la tienne. — Permets que je sois décapité le premier. — Je le permets, répondit l'empereur. — Permets que mes compagnons soient rangés en ligne à trois pas l'un de l'autre, le premier à trois pas de moi, le second à six, le troisième à neuf. — Je le permets. — Permets enfin que ni mes pieds ni mes mains ne soient liés pendant l'exécution. — Je le permets encore, mais où veux-tu en venir ? — Voici, magnifique César, dit Hermann : si, la tête tranchée, je me relève et vais toucher du doigt le premier de mes complices, lui feras-tu grâce ? — Oui. — Si du premier je vais au second et le touche du doigt, lui feras-tu grâce encore ? — Oui. — Enfin si du second je vais au troisième et le touche du doigt, lui feras-tu grâce toujours ? — Oui. — J'ai ta parole impériale. — Foi de César. — C'est bien. » — Alors, sur un signe de l'empereur, le bourreau délia les pieds et les mains du condamné. Hermann aussitôt s'agenouilla, puis, après une courte prière : « Dieu soit avec moi, dit-il, frappe ! » A peine avait-il prononcé ce mot que l'épée de l'exécuteur flamboie et la tête saute. Mais aussitôt le comte Hermann se relève et, corps sans tête, va toucher du doigt l'un après l'autre ses trois compagnons, puis il demeura debout comme s'il attendait que l'empereur tînt sa parole. « C'est bien, comte Hermann, dit l'empereur, ils ont leur grâce. » Et alors seulement le comte Hermann tomba...

Mais comme je suis loin de Saint-Gaudens ! Revenons-y par le chemin le plus court, en rappelant quelques lignes pittoresques et élégantes d'Armand Marrast :

« La révolution passa dans Saint-Gaudens comme une vieille connaissance à laquelle la bourgeoisie fit bonne hospitalité. Seulement Saint-Gaudens prit la peine de s'appeler Haute-Ville et encore plus tard on releva les cloisons, on recrépit les murs fendus de vétusté, on refit même une sorte de porte cochère pour que le lieu connu sous le nom de l'Évêché pût s'élever à la hauteur d'un hôtel de la sous-préfecture. Saint-Gaudens n'en a pas moins conservé ses anciennes annales ; des promenades larges et bien tracées le long de ses boulevards, un nouveau palais de justice, une halle moderne, des fossés qui se comblent et la ville semblant sourire de ce côté à des constructions élégantes. Telle est à peu près la part que la civilisation a conquise. Celle de l'histoire est toujours la plus large, elle garde sa vieille église, son vieux cloître de l'hôpital, son hôtel de ville brisé, mâché, tombant, durant toujours, sa vieille halle avec son toit en forme de parapluie, et toutes ces maisons qui n'ont pas d'âge, pas de style, pas de nom d'architecte, maisons qu'on aurait dites bâties par des Bohémiens pour un jour de halte et dont la boue, durcie par les siècles comme un ciment romain, semble jeter à tant de générations de passants le sourire d'une éternelle vieillesse. Tout cet aspect est pourtant sombre, et c'est un contraste pour le voyageur fatigué ou insouciant que celui d'une ville aussi ancienne au milieu d'un paysage aussi florissant ; mais il n'en est pas ainsi pour ceux dont la nid pend encore à quelques fentes de ces masures, leur antiquité les leur rend plus chères... »

Je suis voyageur et fatigué, mais non insouciant ; et Saint-Gaudens m'a fait un grand plaisir à visiter. Ce qui double ce plaisir, c'est que de ses promenades qui serpentent sur les flancs de la colline, je jouis de points de vue admirables sur un vaste amphithéâtre de montagnes qui de sommets en sommets s'élève jusqu'aux glaciers de la Maladetta. Je borne là mon admiration de ce beau panorama et ma visite à Saint-Gaudens, puis le train express m'emporte vers Toulouse. Le trajet est court et j'ai pourtant le loisir de cueillir en route un souvenir et une légende, aux Martres où est mort saint Vidian, à Fibrac où est née sainte Germaine.

Martres est une toute petite ville, aux constructions romaines, avec remparts et fossés que l'on aperçoit à droite du chemin de fer au milieu de riants jardins. Tout auprès est une fontaine à laquelle se rattache la légende suivante :

Un duc d'Alençon, dont l'histoire ne fait nulle mention, était devenu le captif des Sarrasins et s'était fait échanger contre son fils Vidian. Celui-ci, vendu d'abord comme esclave, fut acheté ensuite par une dame anglo-saxonne qui lui rendit la liberté. Dès lors, il jura de ne vivre que pour la vengeance et commença contre les infidèles une guerre de partisans dans laquelle il remporta plusieurs succès et qui lui valut le titre de duc donné par Charlemagne. L'émir d'Huesca assiégeait Angonia (tel était le nom que portait Martres). Charlemagne chargea Vidian de le chasser de l'Aquitaine. Le héros accourt, repousse les Sarrasins et les poursuit. Son cheval l'emporte, et Vidian revient, après la défaite de l'ennemi, couvert de cruelles blessures. Il s'arrête auprès d'une fontaine et, dans son eau fraîche et pure, lave les plaies profondes qu'il a reçues dans le combat. Ses armes sont suspendues à un arbre ; il n'a plus ni casque, ni cuirasse ni épée. Soudain une troupe d'Arabes, qui avait trouvé un asile dans le bois voisin, sort de sa retraite et se jette sur lui à l'improviste. Vidian, privé de ses armes, ne pouvant se défendre, arrache un cimeterre à l'un des Sarrasins qui l'environnent et jonche la terre de cadavres. Les ennemis épouvantés prennent la fuite laissant le héros vainqueur, mais couvert de nouvelles et plus dangereuses blessures. Son sang ruisselle sur le sol et Vidian ne tarde pas à succomber. Le rocher où il est mort garde sa trace, la pierre s'est amollie sous son corps et en a moulé les formes athlétiques. Quant à la fontaine, elle a la propriété de fermer les plaies, et les mousses qui recouvrent ses parois sont pour les infirmes qu'elle guérit des traces indélébiles du sang du glorieux martyr.

Voilà pour la légende. Voici pour le souvenir :

Le château du seigneur Guy Dufaur de Pibrac, chancelier de Navarre et président du parlement de Paris, s'élève à quelques kilomètres de Toulouse. Nous n'avons rien à faire dans la demeure du poète apologiste de la Saint-Barthélemy. Descendons au village où est née et a vécu Germaine Cousin, cette humble bergère du dix-septième siècle, que Sa Sainteté Pie IX a béatifiée en 1854.

Germaine avait une marâtre qui la battait et lui faisait faire les ouvrages les plus grossiers. L'enfant, loin de se plaindre, souriait aux coups et aux injures. Tant de patience irritait la mégère qui redoublait d'invectives contre la petite martyre. Celle-ci, chaque matin, allait, la quenouille en main, faire paître ses troupeaux sur la colline ; sa marâtre lui donnait un morceau de pain sec pour sa journée, et Germaine distribuait ce pain à tous les malheureux qu'elle trouvait sur sa route, pain inépuisable, car il lui en restait toujours pour se nourrir. Mais sa marâtre la guettait. Elle la vit distribuant son pain et se mit dans une colère affreuse contre ce petit laideron qui faisait exprès de se laisser mourir de faim pour qu'on accusât ses parents de ladrerie et de cruauté. Germaine, toujours souriante, répondit qu'elle ne s'était jamais mieux portée et que la sainte Vierge se chargeait de remplacer le pain donné aux pauvres. La marâtre répond par des coups. Germaine, toute meurtrie et se soutenant à peine, reprit le lendemain sa quenouille et sortit pour aller aux champs avec son troupeau. Le pain que lui avait donné la marâtre était dans son tablier et, chemin faisant, à chaque pauvre qui l'attendait, Germaine faisait sa distribution quotidienne. La mégère, furieuse de voir que sa victime lui désobéissait encore, sauta sur elle et ouvrit brusquement le tablier pour reprendre le pain. Quel ne fut pas son étonnement en n'y voyant que des fleurs et de l'herbe ! Elle en fut pour sa courte honte et laissa passer Germaine qui trouva encore des pauvres sur sa route et du pain dans son tablier.

Depuis ce miracle, la bergère reçut moins de coups et d'injures ; du reste, elle se plaisait sur la colline et finit par descendre fort peu au village. Elle couchait dans une grotte où la sainte Vierge venait la voir chaque nuit.

Le train s'arrête dans une immense et belle gare. Je suis arrivé.

« Toulouse apparaît toute rouge de briques dans la poudre rouge du soir. Triste ville aux rues caillouteuses et étranglées... »

C'est Taine qui arrange ainsi la vieille capitale du Languedoc. Pour moi, qui y suis depuis une heure à peine, j'y nage en pleine histoire, n'ayant qu'une peur, celle de m'y noyer.

Toulouse, qui, disent les uns, a été bâtie par un petit-fils de Noé et, disent les autres, doit son nom — *Tholousa Polis*, ville bourbeuse, — aux nombreux marais qui l'entouraient, était un des comptoirs les plus fréquentés dont Marseille eût peuplé le midi de la Gaule. On la surnommait ville de Pallas, hommage rendu à sa prospérité, à son industrie, au génie littéraire de ses habitants. Toulouse a vu naître plus d'un homme distingué qui, poëte ou guerrier, a illustré Rome dont elle était alors tributaire, et la Gaule méridionale dont elle devint la capitale et l'une des villes saintes.

Au troisième siècle saint Saturnin — par abréviation saint Sernin, — y apporta le christianisme. Il fut martyrisé. Les Romains l'attachèrent à la queue d'un taureau qu'on allait immoler et qui l'entraîna et le brisa sur les degrés du Capitole. L'église Saint-Sernin est bâtie à l'endroit où le martyr fut enseveli et l'église de Taur s'élève où le corps du saint fut, par le bris de la corde, séparé de la bête furieuse, instrument de son supplice. Ce qui, entre parenthèses, prouve que le Capitole dont il s'agit n'était pas le Capitole actuel, et que ce nom était donné par Rome à tous les temples où ses prêtres faisaient leurs sacrifices.

Saint Exupère arrêta par sa seule présence les Vandales comme saint Léon Attila, mais Toulouse n'en devint pas moins la capitale des Wisigoths et fut témoin pendant un siècle des scènes dramatiques de l'histoire de ce peuple qui passa par tant de révolutions.

L'Aquitaine étant soumise à Charlemagne, sa capitale devait nécessairement aider les Francs à chasser les Sarrasins et les Normands. Peu à peu, grâce à la faiblesse de la dynastie carlovingienne, elle recouvra son indépendance, et ses comtes, nominalement vassaux du roi de France, devinrent plus puissants que leur suzerain.

Raconter l'histoire de Toulouse serait faire le procès au moyen âge et réveiller toutes les haines accumulées autour des guerres de religion, car il n'est pas de ville en France qui ait vu plus d'auto-da-fé, plus de supplices, plus de tortures. Certes, si ses maisons sont en briques, c'est pour que leur couleur rouge empêche de voir le sang des victimes qui suinte par les pavés des rues. L'Inquisition, la Saint-Barthélemy, Richelieu, les Albigeois, la Révolution et les Verdets ont écrit ces pages sanglantes que la ville des poètes et des troubadours ne lit pas encore aujourd'hui sans horreur.

J'en détacherai quelques-unes pourtant : sur la première, je lis le nom de Duranti, président du parlement.

Quand les étudiants eurent au nom du roi Charles IX égorgé trois cents huguenots — à ajouter aux quatre mille victimes que Montluc avait faites dans la ville — la population toulousaine se déclara pour la Ligue et le duc de Guise. Les victimes de la veille devinrent les vainqueurs du lendemain. Toulouse s'insurgea contre la royauté et, rendue heureuse par l'assassinat du duc de Guise, la population, pour faire un exemple, s'en vengea sur le président de son parlement. Celui-ci, le célèbre Duranti, était un de ces grands magistrats modérés qui voulaient que la religion ne fût pas un prétexte de révoltes et de guerres atroces. Il avait longtemps contenu la Ligue et voulait faire respecter l'autorité royale. Le peuple demanda sa tête, le poursuivit dans les rues et le traqua jusque dans le couvent des dominicains où le magistrat avait trouvé un refuge. Duranti ne voulut pas compromettre ses hôtes, il se revêtit de ses insignes, embrassa sa femme, compagne de sa captivité, et parut devant la foule, essayant de la calmer. Un coup d'arquebuse le jeta à terre, son corps fut traîné par la ville et pendu avec le portrait du roi au pilori de la place Saint-Georges. Et ce sont ces mêmes hommes qui fêtèrent bientôt après Jacques Clément comme un saint!...

Richelieu, le redoutable justicier, donna trente-six ans plus tard à Toulouse une leçon d'obéissance en faisant tomber dans la cour du Capitole la tête de ce duc de Montmorency dont elle n'avait pu obtenir la grâce et dont elle pleura le triste sort.

Un autre souvenir plus ancien et non moins terrible est celui du grand et malheureux Vanini, à qui les plus rigoureux reconnaissent un vaste esprit, une science considérable, un style merveilleux, enfin une humeur tranquille qui eût dû le mettre à l'abri de la persécution. Il fut traduit devant le Parlement sous l'accusation de panthéisme et condamné à être brûlé vif, après avoir eu la langue coupée.

Le nom de Calas s'ajoute à cette funèbre liste.

Jean Calas, vieillard septuagénaire, négociant estimé, était protestant, mais non fanatique ; il y avait des catholiques parmi ses serviteurs, et son fils aîné, Marc-Antoine, s'était librement converti au catholicisme. Or, un jour, Calas trouve ce fils pendu à la porte de son magasin. Marc-Antoine était d'un caractère sombre qui pouvait expliquer un suicide, mais la population toulousaine, fidèle à sa haine contre les hérétiques, accusa le père d'avoir tué son fils pour le punir de s'être converti. L'archevêque lance un monitoire, le clergé, les pénitents blancs, vont en grande pompe chercher le cadavre de Marc-Antoine, et le traitent comme celui d'un martyr. Le père Calas est condamné à être roué, et il subit son supplice le 9 mars 1762, en protestant de son innocence et demandant à Dieu le pardon de ses bourreaux. Voltaire fit réhabiliter Calas et rendre à sa famille les biens confisqués.

Ce supplice attira pendant la révolution sur le parlement de Toulouse un châtiment terrible. Cinquante-trois de ses membres montèrent sur l'échafaud.

Après les sans-culottes, les verdets ou royalistes. Le général Ramel, royaliste éprouvé, envoyé à Toulouse par Louis XVIII, fut le 15 août 1815 massacré et littéralement haché en morceaux par la populace dont il essayait de contenir les fureurs. Triste et dernier souvenir que Toulouse a su effacer par soixante années d'une sage tranquillité.

Les Jeux floraux, Clémence Isaure, une visite au Capitole, vont nous reposer de toutes ces horreurs qui ensanglantent les étapes de l'histoire toulousaine dont nous avons omis à dessein les exploits de Pierre de Castelnau et de Simon de Montfort.

Une ingénieuse institution assura la perpétuité à la poésie méridionale. Voici comment : le mardi après la Toussaint de l'an 1323, sept poètes toulousains se réunirent dans un jardin du faubourg des Augustines, et de là adressèrent aux principales villes du Languedoc une lettre qui convoquait tous les disciples des muses à un tournoi poétique. L'appel fut entendu et, le 1ᵉʳ mai 1324, tout ce que Toulouse possédait de noble et d'instruit assistait à ce tournoi, où fut décernée à Arnaud, vidal de Castelnaudary, la *Joie de la violette*. Les capitouls, voulant favoriser un concours si honorable, décidèrent que la violette d'or serait désormais donnée aux frais de la ville, qu'on y ajouterait le souci et l'églantine, et que les réunions auraient lieu dans une salle de l'hôtel de ville. Les Jeux floraux étaient créés.

Au quinzième siècle, la peste et les séditions avaient fait tomber ces jeux en désuétude. Alors parut Clémence Isaure qui en est comme la seconde fondatrice. La langue française fut admise pour la première fois, et en 1554 Ronsard, le père de notre poésie, recevait l'églantine d'or.

Cette institution dégénéra encore. Clémence Isaure était oubliée, et l'argent qu'elle avait laissé pour payer le prix des concours se dépensait en d'autres plaisirs. L'académicien La Loubère y porta remède. Par lettres patentes de Fontainebleau (1694), Louis XIV érigea le collège des Jeux floraux en académie. Le nombre des mainteneurs fut élevé de sept à trente-cinq, la langue romane exclue et le chiffre de la dotation porté à quatorze mille livres. Plus tard, un édit, en portant le nombre des académiciens à quarante, attribua quatre fleurs au discours, à l'ode, à l'épitre et à l'élégie. Le sonnet fut toujours réservé à la Vierge avec le lis d'argent pour récompense et la primevère destinée à l'apologue. Les prix se distribuent tous les ans le 3 mai avec un grand cérémonial. La liste des poëtes couronnés serait trop longue, mais parmi tous ces noms, il en est qui rayonnent d'un plus vif éclat : Marmontel, la Harpe, Millevoye, Soumet et Victor Hugo.

C'est au Capitole que se distribuent les prix, c'est là que j'ai recueilli les notes qui précèdent. Le Capitole est un vaste monument sans style. Huit colonnes de marbre incarnat soutiennent un fronton triangulaire dont le tympan rappelle à la France le nombre des révolutions qu'elle a faites et des maîtres qu'elle s'est donnés. Après Napoléon Ier, Louis XVIII, puis Louis-Philippe et la République. On n'a qu'à gratter l'effigie ou le nom et tout est dit. Au-dessous on lit : « CAPITOLIUM » et sur le haut du fronton, des faisceaux d'armes, des statues, deux génies soutenant un écusson, cachent la sonnerie de l'horloge. Aux extrémités, quatre statues représentent Clémence Isaure et Minerve, Melpomène et Thalie. Tout cela est baroque, d'un goût douteux; on dirait un décor de fête publique.

La première cour est celle où fut décapité Montmorency. Une assez jolie porte s'ouvre sur le grand escalier qui mène à la salle des Pas-Perdus. De là on pénètre dans la salle des Illustres, où quarante-trois Languedociens ont leur buste. Fort peu sont connus si ce n'est de Toulouse. Réputation de clocher. Cependant on y voit le poëte Campistron, le musicien Dalayrac, Pibrac, Nogaret, et le jurisconsulte Cujas, gloire du barreau français, que sa ville natale a exilé et laissé mourir loin d'elle. Est-ce par remords qu'on lui a élevé une statue sur la place du Palais-de-Justice ?

Ensuite vient la salle de Clémence Isaure, où les Jeux floraux tiennent leurs séances. Le buste en marbre de la célèbre fondatrice en est le principal ornement. J'arrête là mon énumération. Il y a bien d'autres salles, celles des Festins, du Trône, des Capitouls, du Consistoire; mais cela manque de variété d'aspect. Trop de monotonie et pas assez d'imprévu.

Les monuments abondent à Toulouse, surtout les églises. Parmi celles-ci, Saint-Sernin, bâti dans le plus pur style roman, se recommande aux archéologues et aux érudits. Une inscription étrange attire mes regards. Il y est dit que ceux qui visitent les sept principaux autels de cette église abbatiale obtiendront des indulgences pareilles à celles que l'on acquiert devant les sept autels de Saint-Pierre de Rome. Je ne me rappelle plus si j'ai bien visité les sept chapelles, mais j'ai pu admirer un fort beau tableau du Corrége, et des bas-reliefs qui ont appartenu, sans aucun doute, au cycle carlovingien.

Mais j'y cherche en vain l'évangéliaire de Charlemagne, et le cor de Roland, ces deux reliques du moyen âge ne sont plus là depuis 1794. Encore bien heureux que la fureur révolutionnaire les ait épargnés !

Je ne verrai pas l'évangéliaire, la bibliothèque qui le possède étant fermée, mais j'ai vu le cor au musée où je suis allé exprès.

Ce cor, ou, pour lui restituer son vrai nom, l'*oliphant* du paladin Roland, mesure environ 50 centimètres de longueur; il est orné de sculptures représentant des chimères et des combats d'animaux ; vers le pavillon sont des lions et des aigles. L'embouchure et les points où se trouvaient les brides sont dépourvus d'ornements. Il y a une cassure au gros bout de l'oliphant. L'ivoire dont il est fabriqué, jauni par le temps, fendillé, éraillé, doit être d'une seule pièce et taillé dans une défense entière d'éléphant.

En soufflant dans ce cor, Roland à Roncevaux se rompit les veines des tempes. Voilà ce que dit la légende, mais je doute vraiment que ce morceau d'ivoire ait eu autant de puissance aux lèvres du preux. Le cornet à bouquin de nos jours dont on se sert dans les montagnes a, j'en suis sûr, une portée aussi étendue que les oliphants de nos vieux chevaliers.

Par respect pour l'histoire autant que pour la légende, j'ai admiré cet oliphant qui rappelle des souvenirs héroïques, si rares aujourd'hui dans nos musées. Toulouse a le droit d'être fier de celui-là.

Le pavé pointu sur lequel on est obligé de marcher à Toulouse m'empêche d'aller à la recherche des autres monuments. Une ascension au Cervin serait moins fatigante. Je sors de la ville et je monte à l'observatoire. Là je lis sur une colonne :

TOULOUSE RECONNAISSANTE AUX BRAVES MORTS POUR LA PATRIE.
BATAILLE DU 10 AVRIL 1814.

C'est ce que je suis venu chercher et rien ne peut m'en distraire, pas même la magnifique perspective qui s'ouvre sur Toulouse, les plaines de la Garonne, et cet horizon vaporeux où flottent indécises les cimes des Pyrénées.

La bataille de Toulouse fut une des dernières de l'Empire, et des plus glorieuses pour le courage français. Chassé d'Espagne, Soult battait en retraite devant Wellington, ne s'arrêtant que pour infliger à l'ennemi des pertes sérieuses. Chaque halte était une victoire, mais chaque victoire affaiblissait son armée. Le général s'arrêta à Toulouse, résolu d'y tenir tête à cent mille ennemis avec les vingt mille qui lui restaient. En quelques jours les soldats, aidés par les habitants et les étudiants, entourèrent la ville d'ouvrages de défense et tout était fini quand l'ennemi parut.

La fortune sembla offrir à Soult une chance de succès inespéré. Wellington avait jeté un pont sur la Garonne en aval de la ville, et ordonné au général Beresford de le traverser avec dix mille hommes. L'ordre fut exécuté le soir même, mais pendant la nuit une crue subite du fleuve enleva le pont, et l'avant-garde de l'armée anglaise, sans artillerie, sans munitions, se trouva livrée sans espoir de secours aux coups de l'armée française. Soult ne donna aucun ordre, et Wellington eut le temps de rétablir son pont, ce qui lui permit de faire passer le gros de son armée et d'attaquer sur toute la ligne les positions retranchées qui défendaient Toulouse.

L'immense armée anglo-hispano-portugaise rencontra partout une résistance énergique; mais les événements décisifs se passèrent sur la droite de notre armée. Wellington, espérant nous tourner de ce côté, y envoya le général Beresford. Soult y avait pourvu, le général anglais fut repoussé à plusieurs reprises et il dut se contenter de garder la redoute de la Pujade qui lui avait été deux fois reprise par les Français. Après ce succès Beresford s'engagea dans le défilé que nos redoutes formaient avec la rivière. Ravi de cette imprudence, Soult lança la division Taupin pour le couper du reste de l'armée anglaise. L'ardeur de Taupin, qui ne sut pas attendre que les Anglais se fussent suffisamment engagés, fit échouer cette manœuvre, et la division fut écrasée après douze heures de lutte. Ce revers décida le sort de la bataille, mais l'ennemi avait perdu 18,000 hommes. Soult abandonna Toulouse pendant la nuit et Wellington y entra.

Quelques années après les deux généraux se trouvaient à Londres à un dîner du lord-maire. Un ami de Wellington fit observer à ce dernier que le maréchal Soult était placé à table à côté de lui.

— Vraiment? s'écria le vainqueur de Waterloo, eh bien! j'aime mieux l'avoir à mon côté que de l'avoir en face!

La nuit me surprend au milieu de ma rêverie historique et je m'apprête à redescendre la colline. Toulouse, vu aux lueurs du crépuscule avec ses milliers de becs de gaz allumés, ses beaux ponts, ses quais, ses flèches de Saint-Sernin, ses larges boulevards, ses jardins, ses promenades, a un aspect vraiment grandiose. Il est à regretter que l'intérieur ne réponde pas à sa belle position ni par l'éclat de ses édifices, ni par l'élégance de leurs formes.

J'ai passé trois jours dans la patrie de Clémence Isaure, et la nostalgie des montagnes m'a déjà repris. Je remonte mon bagage de touriste que ma chute dans les monts Maudits a trop maltraité et je pars pour Saint-Girons, où de nouvelles ascensions m'attendent.

Il fait nuit, et ne pouvant rien voir du paysage que j'ai déjà vu en venant de Luchon, je ferme la portière et tâche de dormir. Ce semblant de sommeil haché par les arrêts aux stations me procure, à défaut de repos, le plaisir de rêver.

Je me revois dans les Pyrénées, choisissant les pics les plus escarpés pour les gravir et les gravissant avec hardiesse et sang-froid. Mais le train qui s'arrête me force à ouvrir les yeux et mon rêve continue dans un autre sens. Je recommence mes ascensions avec un certain effroi que je dissimule autant que possible et je choisis les moins difficiles. Puis le train se remet en marche, je me rendors et me voilà reparti dans des escalades que m'envieraient les isards.

A chaque station, le même manége se répète. Certes, je suis prêt à faire, n'importe où, n'importe à quel prix, les ascensions qui s'offriront à moi, mais, dans mon for intérieur, je me rappelle ma chute qui a encore plus froissé mon amour-propre que déchiré ma peau, et ma poltronnerie fait des excuses à mon courage. En un mot, je suis effrayé de ma hardiesse ; c'est de la témérité peureuse.

Je suis dans la position d'un personnage de Gérard de Nerval qui aurait pu nous amuser davantage si son auteur n'eût pas, en le créant, prouvé lui-même qu'il avait l'esprit dérangé, mais qui en ce moment, où j'y pense, me fait rire volontiers puisque je me mets dans la peau dudit personnage.

Un certain Eustache, drapier, doit se battre avec un spadassin. Par orgueil il se battra, mais cette fois il ne fera pas comme la dernière fois où il a failli être occis, il prendra ses précautions. Sans avoir l'air de les prendre, lui souffle son impitoyable orgueil. Le drapier va trouver un sorcier qui lui enduit la main droite d'un onguent au moyen duquel Eustache est sûr de tuer son homme. Coût : cent francs. Le drapier prudent et négociant doit les donner après l'affaire. On va sur le pré. Dès que les épées sont croisées, voilà la main d'Eustache qui s'emporte toute seule et se démène si bien qu'elle plonge la lame jusqu'à la coquille dans le ventre du soldat. Seulement le drapier oublie de payer le sorcier, ignorant, le pauvre diable, que l'effet de l'onguent durait tant qu'on ne s'était pas lavé avec un autre onguent.

Le drapier, inquiet des suites de son duel, va trouver un juge de ses amis, M° Chevassut, qui promet d'assoupir l'affaire, mais au moment où tout va pour le mieux, v'lan ! la main d'Eustache s'applique vigoureusement sur la face de son protecteur !... Il a beau se raisonner, la main ne l'écoute pas et va son train. « Je ne veux pas frapper, » s'écrie le drapier. « Tu frapperas, » dit la main. Le juge stupéfait et indigné s'est apaisé pourtant, il accepte les excuses d'Eustache qui pleure à deux genoux, mais celui-ci n'est pas plus tôt debout que sa main recommence une promenade sur la figure du juge. Cette fois, M° Chevassut n'écoute plus rien, il appelle ses gens et le drapier les suit en les suppliant et en les souffletant.

A Saint-Girons, où je descends prêt à souffleter toutes les Pyrénées et à les supplier de me pardonner ma témérité, je trouve un sorcier qui doit m'induire les pieds, sinon la main, d'un onguent irrésistible. C'est un guide auquel je suis intimement recommandé. Carafa, — c'est son nom, — moitié Français, moitié Espagnol, guide pendant l'été, et l'hiver portefaix à Marseille, est un de ces hommes qui gagnent à être connus. Au premier aspect, il a une figure sournoise qui déplaît ; aussi n'est-il employé que par ceux qui le connaissent bien. Il ne voyage plus guère que sur commande. Tel qu'il est, je suis forcé de le prendre. Une journée suffira pour que je ne le regrette pas.

Dès mon arrivée, il s'est emparé de moi comme de sa propriété et m'a fait monter dans un petit cacolet qui, vigoureusement traîné par

Une aubade.

un mulet, m'emmène en moins de deux heures à Seix, où je couche chez Biros.

Le lendemain matin, dès l'aube, je suis réveillé par une aubade de fifres et de tambourins, à se croire en pleine Provence ; ils sont là cinq ou six, avec leurs longs tambours et leurs petites flûtes, tous vêtus uniformément d'une manière assez élégante, mais sans béret. Le chapeau de paille remplace la coiffure pyrénéenne.

De tous côtés j'aperçois des mâts avec des écussons, des arcs de feuillage, des figures épanouies, de gens qui s'appellent et s'amassent en groupes bruyants. Qui donc arrive? Est-ce un grand seigneur, un roi, un préfet? Non, c'est tout simplement un ours tué la veille et que les chasseurs portent avec une grande solennité. C'est le premier qu'on tue depuis dix ans!... Dans ce pays-là, au contraire, on les prend très-jeunes et on les élève.

Le retour triomphal.

Mais voilà le cortége. Ce sont de vrais chasseurs. Les deux premiers qui marchent en avant portent le vainqueur sur leurs épaules. Celui-ci salue et répond aux acclamations, pendant que ses quatre compagnons, qui le suivent en portant l'ours, ploient sous le poids de l'animal.

Je souris à ce tableau qui me rappelle mon triomphe des Eaux-Chaudes. Les cris s'éteignent, l'enthousiasme va au cabaret, les tambourinaires posent leurs instruments et chacun rentre chez soi pour célébrer en famille la mort de l'ours. Moi, j'appelle Carafa et nous partons.

Seix n'est qu'un village, mais il n'est pas de ville qui se glorifie d'une plus haute antiquité. Charlemagne lui confia la défense de la frontière et sa mère Berthe au long pied qui l'accompagnait laissa en souvenir de son passage l'empreinte de son pied sur un rocher des environs. Les habitants chargés de défendre le pays contre « attaques de loups et autres bêtes féroces et itou contre les Espagnols » résistèrent toujours aux emportements des seigneurs. Le châtelain de Lacourt exigeait que les manants saluassent de loin les murs de son château, mais les fiers montagnards s'acquittaient de ce salut en baissant la tête et tournant le dos ; de là des conflits qui ne cessèrent qu'en 1793, lorsque fut détruit le château qui appartenait alors aux Chambord-Polignac.

Tout autour de Seix sont des thermes et des mines de cuivre, de plomb et d'argent. Sur la montagne qui domine le village j'aperçois un château dont le donjon est en marbre blanc. — C'est Mirabal, me dit le guide à qui je dois ces détails.

Nous allons au mont Vallier, une vraie montagne, et je m'occupe peu de Seix et de Mirabal. Cependant je m'aperçois à la lourdeur de mes jambes que nous commençons à monter. Le sentier raide et pierreux grimpe au-dessus d'un torrent, de terrasse en terrasse, jusqu'au port de la Core, beau plateau de verdure où Carafa me force à prendre un peu de repos, non pas que je sois fatigué, mais pour me montrer les plus beaux pâturages des Pyrénées dont toutes les croupes ont de jolis chalets.

Cette petite halte se renouvelle une heure après au col de Cruzons. C'est là que doit commencer la véritable ascension. Je m'arme de courage et je franchis la crête du col pour attaquer les assises du cône terminal qui se dresse devant moi, à une grande hauteur, et je suis tout étonné d'arriver sans efforts ni fatigue au premier couronnement de la pyramide. Un chemin direct et tout tracé me conduit au sommet.

Je regarde Carafa avec une expression de dédain qui le fait sourire.

— Ménagez-vous, me dit-il avec douceur. Ce n'est qu'un apéritif.

Le mont Vallier est isolé et trône au-dessus des sommets voisins. Sa forme pointue et ses parois escarpées lui donnent un caractère majestueux qui lui a valu le surnom d'une des reines des Pyrénées. De son sommet la vue est admirable, bien qu'un peu limitée du côté de l'Espagne. Les montagnes qui l'entourent, moins hautes de plusieurs centaines de mètres, semblent baisser la tête pour permettre aux regards de plonger dans les vallées françaises.

En redescendant, je remarque près du sentier un assemblage de pierres blanches rangées comme un troupeau. Carafa qui prévoit ma demande me dit :

— *Oueillos anticos*... les brebis antiques. Du moins c'est la légende qui l'affirme.

— Ah! ah! il y a une légende. La connaissez-vous?

— Qui ne la connaît pas? D'ailleurs elle est bien simple. Un pâtre conduisait ses troupeaux chaque jour sur ces hauteurs. Le bon Dieu vint à passer. « Pâtre, lui dit-il, où vas-tu? » — « Faire paître mes brebis sur la montagne. » — « Il faut dire: Si Dieu le veut. » — « Oh! qu'il le veuille ou non! » Soudain pâtre, chien et troupeau furent changés en ces pierres que vous voyez là.

— Et ces croix de pierre grossièrement ébauchées que nous venons de saluer?

— Celles-là n'ont pas de légende, que je sache. L'une a été posée par saint Vallier lui-même et l'autre par l'évêque de Saint-Lizier. Je ne sais rien autre.

Je n'ose pas avouer à mon guide que je suis horriblement fatigué. La marche a rouvert mes blessures du genou et je ne soupire qu'après un bon lit et une nuit de repos. Mais j'ai compté sans Carafa qui, soit par colère contre mon dédain du mont Vallier, soit par crainte de me trouver meilleur marcheur que lui, ne me laisse respirer que le temps de manger un repas très-frugal, attelle son mulet et m'emmène, — où je dois trouver émotions et dangers.

La voiture saute d'une manière atroce sur les sentiers cailloureux. Je ne suis rien moins qu'à mon aise et je commence à maudire mon sot orgueil. La nuit s'approche, une belle nuit que la lune éclaire. Les vals restent dans l'ombre et les plans inclinés des monts ainsi que leurs sommets s'illuminent et se dorent. Le tableau est charmant. Je puis me rassasier ainsi malgré mes souffrances du spectacle d'un des paysages les plus pittoresques des Pyrénées.

Les villages sont les uns sur les autres. Partout des tours en ruines, des vestiges de castels féodaux, des carrières de fer ou de cuivre, des grottes et des rivières, admirables de couleur et de limpidité, qui coulent dans des lits de marbre blanc. Çà et là des forêts de noyers sauvages, et des prairies qui à chaque bouquet d'arbre, à chaque ruisseau, ont des maisons isolées. A ces maisons il n'y a pas de cheminées ; la fumée sort par la porte et les fenêtres. C'est par superstition, me dit Carafa, et non par misère, les habitants prétendent que la fumée conserve. Des têtes curieuses se montrent aux fenêtres au bruit des grelots de notre mulet et sur les portes, éclairées par la lueur du foyer, apparaissent des femmes dont la coiffure est si étrange qu'on croirait voir des statues égyptiennes.

Ma tête est faible et mes yeux papillotent. Je crois assister à une fantasmagorie. Carafa, qui s'aperçoit de mon malaise, arrête son mulet. L'arrêt est si brusque que je passe par-dessus le brancard et j'irais m'étaler sur les cailloux du sentier si le guide ne me saisissait d'une main ferme.

— Diable ! s'écrie-t-il, vous voulez donc arriver avant moi !

Je ne réponds pas. Je suis étourdi par le choc. Un peu d'eau fraîche aux tempes et une gorgée de rhum me remettent sur pied, mais j'avoue ne pas pouvoir aller plus loin. Carafa l'avait sans doute compris d'avance, car il me montre en souriant une maisonnette qui va nous donner l'hospitalité.

Ah! si j'avais su, comme je me serais bien gardé de me plaindre!..

Nous sommes parfaitement reçus. La maison est pauvre et n'a qu'une seule et vaste pièce chauffée par une cheminée immense, où toute la famille est réunie de chaque côté du foyer. Seulement une odeur indéfinie me prend à la gorge et me suffoque; on dirait comme une odeur de fauve.

On me prépare un lit dans un coin de la salle, lit primitif s'il en fût : des feuilles de noyer, une couverture et un drap de grosse toile, mais je suis si fatigué que je m'y endors de suite au murmure des conversations.

Je me réveille au milieu de la nuit ; l'odeur dont j'ai parlé est plus forte que jamais. J'étouffe. On dirait que j'ai un poids sur la poitrine et, bien que je sois très-peu couvert, la chaleur est intolérable. Le foyer jette encore dans la pièce des lueurs indécises et me permet de distinguer les objets qui m'entourent.

Soudain je pâlis, mes cheveux se dressent d'horreur et mes yeux écarquillés se fixent sur une partie de la salle un peu plus éclairée que les autres. Je ne rêve pas, je me pince pour être sûr que je suis éveillé et mes yeux que je frotte continuent à voir un spectacle que je n'oublierai de ma vie.

Ce sont des bras, une jambe, une tête, gisants, coupés et glabres sur un morceau de toile. Un homme debout, une hache sanguinolente à la main, les regarde avec un sourire féroce, tandis qu'échevelée, à genoux les mains jointes, une femme supplie le bourreau de l'épargner. Dans le fond un autre personnage les regarde, derrière je vois encore des yeux reluire. Ce sont des groupes humains que je ne peux discerner.

Crier, à quoi bon ? Ce serait donner l'éveil et d'ailleurs je ne peux pas. Ma gorge sèche et brûlante ne laisse passer aucun son. Je veux me lever doucement pour fuir cet antre maudit. Impossible ! Quelque chose me retient les jambes et je m'aperçois avec encore plus de terreur que je suis couché à côté de deux énormes oursons que j'ai réveillés et qui bâillent en me regardant !

Carafa ne dormait que d'un œil ; il m'a entendu et de son coin me demande si j'ai soif. Sans attendre ma réponse qui ne viendrait pas, il se lève et vient vers moi. D'un coup de pied il chasse les oursons qui se réfugient près du foyer et m'aide à me lever. Je prends son bras et je l'entraîne au dehors. L'air de la nuit me calme et quand je peux parler, je demande à mon guide l'explication du rêve que j'ai fait éveillé.

— La chose est bien simple, répond Carafa en riant. Dans ce pays nous sommes un peu nomades et pendant l'hiver nous allons en France ou en Espagne pour gagner de l'argent, le pays étant trop pauvre pour nous nourrir tous. Chacun a un métier, moi je suis portefaix à Marseille. Les braves gens chez qui nous sommes ont deux industries, la première c'est de montrer des figures de cire.

— Des figures de cire ?..

— Oui, et ils les font à ravir. Je vous en ferai voir.

— Merci, je les ai vues !

— L'autre industrie consiste à faire danser des ours sur la place publique. En ce moment ils en élèvent deux.

— Je les ai sentis !...

Carafa éclate de rire, mais je réponds à ce rire par une grimace de colère. Mon guide craint de m'avoir fâché et me console en me montrant l'aube qui blanchit l'horizon, ce qui me fait pousser un soupir de soulagement.

— Allons, en route, me dit mon guide ; nous nous reposerons à Vic-Dessos comme il faut ; car les autres journées seront rudes, je vous en préviens.

Je me redresse à ce mot, et, quoique affaibli par une mauvaise nuit et bien que je boite légèrement, j'accepte avec joie ce défi.

La journée du lendemain fut assez bien remplie. Nous nous arrêtâmes pour faire un excellent déjeuner à Aulus. Cette petite ville thermale est, je crois, destinée à un grand avenir. Elle repose au milieu d'un cercle de montagnes, les unes rocailleuses, les autres couvertes de coudriers et de hêtres, et que séparent des ravins profonds. Les pics neigeux de la chaîne frontière la dominent de toutes parts. Ces montagnes sont habitées jusqu'à la cime par des familles entières qui y transportent leur ménage pendant l'été.

Les points de vue du paysage changent à chaque pas. Rien n'est plus ravissant. Autour d'Aulus les lacs abondent. En passant, nous rendons visite au lac de Lhers dont les bords sont des blocs de *Lherzolyte*, roche éruptive qu'on ne trouve que là.

Le mont Vallier nous apparait et son aspect imposant me fait trouver des charmes à mon ascension de la veille. Non loin de Suc, mon guide me montre l'endroit où des chasseurs trouvèrent la *Folle des Pyrénées*. Il parait que cette pauvre femme que la douleur d'avoir vu poignarder son mari par des brigands avait rendue folle vivait dans la montagne avec les ours ; sa peau était devenue si noire, que cette malheureuse ressemblait à un orang-outang, dont elle avait du reste la férocité. On la transporta à l'hospice de Foix où elle mourut misérablement. N'eût-il pas mieux valu la laisser où elle était ?

Nous arrivons à Vic-Dessos que ses mines de fer ont rendu célèbre. Mais pour moi ce village n'a que le Montcalm à escalader et le val d'Andorre à visiter. Je passe une nuit excellente dans un bon lit, et frais, dispos, guéri de ma blessure et de mon cauchemar, je me prépare à faire une de mes plus jolies et plus difficiles excursions.

Mais la raconter mot à mot serait me répéter, et rien n'est fastidieux comme de noter rochers par rochers, glaciers par glaciers, la route suivie dans des montagnes variées d'aspects pour celui qui les voit, monotones d'intérêt pour celui qui en lit le récit énumératif. Je ne prendrai que l'imprévu dans ce voyage *Tra los montes*, et cet imprévu ne nuira pas à l'intérêt de mon récit qui, grâce à Carafa, ne se nourrit que de péripéties diverses et d'accidents.

Le Montcalm est la plus haute montagne de cette partie des Pyrénées. On le distingue de Toulouse au milieu des festons de neige des autres pics très-nombreux de ce côté.

Très-facile à monter sur le versant français, il n'offre à mon imagination de touriste rien de particulier. La route sillonne les flancs de la montagne semés de roches éboulées et ses pentes escarpées, hérissées de rochers et d'arbres, s'avancent par un chemin inégal et ombragé au fond d'une vaste tranchée où gronde l'Ariége. Un ressaut boisé nous amène au val de l'Artigue. Un torrent inaperçu s'y précipite avec fureur. Ses belles eaux, les roches vertes de stéréatite qu'il a rougies, l'épais feuillage où filtre la lumière et le pont obscur qui forme une grotte produisent de charmants effets. Les granges qui y sont éparses indiquent la limite des pays habitables. Depuis les pelouses de Pla Subra, cernées d'escarpements schisteux jusqu'au sommet du Montcalm, ce n'est qu'un plan incliné aux crêtes faciles, mais longues à escalader, et aux rampes toujours couvertes de neiges, surplombant des précipices redoutables.

Nous voici sur l'énorme promontoire qui couronne la montagne. Une petite guérite en pierres couvertes d'inscriptions nous offre un abri contre le vent qui accumule sur notre tête des nuages chargés d'électricité. L'horizon se voile ; à peine Carafa a-t-il le temps de me désigner du doigt et de nom tous ces pics depuis le mont Vallier jusqu'au Canigou ; je reconnais les montagnes de Luchon, le pic du Midi et la chaîne espagnole qui va porter en Cerdagne ses formes toujours alpestres, et je relis avec plaisir ces lignes écrites par un des premiers qui aient escaladé le Montcalm : « Toutes ces montagnes ne sont partout que crêtes démolies, affreux escarpements et gorges repoussantes dont on ne peut sonder les profondeurs. C'est une scène de bouleversements et de ruines et souvent, dès que l'admiration qu'on éprouve invinciblement devant des vues si nouvelles a cédé la place au calme de l'observation, l'immobilité générale, le silence de mort qui y règne et tant de neiges éparses au milieu de masses sombres n'en sont plus à la longue qu'une décoration funèbre, qu'une étendue de monotonie et de deuil. »

Mais ce n'est pas tout de monter du côté de la France, il faut redescendre du côté de l'Espagne, et c'est là que m'attendait Carafa.

Le chemin est escarpé et très-dangereux à la descente, surtout quand on a le vent en croupe. Il ne s'agit plus d'avoir le pied montagnard, il faut être gymnaste, se suspendre aux saillies de rocher, se servir de ses mains et de ses genoux — mes pauvres genoux ! — et avoir assez de coup d'œil pour se laisser retomber à propos sur les fragments de cet escalier gigantesque. Une heure de cet exercice nous jette au milieu d'un cirque sauvage dont l'étang de Rioufred mouille les rochers complétement à pic. Pour en sortir, il faut remonter une étroite corniche qui domine l'étang et redescendre, en se suspendant aux flancs de la montagne, le long de précipices à la base desquels sont de splendides cascades. Rien de plus horrible que cette route, rien de plus charmant que ce paysage. Aussi se croit-on sauvé du danger, surtout en apercevant des cabanes habitées, mais on est vite désillusionné, quand on aperçoit devant soi un sentier plus périlleux que les autres. Cette fois j'y renonce, et je m'assieds, laissant Carafa bondir comme un isard, et sauter à plus de vingt pieds au-dessous sur un plateau étroit et recouvert de neige.

Le guide lève la tête et m'invite à sauter. Sur mon refus catégorique, il laisse son sac et remonte. J'ai presque envie de fuir, car je pressens qu'il va me jouer un mauvais tour. Cependant il faut bien sortir de ce mauvais pas, et comme il y a autant de danger à remonter qu'à descendre, je me résigne. Carafa est assis près de moi, il m'attache à une corde flexible, puis il me dit froidement :

— Et maintenant, sautez !

Je le regarde sans répondre, mais lui, a détaché mon sac, jeté mon bâton et, me donnant une légère secousse, il me précipite en bas avant que j'aie eu le temps de me reconnaître. Ma chute est amortie par la neige, et la secousse de la corde ne laisse pas de me faire éprouver une impression des plus désagréables. Fort peu désireux de recommencer cet exercice de clown, je n'ai plus de velléités de rébellion et, aussi fanfaron que j'étais timide, j'achève ma route sur un étroit escarpement qui me rappelle vaguement la position de Blondin sur sa corde.

La nuit commence à venir. Le vent souffle avec acharnement, et mon estomac, d'accord avec mes jambes, exige le repos, bien que ce soit pour des causes différentes. Carafa, muet comme un sphinx, marche toujours et je lui emboîte le pas. Le plus curieux, c'est qu'il a oublié de détacher la corde. On dirait qu'il me conduit à l'abattoir!

Les nuages balayés par le vent donnent au crépuscule la permission de nous éclairer en attendant la lune qui se lève derrière le Montcalm. D'ailleurs le chemin est large, sans dangers, et, au lieu de descendre, il monte en zigzags à travers des pâturages. C'est à se croire à cent lieues des monts que nous venons de franchir. Enfin nous apercevons un grand feu, quelques chalets, beaucoup de pâtres et une terrasse herbeuse à l'abri du vent.

— C'est là, me dit Carafa en s'arrêtant.

— Eh bien ! m'écriai-je, je ne suis pas fâché d'y être arrivé, quand même je devrais ne jamais savoir où je suis !...

Carafa est bien connu des pâtres. L'hospitalité qu'ils nous donnent et que je paie largement m'a procuré un bon repas et le plaisir de passer une excellente nuit. Aussi le lendemain, quand les bêlements des troupeaux me réveillent, je me sens prêt à de nouvelles fatigues. Carafa m'invite à essayer mes forces en grimpant à un pic qui se dresse devant moi. C'est très-facile; il n'y a qu'à s'accrocher aux saillies des rochers. Le sourire du guide me met au défi, et ce défi, je l'accepte.

Le pic est lestement franchi. C'est le pic de Bareytes, car nous sommes tout près d'Arensal, sur la route d'Andorre. Je ne regrette pas mon escalade. Le panorama que je domine est grandiose : je vois se développer en amphithéâtre toutes les montagnes de l'Andorre, et parmi tous ces pics déchiquetés, arrondis, neigeux ou boisés, je distingue le Combepedrousse, immense pyramide aux pentes parsemées de sapins.

En redescendant, nous sommes témoins d'un spectacle aussi triste qu'imposant. Le guide m'apprend que la veille deux pâtres de la montagne, en poursuivant dans la montagne un loup qui leur emportait une chèvre, ont trouvé la mort, l'un en luttant avec le loup qui l'a étranglé, l'autre en tombant au fond des abîmes qui entourent ce col redoutable et redouté. Tous les hameaux environnants s'étaient mis à la chasse des loups qui avaient eu garde de reparaître, et il restait au compte des montagnards la mort de deux de leurs compagnons. Ceux-ci étaient de Saint-Lizier : c'étaient le père et le fils. La douleur de la famille et le désespoir du village défient toute description.

Nous assistâmes sans le vouloir aux funérailles des deux victimes.

Les bières étaient en sapin, recouvertes d'un drap blanc, avec un ruban noir et un ruban blanc. Quatre montagnards les portaient. Une longue file d'hommes couverts de larges chapeaux, aux manteaux bleu foncé, revêtus d'habits de deuil, suivaient sur un seul rang le sentier escarpé, la tête baissée, le regard méditatif, murmu-

Un enterrement dans la montagne.

rant de temps en temps une prière fervente et touchant les grains d'un chapelet. Derrière eux les femmes, filles, nièces, parentes, recouvertes d'habits de deuil, la tête entièrement voilée par une longue cape noire, poussant les cris les plus déchirants, invoquant tous les saints, levant les mains vers le ciel comme pour le supplier de contempler l'excès de leur douleur, ressemblaient aux pleureuses antiques assistant à Rome aux funérailles.

Muets et la tête découverte, nous saluâmes d'un signe de croix les deux modestes bières qui emportaient les victimes au champ du repos, et quand la dernière pleureuse fut passée, nous remontâmes le sommet du col.

Tout le long de la route, jusqu'à Andorre, où nous arrivons quatre heures après, ce ne sont que montagnes verdoyantes, torrents aux eaux limpides, vallées taillées dans des rochers. Hélas! pourquoi faut-il la quitter pour entrer à Andorre?

Un village aux rues irrégulières et tortueuses, des maisons bâties en débris de schiste et de granit, une petite place avec une pauvre fontaine, une église très-simple, un château tout délabré et des remparts à moitié détruits, tel est le bilan de la capitale du « beau pays d'Andorre » qu'on ne connaîtrait peut-être pas si la musique d'Halévy ne l'eût rendu populaire.

Cette république, qui couvre à peine 60,000 hectares de terrain et compte 10,000 habitants répartis dans sept villages et trente-quatre hameaux, paie pour son indépendance 960 francs à la France et 450 à l'évêque d'Urgel. Au point de vue politique, elle fait partie intégrante de l'Espagne. La contrebande, le droit de ne pas être soldats ni de payer des impôts sont les seuls priviléges que les Andorrans perdraient à devenir Espagnols, ce qui est à craindre dans un avenir prochain.

Mal manger, mal dormir est le lot de l'imprudent qui s'arrête à Andorre.

La société qui fréquente les posadas est des moins distinguées et des plus dangereuses. On ne sait jamais à qui on a affaire, si c'est à des bandits, à des contrebandiers ou à des alguazils. A une table non loin de nous est un certain Espagnol coiffé d'un mouchoir, campé comme le capitaine Fracasse, son fusil près de lui, qui me regarde d'un air terrible. En revanche, celui qui est assis en face, avec ses cheveux hérissés, sa barbe inculte, sa figure abrutie, le tout coiffé d'une sorte d'éteignoir, a l'air de demander à son verre une consolation que ne lui donneraient pas les querelles de ses autres camarades, et la colère de l'hôtelier qui, une bouteille en main, menace les buveurs, laisse nos deux bandits aussi insensibles l'un que l'autre. Ce tableau m'égayerait dans un autre moment, mais Carafa m'invite à me retirer dans ma chambre, ce que je fais non sans regretter une heure après la table et les bandits que j'ai laissés en bas.

Combien je préfère mille fois à cette hospitalité de la ville celle de la montagne, dussé-je y retrouver des oursons et des figures de cire. Mais je n'ai pas à me plaindre du retour. Pendant une grande journée j'ai vagabondé dans des chemins abrupts chers aux contrebandiers, aux isards et aux bandits. Je n'en ai pas vu un seul, c'est vrai, je suis obligé d'en parler par ouï-dire, et leur contrée de prédilection ne m'a donné comme surprise que la variété de ses paysages, ce qui, pour un touriste, vaut mieux à tous égards que le contrebandier qui vous vend ses articles trois fois leur valeur, l'isard que vous ne pouvez tuer et le bandit qui vous tuera au besoin.

D'Andorre à Ax, route longue et pénible, mais très-accidentée. Carafa m'a fait passer par le port de Framiquel pour me montrer les rochers de Porteilles et l'étang de Font-Nègre où l'Ariége prend sa source. Un point de vue admirable sur les montagnes de Puymorin et

Une posada du val d'Andorre.

la vallée de l'Embalire me dédommage de la raideur du chemin. Quant à l'Ariége, ce Pactole pyrénéen, je cherche en vain dans ses eaux glacées quelques-unes de ces paillettes d'or qu'il est censé charrier, mais je n'en attrape ni n'en vois une seule. Ce n'est pourtant pas un conte en l'air. Les Romains appelaient cette rivière *Auriga*, les comtes de Foix l'*Auriége*, et les Espagnols lui ont conservé le nom d'*Aurigera*; les trois noms veulent dire *Aurifère*. Il y a eu même pour recueillir ces paillettes d'or ou laver les sables qui les renferment, une industrie, celle des *orpailleurs*, qui a complétement cessé. Enfin on raconte une légende peu intéressante, dont le récit rappellerait celui du rocher qui sue de l'or à la Fourcanade. Pour moi, je crois avec certains savants que ces paillettes qui brillent dans le sable de l'Ariége et de ses affluents sont des paillettes de mica jaune provenant des schistes micacés qui forment la base du sol.

Cette opinion ne peut que rassurer, sans froisser leur amour-propre, les Ariégeois qui ne m'ont pas l'air de s'être enrichis avec l'or que produit leur rivière.

Ax est une ville d'eau — encore et toujours! — dont les excursions sont des plus intéressantes : des cascades, des lacs, des forges, un château dont l'enceinte renferme les maisons de plus de vingt familles de paysans, des pics neigeux et des vallons boisés, rien n'y manque. C'est Luchon vu par le petit bout de la lorgnette.

Nous sommes montés au pic de Saint-Barthélemy, le plus haut de la chaîne. J'en ai rapporté d'étranges impressions.

Ce pic, appelé aussi Pic-de-Tabe, est couronné par un amas de pierres, débris d'une ancienne chapelle, et domine toutes les plaines de l'Ariége. Toulouse s'y reconnaît, la Méditerranée fait deviner ses lointains vaporeux. Le Roussillon étend ses montagnes desséchées par un soleil rarement voilé jusqu'à Narbonne, et Carcassonne détache la vague silhouette de sa vieille cité à côté du Lauraguais et du Haut-Languedoc. Vue admirable qui diffère beaucoup de celles que nous avons déjà décrites. Les montagnes nues, basses et bizarrement groupées, le sol tourmenté, pierreux et rougeâtre, l'horizon ondoyant sous les croupes allongées de la montagne noire, toutes ces plaines enfin se distinguant par des nuances plus variées font de ce tableau un panorama incomparable.

Non loin du sommet et sur une route semée de ruines et de neiges, sont deux lacs entourés de noirs rochers. Le plus grand de ces lacs s'appelle l'étang de Male et les pâtres lui ont donné le surnom de Gouffre du Diable. La superstition a amoncelé sur cette nappe d'eau très-claire, mais que sa ceinture fait paraître noire au premier coup d'œil, des contes et des légendes relégués maintenant parmi les fables et que les habitants du pays respectent tout en ayant l'air de ne plus y croire.

Un des historiens de Henri IV en parle et nous donne ces contes comme de l'histoire. Il paraîtrait que ce lac était autrefois une mer sujette aux tempêtes et qu'aux rochers qui l'entourent il y avait de forts anneaux et des chaînes en fer ayant servi à attacher des vaisseaux. Une mer sur le sommet d'une montagne ! Des vaisseaux sur les

Pyrénées! Les gens superstitieux ne sont pas toujours favorisés dans le choix de leurs inventions!

Mais ce n'est pas tout et là surgit le merveilleux. Si on avait l'audace en passant près de ce lac d'y jeter des pierres, les eaux se soulevaient au milieu des flammes et avec un bruit de tonnerre « qui semblait vouloir abymer dans les profondes cavernes ce grand colosse de mont. »

Carafa m'affirme avoir été témoin du prodige! Je le regarde pour

L'étang de Malo.

voir s'il ne se moque pas de moi, mais le pauvre homme n'en a pas envie. Nous longeons le lac que j'ai demandé à voir de plus près et mon guide, qui ne s'en souciait guère, me prie avec force signes de croix de ne rien jeter et d'avoir soin que par hasard mes pieds n'y fassent rouler des cailloux ou de la neige.

— Moi aussi, monsieur, me dit-il tout bas pour ne pas effrayer les échos, je n'y croyais pas. Il a fallu qu'un jour... tenez. J'en ai la sueur froide. C'était un quinze août, fête de la sainte Vierge et, ce jour-là, personne ne doit travailler. Or un jeune homme que j'appellerai le Parisien, ne lui connaissant pas d'autre nom, me supplia de l'accompagner au pic de Tabe, le 14 au soir. La nuit était belle, j'acceptai, espérant être de retour le lendemain pour aller à la messe. Il était près de minuit quand nous arrivâmes à la place où nous sommes. Lune superbe, ciel étoilé, pas un seul nuage ni un souffle de vent. L'eau du lac se clarifiait à la lumière des étoiles et sous cette gaze scintillante on voyait les truites nager joyeusement à la recherche de ces perles d'argent qui leur tombaient du ciel. « Quel dommage ! me dit le Parisien, de n'avoir pas une barque ! On pêcherait ces truites à la main ! » Ah ! monsieur ! qu'avait-il dit là ! Soudain un esquif vint aborder près de nous. Il n'y avait ni rames ni rameur, pas la moindre voile. Le Parisien, sans réfléchir à rien, y saute, m'invitant à en faire autant, mais j'avais eu à peine le temps de faire le signe de la croix que l'esquif était au milieu du lac. Alors ce ciel si pur se couvrit subitement de nuages épais et noirs, la terre trembla, le vent mugit et les éclairs jaillirent si précipités que je pouvais voir ce qui se passait sur le lac.

— Et qu'avez-vous vu ?

— Un cercle rougeâtre d'apparence sinistre et fantastique entourait la barque. Ce cercle se rapprochait peu à peu de l'imprudent Parisien qui, debout, pâle, échevelé repoussait une foule de petits êtres ondoyants et difformes, atroces et décharnés, aux membres couleur de soufre, aux yeux flamboyants, les uns montés sur des coquilles de noix, d'autres à cheval sur des souris bleues, le tout mêlé, confus, rapide, indécis, roulant, hurlant, tourbillonnant comme une danse de sorcières. Puis ce fut un concert infernal de rires affreux et de cris aigus alternant avec le vent et la foudre. Enfin un grand cri du Parisien, le bruit d'un corps qui tombe à l'eau et tout fut fini, le ciel reprit son azur étoilé et le lac sa tranquillité. Moi, ne pouvant croire que ce malheureux jeune homme était perdu, j'attendis jusqu'au jour, espérant du moins que le lac rejetterait son cadavre sur la rive. Rien, monsieur, rien ! Fou de douleur et de colère, je pris une pierre et la lançai dans ces eaux maudites pour les punir du crime qu'elles avaient commis. Les eaux me répondirent en bouillonnant et roulant des vagues énormes jusque par-dessus leur ceinture de rochers, et une tempête terrible éclata dans la montagne. Retourner à Ax sans mon voyageur, quelle honte! Enfin! Il n'y avait pas de ma faute. Je revins découragé et me hâtai d'aller demander pardon à la sainte Vierge d'avoir voyagé le jour de sa fête.

— Et le Parisien, qu'est-il devenu, monsieur le Gascon?

— Gascon, moi? Vous croyez donc, ou plutôt vous ne croyez pas. Eh bien voici la vérité. Le Parisien est tombé à l'eau; comme cette eau est très-froide, il a été saisi, a perdu la tête, et, au lieu de nager de mon côté, a nagé de l'autre, où il a trouvé un lit de neige pour se réchauffer, et il a été retrouvé par des guides et des voyageurs moins scrupuleux que moi de travailler le jour de l'Assomption!

— Tout ce que vous avez vu, c'est de la fable. Et la preuve.

— Ne jetez pas de pierres, monsieur. Ce n'est pas une fable que je vous ai racontée à ce sujet. Ces eaux glacées, quand on y touche, c'est de la flamme!

Je n'écoute rien, et, fâché de m'être laissé prendre au récit du guide, je côtoie les rives du lac en y jetant des pierres. Carafa, pâle et les lèvres serrées, poursuit sa route avec une agilité qui prouve combien il lui tarde d'être loin de l'Étang du Diable et avec une sorte d'impatience de ne pas voir les eaux se courroucer. Je ris sous cape et je tâche de modérer cette impatience en m'arrêtant de temps en temps pour évoquer les fées qui habitent cet entonnoir glacé aimé des truites.

Mon évocation réussit à la grande joie du guide. La dernière pierre que je lance provoque une tempête épouvantable. Il est vrai que le temps menaçait depuis notre arrivée au sommet du pic et que nous avions tout fait pour attendre que cette menace se traduisît sur notre dos en un déluge de pluie.

Cette obstination à ne pas croire les contes fabuleux et naïfs du pays a fait que Carafa me quitte froidement, se promettant sans doute de ne plus voyager qu'avec un Parisien aussi sceptique qu'imprudent. Je ne le recommande pas moins à ceux qui seront assez heureux pour mettre la main sur lui.

C'est Foix que j'ai choisi comme lieu de repos, car toutes ces excursions m'ont un peu fatigué et j'éprouve le besoin de mettre en ordre les notes que j'ai recueillies. Or, ce n'est pas à Foix que je risque être troublé dans mon repos et mon travail.

— Je doute, a dit un voyageur, qu'il y ait dans toute la France un plus humble chef-lieu de préfecture. Vieilles maisons mal bâties, rues étroites et tortueuses, point de places, site inégal et enfoncé entre de tristes hauteurs, rien n'y manque pour en faire un lieu d'exil.

Soit ; mais Foix a les ruines pittoresques de son château et c'est là que par une belle matinée je monte chercher quelques souvenirs historiques.

Sur un énorme rocher détaché des montagnes environnantes se dressent trois tours majestueuses, l'une basse et carrée datant du bon roi Dagobert, l'autre carrée, plus massive et plus haute, avec des créneaux et une petite tourelle saillante dont la physionomie est féodale, la troisième, la moins ancienne mais la plus belle, bâtie par Gaston Phœbus, enfin cà et là des restes de murs recouverts de lierre. Du haut de cette dernière tour on découvre la ville, ses environs hérissés de castels et de tours et les Pyrénées.

C'est pour défendre l'abbaye de Saint-Volusien élevée par Charlemagne que fut bâti le château. Foix ne devint une ville seigneuriale que quelques années après, quand Roger Ier y fixa sa résidence vers 1012. Les comtes de Foix, de Carcassonne et de Toulouse n'ont qu'une seule histoire : croisades, guerres de religion, soumission au roi de France.

Parmi les grands souvenirs du château je prends celui-ci: Il fut la prison et le tombeau du pape Benoît XIII. Parmi les grands seigneurs qui ont illustré la maison de Foix, je prends Gaston Phœbus dont nous avons déjà parlé et qui sous la plume de Froissard est devenu le véritable type de la chevalerie de cette époque.

Pendant que je reconstruis par la pensée les hauts faits autour desquels se groupent ces deux souvenirs, les luttes de Raymond contre Simon de Montfort et de Roger contre Philippe le Hardi, le siége du château qu'on devait faire fondre comme graisse et où on devait griller le maître, que je revois une armée entière chercher à détacher le rocher sur lequel est assis le château et qui n'en a pas moins sans broncher traversé les siècles, que je crois entendre les Albigeois massacrés criant vengeance sur les bords de l'Ariége rougi de leur sang, que je pense avec un certain orgueil de patriote que ce petit pays adossé à la muraille inaccessible des Pyrénées à l'extrémité de la France, nous a laissé des habitants bien indépendants et pleins d'une loyauté, héritage de leurs aïeux et trésor de leur passé, je redescends les pentes escarpées de ce nid féodal sans m'apercevoir que je suis précédé et suivi.

En arrivant sur la charmante promenade de Villote, je m'arrête brusquement. Un chien fort laid et tout crotté me barre le passage. Je me retourne et une voix me crie :

— On ne passe pas !..
— Joannès et Ramoune !

Ce sont eux en effet et ce n'est pas le hasard qui me les amène, c'est Charles qui me les envoie. Joannès me serre une main. Ramoune me lèche l'autre, et le chapitre des confidences commence au moment où je termine celui-ci, partagé entre la joie d'avoir des nouvelles de mes amis et la crainte de ne plus les revoir. Le cœur trop gros pour en parler, je remets donc cette confidence au moment où je ne pourrai passer sous silence l'occasion qui m'a fait revoir les Verlède et mademoiselle Rose, et m'a rendu — pour toujours, plaise à Dieu ! — l'amitié de Charles.

— A la vôtre ! me crie Joannès que j'ai invité à dîner et qui, me voyant triste, cherche un dérivatif en me portant un toast.
— Merci, ai-je répondu. Ah ! tenez, Charles a bien fait de vous mettre à ma recherche. Mon voyage du moins n'en finira que plus gaiement !

LES TRABOUCAYRES.

CHAPITRE XII

De Foix à Perpignan. — Un souvenir d'Arago. — Perpignan et son histoire. — La Saint-Antoine, réhabilitation des compagnons de ce saint. — Un bon numéro. — Légendes. — Le mas de la Peur. — Les Traboucayres. — Une fugue en Espagne. — Courses de taureaux. — Le Vernet et le Canigou. — Ce qu'on voit du sommet. — Le Boulou. — Guerres de la République et de l'Empire. — Amélie-les-Bains et Arles. — La *contre-pas*, danse nationale. — Saints-Abdon et Sennen. — A Céret. — Un aubergiste et un sous-préfet. — Une dernière histoire de Charles. — Adieux à Édouard, à mademoiselle Rose, et au revoir aux Pyrénées !

J'ai mis près de quatre jours à faire le trajet de Foix à Perpignan, par un temps magnifique, avec ce joyeux compagnon qu'un chien, symbole de la fidélité, m'a fait connaître, et qui n'a voulu me quitter qu'après m'avoir laissé souriant, consolé et heureux de mon voyage.

La route est des plus intéressantes, ce n'est qu'une longue et agréable vallée jusqu'à Belesta, bordée de collines et de rochers couronnés de débris de vieux châteaux. Ici Roquefixade qui semble sortir de la roche avec sa tour et ses murs ruinés ; là les ruines de Castel-Sarrasin et de Castel-d'Amont ; un peu plus loin les épaisses murailles de Carla, de Roquefort et la forteresse de Montferrier. Et à côté de cet imposant passé, écrit sur la pierre par le sang et la flamme, des hameaux florissants comme Nalzen et des villes coquettes comme Lavelanet, partout enfin des forges, des moulins, des mines, le travail, la prospérité, l'industrie !

Je n'ai pu passer à Belesta sans aller visiter la fameuse fontaine intermittente de Fontestorbes, chantée par Du Bartas. La source s'échappe d'une excavation située à l'extrémité d'une chaîne de rochers, et roule dès son apparition une masse d'eau suffisante pour mettre en mouvement plusieurs usines. L'été, les eaux disparaissent pendant des intervalles réguliers de 32′ 30″, et recommencent à couler pendant 36′ 35″ pour s'arrêter encore, puis reparaître pendant le même espace de temps. Chaque fois, un bruit sourd et prolongé annonce le retour de l'eau. La pluie interrompt les intermittences et quelquefois les supprime. Les orages font déborder la source ; mais l'effet ne se produit qu'au bout de trente-six heures, ce qui fait supposer qu'elle est alimentée par les eaux d'une plaine située bien au delà des roches de Fontestorbes.

Après avoir rendu à cette célèbre fontaine la justice qui lui est due, je quitte Belesta, non sans admirer ses sites sauvages et pittoresques, ses magnifiques sapins, ses riches carrières de marbre, de porphyre et d'albâtre, ses scieries hydrauliques, ses forges et ses martinets à fer, de même que je ne peux me résoudre à quitter Lavelanet, sans parler de son voisin, le château de Montségur, théâtre d'un sanglant épisode.

O terribles époques des guerres religieuses! Je m'étais pourtant promis de détourner la tête quand je côtoierais vos souvenirs ; mais celui-là est un de ceux qui s'imposent à l'histoire.

Sur un pic escarpé se dresse encore, noircie par le temps, une vieille forteresse, espèce de nid d'aigle qui avait résisté à tous les assauts, au temps où les canons Krupp ne fonctionnaient pas encore. C'est le château de Montségur. Une troupe d'Albigeois, poursuivie et traquée, vint en 1244 y chercher un refuge. Accueillis par les habitants, abrités derrière ce roc inaccessible, protégés en outre par de hautes et épaisses murailles, les malheureux croyaient pouvoir compter sur l'oubli et sur un peu de repos, mais le fanatisme de leurs ennemis souleva contre eux toute une armée de paysans, instruments aveugles de la vengeance des seigneurs. C'était une entreprise hardie, presque insensée de mettre le siége devant Montségur. La passion ne raisonne pas. Une nuit, des montagnards fanatisés escaladèrent ces roches qu'ils n'osaient regarder le jour sans frémir. Montségur était pris, mais les vainqueurs se chargèrent eux-mêmes de changer en honte la gloire de leur succès. Deux cents victimes de tout rang, de tout sexe, de tout âge, furent enfermées dans un cercle de feu, aux cris de joie de leurs bourreaux et au nom d'un Dieu de clémence et de bonté!

« Il y avait bien des années qu'on n'avait vu dans la province *un si nombreux sermon,* » dit avec une ironie cruelle un chroniqueur du temps, digne historien de pareils exploits.

Après cette étape, nous avons quitté les plaines pour entrer dans les montagnes des Corbières, au col de Saint-Louis qui se joint aux Pyrénées par une arête nue et rocheuse. La rampe est longue à monter, périlleuse à descendre. Le chemin sinueux franchit un ravin au moyen d'un viaduc sous l'arche duquel on passe immédiatement après. Nous voilà dans le département des Pyrénées-Orientales.

Le paysage est accidenté. Les vallons succèdent aux collines, et les collines aux montagnes ; les rivières se creusent leur lit dans des chaînes calcaires et passent sous des ponts qui, pour être antiques, n'en sont pas moins des chefs-d'œuvre d'audace architecturale. Des châteaux, des églises, des ermitages sont semés à profusion sur toutes les hauteurs. Partout enfin s'offrent à la vue des rochers jaunis, des plaines verdoyantes, des montagnes neigeuses.

Le troisième jour de cette promenade, nous nous arrêtons à Estagel. Pourquoi là plutôt qu'ailleurs? C'est qu'Estagel joint à l'agrement d'être une localité aussi gracieuse que prospère, et d'avoir les plus beaux oliviers et les plus riches carrières de marbre gris, l'honneur d'avoir donné le jour au grand Arago.

« Dominique-François-Jean Arago, savant illustre, grand citoyen, une des plus remarquables individualités dans lesquelles se soient résumés les mérites de la génération actuelle, est né le 26 juillet 1786. Son père était trésorier de la Monnaie à Perpignan. Ses débuts dans la vie furent agités, orageux, comme les premières années de ce siècle où sa place était marquée. Entré à l'École polytechnique, il en sortit officier du génie. Ces premières études décidèrent de sa vocation en révélant son aptitude aux sciences exactes. A dix-huit ans, sur le conseil de Monge, il était attaché à l'Observatoire de Paris. En 1806, il partait en Espagne comme membre de la commission chargée de mesurer la méridienne de Barcelone aux îles Baléares. Cette expédition fut une véritable odyssée. Emprisonné comme espion, fugitif, errant sur les côtes africaines de la Méditerranée, échappant à l'esclavage d'Alger pour retomber dans un ponton, délivré par un consul danois, traqué à son retour par les flottes anglaises, il put enfin regagner le sol français ; il rapportait, après tant d'aventures, ses instruments et ses papiers comme un soldat son drapeau après une périlleuse retraite. Une noble et digne récompense l'attendait au retour. Le 17 septembre 1806, il était nommé, à l'âge de vingt-trois ans, en remplacement de Lalande, membre de l'Académie des sciences. »

De 1812 à 1815, il continue sans interruption son cours d'astronomie ; membre du Bureau des longitudes en 1822, il est nommé, le 7 juin 1830, secrétaire perpétuel de l'Académie.

« Cependant, ajoute Malte-Brun, à qui nous empruntons ces notes, ni les dignités, ni même sa passion pour la science ne le laissaient étranger aux autres aspirations contemporaines. La révolution de Juillet l'appela à la Chambre des députés, et sa mission sur ce théâtre des passions politiques semble avoir été de prouver par quels liens étroits, indissolubles sont unis les développements de la science et les destinées de l'humanité. Toutes les inventions utiles, tous les mérites méconnus avaient un défenseur zélé, éloquent dans le député des Pyrénées-Orientales. Les nations modernes ne se livrant plus bataille que dans le domaine pacifique des arts et du commerce, Arago devint le plus puissant auxiliaire des forces industrielles de la France.

« Études du cabinet, enseignement public, encouragements à la jeunesse, conseils aux travailleurs, sa volonté de fer, son incroyable activité, sa merveilleuse organisation physique et intellectuelle lui permettaient de suffire à toutes ces tâches.

« A cette existence déjà si pleine et si laborieuse, la république de Février vint imposer une plus haute et plus lourde responsabilité. Arago fut tour à tour membre du gouvernement provisoire, ministre de la guerre et de la marine. Nous n'avons pas à apprécier cette partie de sa carrière. Disons seulement qu'il faut reconnaître en lui cette austère probité, cette honnêteté d'intention, cet amour du pays, cette fidélité aux principes, vertus grâce auxquelles on peut tomber du pouvoir sans honte et attendre sans crainte le jugement de la postérité. » Arago est mort en 1853, et son buste sculpté par David d'Angers orne la rue d'Estagel, où est né ce grand homme.

Au delà de la ville sont les ruines d'un ermitage et quelques grottes habitées jadis par des bohémiens. Un autre ermitage est bâti sur les rochers qui dominent ces grottes. On y monte par un escalier de cinquante marches pour arriver à un pignon escarpé, d'où, paraît-il, le désespoir et la misère ont fait précipiter dans l'abîme plus d'une jeune fille.

Le lendemain, nous atteignons Perpignan, en passant à Peyrestortes, célèbre par la défaite que les Espagnols y subirent le 17 septembre 1793. Ce fut un représentant du peuple qui, en deux heures, remporta cette victoire. L'ennemi abandonna tous ses bagages et quarante-trois bouches à feu. L'indomptable persévérance, le sang-froid et le courage de ce représentant méritent que son nom, comme celui de beaucoup de ses collègues, ne soit pas perdu pour l'histoire. Il s'appelait Cassanyes.

De Peyrestortes, nous pourrions aller à Rivesaltes goûter du grenache et du rancio ; nous préférons entrer de suite dans la capitale du Roussillon. Joannès, pour des motifs que nous connaîtrons plus tard, me quitte à peine arrivé, et moi, je cours demander à l'hôtel de l'Europe un bon lit et un excellent repas, ce qui m'est accordé sur l'heure.

Perpignan est riche d'un passé trop glorieux pour que nous lui fassions l'injure de ne pas en parler, et trop pauvre de monuments pour que je ne sacrifie pas la curiosité du touriste aux souvenirs de l'historien. Du reste, je n'aurai pas grand mérite. Le colonel F..., auquel je suis adressé par son fils, un des mes meilleurs amis, comme il est un des meilleurs officiers de notre armée d'Afrique, s'est mis à ma complète disposition, et m'a fait donner par la bibliothèque tous les renseignements utiles et même inutiles ; car, dans ce fatras de pièces, de manuscrits, de notes et de livres, j'ai honte de puiser si peu de chose. Il est vrai, et c'est là mon excuse, que les faits et les héros ne se mesurent pas à la taille.

Le Roussillon, comme les autres provinces de la Septimanie, n'avait pu échapper aux armes romaines. Sa défaite fut honorable par l'éclat des grands noms qui s'y trouvent mêlés. Après Annibal demandant le passage pour son armée, c'est Marius qui vient punir les Cimbres d'une double invasion ; c'est ensuite le grand Pompée dressant sur la cime des Pyrénées la colonne commémorative de sa victoire sur Sertorius. César, après eux, plus habile dans son orgueil, éleva un autel aux dieux pour marquer son passage. A la chute de l'empire romain, les Wisigoths, les Sarrasins, les Maures régnèrent dans ce pays, jusqu'au jour où Charlemagne, appréciant le rôle que pouvait jouer dans son empire la race roussillonnaise, conciliant avec l'intérêt de la patrie commune l'indépendance ombrageuse et la belliqueuse fierté de ces populations, fit de cette province un des comtés qui, sous le nom de Marches d'Espagne, devaient, sentinelles avancées, veiller sur les frontières naguères menacées. Malheureusement, le dernier de ces comtes légua le Roussillon au roi d'Aragon, et sa capitale, Perpignan, devint espagnole. C'est la période la plus prospère de son histoire. La lutte entre la France et l'Espagne devint un duel à outrance, dont Perpignan fut à la fois le théâtre et l'enjeu, et Louis XI et Richelieu, les terribles champions.

Louis XI s'empara du Roussillon et prit Perpignan après un de ces siéges fameux qui suffisent à immortaliser une ville, et dont les détails rappellent l'héroïsme de Sagonte et de Numance. Les habitants avaient voulu acquitter par leur inébranlable fermeté la dette de reconnaissance qu'ils avaient contractée envers l'Aragon. Ils ne se rendirent qu'après huit mois d'une défense opiniâtre et quand toutes les ressources et les vivres étaient épuisés depuis longtemps. Le commandant de la place avait même laissé égorger son fils, sous ses yeux, par les ennemis plutôt que de se rendre. Aussi, la capitulation qui fut signée le 11 mars 1475 fut-elle rédigée de manière à moins engager le vaincu qu'elle ne liait le vainqueur.

Charles VIII abandonna la conquête de son père, faute énorme qui amena encore devant Perpignan, défendu par Charles-Quint, les armées de François Ier. Ce siége serait sans intérêt s'il ne commençait le relâchement des liens d'affection qui unissaient Perpignan à l'Espagne. Le règne du fanatique Philippe II n'est qu'une série de calamités : l'industrie émigre, le commerce languit, la population épuisée par la guerre, décimée par la famine, abandonne ses maisons en ruines. Chez ces ardentes populations, il n'y a pas de transition entre l'affection et la haine. Le joug espagnol devint subitement odieux et l'hostilité comprimée éclata à la première occasion.

En 1640, Richelieu, appelé par les Perpignanais, envoie une armée délivrer leur ville qui, désormais, prend place parmi les grandes villes de la monarchie. Depuis cette époque Perpignan, Française de nom et de cœur, s'est associée à toutes les grandes émotions qui ont agité l'âme de la patrie. La crise de la Révolution, les désastres de l'Empire ont trouvé les populations inébranlablement dévouées à la France. Aujourd'hui si quelques usages, quelques détails de costumes, quelques traits de la physionomie trahissent encore, chez les Roussillonnais, ses longues et intimes relations avec l'Espagne, sous tant d'autres rapports l'assimilation est si complète qu'il faut relire l'histoire pour ne pas oublier que cette contrée n'est française que depuis deux siècles.

Le sang de ses enfants a coulé sur plus d'un champ de bataille. En 1793, ils ont arrêté l'Espagne coalisée avec l'Europe contre la République française ; leurs généraux Dagobert et Dugommier ont été les illustres victimes de cette glorieuse défense dont on retrouve des traces à chaque pas. En 1870, les petits-fils ont, sous les murs de Paris et sur les bords de la Loire, renouvelé le serment de dévouement à la France, que leurs aïeux avaient déjà et si souvent signé.

Le colonel F..., dont j'ai parlé tout à l'heure, en est la preuve vivante. Retraité depuis deux ans, il n'a pas hésité, au premier appel de la patrie en danger, de reprendre du service. Ses deux fils l'ont suivi et leur mère n'a pas versé une larme au départ, attendant que la guerre fût finie et que ses enfants fussent de retour pour pleurer.

Cette mère, digne d'être née à Sparte, apprend un jour que l'un de ses deux enfants a péri. Le porteur de la nouvelle ne sait comment s'y prendre pour dire le nom de la victime. Il espère que la mère aura eu une préférence pour l'un des deux et que l'enfant chéri aura été épargné. Avant de prononcer le nom du malheureux, il lui demande :

— Lequel aimez-vous le mieux ?
— Celui qui est mort, répond la mère.

Dieu a récompensé ce mot sublime de la maternité en rendant à la mère ses deux enfants. La nouvelle était fausse.

Une dame veuve n'a qu'un fils unique ; elle l'envoie à la guerre. Quelques jours après la victoire de Coulmiers, elle réunit à table tous ses amis pour fêter les vainqueurs, mais, au moment du dîner, une lettre cerclée de noir arrive. Son fils est mort. La douleur écrase la malheureuse mère qui tombe évanouie. Son vieux domestique, perdant la tête, s'écrie :

— Ah ! il aurait mieux valu que mon maître fût un lâche au lieu d'être un brave. Il serait là et nous pourrions l'embrasser !

— Jean, s'écrie la mère en se redressant, souriante en dépit de ses larmes, Jean, vous mettrez des fleurs sur la table.....

Voilà les Perpignanaises pendant la guerre. Pour les hommes, c'est différent. Ce livre ne suffirait pas à leurs exploits. Un seul exemple pourtant :

C'était pendant la nuit, aux avant-postes, sous Paris, vingt-cinq Prussiens surprennent huit soldats dans une garde avancée. Ce fut une affreuse mêlée. On se tirait à bout portant, on se battait à coups de crosse, à coups de poignard, comme on pouvait. Mais le moment venait où il faudrait céder au nombre.

L'un d'eux, Catalan d'une vingtaine d'années, s'écrie :

— Que ceux qui ne sont pas blessés aillent prévenir le poste. Je me charge de tenir cette canaille en respect avec ceux qui restent.

Et pour la deuxième fois, tenant son fusil par le canon, il s'élança à lui tout seul dans le groupe ennemi. C'était un vrai démon.

Quand le poste arriva, les Prussiens s'enfuirent. Le Catalan, seul, debout, compta les blessés :

— C'est bien, dit-il, pas de prisonniers ; c'est tout ce que je demandais.

Et il tomba. Sept balles l'avaient frappé, toutes mortelles, mais le héros n'avait pas voulu mourir avant que l'ennemi se fût enfui !...

Je me suis beaucoup trop éloigné de mon sujet et, pour y rentrer au plus vite, je n'ai qu'à sortir de l'hôtel et aller me promener en ville. J'ai le temps puisque je n'ai annoncé ma visite au Canigou que pour le surlendemain. Il faut être aussi exact que poli avec des montagnes qui n'ont pas toujours le caractère facile.

Les églises ne m'offrant rien de particulier, si ce n'est une surcharge d'ornements et de dorures d'un goût détestable, je me rabats sur le castillet et la citadelle. Le castillet — petit château — a une forme mauresque qui rappelle l'époque où il fut bâti ; la citadelle, œuvre de Charles-Quint, achevée par Vauban, a une porte dont les cariatides, mal restaurées, sont assez curieuses et une chapelle dont le portail rappelle la façade de l'église du mont Sinaï. Il est en marbre blanc et rouge ; ses fines colonnes et ses chapiteaux peinturlurés lui donnent aussi une vague ressemblance avec l'ornementation de l'Alhambrah de Grenade.

Du haut de la citadelle la vue embrasse cette admirable campagne couverte de jardins, plantée d'orangers, de grenadiers, de vignes et d'oliviers qui est la richesse de Perpignan, comme elle est son plus bel ornement. Dans le fond, les Albères et les Corbières humilient leurs cimes devant les masses du Canigou.

J'ai vu aussi la Pépinière et les Platanes, deux ravissantes promenades, la place de la Loge et la fontaine du Marché, les rives peu odorantes de la Basse et celles plus aérées de la Têt; enfin je suis passé dans les rues bordées de maisons bâties en cailloux roulés ou en briques, sur un pavé dont Toulouse ne serait pas jalouse. Voilà ma promenade dans Perpignan. En revanche, j'ai cueilli çà et là de bien curieuses historiettes et légendes.

Un troupeau de porcs.

Et d'abord mettons-nous en règle avec un des hôtes de Perpignan — bien connu de Bayonne à Port-Vendres, dans toutes les Pyrénées enfin ! — qui courent les routes par troupeaux de cinq cents quelquefois, s'arrêtant à tous les ruisseaux pour s'y laver ou boire et que cette page éloquente de Taine nous fera encore mieux connaître.

« Pourquoi ne parlerais-je pas de l'animal le plus heureux de la création ? Un grand peintre, Karl Desjardins, l'a pris en affection : il l'a dessiné dans toutes les poses, il a montré toutes ses jouissances et tous ses goûts. La prose a bien les droits de la peinture et je promets aux voyageurs qu'ils prendront plaisir à regarder les... cochons.

Voilà le mot lâché. Maintenant songez qu'aux Pyrénées, ils ne sont pas couverts de fange infecte comme dans nos fermes ; ils sont roses et noirs, bien lavés, et vivent sur les grèves sèches, auprès des eaux courantes. Ils font des trous dans le sable échauffé et y dorment par bandes de cinq ou six alignés et serrés dans un ordre admirable. Quand on approche, toute la masse grouille, les queues en tire-bouchon frétillent fantastiquement ; deux yeux narquois et philosophiques s'ouvrent sous les oreilles pendantes, les nez goguenards s'allongent en flairant. Toute la compagnie grognonne ; après quoi on s'accoutume à l'intrus, on se tait, on se recouche, les yeux se ferment d'une façon béate, les queues rentrent en place et les bienheureux coquins se remettent à digérer et à jouir au soleil. Tous ces museaux expressifs semblent dire fi aux préjugés... Ils ont quelque chose d'insouciant et de moqueur. Le visage entier se dirige du côté du groin et toute la tête aboutit à la bouche... Il n'y a dans toute leur vie qu'un moment fâcheux, celui où on les saigne. Encore ils passent vite et ils ne le prévoient pas. »

Eh bien ! ces messieurs-là pour lesquels je n'ai qu'une médiocre sympathie, à moins qu'ils ne se présentent sous les formes d'un jambon, courent dans les rues à leurs heures et à leur aise, mangent, grognent, dorment, se couchent, se lavent même sans que les passants y trouvent à redire. Il n'y a que les remparts qui leur soient interdits et encore, quand ils peuvent s'échapper, ils y courent tout droit.

On les engraisse pour la Noël, car en définitive ces malheureux si bien choyés ne sont estimés que pour le nombre des boudins ou des saucisses qu'ils peuvent rapporter. On a soin de les garer des sorcières qui pourraient leur jeter un sort, et des bohémiens qui leur jettent des boulettes pour les empoisonner, vu qu'ensorcelés, ils ne valent rien, et empoisonnés encore moins. Ils sont les amis de la maison jusqu'à ce qu'ils en deviennent la nourriture. Vivants, ils couchent sous l'escalier ou dans la cuisine. Morts, ils reposent dans le saloir, le long de la cheminée ou du plafond. En attendant leur fin qu'ils prévoient peut-être — ils sont si malins, — ces messieurs jouissent impunément de la promenade en plein air.

Autrefois aussi, bien avant le gaz et M. Haussmann, Paris laissait les pourceaux vaguer librement dans les rues. Il y eut des ordonnances de police très-sévères qui interdirent la voie publique à ces animaux dont l'un, paraît-il, avait, en se jetant dans les jambes de son cheval, fait tomber et se tuer le fils du roi Louis le Gros. Mais les religieux de Saint-Antoine se fâchèrent, prétendant que c'était manquer de respect pour leur illustre patron que d'enlever le libre parcours des rues à ses animaux de prédilection. Et pendant des siècles on vit les cochons de saint Antoine, sonnette au col, braver toutes les ordonnances et fouiller sans concurrence les détritus de la grande ville. De nos jours, ces animaux ne courent plus les rues, il y a trop de charcutiers !

Je termine cette digression par une légende et une histoire qui du reste s'y rattachent.

Pourquoi monseigneur du bourbier fouille-t-il la terre avec son groin ? C'est précisément la légende qui nous l'apprend :

Un jour il y eut une grande assemblée de dieux, d'hommes et d'animaux pour décider quelle était la viande qui, rôtie, devait couronner les plats des grands jours de fête. Chacun émit son avis, suivant ses goûts et ses préférences, mais les animaux déclarèrent d'une voix unanime que la meilleure viande à servir dans les grandes occasions était la chair humaine. Les hommes se récrièrent et soutinrent que le corps humain était trop long pour être mis sur un plat. D'où une longue discussion que le ver termina par ces mots :

— Le porc est le seul des animaux qu'on puisse servir tout entier et rôti. Le groin est bien un peu long, mais on peut en couper le petit bout sans changer la face de la bête.

Cette motion réunit l'unanimité des suffrages, moins un, bien entendu, et c'est pour cela que, depuis, le cochon fouille la terre de son groin pour y découvrir les vers auxquels il a juré une haine éternelle.

En cherchant le ver, il a trouvé la truffe, ce Gannal de la volaille, la seule chose que, bien qu'à la portée de son groin, il n'ait pas le droit de manger, — c'est trop cher.

L'histoire est plus moderne, et son actualité est de mise dans mes récits sur Perpignan. La paroisse Saint-Mathieu élève tous les ans un des nobles compagnons du grand saint Antoine et l'engraisse avec beaucoup de soin. Elle en fait un chef-d'œuvre de lard, disent les beaux esprits de l'endroit ; un vrai chanoine, disent les mauvaises langues. Bref, l'animal gras et bénit est mis en loterie au profit de l'église. Les billets sont en nombre colossal, mais le prix en est minime, trois sous, je crois. Tout le monde en prend, même les étrangers. Chacun se pique d'honneur à qui en prendra ou en fera le plus prendre. C'est une rage qui dure six mois. Le 17 janvier, jour de la Saint-Antoine, on tire la loterie et....

J'oubliais mon histoire. Le 16 janvier de cette année, un voyageur mystérieux arrive à l'hôtel de l'Europe. La manière dont il se dérobe fait pressentir qu'on a affaire à un bandit, à un contrebandier ou à un carliste. Les hôteliers ne sont pas très-scrupuleux, d'autant mieux que dans ces cas ils y trouvent tout profit. L'étranger est reçu, logé, hébergé ; il s'enferme dans sa chambre, où le garçon seul a le droit d'entrer avec précaution, et de voir la figure, d'entendre la voix que le voyageur dissimule ou cache.

Le garçon, — un type qui m'a glissé une dizaine de billets de la loterie Saint-Antoine, — a placé, car c'est sa rage d'honneur, tous ses billets, — moins un : le 279. Ce billet le tracasse. Il ne veut pas le prendre pour lui, mais bien le faire prendre. Et il n'a plus que quelques heures ! Qu'importe ! l'étranger n'est-il pas là ? En effet, le pauvre voyageur, que sa situation met à la merci du garçon, se hâte de prendre le billet, et, n'ayant plus besoin de rien dans l'hôtel, congédie le garçon, se barricade, se couche et s'endort.

Or, vers minuit, la rue s'emplit de bruit et de lumière. Tout le clergé de la paroisse, croix et bannière en tête, escorte le cochon de saint Antoine, enguirlandé, et l'amène au numéro 279 qui a gagné.

Le garçon de l'hôtel de l'Europe, vexé et ravi à la fois, — il aurait gagné s'il avait su ! — reçoit le clergé, ses chantres et la foule qui les accompagne. Tout l'hôtel est réveillé ; on crie, on chante, on boit. Il y a déjà une barrique vidée, qu'on n'a pas encore livré le lot au gagnant.

Celui-ci, terrifié, est retranché derrière ses rideaux, le revolver au poing. Il attend l'ennemi. On parlemente à la porte, il n'ouvre pas. Enfin le garçon furieux force la porte. Un flot de lumière pénètre dans la chambre. Le voyageur, à cette attaque, saute hors du lit pour se faire jour à travers les assaillants, mais il tombe et roule en se débattant dans des rubans et des lauriers avec un particulier qui grogne, mais ne mord pas.

— Misérable, crie l'étranger, oser t'attaquer à un général carliste !

— Mais, général, ce n'est que le cochon de saint Antoine que vous avez gagné à la loterie !

— Croyez-vous, ajoute le garçon de qui je tiens cette anecdote, que le particulier a bel et bien gardé l'animal, — une si belle bête, si grasse, si dodue ! — et qu'il n'a seulement pas voulu rembourser au patron la barrique de vin que la paroisse avait bue ?

— Ce n'était pas un général carliste, c'était un charcutier !

Les Perpignanais ont conservé des Espagnols, leurs ancêtres, un fond de superstition et de fanatisme que la civilisation a amoindri, que le raisonnement atténue, et que le temps finira par dissiper entièrement. Ils ont peur du diable et des sorciers, croient aux loups-garous, et, en souvenir des traboucayres, ont une médiocre confiance dans les carlistes. De là, cette source intarissable d'histoires légendaires où j'ai puisé à pleines mains, et encore je ne vous parlerai pas de Satan, qui vient jusque dans les bals, et qu'on reconnaît à ses pieds de bœuf, ni des sorcières qui dansent la nuit en rond sur les remparts, ou vous jettent un sort en passant, ni des hommes qui se flagellent le jour de la Passion. Je n'en finirais pas, et ce n'est pas une raison parce que je m'y suis intéressé pour que cela intéresse tout le monde. Je me contente de l'anecdote suivante :

Il y avait autrefois une ferme appelée le *mas de la Peur :* mas veut dire maison. Cette ferme est restée inhabitée pendant très-longtemps et a fini par devenir inhabitable ; elle était hantée par un ou plusieurs loups-garous. Qui les avait vus ? Personne. Mais on avait entendu certains bruits de chaînes et de cloches qui se renouvelaient chaque nuit à la même heure. Un meunier voulut y coucher, il en revint suant la peur. D'autres esprits forts essayèrent d'y passer la nuit. Ils en furent chassés. Par qui, par quoi ? Nul ne pouvait le dire. Le fait est qu'ils n'avaient pu y dormir à cause du bruit. L'autorité s'en mêla, mais elle ne put rien découvrir. Le mas, tranquille le jour, fut troublé la nuit par les mêmes bruits que les gendarmes ne purent arrêter. Ces derniers en revinrent avec la conviction qu'il y avait ou du traboucayre ou du carliste là-dessous. Le mas fut cerné, les environs fouillés. Peine inutile. La maison muette garda son énigme nocturne.

Une trentaine de libres-penseurs, ne craignant ni Dieu ni diable, résolurent d'en avoir le cœur net ; ils s'armèrent de fusils, de sabres, de bâtons, se munirent de cordes et de torches et partirent pour aller passer la nuit au mas de la Peur. A leurs provisions de défense et d'attaque ils avaient ajouté des provisions de bouche. Vins fins, café et liqueurs, rien n'y manquait. C'était une nuit de garde nationale à passer dans un poste.

La chambre où ils s'installent dans le mas est au premier; elle est grande et s'ouvre par deux fenêtres sur le jardin, une porte sur l'escalier et une échelle de meunier sur les combles. On met le couvert, on allume les torches, et, le vin aidant, nos convives oublient en chantant, riant et causant le motif qui les amène et le lieu où ils sont.

Soudain, minuit sonne lentement. Les rires redoublent, accompagnant chaque son de l'horloge d'une apostrophe, d'un ricanement ou d'une parole de défi; mais à peine la douzième heure est-elle tombée dans l'éternité que la maison craque sous un bruit de vaisselle brisée, le sol a les trépidations d'un navire en mer, la table danse, les bouteilles tombent, les verres se cassent, les torches s'éteignent, laissant les convives affolés, abrutis et perdant la tête.

Au dehors, la campagne silencieuse est endormie aux rayons de la lune. Personne dans les champs, et dans la maison plus un seul bruit. C'est le premier avertissement donné par l'habitant invisible du mas.

Les libres-penseurs, surpris au premier abord, reviennent de leur étonnement et rallument les torches. Les torches s'éteignent de nouveau. Alors, armés jusqu'aux dents, ils fouillent la maison de la cave au grenier, auscultent les cloisons, les escaliers, et décident qu'ils resteront en dehors pour guetter les auteurs de cette plaisanterie funèbre. Un factionnaire est placé à chaque porte, les fusils sont armés. On attend. Tout à coup ils entendent un grand cri et un grand bruit. Le cri vient des factionnaires qui sont renversés par les battants des portes; l'un d'eux même est précipité dans l'escalier où il se casse la jambe. Le bruit est produit par le bris de toute la vaisselle et des carreaux.

La croisée s'est ouverte brusquement, et une tête railleuse est apparue dans l'encadrement.

— Feu! crie le chef de la bande, mais les fusils ratent, et la tête disparaît.

On recharge. La poudre est mouillée. On remonte, la porte est fermée. On escalade les murs, les croisées se referment d'elles-mêmes. On met le feu à la maison, et le feu s'éteint tout seul. En sorte que, désappointés, furieux, éclopés, nos libres-penseurs reviennent à Perpignan sans avoir pu résoudre le problème. Cette expédition avait coûté la vie à trois d'entre eux, dont l'un s'était cassé la jambe, et les autres avaient eu peur !..... Nul depuis ne s'est aventuré à aller chercher la solution de l'énigme ; mais ce que je peux garantir, c'est la complète authenticité de ce récit que j'affirme être historique.

Le règne long et tyrannique des traboucayres a bien pu déranger le cerveau de la foule, en général trop crédule. Ces bandits avaient leurs chefs, et leurs troupes étaient parfaitement organisées. Mais leur brutalité, leurs mœurs féroces, leurs crimes abominables les ont mis au ban de l'histoire moins sévère pour les Fra Diavolo, les Cartouche et les Mandrin. L'échafaud et les prisons n'ont pas tout pris. Il en reste encore. Ceux-là, dit-on, se sont amendés en se faisant contrebandiers ou carlistes. Un métier comme un autre. D'ailleurs, les chemins de fer ont bien dérangé leur petite industrie, et aujourd'hui, s'ils font encore peur par souvenir, du moins ne font-ils plus de mal.

Le dernier crime qui les a livrés à la vindicte publique était vraiment atroce. Une famille, composée du père, de la mère, de l'aïeule et de sept enfants, leur avait donné l'hospitalité par une nuit d'orage. Ils ont payé leurs hôtes en les assassinant, après mille tortures. Un des enfants put se soustraire à leur barbarie et courut les dénoncer. Tous furent pris, même leur chef. Ils se dénoncèrent les uns les autres. Touchante association.

Ce chef a sa légende. Étant enfant, sa grand'mère le conduisit un jour chez le bourreau pour acheter de l'onguent contre la brûlure. Ils étaient à peine entrés qu'on entendit remuer quelque chose dans l'armoire. L'enfant effrayé se cacha derrière sa grand'mère, et le bourreau, pâle comme la mort, fit cette étrange prédiction :

— Dans cette armoire est accroché le couteau qui exécute. Il s'agite de lui-même chaque fois que quelqu'un qui doit être décapité s'en approche. Il a soif du sang de cet enfant. Permettez-moi que je m'en serve pour égratigner son cou. Le couteau se contentera d'une seule goutte de sang, et n'aura plus envie de répandre le reste.

La grand'mère ne consentit pas, et la prédiction se réalisa.

L'enfant, devenu traboucayre, se signala par ses cruautés et monta sur l'échafaud avec un cynisme révoltant :

— Vous pouvez me regarder mourir, criait-il à la foule ; pour ce que j'ai fait souffrir à un mouton je mériterais mille morts (*textuel*).

Ce furent les dernières paroles du dernier des traboucayres.

Cependant si on en croit les dictons populaires, les souterrains qui font communiquer la France avec l'Espagne, à travers les Pyrénées, — souterrains dans lesquels personne n'a jamais pu descendre ! — recèlent encore des bandits au costume élégant qui pillent les voyageurs et arrêtent les trains à défaut des diligences. Je n'en ai pas rencontré un seul et je n'en parle ici que pour mémoire, bien que le colonel F..., qui m'emmène en Espagne, me promette sûrement de me faire faire leur connaissance.

Pourquoi le colonel m'a-t-il arraché aux Pyrénées, ne fût-ce que pour quelques jours ? C'est qu'en dînant avec lui, j'ai eu la mauvaise idée d'exprimer le désir d'assister à une course de taureaux, et comme mon hôte était invité à un de ces spectacles, qui heureusement deviennent très-rares, il profite de ce désir pour le satisfaire sur-le-champ.

C'est à Puycerda qu'a lieu cette fête dont les grandes villes comme Madrid et Ségovie ont l'apanage. L'arène est immense. Les gradins circulaires qui l'entourent sont garnis de spectateurs. Des milliers de têtes fourmillent au soleil : on n'entend que des cris, des huées, des sifflets. Le peuple se presse contre les barrières à les faire craquer en jetant des bouts de cigarettes, des fleurs, des pierres, des bonnets, des mouchoirs. Tous frémissent d'impatience et de colère. Les toréadors sont en retard !...

Nous arrivons à grand'peine jusqu'à la loge du gouverneur de la province, et pour cela nous sommes obligés de passer par un endroit très-calme, mais où l'on n'entre qu'avec les plus minutieuses précautions. Cet endroit est le *corral*, lieu où sont remisés les taureaux avant la course.

C'est une fosse carrée et maçonnée, dans le genre de la fosse aux ours du jardin des Plantes de Paris, beaucoup plus large et un peu moins haute ; une vingtaine de taureaux s'y promènent sous la surveillance et le fouet d'un seul gardien. A chaque coin du corral est une sorte de guérite en pierre qui sert de refuge à l'homme quand le taureau le serre de trop près. Une large porte à deux battants s'ouvre sur l'arène et y laisse pénétrer les taureaux désignés pour le combat.

Mais le gouverneur a donné le signal, et un grand silence remplace le bruit. La solennité de la course commence par le salut des combattants. Cette partie du programme est des plus attrayantes. Il semble

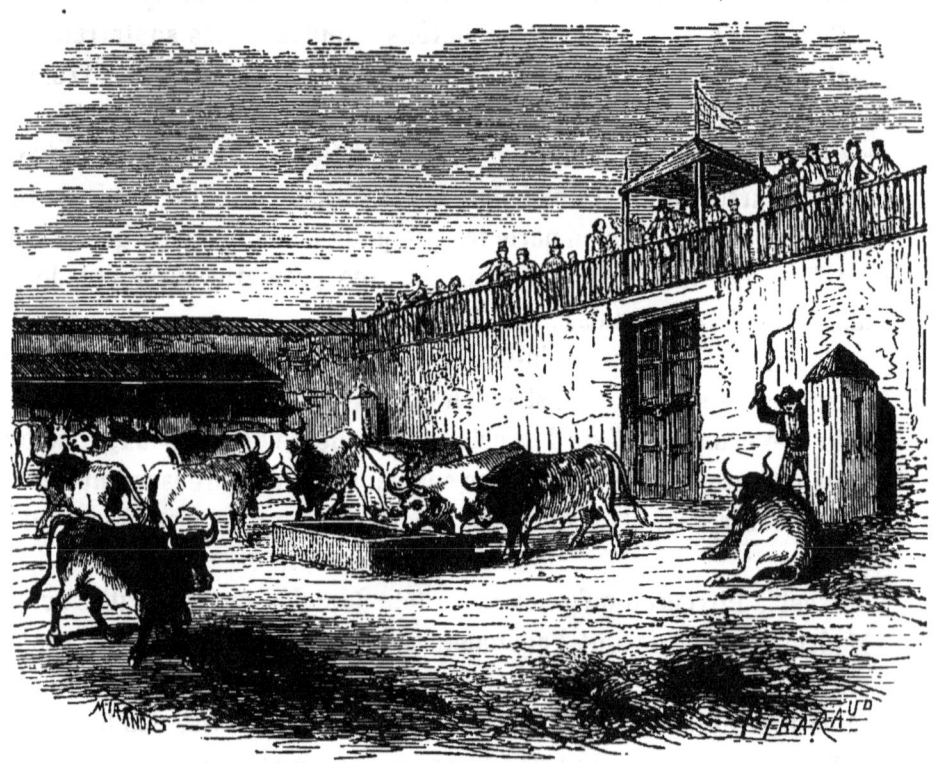

Le Corral.

que tous les costumes de la vieille Andalousie et de la Catalogne se soient donné rendez-vous pour défiler à nos yeux !...

Voici d'abord deux alguazils à cheval avec leur costume du temps de Philippe II. Puis les *toréadors* divisés en deux catégories, les *toreros* à pied et les *toreros* à cheval, les *capeadores*, qui doivent agacer le taureau avec leur manteau de soie en lui faisant des tours gracieux et souvent très-dangereux, mais qu'ils font toujours avec une adresse inconcevable, les *banderilleros* qui planteront des banderoles ornées de papier sur le cou du taureau, manœuvre difficile s'il en fût, et par derrière les *chulos* comparses, bouche-trous qui servent les autres toréadors.

Les *picadores, matadors, espadas* sont à cheval. Des valets mènent les chevaux de rechange et tiennent en laisse de gros chiens. Le cortége passe en long, en large, et fait le tour de l'arène en saluant, aux sons d'un orchestre plus infernal qu'harmonieux. Et chacun prend sa place.

L'intérieur de l'arène est circulaire, mais tout autour règne un long couloir qui sépare le premier rang des spectateurs, au moyen d'une solide palissade, des combattants et des taureaux. Cette palissade est lestement escaladée par les toreros poursuivis de trop près par le taureau qui vient heurter ses cornes contre le bois de la palissade. Dans le couloir rôdent les chulos et les alguazils.

Au moment où la porte du toril s'ouvre pour laisser passer le premier taureau, la scène paraît vide. Chevaux et piétons se sont écartés. L'animal s'arrête un instant, regarde autour de lui, pousse un long mugissement, baisse la tête et s'élance.

J'ai avoué plusieurs fois comment je me comporte en face d'un danger quelconque. Tous mes membres sont agités d'un tremblement nerveux, ma vue se trouble, mon cœur cesse de battre. Ce n'est qu'après ce premier mouvement de peur que je reprends mon sang-froid.

Ce phénomène se reproduit et je vois à travers un nuage les premières péripéties du combat. Quand j'ouvre les yeux, un cheval est déjà éventré et deux picadors ont roulé dans la poussière. L'animal se trouve face à face avec un capeador qui l'agace et détourne son attention.

Le taureau tourne et retourne, comme un tonton, guidé par les mouvements du campeador qui tient devant lui son manteau de soie. Soudain il donne tête baissée contre son ennemi qui fait une conversion en abandonnant son manteau aux cornes du taureau. Ce manége se répète un certain nombre de fois de suite. Le campeador a l'air de danser une contredanse.

Les timbales et les clairons sonnent. Les picadores et les campeadores se retirent : c'est le tour des banderilleros. Chaque *péon* est armé de deux banderillas ; les unes sont en papier rouge, jaune, vert ; les autres sont entièrement blanches. Ah ! il ne faut pas qu'ils manquent leur coup, ceux-là, non pas seulement à cause du danger, mais à cause des insultes ou des huées des spectateurs.

Tous ont bien fait leur affaire. Le taureau est couvert de petits drapeaux et sur son encolure, afin de l'exciter davantage, on a planté des

Le salut de la Quadrilla.

bâtons couverts de rubans sous lesquels est un pétard qui s'allume et éclate.

Le taureau affolé bondit au hasard, pousse des mugissements formidables et cherche une victime parmi ces hommes qui ont fait un art de ses tortures.

Jusqu'à présent ce n'était qu'une comédie, — une comédie !... — la tragédie commence. C'est un combat singulier, un combat en champ clos devant dix mille spectateurs ! un duel entre un homme froid, impassible en face du trépas, armé seulement d'un carré d'étoffe de soie attaché à un bâton long d'un demi-mètre qu'on appelle la *muleta*, et un taureau exaspéré, furieux et d'une force prodigieuse.

Ce duel est courtois, plein d'une sombre poésie. L'homme a sa ruse et son glaive ; le taureau, sa force, ses cornes et sa fureur.

Les timbales et les clairons sonnent de nouveau. Le matador espada s'avance, d'un bond il saute sur le dos de l'animal qui se retourne, jette son ennemi à terre et baisse la tête pour le soulever avec ses cornes. Le matador s'est relevé, a saisi une corne et sauté par-dessus le taureau.

La foule éclate en applaudissements, surtout quand elle voit le matador, le glaive en avant, recevoir le dernier élan de la bête.

Celle-ci, frappée au front, s'affaisse sur ses genoux comme pour rendre hommage à son vainqueur, tombe et meurt presque sans convulsions.

Le premier taureau est tué : à un autre. Le drame recommence ainsi quatre fois avec cette différence que la foule insatiable a le bonheur de voir deux picadors éventrés.

Ma curiosité est satisfaite, mais j'avoue n'éprouver que du dégoût pour ces spectacles dignes du moyen âge. Je ne suis pas fâché d'avoir assisté une fois à ces combats de taureaux, — je n'ose pas dire course de taureaux, — mais je n'y reviendrai plus. Les bouchers seuls peuvent être friands de voir égorger une bête inoffensive, bien qu'ils fassent la même besogne aux abattoirs.

Après ça nous sommes en Espagne ; aussi je me hâte de rentrer en France où je reprends sans trop de regrets mon voyage au point où je l'avais laissé.

Et maintenant plus de paresse ! Assez d'école buissonnière dans les sentiers de la légende. Le Canigou m'appelle et je veux sans retard admirer ce mont superbe, qui, pour parler comme M. Thiers, placé à l'entrée des Pyrénées, les annonce d'une manière si imposante.

De Perpignan au Vernet la route est toute tracée, mais elle passe par Villefranche de Conflens. Pourquoi ce mais ? c'est que je me retarde sans le vouloir en me heurtant à de grands souvenirs.

Cette petite ville fortifiée à la Vauban et bâtie presque toute en marbre rouge est dominée par un rocher à pic. Au sommet de ce roc inaccessible s'élève un château fort qui commande l'entrée d'un étroit défilé, sorte de Thermopyles, appelé la Clef de Conflens.

Le 4 août 1793 les Espagnols s'en étaient emparés. Gilly, commandant du 2ᵉ bataillon des grenadiers du Gard, reprit la ville par un coup d'audace. Il n'avait que 450 hommes sous ses ordres. Arrivé en vue des remparts, il laisse dans la gorge le gros de son monde disposé de

Le coup du Picador.

manière à simuler une troupe très-nombreuse, et, prenant avec lui 60 grenadiers, s'avance en parlementaire jusqu'aux avant-postes espagnols. Là, il mande le commandant de la place à qui il dit fièrement :

— Derrière moi est l'armée de Dagobert. En son nom, je vous somme de rendre la ville. Sinon vous êtes perdu. Le général ne fera pas de quartier.

Une heure après la garnison de Villefranche défilait entre deux haies de trente grenadiers, laissant la ville approvisionnée pour trois mois.

J'arrive de bonne heure au Vernet, petite localité thermale située au pied des premiers contreforts du Canigou. Les eaux minérales du Vernet sont très-efficaces et leur réputation déjà ancienne amène chaque année beaucoup de malades que séduit surtout la douceur égale du climat. On y vient même de fort loin. Ibrahim Pacha y a séjourné et les religieux de Saint-Martin qui ont installé les premières bâtisses de ces thermes, ne se doutaient pas que le successeur des Pharaons viendrait y chercher la santé.

Le guide Michel Nou, prévenu par lettre, m'attend en compagnie de trois jeunes gens à cheval qui, eux aussi, vont à la conquête du Canigou. Moi, fidèle à mon habitude, je préfère marcher à pied, c'est plus fortifiant et plus sûr. Le cheval qu'on m'avait destiné servira à porter nos provisions.

Nous partons sous un soleil de feu. Cette chaleur n'est pas de très-bon augure, mais je suis habitué maintenant aux pluies pyrénéennes. Nous avons la chance et le temps de laisser l'orage à nos pieds et de garder le ciel bleu sur notre tête.

En vingt minutes nous avons atteint Castell, un petit village avec un grand édifice en ruines qu'on appelle église et qui a une chapelle, mais que sa tour carrée et ses murailles annoncent pour une vieille forteresse. Au-dessous est un entassement de roches verdâtres au confluent de deux vallons, et au-dessus, derrière une gorge pittoresque sur un petit plateau, l'abbaye de Saint-Martin du Canigou.

Les ruines de l'antique monastère sont majestueuses et imposantes. Il fut fondé au dixième siècle, dit une légende fort contestée, par Guiffred, comte de Cerdagne, pour se punir d'avoir tué son fils coupable de désobéissance dans la guerre contre les Maures. Une tour carrée, une porte arrondie en plein cintre, un mur percé d'une rangée de fenêtres romanes, c'est tout ce que nous pouvons apercevoir de cette construction barbare dont les ruines servent aujourd'hui de refuge aux troupeaux pendant la tempête et de repaire aux loups quand les neiges et l'hiver les chassent de la montagne.

A partir de Castell l'ascension commence : le sentier monte en pente douce jusqu'à un contrefort qui nous cachait le sommet du Canigou, et qui, une fois franchi, nous amène à un cirque naturel de rochers tapissés de sapins et de bouleaux. Au fond du cirque est un énorme piton, appelé le rocher des Isards, et dans le fond la cime brune de la montagne profile dans la nue une masse d'une incomparable majesté. Le bruit des torrents, le tintement des clochettes des troupeaux, les cris des pâtres complètent l'harmonie de ce tableau digne des plus beaux tableaux alpestres. Mes compagnons de voyage à qui je n'ai encore pas parlé, — et qui ne m'ont pas répondu, descendent de cheval et s'apprêtent à faire halte, non pour mieux admirer le paysage, mais pour déjeuner. L'air de la montagne m'a donné appétit et je ne recule pas devant le déjeuner arrosé de ce bon vin de Rancio que l'Espagne envie à Rivesaltes.

Mes convives parlent de chevaux, mon guide leur répond par politesse, et moi je rêve. A quoi? Dieu seul le sait, car je suis bien loin de la terre !

J'avais souvent observé dans la montagne les divers étages de la végétation, mais je n'avais jamais eu occasion de les voir aussi franchement marqués que sur les pentes du Canigou. Au pied de la montagne les orangers et les fruits, plus haut les oliviers, les maïs, les chênes verts, les vignes ; à quatre cents mètres plus d'oliviers, à cinq cents plus de vignes, à huit cents plus de châtaigniers. Les touffes fleuries des rhododendrons annoncent qu'on entre dans l'air pur des régions alpines. A l'extrême limite de production, c'est-à-dire à seize cents mètres apparaissent les derniers champs de seigle et de pommes de terre que l'intrépide Catalan suspend aux roches entaillées partout où il y a un espace libre de terrain. A ces hauteurs, les hêtres, les sapins, les bouleaux se rabougrissent, puis viennent les pelouses composées de plantes alpines ou polaires inconnues aux régions tempérées. Au sommet, le genévrier seul est couché sur le sol et sous la neige dorment ensevelies les plantes du Spitzberg et du mont Blanc qui ont à peine trois mois de l'année pour croître et fleurir.

Après ce rêve de botanique, réalisé à chaque pas fait vers le sommet du Canigou, nous reprenons la route sans autre incident que le changement de paysage. Les sites deviennent sauvages, sombres et désolés. D'énormes éboulis recouvrent les pentes, un silence solennel plane sur la contrée et le ciel se couvre subitement de nuages. Quelques pas encore et le brouillard s'épaissit autour de nous, la pluie tombe. On voit à peine à dix mètres de distance.

Heureusement que nous arrivons à une misérable hutte en pierres sèches que les bergers catalans ont construite et où nous élisons domicile provisoirement, car, en dépit de l'opposition de mes compagnons, je ne veux pas perdre ma journée et me trouve trop près du sommet du Canigou pour le franchir.

Ces messieurs, y compris les chevaux et moins le guide, déclarent qu'ils se trouvent bien, à l'abri et près du feu qu'ils ont allumé. Michel Nou et moi les y laissons et nous commençons la dernière partie de l'ascension, une véritable escalade. Il nous faut gravir comme des singes, en s'aidant des pieds et des mains, une paroi verticale qui porte le nom de cheminée du Canigou. Ce passage est plus difficile que dangereux. Il a un grand inconvénient; c'est d'avoir une mauvaise réputation qui en écarte beaucoup de touristes, sous le prétexte qu'il fait courir des dangers de mort.

Au sortir de cette cheminée, on débouche sur le toit du Canigou. Chacun connaît l'histoire de cet Anglais qui, débarquant en France, vit une femme aux cheveux rouges et écrivit : « Toutes les Françaises sont rouges. » Eh bien, j'en fais autant et je m'écrie : « Du sommet du Canigou on ne voit que le brouillard ! »

Il ne faut pas croire que cette vue manque de charme. On se trouve isolé dans les nuages avec une légère bande de terre pour appui. Ces nuages bouillonnent comme les vagues de la mer, et par instants un coin du ciel bleu apparaît aux naufragés, mais l'humidité qui vous pénètre fait cesser le charme et vous rappelle que vous êtes dans un bain de brouillards. Un verre de rhum est le suprême remède, en y ajoutant un départ aussi prompt que possible. C'est le remède que je prends et Michel me console, en faisant pour moi ce qu'on fait pour l'aveugle qui va au théâtre, il me *raconte* le panorama du Canigou.

La situation particulière de cette montagne à l'extrémité des Pyrénées et à peu de distance de la Méditerranée fait que la vue est très-vaste de son sommet. Au sud les chaînes bleuâtres des Albères, les âpres montagnes de la Catalogne, les découpures de la côte espagnole jusqu'à Barcelone. Au nord les montagnes de l'Aude, de l'Hérault, de l'Aveyron, Perpignan et sa citadelle, Prades, le Vernet, Mont-Louis, les vallées, les cols, les forts, simulant un plan en relief et par delà, un amas de cimes lointaines.

Il est même possible d'apercevoir, à trois cents kilomètres à vol d'oiseau, Marseille et sa colonie de Notre-Dame de la Garde. L'astronome Lach dit à ce sujet :

« En 1808, j'étais à Marseille. Le jour du 8 février fut remarquablement beau et serein. Je me transportai dans l'après-midi avec mes instruments sur la montagne de Notre-Dame de la Garde. Après avoir planté ma lunette sur le point de l'horizon où devait se trouver le Canigou, j'attendis avec impatience le coucher du soleil. A peine le dernier rayon avait-il disparu que, comme par un coup de baguette, nous vîmes pour ainsi dire tomber à l'instant le rideau et une chaîne de montagnes noires comme jais avec deux pics élevés vinrent au point nommé frapper nos regards avec tant d'évidence et de clarté que plusieurs spectateurs eurent peine à croire que ce fussent les Pyrénées. On les aurait prises pour des montagnes du voisinage tant elles paraissaient distinctes et proches de nous..... »

Avant de redescendre, j'ai déposé ma carte dans une cabane qu'on appelle la cabane du père Arago. C'est là qu'en 1842 fut résolu le problème du magnétisme. MM. Mauvais et Petit constatèrent que les forces magnétiques deviennent de moins en moins actives à mesure que l'on s'élève.

La descente s'opéra lentement grâce à nos compagnons qui durent mener leurs chevaux par la bride et qui, peu habitués à la marche, glissaient et tombaient à chaque pas dans la boue. Aussi faisait-il nuit noire quand nous rentrâmes au Vernet, le guide et moi. Nos hardis touristes étaient restés à Castell.

Je suis trop peu fatigué pour ne pas repartir le soir même. Bien m'en a pris, car je trouve à Perpignan une lettre de Charles. Mon ami m'attend à Céret. Le lendemain je prends, pour être plus vite arrivé, la diligence d'Amélie-les-Bains.

Rien ne me fatigue plus l'estomac et les jambes que la voiture. Je me vois forcé de descendre au Boulou et de continuer à pied la route que je me suis fait indiquer. Deux lieues à peine me séparent de Céret. Le temps n'est pas très-sûr, mais du moins n'ai-je pas de grand soleil sur la tête et de poussière blanchâtre sous les pieds.

A défaut de paysages à admirer, j'ai les souvenirs de ces grandes luttes qui en 1793 et 1794 ont ensanglanté le pays, duel acharné entre les Espagnols des Bourbons et les Français de la Convention, les uns et les autres combattant pour reprendre ou défendre leur bien. Un siècle n'avait pas suffi pour faire oublier à l'Espagne que Richelieu lui avait enlevé le Roussillon.

Les hauteurs du Boulou ont vu pendant deux jours un des plus terribles épisodes de ce duel. Les Espagnols, qui restèrent vainqueurs, mais dont les pertes étaient énormes, ont surnommé ce champ de mort *Batterie du sang*, nom qui lui est resté. Le général Dugommier racheta cette journée néfaste par une victoire si complète que les frontières de la France furent débarrassées de leurs ennemis.

Un peu plus loin, autre souvenir. Les Français s'y sont laissé surprendre. Ils n'ont eu le temps ni de s'habiller ni de s'armer, et beaucoup d'entre eux arrivèrent en chemise à Perpignan.

Voici les hauteurs de Saint-Ferréol, où les Espagnols ont remporté une de leurs plus brillantes victoires, qui couronnait dignement celle qu'ils avaient remportée à Trouillas. Les généraux espagnols n'ont heureusement pas profité de ces victoires, et Dugommier eut le temps d'arriver au Boulou, pendant que le général Pérignon à Montesquiou et le général Mirabel à San-Lorenzo vengeaient nos défaites.

A Montesquiou, nous avions perdu 12,000 hommes, dont 700 prisonniers, 34 canons et 2 drapeaux. Nos malades de l'ambulance avaient été égorgés. L'armée française démoralisée battait en retraite. Sur ses trois généraux, l'un est allé mourir de chagrin à Perpignan, les deux autres ont péri sur l'échafaud. Triste dénoûment de cette honteuse défaite. Mais Pérignon arrive, c'est justement la veille de la victoire du Boulou. Il cerne les Espagnols qui, victorieux, digéraient au soleil leur victoire, et les Français, par une manœuvre des plus hardies, avec un merveilleux ensemble, enlevèrent toutes les positions dans un magnifique élan.

A San-Lorenzo, ce fut plus acharné et plus terrible. Il y eut deux batailles. Augereau commandait en chef, mais les honneurs de la première journée sont tous pour le général Mirabel. Deux mille Espagnols restèrent sur le terrain. Des cimes de la Magdalena aux précipices de la Muga, les ravins étaient jonchés de cadavres et les rochers teints de sang.

La deuxième bataille fut plus décisive. Elle dura seize heures, et les Espagnols complétement vaincus durent évacuer le fort de Bellegarde, dernier point du territoire occupé par la coalition. Seulement, le général Mirabel trouva la mort dans cette victoire. Il fut enseveli dans son triomphe.

Toute cette route de Trouillas à Bellegarde, en passant par Céret, a des étapes de sang. Nos échecs y sont largement compensés par nos victoires.

Je n'ai pas voulu me déranger pour monter à l'ermitage de Saint-Ferréol. Ce saint des boiteux et des estropiés a un grand concours de pèlerins. Il était chef d'une bande de voleurs. Poursuivi pour ses crimes, il se réfugia dans l'église d'un monastère et mourut moine. Les traboucayres en avaient fait leur patron !...

Je marche depuis deux heures, et Céret n'apparaît pas. J'ai suivi la grand'route et pénétré dans une haute vallée, traversé un ruisseau torrentiel, dépassé une forge à la catalane et longé des carrières de marbres gris et rouge, non loin d'une ville aussi antique que pittoresque. Où suis-je donc ?

— A Palalda, me répond un piéton.

— Sur la route de Céret ?

Le piéton, qui est Catalan, ne répond rien parce qu'il n'a pas compris. Je me décide à lui montrer la route avec un signe interrogatif. Il comprend encore moins et me regarde ahuri :

— Où ça va-t-il par là ? m'écriai-je avec colère. A Céret ?

Notez que je prononce Céret comme il est écrit.

— *Seurette, Fà ?* dit le paysan. (Céret, n'est-ce pas ?)

Et, dans un langage imagé, il me montre sur la gauche un sentier qui s'égare dans les champs. Je reste immobile, mais je commence à croire que j'ai dépassé Céret. Mon interlocuteur alors essaie de parler en français, et je distingue à travers son charabia ces mots significatifs :

— Derrière vous, Céret. En face, Amélie-les-Bains, à une petite lieue.

Je remercie, et, me rappelant en effet qu'à Pont-de-Céret j'ai pris à droite au lieu de prendre à gauche, je continue ma route pour ne pas perdre de temps. Amélie-les-Bains et Arles, son voisin, font partie de mon programme. Pourquoi n'irais-je pas de suite ? J'ai bien attendu Charles assez longtemps pour qu'à son retour il m'attende vingt-quatre heures.

Le sort en est jeté ! me voici à Amélie-les-Bains, où je passe la soirée.

Cette station, la plus méridionale de toutes les stations thermales des Pyrénées, a un température douce et égale qui permet aux baigneurs d'y venir en hiver. L'air qu'on y respire est pur et sain, étant sans cesse renouvelé et rafraîchi par une brise légère qu'entretient durant l'été le cours rapide des eaux du Mondony.

Des jardins en amphithéâtre, plantés d'arbres et d'arbustes, bordent les deux rives du torrent. A l'entrée d'une gorge se dresse la muraille dite d'Annibal, du haut de laquelle le Mondony plonge en cascade. Rochers à pic, crêtes déchirées, précipices, rien ne manque au cadre d'un sauvage et ténébreux détroit qui mène à la cascade. D'autres chemins bordés d'arbustes conduisent aux parterres remplis de grenadiers, et redescendent au village en dominant une vallée aux sites les plus variés.

Quant au semblant de forteresse dont les quatre bastions carrés défendent la route, je n'en parlerais pas s'il n'avait pas été, lui aussi, le témoin des luttes que j'ai déjà citées, et si de son sommet la vue sur la vallée et le Canigou n'était pas des plus intéressantes. Pris par les Espagnols et repris par les Français, il n'a plus de prétentions à la gloire militaire et se contente de tomber en ruines.

A une lieue d'Amélie-les-Bains, sur les bords du Tech, s'élève la ville d'Arles, dans un cirque de montagnes grises et pelées. L'aspect de la vallée est monotone, et la ville même, malgré les belles ruines de son monastère, n'aurait pas mérité que je me dérangeasse pour la voir, si je n'avais su y trouver le tableau exact des vieilles mœurs catalanes, et si je n'avais voulu y connaître la légende d'Abdon et Sennen.

Arles n'a de français que le nom ; ses maisons ont l'aspect espagnol, ses costumes sont catalans, et dans tout ce qu'ils font, ses habitants mettent une fougue méridionale qui dénonce leur origine.

J'ai eu la bonne fortune d'y passer un dimanche et de voir sur la place publique danser la *countrepas*, danse catalane très-en vogue dans le Roussillon. J'en avais déjà eu un avant-goût à Perpignan, sur *les Esplanades*. Je souligne à dessein ce mot très-usité. On devrait se contenter de dire l'Esplanade, mais le Catalan exagère tout, et cette exagération se traduit dans ses paroles comme dans ses actions.

Des vieillards, coiffés du bonnet rouge, président à la danse. Au signal qu'ils donnent sous les accords d'une musique primitive, des couples de garçons et fillettes se livrent à une sorte de bourrée ou de fandango qui n'a rien de commun avec nos danses, et rappelle une gymnastique opérée par des chimpanzés. Sur un autre signe tous s'arrêtent. Alors apparaît un grand ballon de verre blanc, à long col (appelé *pourou*), rempli de rancio, qui circule à la ronde. Chacun l'embrasse à son tour, baiser consciencieux qui vide bientôt le pourou, et la danse reprend de plus belle tant qu'il reste des muscles aux jambes et du vin dans les outres.

A Arles, la *countrepas* se danse surtout dans toute sa pureté native, dans toute sa perfection catalane, sur la place dont les balcons à l'espagnole sont remplis de spectateurs et de musiciens. D'abord, ce sont des couples indépendants qui font le tour de la place au bruit des castagnettes. Le danseur passe lestement la jambe au-dessus de la tête de sa danseuse et retombe en mesure ; cela s'appelle la *camada rodona*. Puis le mouvement devient général ; les danseurs de chaque couple, toujours en face, avancent, reculent, tournent, et se réunissant huit ou dix ensemble, forment des ronds et s'arrêtent brusquement pour soulever leurs danseuses sur leurs bras raidis, pendant que celles-ci se prennent les mains et les élèvent en l'air. Je n'ai jamais rien vu de si coquet. Ajoutez-y les costumes en laine écarlate, les fichus volant au vent, les cheveux bruns qui se dénouent, les yeux qui pétillent de joie, les cris gutturaux des danseurs et le son des cornemuses et des tambourins ; puis, sur ce tableau pittoresque, mettez le soleil brûlant de l'Espagne, entourez-le d'un cercle lointain de montagnes et d'un cercle rapproché de balcons de fer ployant sous le poids des spectateurs, vous pourrez avoir une idée vague de ce curieux spectacle qu'il faut avoir vu pour en comprendre toute la grâce.

La scène change subitement et nous ramène en Espagne. C'est la danse des cruches. Chaque jeune fille a été remplir une petite cruche ressemblant à l'amphore antique, et revient en la portant sur la tête. Alors la danse recommence: une chaîne vivante de filles et de garçons tourne d'abord lentement, puis elle augmente de rapidité et d'animation ; enfin, excitée par le chant, exaltée par son propre mouvement, elle tourne, avec une vivacité qui donne le vertige, sans qu'une goutte d'eau tombe des cruches. Cette danse a un charme ravissant qui n'exclut pas la note comique.

Ébloui par les spectacles, j'ai prêté peu d'attention aux rires agaçants de plusieurs jeunes filles entassées sur un balcon, au-dessus de ma tête. Au moment de partir, je jette ces yeux sur ces jeunes filles qui, me voyant les regarder, se pincent les lèvres pour ne pas rire.

Malédiction! ce sont mes Américaines! J'ai dû faire les frais de leur conversation, et mon accident de la Maladetta est sans nul doute la cause de leurs rires. Je m'éloigne avec dépit, et je remonte du côté de l'église, qui doit me donner la curieuse légende de ses patrons. Les rues sont désertes, car tout le monde est aux danses, et le bruit de mes pas réveille les échos de la ville abandonnée. Tout à coup, je crois entendre derrière moi un autre pas cadencé et se réglant sur le mien. Je fais des détours, le pas me suit; je monte les escaliers de l'église, le pas les monte; j'entre dans la basilique sarrasine et j'en ressors par le cloître. Sous les arcades, j'entends distinctement le même pas sonore frapper en même temps que moi les dalles de marbre. Cette fois je me retourne et me trouve nez à nez avec le même Américain qui, à Luchon, non-seulement ne me reconnaissait pas, mais encore voulait me boxer. Souriant et poli, il me salue.

— Monsieur, me dit-il en français américanisé que je ne me charge pas de reproduire, votre accident était superbe. Un homme qui traverse une montagne entière en passant par un glacier, c'est tout simplement splendide. A New-York on ne le croirait pas. Voulez-vous venir avec moi. Beaucoup d'argent à gagner.....

— Monsieur, m'écriai-je furieux, car je comprenais où il voulait en venir, me prenez-vous pour une bête curieuse? Tâchez de me laisser tranquille à Arles, comme vous m'y avez convié à Luchon.

Et je quittai brusquement cet insolent Barnum, qui eut encore l'audace de me suivre pour me fourrer sa carte dans ma poche.

— *God!* je paierai d'avance, osa-t-il me crier encore!

Le tombeau des saints Abdon et Sennen, sarcophage de pierre du plus piteux effet, a le don de détourner ma pensée et de me faire oublier ma mésaventure. Je ne peux me faire délivrer d'eau miraculeuse, qui achèverait peut-être la guérison de mon amour-propre fortement égratigné, le gardien étant à la *countrepas*. D'ailleurs il n'en donne pas à tout le monde et il faut parler catalan pour en avoir. Cela me console et reporte mes idées sur la légende des bienheureux saints.

Autrefois, à quelle époque? nul ne le sait, le territoire était infesté de bêtes féroces. Arnulphe, un saint homme, résolut de les chasser, et pour cela ne trouva rien de mieux que d'aller à Rome demander au saint-père des reliques de saints. Le saint-père n'a pas trop des reliques qui reposent à Saint-Pierre. Il refusa tout net de se dessaisir de la moindre parcelle de ces richesses. Arnulphe, la veille, avait eu un songe dans lequel deux jeunes hommes lui avaient apparu : « Nous sommes, dirent-ils, Abdon et Sennen, saints tous deux. Martyrisés à Rome, nos corps sont enterrés en tel lieu. Exhume-les et porte-les

dans ton pays, ils feront cesser les maux qui l'affligent. »

Le brave Catalan demanda au pape la permission de déterrer ces saints et le saint-père la lui accorda.

Au lieu indiqué, les corps, parfaitement conservés, furent retrouvés. Arnulphe les mit dans un tonneau qu'il enferma dans un plus grand tout rempli d'eau. Cette précaution était nécessaire, le voyage étant très-long et beaucoup de gens ne se faisant pas scrupule de s'emparer même par force de reliques saintes bien constatées. En mer, les matelots percèrent le tonneau croyant qu'il contenait du vin, mais s'étant aperçus qu'il n'y avait que de l'eau, ils cessèrent leurs recherches.

On débarqua à Cadaquès. A peine débarqué avec sa sainte futaille, Arnulphe entendit sonner toutes les cloches. Les saints étaient la cause de cette merveille. On chargea le tonneau sur un mulet et la bienheureuse caravane prit le chemin de la montagne. Le temps était affreux et la route très-dangereuse par suite de la fonte des neiges. Le pauvre Arnulphe eut la douleur de voir le mulet porteur des précieuses reliques tomber dans un précipice, mais son désespoir fut de courte durée. A peine de retour à Arles, le pèlerin entendit sonner toutes les cloches : sur la place le peuple, à genoux devant un mulet et un tonneau, chantait déjà la guérison des pestiférés et la disparition des bêtes féroces.

Arnulphe tira les saints du tonneau et, quant à l'eau, il la versa dans un tombeau vide pour s'en débarrasser. C'est cette eau aussi inépuisable que miraculeuse qui eut jadis le mérite de guérir les lépreux qui s'y sont lavés et a encore aujourd'hui la propriété de guérir tous les malades quels qu'ils soient, qui en boivent.

Je regrette d'être attendu à Céret, quand je suis si près des Pyrénées où j'ai peut-être encore de jolies excursions à faire, mais le temps me presse ; et, dans la crainte puérile de retrouver mon Barnum américain, je ne fais pas deux courses que je m'étais promis de faire, l'une à Corsavi, la seule ville du monde où on célèbre la fête des mulets — il y a messe et procession en musique des fêtés revêtus de franges bleues et de pompons rouges, — l'autre, à la montagne Noire, où, en 1794, le général Dugommier trouva la mort après une victoire qui enleva à l'Espagne sa dernière armée et deux cents canons.

Céret, dont je foule enfin le pavé raboteux, ne me cause aucune impression. Ses hautes murailles, ses promenades, ses vergers, sa fontaine de marbre, sa vieille prison me laissent froid. Je ne vois que Charles, à qui j'ai serré la main avec plaisir et dont j'écoute les confidences sans étonnement, en dévorant un excellent déjeuner que nous sert Joannès, nouveau propriétaire de l'auberge où je suis descendu.

Sans le vouloir, c'est moi qui suis la cause de tout ce qui est arrivé. Ma chute dans les glaciers de la Maladetta prouva d'abord à mademoiselle Rose qu'elle ferait un très-mauvais médecin. De plus, elle avait échoué à son dernier examen à Toulouse, et la thèse qu'elle préparait sur les eaux minérales des Pyrénées rencontrait peu de sympathies chez ses professeurs. Ce double échec la décida à redevenir simplement une jeune fille douce, instruite, bien élevée, et, comme elle avait posé ses lunettes et ses cheveux rouges, une femme charmante. Édouard la vit à ce moment-là et il n'hésita plus à accepter la sous-préfecture que son père lui offrait et la main de mademoiselle Rose que le père Bordanèche consentit à lui accorder.

Édouard était sous-préfet à Céret, où Charles l'avait accompagné. M. Verlède père et lui devaient incessamment revenir à Paris. Ce voyage ennuyait Charles qui était bien content de m'avoir retrouvé, pour l'aider à supporter les ennuis de la route en tête-à-tête avec un vieillard grognon et asthmatique.

Quant à Joannès, qui semblait ne plus vouloir quitter ses bienfaiteurs, le père Bordanèche lui avait acheté l'auberge où nous déjeunions. Le seul qui ne fût pas content, c'était le chien Ramoune, lequel regrettait sa montagne de la Rhune.

Le soir, j'ai dîné à la sous-préfecture. Le dîner fut charmant. La glace était rompue et je sus dérider mes hôtes par le récit de mes mésaventures. Charles, qui, paraît-il, parlait à peine, retrouva sa verve des meilleurs jours, et, comme je lui demandais s'il n'avait pas dans son sac une bonne histoire sur Céret, il me répondit, après muette réflexion, par l'histoire suivante :

— La prison de Céret est une des prisons qui a reçu le plus d'hommes politiques, de toute la France.

En 1822, des carbonari, chefs de vente, y étaient détenus, et les ventes de Paris et de Rome craignaient beaucoup que, par peur ou pour argent, les prisonniers ne dénonçassent leurs frères et leurs projets. Il fut décidé qu'on les ferait évader.

Étienne Arago avait à cette époque vingt ans, il était carbonaro et Catalan, chose très-importante, car, pour séduire les geôliers de la prison, il ne fallait pas leur parler *gavacho*. Arago connaissait le pays et était très-connu des habitants, fiers de la réputation naissante de cette grande famille. C'est lui que Godefroy Cavaignac désigna pour présider à l'évasion des carbonari enfermés à Céret. Mais il fallait le consentement du chef des carbonari ; ce chef était Mérilhou.

— Vous êtes bien jeune, dit-il, en voyant Arago.
— J'ai vingt ans, répliqua fièrement Étienne.
— Savez-vous ce que vous risquez ?
— L'échafaud !

La Restauration, en effet, ne plaisantait pas. Mérilhou, les yeux humides et tremblant d'émotion, frappa sur l'épaule d'Arago, et lui dit :

— Courage, généreux enfant !

Arago partit pour Céret, délivra les prisonniers et, je crois, sans pouvoir l'affirmer, quitta provisoirement la France pour n'y rentrer qu'à la mort du roi Louis XVIII.

En 1839, dix-sept ans plus tard, la Chambre des pairs jugeait l'affaire Barbès. Étienne Arago s'était assis dans la tribune des journalistes. Soudain un homme se lève pour soutenir l'accusation. C'est le plus éloquent et le plus redouté de la magistrature. Il demande la tête des accusés politiques. Arago pâlit à cette voix. Tout son passé lui apparaît comme un éclair. L'homme qui parle, accuse et menace, c'est Mérilhou. Étienne prend un papier et écrit subitement :

« En 1822, celui qui signe ces mots a risqué l'échafaud sur l'ordre d'un avocat, chef carbonaro, appelé Mérilhou. Il a joué sa tête pour sauver des détenus politiques plus coupables à coup sûr que ceux dont vous réclamez aujourd'hui la condamnation. Grâce, au nom de ce souvenir !... »

Il signa et fit passer par un huissier le papier à Mérilhou. Arago ne le perdait pas de vue. Il vit l'avocat lire la lettre sans la moindre émotion, puis la déchirer dédaigneusement et en jeter les morceaux par-dessus son épaule !

— Eh bien ! moi, je comprends Mérilhou, s'écria Édouard.
— Oh ! mon ami, répondit sa femme avec douceur, mentir à son passé et renier sa jeunesse, ce n'est pas assez noble pour mériter qu'on l'approuve. Et puis, ajouta-t-elle en riant, nous sommes dans la patrie d'Arago, faisons-lui la part la plus belle.

La soirée se prolonge encore assez tard et roule sur notre voyage à travers les Pyrénées, puis on se sépare cordialement ; Charles et M. Verlède doivent m'attendre à Perpignan, où je ne désire rentrer qu'après avoir vu les côtes de la Méditerranée.

Cette dernière partie de mon voyage est nécessairement très-courte. De Céret, je vais à Argelès. La route est semée de châteaux, d'ermitages, de dolmens et de sources ferrugineuses. Près de Montesquiou, — où les sorcières font leur nid, dit un proverbe, — je monte sur un pic peu connu, mais dont la vue fort belle sur tout le Roussillon, me dédommage de mon insuccès au Canigou ; je vois des taureaux sauvages dans un bois qui cache le vallon de la Roca, les tours pittoresques de Massane et du Diable à Argelès, et ne m'arrête dans cet ancien port de mer que pour courir à Collioure, où les flots bleus de la Méditerranée, couverts de petits navires aux voiles blanches, me reposent la vue et les pensées.

La ville n'a rien de remarquable, si ce n'est le redoutable fort Saint-Elme, qui commande la côte jusqu'à Port-Vendres ; et Port-Vendres lui-même n'offre au voyageur que son phare d'où je vais jeter un dernier coup d'œil sur les Pyrénées étendues paresseusement le long de la mer et les sites qui se succèdent gracieux et grandioses jusqu'à Banyuls.

Ce petit port peut contenir cinq cents navires. Il faut espérer que l'avenir lui réserve d'être mis au premier rang des ports français. Sa situation sur les confins de notre territoire, près des frontières d'Espagne, à l'extrémité du golfe du Lion, offrirait, en cas de guerre maritime, une position militaire du plus haut intérêt. De plus, il nous rapproche de l'Algérie, la route à suivre étant plus courte de vingt lieues qu'en partant de Toulon. Quand donc cette partie de nos côtes, un peu déshéritée, prendra-t-elle l'importance qu'ont su acquérir les autres ports de la Méditerranée ? Si les dépenses à faire sont énormes, elles seraient profitables autant pour le commerce du Midi que pour l'honneur et la sûreté de notre France maritime.

Je vais rentrer à Perpignan, et c'est le cœur serré que je me sépare des Pyrénées, comme on se sépare d'un ami avec lequel on n'a pas assez vécu pour bien le connaître et l'aimer. Aussi, puisque dans ce voyage d'où je suis revenu avec la santé et un ami, tous deux mis à l'épreuve, j'ai passé par toutes les phases du bonheur et du désenchantement, le corps fatigué quelquefois, mais l'âme toujours en éveil ; puisque grâce aux vestiges du passé je me suis retrempé dans les grandes leçons de l'histoire, sur les pas de laquelle la légende a effeuillé ses fleurs les plus rares; puisqu'en un mot j'ai vécu au milieu des scènes les plus grandioses de la nature, sur les montagnes, dans les bois, au bord des lacs, aussi près de Dieu que l'homme puisse en approcher, je ne puis me décider à dire : Adieu, et j'ose dire : Au revoir !...

FIN.

TABLE DES CHAPITRES

CHAPITRE PREMIER.

Une fantaisie et une maladresse. — Bayonne et Saint-Esprit. — Les revenants de Callot. — La Saint-Barthélemy. — Querelle historique. — La baïonnette. — Une légende. — La mer et la barre de l'Adour. — La tête tourne et le pied manque. — Guettary. — Les Basques. — Histoire et légende. — Saint-Nicolas et Saint-Yves. — Biarritz. — Saint-Jean de Luz. — Révélation. — Les montagnes. — Alpes et Pyrénées. — Voyage les yeux fermés. — Les carlistes. — La Haya. — Première vue des Pyrénées. — Question naïve qui sert de confession à l'auteur.. 1

CHAPITRE II

Les Alpes et les Pyrénées. — Comparaison géographique. — Opinion d'Élisée Reclus. — Panorama de la Rhune. — Un témoin indiscret. — Érudition géologique. — Comment la terre s'est formée. — Théories de Cuvier et de Buffon. — Le déluge. — L'homme fossile. — Une paire de mouchettes antédiluviennes. — Ce qu'était le témoin indiscret. — Chien et chat. — Une légende et un vers du Coran. — L'aubergiste. — Un Anglais et une Anglaise de Carcassonne. — Route de Cambo. — Histoire succincte de mes compagnons de voyage. — Causerie à propos de légende et d'histoire. — Pé de Puyanne. — Le pont de Bayonne. — Soult et Wellington. — Souvenirs historiques. — Les généraux Foy et Clauzel. — Suite de ma causerie avec mademoiselle Rose. — Les eaux de Cambo. — La nuit de la Saint-Jean. — Le Pas de Roland.. 23

CHAPITRE III

Saint-Jean Pied-de-Port. — La diligence. — Compagnons de route. — Un vrai Anglais. — Val Carlos et son auberge. — Comment on y dîne. — L'Anglais et la servante. — Ce que veut dire le mot *cheese*. — Le champignon d'Alexandre Dumas. — Je fais connaissance avec Édouard et Charles Verlède. — Ce qu'ils étaient tous les deux. — Le col de Roncevaux. — Caravane de mulets. — Le couvent de Roncevaux et les reliques de Roland. — Rêverie et retour dans l'histoire. — Chant des Basques. — La légende de Roland.

— Un combat en 778 et une bataille en 1813. — Les dangers d'avoir un mauvais guide. — Le col d'Aphanicé. — Paysage au clair de lune. — Utilité de la corde. — Une mauvaise rencontre. — Ascension de nuit. — Les contrebandiers et leur hospitalité.................................... 57

CHAPITRE IV

Ahusky. — Panorama des Pyrénées. — Une plaine qui ressemble à un crible. — Récits divers. — *L'Ours et la Sentinelle*. — Ce que sont les contrebandiers dans la montagne. — Le douanier et son sauveur. — Le puits qui parle. — Départ pour Saint-Engrace. — Un berger prudent. — Bayard et Renaud de Montauban. — La Pierre de Roland. — Tardets. — Où on retrouve l'aubergiste et son chien. — Ce qui leur était arrivé. — Le portefeuille des Bordanèche. — Le Pic d'Anie. — Vallée de Baretous. — Le serment des montagnards. — Les forêts du val d'Achavar. — Ce qu'on voit du sommet du pic. — Les espadrilles. — La cascade de Lescun. — Laruns et le val d'Ossau. — Route en voiture. — Entrée aux Eaux-Bonnes. — Comment s'appelait l'aubergiste. — Départ de Joannès. — Arrêts forcés.................... 83

CHAPITRE V

Les Eaux-Bonnes un jour de pluie. — Ce que coûtent une paire de bottes et un rayon de soleil. — Le Gourzy. — Un affamé. — Ce que vaut une pièce de vingt sous dans la montagne. — Repas champêtre. — Vue du val d'Ossau. — La multiplication des pains. — Rencontre et secours imprévus. — Encore les Alpes à propos des Pyrénées. — Ossau à Béarn. — Les trésors de la vallée. — Des guerres de religion. — La poutre du château d'Assouste. — La fête de Laruns. — Costumes et mœurs ossalois. — Vue sur les Eaux-Chaudes. — La république de Gous'. — Un jeune homme de 123 ans. — Le signal. — Le pic du Midi nous parle. — Une route aérienne. — Ascension du pic. — Mes compagnons et mes guides. — Les marbres. — Leur formation. — Un peu de géologie. — Première halte dans la neige. — La case de Broussette. — Les trois escaliers. — Dangers et fatigues. — Arrivée au sommet. — Vue de Pau dans le brouillard. — Descente dangereuse du pic. — Les Eaux-Chaudes. — Péripéties diverses d'une chasse à l'ours. — Retour aux Eaux-Bonnes et départ pour Pau... 109

CHAPITRE VI

Pau. — Souvenirs de Paris. — Visite de Charles. — Résultats de cette visite. — Le château. — Gaston Phœbus, Henri IV et Bernadotte. — Théorie sur l'origine des montagnes. — Départ, accident de chemin de fer. — Lourdes. — Son château et sa grotte. — Argelès, Saint-Savin, Saint-Orens. — Le défilé de Pierrefite et le pont d'Enfer. — Retour d'Édouard. — Où on retrouve M. Bordanèche et sa fille. — Baréges. — Le pic du Midi. — Le lac d'Oncet. — L'Espada et la Campana. — L'observatoire et le général de Nansouty. —

Ce qu'on voit du haut du pic du Midi. — Impressions diverses du touriste. — Retour par un autre chemin. — L'orage. — Point de suspension....... 147

CHAPITRE VII

Ravins de l'Arizze. — Le vieux pasteur de 909 ans. — Première neige. — Le tombeau du pasteur. — Deux heures de pluie. — Retour à Baréges et à Luz. — Fuite et terreur d'Édouard. — Saint-Sauveur. — Le colosse de Rhodes — Le Pas de l'Échelle. — Légende renouvelée de Roland. — La *Peyre redoune*. — L'écho. — La cascade de Sia. — Vallée de Pragnères. — Gèdres et sa grotte. — Changement de programme. — Départ pour Troumouse. — Pays ravagés. — Avalanches et inondations. — Le caillou d'Arrayè et le lac d'Héas. — La chapelle d'Héas. — Son histoire miraculeuse. — Ce que sont les fées pour les montagnards. — Le cirque de Troumouse. — La route de Coumelie et la vallée d'Estaubé. — Le chaos. — Arrivée à Gavarnie. — L'auberge de Palasset. — Le cirque. — Longue course et petit accident. — Repos forcé à Gavarnie... 175

CHAPITRE VIII

Une surprise. — Demande du guide. — Nouveaux compagnons de voyage. — Parenthèse à propos du mont Perdu. — Américains et Américaines. — Une anecdote à leur propos. — Nouvelle causerie avec mademoiselle Rose. — Les jeunes filles à l'escalade. — Neiges et glaciers. — Éboulis et coquilles fossiles. — La brèche de Roland. — Manière de traverser une crevasse. — Un saut difficile. — Ce qu'on voit de la brèche. — Où l'on descend pour monter. — Un mauvais pas. — Charme des excursions. — Opinion de Ramond à ce sujet. — Isards et bouquetins. — Repos à la cabane de Gaulis. — Premier aspect du mont Perdu. — Ascension pénible. — Ce qu'on voit du sommet par le brouillard. — La bouteille aux cartes de visite. — Histoire d'une Parisienne. — Châtiment de l'amour-propre d'une touriste. — Ce qu'on voit du sommet par le beau temps. — Comment un sourd-muet peut être appelé Carillon. — Le cirque de Gavarnie à vol d'aigle. — Ramoune et Joannès. — Charles et le père de Rose. — Histoire des trois pêches. — Retour à Gavarnie........... 197

CHAPITRE IX

De Luz à Cauterets. — Premières impressions à l'aspect du village. — Eaux thermales. — César et Charlemagne. — La Marguerite des Marguerites. — Saint-Savin. — Discussion à propos des eaux des Pyrénées. — La Raillère. — Le Mauvais-Trou. — La Fée des Vertiges. — Accident changé en légende. Cascade de Ceriset. — Théorie légendaire de la formation des lacs. — Le serpent. — L'œuf fatidique. — Le Pas de l'Ours. — Le bœuf et l'âne. — Légende bien trouvée si elle n'est pas vraie. — Le Juif-Errant. — Un seau d'eau devenu inépuisable. — Le pont d'Espagne. — Digression scientifique.

— Le lac de Gaube. — Retour et séparation. — Tarbes. — Histoire de cent deux singes. — De Tarbes à Bagnères. — Bigorre me fait oublier Luchon. — Rendez-vous manqué.. 225

CHAPITRE X

Les deux Luchon. — Ce qu'il en coûte pour y vivre. — Trop de pluie. — Excursion sur un plan en relief. — Le val d'Esquierry. — Faune et flore. — La chevelure de la Madeleine. — Oo et Seculejo. — Les nids d'aigles. — La grotte du Chat. — La vallée du Lys. — La rue d'Enfer. — Le port de Venasque et Sauvegarde. — Aigles, isards et chasseurs. — Le val d'Aran. — Le Pont-du-Roy et Saint-Béat. — Où l'on retrouve les voyageurs. — La Maladetta. — Le Néthou. — Une nuit dans la montagne. — Visite des ours. — Ascension difficile. — Le pont de Mahomet. — Chute dans un glacier. — Où mademoiselle Rose comprend les inconvénients d'être médecin........ 257

CHAPITRE XI

Repos et guérison. — De Luchon à Toulouse. — Saint-Bertrand de Comminges. — Grotte de Gargas. — Saint-Gaudens. — Miracles et légendes. — Toulouse et son histoire. — Le capitole, les églises, le musée. — Le cor de Roland. — Les jeux Floraux. — La bataille de Toulouse. — Retour aux Pyrénées. — Un guide de Saint-Girons. — Une aubade à la provençale. — Les monts Vallier et du Montcalm. — Le val d'Andorre. — Un enterrement dans la montagne. — Figures de bandits. — D'Andorre à Ax. — Le pic de Tabe. — Foix et son château. — Encore Ramoune. — Ce que sont devenus mes compagnons.. 301

CHAPITRE XII

De Foix à Perpignan. — Un souvenir d'Arago. — Perpignan et son histoire. — La Saint-Antoine, réhabilitation des compagnons de ce saint. — Un bon numéro. — Légendes. — Le mas de la Peur. — Les traboucayres. — Une fugue en Espagne. — Courses de taureaux. — Le Vernet et le Canigou. — Ce qu'on voit du sommet. — Le Boulou. — Guerres de la République et de l'Empire. — Amélie-les-Bains et Arles. — La *coutrepas*. — Danse nationale. — Saints Abdon et Sennen. — A Céret. — Un aubergiste et un sous-préfet. — Une dernière histoire de Charles. — Adieux à Édouard, à mademoiselle Rose, et au revoir aux Pyrénées... 341

FIN DE LA TABLE DES CHAPITRES.

5494-78. Corbeil. — Typ. et stér. de Crété.

www.ingramcontent.com/pod-product-compliance
Lightning Source LLC
Chambersburg PA
CBHW060613170426
43201CB00009B/1008